LAROUSSE da
CONFEITARIA

LAROUSSE da
CONFEITARIA

100 RECEITAS DE CHEF ILUSTRADAS PASSO A PASSO
PELA ESCOLA LE CORDON BLEU

Fotografias de Olivier Ploton
Tradução de Célia Regina Rodrigues de Lima e Eric Heneault

ALTA BOOKS
GRUPO EDITORIAL
Rio de Janeiro, 2023

PREFÁCIO

Com mais de 120 anos de experiência, a escola Le Cordon Bleu sempre se manteve fiel à filosofia da excelência. Primeira rede mundial de institutos de arte culinária e gestão hoteleira, a Le Cordon Bleu oferece, em mais de vinte países e aproximadamente 35 unidades, uma série de cursos, que vão da iniciação à formação universitária nas áreas de restauração, hotelaria e turismo.

O reconhecimento da instituição pode ser comprovado ao longo dos anos. Os cursos, que utilizam técnicas ultrainovadoras, são atualizados com frequência para atender a qualquer perspectiva profissional. Os programas universitários são adaptados continuamente aos concursos de parcerias privilegiadas, apoiados por autoridades governamentais, dirigentes de universidades ou de organizações especializadas. A cada ano, a rede Le Cordon Bleu forma 20 mil estudantes, de mais de cem países, em gastronomia, confeitaria, panificação, ofícios do vinho e gestão hoteleira. Em Paris, a Le Cordon Bleu inaugurou um novo *campus* supermoderno e ecologicamente responsável que oferece, além dos cursos profissionais, cursos para amadores em uma sala exclusiva com vista para o rio Sena.

Fundada em 1895, a escola tem como missão transmitir as técnicas e os conhecimentos herdados dos grandes mestres da cozinha francesa. A instituição teve início quando a jornalista Marthe Distel criou a primeira publicação culinária semanal, intitulada *La Cuisinière Le Cordon Bleu* [A Cozinheira Le Cordon Bleu]. Com 20 mil assinantes só no primeiro ano de existência, a fundadora teve a feliz ideia de convidá-los para assistir gratuitamente aos cursos de culinária dos chefs que apresentavam as receitas. A revista refletia a grande cozinha francesa da época, mas também sinalizava uma abertura à cozinha de outros países, pois era divulgada em vários idiomas. Os primeiros cursos de culinária de Marthe Distel foram ministrados na escola Le Cordon Bleu de Paris a partir de 15 de outubro de 1895. Graças à sua capacidade de difundir ensinamentos mundo afora, a escola passou a receber estudantes de diversos países em sua sede, em Paris. Os cursos são ministrados em francês e traduzidos para o inglês, o que facilita a compreensão de alunos estrangeiros. A instituição se

- PREFÁCIO -

expandiu para outros países no intuito de divulgar a cultura francesa pelo mundo. Porém, ao mesmo tempo que a Le Cordon Bleu ensina as técnicas culinárias francesas aos quatro cantos do globo, também capacita os alunos a reconhecer o patrimônio culinário de seu país de origem.

A Le Cordon Bleu contribui internacionalmente para promover a cultura e a arte de viver dos franceses, valorizando os modelos de qualidade da gastronomia e da hotelaria. Nos últimos anos, nossas atividades vêm sendo amplamente diversificadas, inclusive com a colaboração na distribuição dos produtos gourmet e do material de cozinha profissional, a criação de restaurantes, a associação com outras empresas na produção de seriados de televisão e a edição de livros culinários. A instituição publica obras regularmente, muitas das quais foram aprovadas em diversos países. Outras, ainda, tornaram-se referência em matéria de ensino culinário. São mais de 10 milhões de livros vendidos no mundo todo.

Atenta à sua metodologia profissional, a Le Cordon Bleu trabalhou em estreita colaboração com a Larousse na concepção de muitos livros de receitas que ensinam a mestria das técnicas culinárias e os valores fundamentais da escola. Além de incentivar os estudantes e os amantes de gastronomia, temos prazer em compartilhar com você nosso profundo empenho em nos superar sempre na busca do prazer, na apreciação do que é bom, na paixão pela tradição e pela modernidade.

Saudações gastronômicas,

ANDRÉ COINTREAU
Presidente da Le Cordon Bleu International

SUMÁRIO

Introdução 11

Bolos simples, recheados e entremets 22

Doces em porções individuais 104

Tortas e tortinhas............................ 176

Sobremesas especiais......................... 250

Biscoitos e minibolos 344

Bombons, balas e pequenas guloseimas 398

As bases da confeitaria 464

Glossário 496

Índice das receitas por ordem alfabética......... 500

Índice das receitas por ingredientes 502

INTRODUÇÃO

A Le Cordon Bleu tem o orgulho de apresentar a obra *Larousse da confeitaria*, livro de referência que alia as competências e as técnicas culinárias do instituto à qualidade das publicações da Editora Larousse.

Nesta coletânea, os chefs Le Cordon Bleu revelam com exclusividade os segredos de 85 receitas doces ilustradas, das mais simples às mais complicadas, e quinze receitas básicas indispensáveis da confeitaria francesa.

O livro reúne preparações clássicas e modernas, e cada receita é acompanhada de ilustrações passo a passo para facilitar a compreensão e proporcionar um resultado perfeito. Há um capítulo inteiro dedicado às receitas básicas de bolos e doces, como os cremes e as massas, que são fundamentais para o sucesso do prato e devem ser dominadas.

Aqui você aprenderá a fazer as mais variadas receitas de bolos simples e decorados, tortas de frutas e em camadas, tortinhas individuais, biscoitos e diversas sobremesas de festa, dignas de um chef Le Cordon Bleu, que lhe renderão muitos elogios graças à renomada pedagogia do instituto.

Além de desenvolverem receitas exclusivas, os chefs Le Cordon Bleu revelam as dicas de preparo, histórias e fatos curiosos relativos às receitas, às técnicas culinárias e aos ingredientes.

Esta nova publicação que ora apresentamos reflete a missão da Le Cordon Bleu de transmitir seus conhecimentos e valorizar os padrões contemporâneos da gastronomia, na França e no mundo.

Verdadeira bíblia da confeitaria para os amadores que desejam preparar tanto receitas requintadas originais quanto as mais tradicionais, este livro é um convite a descobrir o mundo da confeitaria francesa exatamente nos moldes das escolas Le Cordon Bleu e se lançar a novos desafios culinários como um autêntico chef.

Chef Jean François Deguignet
Diretor técnico – Confeitaria

LE CORDON BLEU
as datas marcantes

1895 Em Paris, a jornalista francesa Marthe Distel lança uma revista culinária denominada *La Cuisinière Le Cordon Bleu* [A Cozinheira Le Cordon Bleu]. Em outubro, os assinantes da publicação são convidados a fazer os primeiros cursos de cozinha Le Cordon Bleu.

1897 A Le Cordon Bleu Paris recebe o primeiro aluno russo.

1905 A Le Cordon Bleu Paris forma o primeiro estudante japonês.

1914 A Le Cordon Bleu inaugura a quarta escola em Paris.

1927 O jornal *The London Daily Mail* de 16 de novembro relata uma visita à Le Cordon Bleu Paris: "Não é raro ver oito nacionalidades por classe".

1933 Rosemary Hume e Dione Lucas, formados na Le Cordon Bleu de Paris sob a supervisão do chef Henri-Paul Pellaprat, abrem a escola Le Petit Cordon Bleu e o restaurante Au Petit Cordon Bleu, em Londres.

1942 Dione Lucas abre uma escola e um restaurante Le Cordon Bleu em Nova York. Ela também é autora do best-seller *The Cordon Bleu Cookbook* e a primeira mulher a apresentar um programa culinário na televisão, nos Estados Unidos.

1948 A Le Cordon Bleu é reconhecido pelo Pentágono pela formação profissional de jovens soldados norte-americanos depois de servirem na Europa. Antigo membro da Agência de Serviços Estratégicos (OSS) nos Estados Unidos, Julia Child começa a estudar na escola Le Cordon Bleu Paris.

1953 A Le Cordon Bleu Londres cria a receita do *Coronation chicken*, que é servida aos dignitários estrangeiros durante o jantar de coroação da rainha Elizabeth II.

1954 O sucesso do filme *Sabrina*, de Billy Wilder, com Audrey Hepburn como protagonista, contribui para aumentar a fama da escola Le Cordon Bleu.

LE CORDON BLEU, AS DATAS MARCANTES

1984 A família Cointreau, descendente das famílias que criaram as marcas Rémy Martin e Cointreau, assume a presidência da Le Cordon Bleu Paris, sucedendo à senhora Elizabeth Brassart, que estava no cargo desde 1945.

1988 A Le Cordon Bleu Paris muda-se da Rue du Champ de Mars, próximo à Torre Eiffel, para a Rue Léon Delhomme, no 15º *arrondissement* (distrito); a escola é inaugurada pelo ministro Édouard Balladur;
• A Le Cordon Bleu Ottawa recebe os primeiros alunos.

1991 A Le Cordon Bleu Japão abre as portas em Tóquio, depois em Kobe. A escola é conhecida pelo nome de "Petite France au Japon" (Pequena França no Japão).

1995 A Le Cordon Bleu comemora seu 100º aniversário;
• As autoridades do distrito de Xangai, na China, enviam seus chefs, pela primeira vez, para estudar na Le Cordon Bleu Paris.

1996 A Le Cordon Bleu se estabelece em Sydney, na Austrália, a pedido do governo de Nova Gales do Sul, e oferece treinamento aos chefs na preparação dos Jogos Olímpicos de Sydney, em 2000. O bacharelado e o mestrado em gestão, bem como a pesquisa acadêmica nas áreas de hotelaria, restauração, artes culinárias e vinho, passam a ser desenvolvidos em Adelaide.

1998 A Le Cordon Bleu assina um acordo exclusivo com a Career Education Corporation (CEC) a fim de exportar para os Estados Unidos sua experiência em educação e assim oferecer os "Diplomas Associados" com conteúdo exclusivo em artes culinárias e gestão hoteleira.

2002 A Le Cordon Bleu Coreia e a Le Cordon Bleu México abrem as portas aos primeiros alunos.

2003 A próxima a se aventurar é a Le Cordon Bleu Peru. Ela cresce e torna-se a primeira escola culinária do país.

2006 A Le Cordon Bleu Tailândia é inaugurada em parceria com a Dusit International.

2009 Todas as unidades da rede Le Cordon Bleu participam do lançamento do filme *Julie & Julia*, com Meryl Streep no papel de Julia Child, antiga aluna da Le Cordon Bleu Paris.

2011 A Le Cordon Bleu Madri inaugura sua unidade em parceria com a Universidade Francisco de Vitoria;
- A Le Cordon Bleu lança seu primeiro programa on-line, Mestre de Turismo Gastronômico;
- A França perde para o Japão o título de país com mais restaurantes três estrelas.

2012 A escola Le Cordon Bleu Malásia é inaugurada em parceria com o Sunway University College;
- A Le Cordon Bleu Londres muda-se para Bloomsbury;
- A Le Cordon Bleu Nova Zelândia é inaugurada em Wellington.

2013 Inauguração oficial da unidade Le Cordon Bleu Istambul;
- A Le Cordon Bleu Tailândia recebe o prêmio de melhor escola culinária da Ásia;
- É assinado um acordo com a Universidade Ateneo de Manila para abrir uma filial da escola nas Filipinas.

2014 É inaugurada a Le Cordon Bleu Índia, oferecendo aos alunos bacharelado em gestão de hotelaria e restauração;
- A Le Cordon Bleu Líbano e a Le Cordon Bleu Hautes Études du Goût comemoram seu 10º aniversário.

2015 O 120º aniversário da Le Cordon Bleu é celebrado no mundo inteiro;
- A Le Cordon Bleu Xangai recebe novos alunos;
- A Le Cordon Bleu Peru consegue o *status* de universidade;
- A Le Cordon Bleu Taiwan é inaugurada em parceria com o NKUHT e o instituto Ming-Tai;
- A escola Le Cordon Bleu inaugura uma unidade em Santiago do Chile em parceria com a Universidade Finis Terrae.

2016 Inauguração de novas unidades locais da Le Cordon Bleu Paris às margens do Sena, no 15º *arrondissement* (distrito). Com 4 mil metros quadrados destinados às artes culinárias e à gestão nas áreas de vinho, hotelaria e restauração, a Le Cordon Bleu Paris tem mais de mil alunos.

LE CORDON BLEU
no mundo

Le Cordon Bleu Paris
*13-15, quai André Citroën
75015 Paris, França
Tel.: +33 (0)1 85 65 15 00
paris@cordonbleu.edu*

Le Cordon Bleu Londres
*15 Bloomsbury Square
Londres WC1A 2LS
Reino Unido
Tel.: +44 (0) 207 400 3900
london@cordonbleu.edu*

Le Cordon Bleu Madri
*Universidad Francisco de Vitoria
Ctra. Pozuelo-Majadahonda,
Km 1800
Pozuelo de Alarcón, 28223
Madri, Espanha
Tel.: +34 91 715 10 46
madrid@cordonbleu.edu*

Le Cordon Bleu International
*Herengracht 28
1015 BL Amsterdã
Países Baixos
Tel.: +31 20 661 6592
amsterdam@cordonbleu.edu*

Le Cordon Bleu Istambul
*Özyegin Üniversitesi
Çekmeköy Campus
Nisantepe Mevkii, Orman Sokak, No.13
Alemdag, Çekmeköy 34794
Istambul, Turquia
Tel.: +90 216 564 9000
istanbul@cordonbleu.edu*

Le Cordon Bleu Líbano
*USEK University – Kaslik
Rectorat B.P. 446
Jounieh, Líbano
Tel.: +961 9640 664/665
liban@cordonbleu.edu*

Le Cordon Bleu Japão
*Le Cordon Bleu Campus Tóquio
Le Cordon Bleu Campus Kobe
Roob-1, 28-13 Sarugaku-Cho
Daikanyama, Shibuya-Ku
Tóquio 150-0033, Japão
Tel.: +81 3 5489 0141
tokyo@cordonbleu.edu*

Le Cordon Bleu Coreia
*Sookmyung Women's University
7th Fl., Social Education Bldg.
Cheongpa-ro 47gil 100, Yongsan-Ku
Seul, 140-742 Coreia
Tel.: +82 2 719 6961
Fax: +82 2 719 7569
korea@cordonbleu.edu*

Le Cordon Bleu Ottawa
*453 Laurier Avenue East
Ottawa, Ontário, K1N 6R4, Canadá
Tel.: +1 613 236 CHEF(2433)
Tel.: +1 888 289 6302
Restaurante: +1 613 236 2499
ottawa@cordonbleu.edu*

Le Cordon Bleu México
*Universidad Anáhuac North Campus
Universidad Anáhuac South Campus
Universidad Anáhuac Querétaro Campus
Universidad Anáhuac Cancún Campus
Universidad Anáhuac Mérida Campus
Universidad Anáhuac Puebla Campus
Universidad Anáhuac Tampico Campus
Universidad Anáhuac Oaxaca Campus
Av. Universidad Anáhuac
No. 46, Col. Lomas Anáhuac Huixquilucan
Edo. De México C.P. 52786
Tel.: +52 55 5627 0210 ext. 7132 / 7813
mexico@cordonbleu.edu*

Universidad Le Cordon Bleu Peru (ULCB)
*Le Cordon Bleu Peru Instituto
Le Cordon Bleu Cordontec
Av. Vasco Nuñez de Balboa 530
Miraflores, Lima 18, Peru
Tel.: +51 1 617 8300
peru@cordonbleu.edu*

- LE CORDON BLEU NO MUNDO -

Le Cordon Bleu Austrália
Le Cordon Bleu Campus Adelaide
Le Cordon Bleu Campus Sydney
Le Cordon Bleu Campus Melbourne
Le Cordon Bleu Campus Perth
*Days Road, Regency Park
South Australia 5010, Austrália*
Tel.: +61 8 8346 3000
australia@cordonbleu.edu

Le Cordon Bleu Nova Zelândia
*52 Cuba Street Te Aro
Wellington, 6011, Nova Zelândia*
Tel.: +64 4 4729800
nz@cordonbleu.edu

Le Cordon Bleu Malásia
*Sunway University
No. 5, Jalan Universiti, Bandar Sunway,
46150 Petaling Jaya, Selangor DE,
Malásia*
Tel.: +603 5632 1188
malaysia@cordonbleu.edu

Le Cordon Bleu Tailândia
*946 The Dusit Thani Building
Rama IV Road, Silom
Bangrak, Bangcoc
10500 Tailândia*
Tel.: +66 2 237 8877
thailand@cordonbleu.edu

Le Cordon Bleu Xangai
*2F, Building 1, No. 1458 Pu Dong
Nan Road
Xangai, China 200122*
Tel.: +86 400 118 1895
shanghai@cordonbleu.edu

Le Cordon Bleu Índia
*G D Goenka University
Sohna Gurgaon Road
Sohna
Haryana, Índia*
Tel.: +91 880 099 20 22 / 23 / 24
lcb@gdgoenka.ac.in

Le Cordon Bleu Chile
*Universidad Finis Terrae
Avenida Pedro de Valdivia, 1509
Providencia, Santiago do Chile*
Tel.: +56 24 20 72 23

Le Cordon Bleu Rio de Janeiro
*Rua da Passagem, 179
CEP: 22290-031
Botafogo, Rio de Janeiro, Brasil*

Le Cordon Bleu Taiwan
*NKUHT University
Ming-Tai Institute
4F, No. 200, Sec. 1, Keelung Road
Taipei 110, Taiwan*
Tel.: 886 2 7725-3600 / 886 975226418

Le Cordon Bleu, INC.
*85 Broad Street – 18th floor
Nova York, NY 10004 EUA*
Tel.: +1 212 641 0331

www.cordonbleu.edu
e-mail: info@cordonbleu.edu

Bolos simples, recheados e entremets

Macaronnade com pétalas de rosa cristalizadas 24
Week-end de limão 30
Dacquoise de figos, manga e especiarias 34
Fondant de maçã à moda tatin 42
Sablé bretão de chocolate e banana 46
Cheesecake com geleia de framboesa 50
Bolo de pera, cereja e damasco 56
Baba de maracujá e coco 60
Sobremesa à moda de Saint-Tropez 66
Torta crocante de frutas vermelhas
  e chocolate branco 72
Torta de pera e cumaru 78
Floresta Negra 84
Bolo mármore de chocolate 90
Fraisier (bolo-musse de morango) 94
Pavê suíço 100

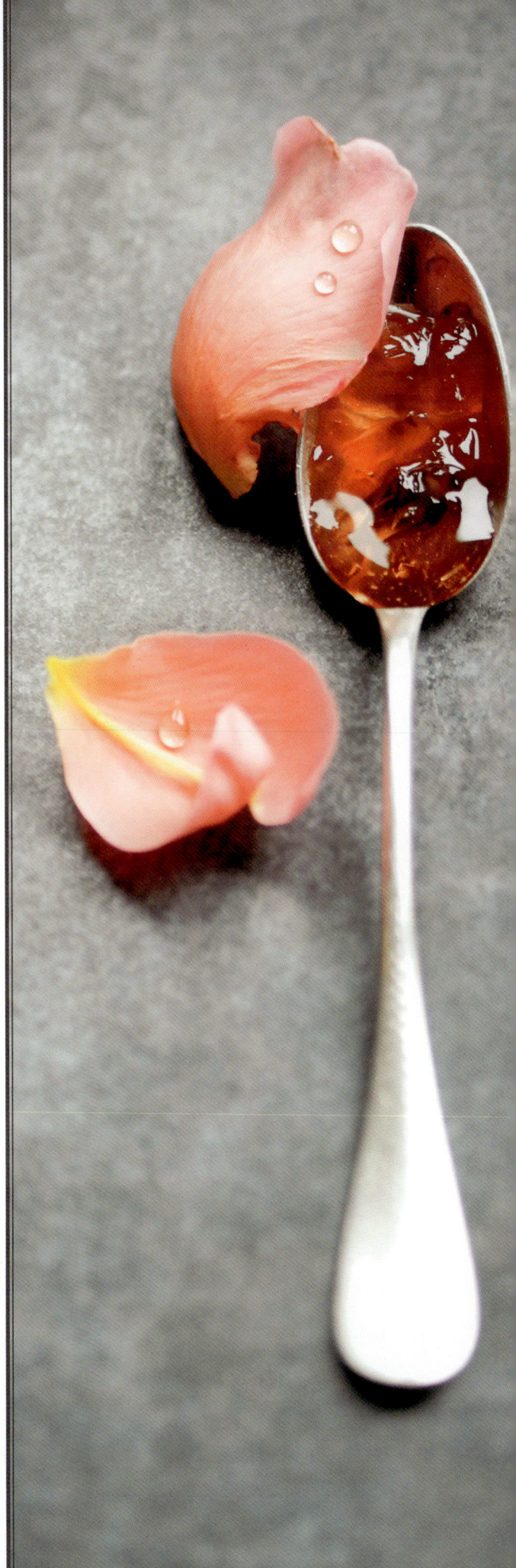

MACARONNADE
com pétalas de rosa cristalizadas

Rende 10 porções

PREPARO : 1h15 – COZIMENTO : 30 min – REFRIGERAÇÃO : 50 min – CONSERVAÇÃO : 2 dias na geladeira
DIFICULDADE : ♙♙

Para a macaronnade
240 g de açúcar de confeiteiro
170 g de farinha de amêndoa
4 claras (120 g)
algumas gotas de suco de limão
35 g de açúcar
1 ou 2 gotas de corante alimentício vermelho

Para o creme de rosas
2 folhas de gelatina (4 g)
Creme de confeiteiro
300 ml de leite
4 gemas (80 g)
50 g de açúcar
25 g de amido de milho

-----

75 g de manteiga em temperatura ambiente
40 g de chocolate branco para cobertura
1 colher (sopa) de licor de cereja (por ex., kirsch)

8 gotas de essência de rosas
1 colher (sopa) de água de rosas
75 g de manteiga em temperatura ambiente
120 ml de creme de leite fresco
50 g de mascarpone

Para as pétalas de rosa cristalizadas
20 ml de água
30 g de açúcar
algumas pétalas de rosa vermelha
açúcar

Para a cobertura
20 lichias
100 g de pétalas de rosa cristalizadas

Para a decoração
2 lichias
açúcar de confeiteiro

MATERIAL NECESSÁRIO : 2 sacos de confeitar – 1 bico nº 12 – 1 pincel – 1 suporte para bolo

A rosa na confeitaria

O sabor da rosa é único, e essa flor pode ser empregada em uma sobremesa na forma de óleo essencial, essência, xarope ou ainda cristalizada. O óleo essencial, muito concentrado, é usado principalmente para aromatizar cremes, musses e sorvetes. As pétalas de rosa cristalizadas servem para enfeitar macarons ou uma sobremesa.

MACARONNADE com pétalas de rosa cristalizadas   passo a passo

PREPARE A MACARONNADE

1 – Preaqueça o forno a 180 °C. Desenhe dois círculos de 22 cm de diâmetro em duas folhas de papel-manteiga e coloque-as em duas assadeiras. Em uma tigela, misture o açúcar de confeiteiro e a farinha de amêndoa. À parte, bata as claras com o suco de limão até ficarem firmes. Acrescente o açúcar, para formar o merengue, e o corante vermelho.

2 – Com uma espátula de madeira, incorpore os ingredientes secos ao merengue de claras, em duas levas. Misture lentamente, partindo do centro da tigela até a borda.

3 – Insira a mistura em um saco de confeitar com bico nº 12 e faça duas espirais nos dois círculos desenhados nas folhas de papel-manteiga. Leve ao forno por 25 minutos.

PREPARE O CREME DE ROSAS

4 – Amoleça as folhas de gelatina em uma tigela com água fria. Prepare o creme de confeiteiro (ver preparo na p. 480).

5 – Adicione a manteiga e o chocolate branco e bata com um batedor manual. Junte o licor, a essência e a água de rosas. Escorra a gelatina e incorpore-a ao creme. Disponha-o em uma tigela e leve à geladeira por 30 minutos.

6 – Bata o creme de rosas até se tornar uniforme. Bata a manteiga até adquirir a consistência de um creme espesso e incorpore-a ao creme de rosas.

7 – Bata o creme de leite com o mascarpone até a mistura ficar firme. Incorpore-a ao creme de rosas e ponha tudo em um saco de confeitar com bico nº 12.

PREPARE AS PÉTALAS DE ROSA CRISTALIZADAS

8 – Preaqueça o forno a 120 °C. Ferva a água com o açúcar até obter um xarope. Pincele essa calda nas pétalas de rosa.

9 – Polvilhe as pétalas com açúcar e disponha-as em uma assadeira forrada com papel-manteiga. Leve ao forno por 5 minutos.

...

- BOLOS SIMPLES, RECHEADOS E ENTREMETS -

MACARONNADE com pétalas de rosa cristalizadas   passo a passo

MONTAGEM E DECORAÇÃO

10 – Disponha um disco de macaronnade no suporte para bolo e retire o papel-manteiga.

11 – Com o saco de confeitar, faça bolas de creme de rosas em volta da macaronnade, deixando espaço entre elas.

12 – Descasque e descaroce as lichias. Coloque-as entre as bolas de creme, intercalando-as.

13 – Faça uma espiral de creme no centro, depois outra por cima.

14 – Corte ao meio as lichias restantes e disponha-as sobre a espiral.

15 – Espalhe sobre o conjunto um pouco de pétalas cristalizadas.

16 – Cubra com o segundo disco de macaronnade.

17 – Com o saco de confeitar, molde 3 bolinhas de creme de rosas sobre a macaronnade. Polvilhe a superfície com açúcar de confeiteiro.

18 – Coloque 3 pétalas de rosa cristalizadas sobre as 3 bolas de creme. Decore com 2 lichias com casca. Leve à geladeira por 20 minutos antes de servir.

CONSELHO DO CHEF

A macaronnade é uma torta francesa cuja massa é semelhante à do macaron. Em geral leva açúcar, farinha de amêndoa, claras e corante alimentício.

- BOLOS SIMPLES, RECHEADOS E ENTREMETS -

WEEK-END
de limão

Rende 3 unidades pequenas

PREPARO : 30 min – COZIMENTO : 30 min – CONSERVAÇÃO : dias embalado em filme de PVC

DIFICULDADE : ♙

PARA A MASSA	PARA A GLAÇAGEM DE LIMÃO
20 g de manteiga para untar	150 g de açúcar de confeiteiro
20 g de farinha de trigo para polvilhar as fôrmas	2 colheres (sopa) de suco de limão
4 ovos (200 g)	
raspas da casca de 4 limões	óleo para mergulhar a espátula
170 g de açúcar	
170 g de farinha de trigo	
uma pitada de fermento químico em pó	
160 g de manteiga em temperatura ambiente	

100 g de geleia de damasco

MATERIAL NECESSÁRIO : 3 fôrmas para bolo inglês de 14 x 6 cm – 1 espátula – 1 pincel

Os bolos para viagem

Bolos simples, week-ends, financiers ou rocamboles... os bolos para viagem são, por definição, aqueles que podemos carregar conosco sem preocupação. Fáceis de fazer, e bem macios, podem ser embalados e transportados facilmente, ficam pelo menos 3 dias fora da geladeira e resistem aos percalços da viagem. Além disso, é possível perfumá-los com qualquer sabor. Para fazer um week-end de aroma acentuado, use suco e casca de limão fresco.

WEEK-END de limão

passo a passo

PREPARE A MASSA DO WEEK-END

1 – Preaqueça o forno a 180 °C. Em uma panela, derreta 20 g de manteiga. Com um pincel, unte as fôrmas com ela e enfarinhe-as.

2 – Ponha os ovos em uma tigela grande. Adicione as raspas da casca de limão.

3 – Bata bem, acrescente o açúcar e continue a bater até obter uma mistura esbranquiçada e espessa.

4 – Adicione a farinha e o fermento e incorpore-os bem à massa.

5 – Junte 160 g de manteiga e bata bem.

6 – Com uma concha, divida a massa nas fôrmas.

7 – Mergulhe uma espátula no óleo e pressione-a levemente no centro da massa, fazendo um risco. Leve ao forno por 30 minutos. Desenforme os bolos e deixe esfriarem. Mantenha a temperatura do forno em 180 °C.

8 – Aqueça a geleia de damasco em uma panela e espalhe-a na superfície dos bolos com a ajuda de um pincel.

PREPARE A GLAÇAGEM DE LIMÃO

9 – Aqueça o açúcar de confeiteiro e o suco de limão em uma panela, mexendo sem parar até a mistura ficar levemente pastosa. Com o pincel, espalhe essa glaçagem na superfície e nas laterais dos bolos. Leve ao forno por 1 minuto. Deixe esfriar antes de servir.

- BOLOS SIMPLES, RECHEADOS E ENTREMETS -

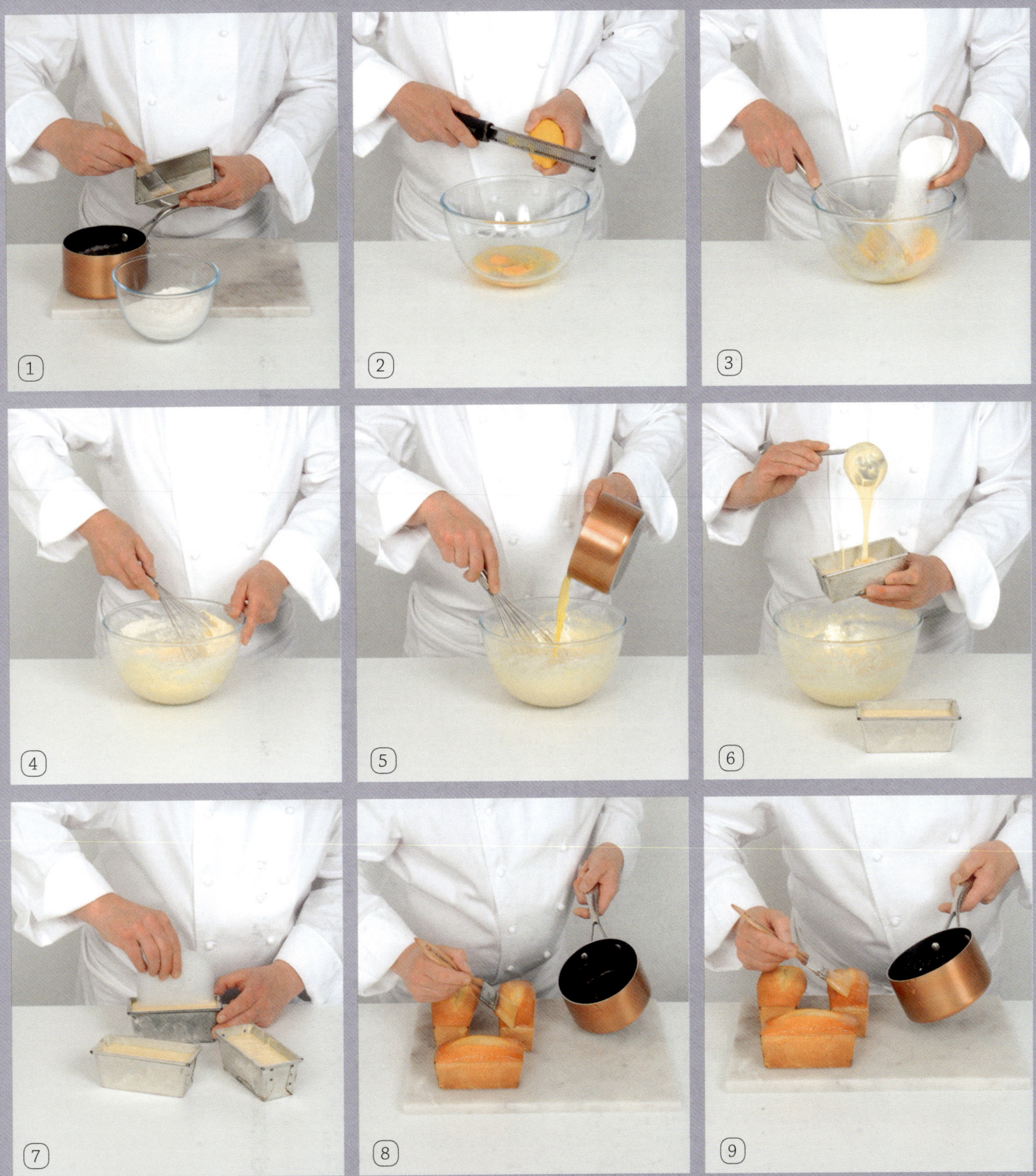

DACQUOISE DE FIGOS,
manga e especiarias

Rende 10 porções

PREPARO : 1h15 – COZIMENTO : cerca de 25 min – REFRIGERAÇÃO : 1 hora
CONGELAMENTO : 1 hora – CONSERVAÇÃO : 2 dias na geladeira
DIFICULDADE : ♙♙

Para a compota de
figos e framboesas com especiarias
2 folhas de gelatina (4 g)
200 g de figos
uma pitada de mix de especiarias (ver nota)
50 g de açúcar
1 colher (chá) de suco de limão
60 g de framboesas inteiras

Para a dacquoise
20 g de coco ralado
140 g de açúcar de confeiteiro
40 g de farinha de trigo

140 g de farinha de amêndoa
uma pitada de mix de especiarias (ver nota)
170 g de claras
115 g de açúcar

Para o creme de manga
e especiarias
3 gemas (60 g)
60 g de açúcar
25 g de fécula de batata
250 g de purê de manga
35 g de manteiga

uma pitada de mix de especiarias (ver nota)
1 anis-estrelado
1 colher (sopa) de licor de laranja (por ex., Cointreau®)
100 g de manteiga em temperatura ambiente
140 ml de creme de leite fresco

Para a decoração
1 figo
12 framboesas
açúcar de confeiteiro
3 anises-estrelados

MATERIAL NECESSÁRIO : 1 fôrma de fundo removível de 18 cm de diâmetro 1 fôrma de fundo removível de 20 cm de diâmetro
1 saco de confeitar – 1 bico nº 12 – 1 bico pitanga 8B

Mix de especiarias

É uma mistura em pó composta de noz-moscada, cravo, canela e pimenta, conhecida na França por "quatre-épices". Não deve ser confundida com a pimenta-da-jamaica, uma baga também chamada de "allspice" e que tem aroma semelhante.

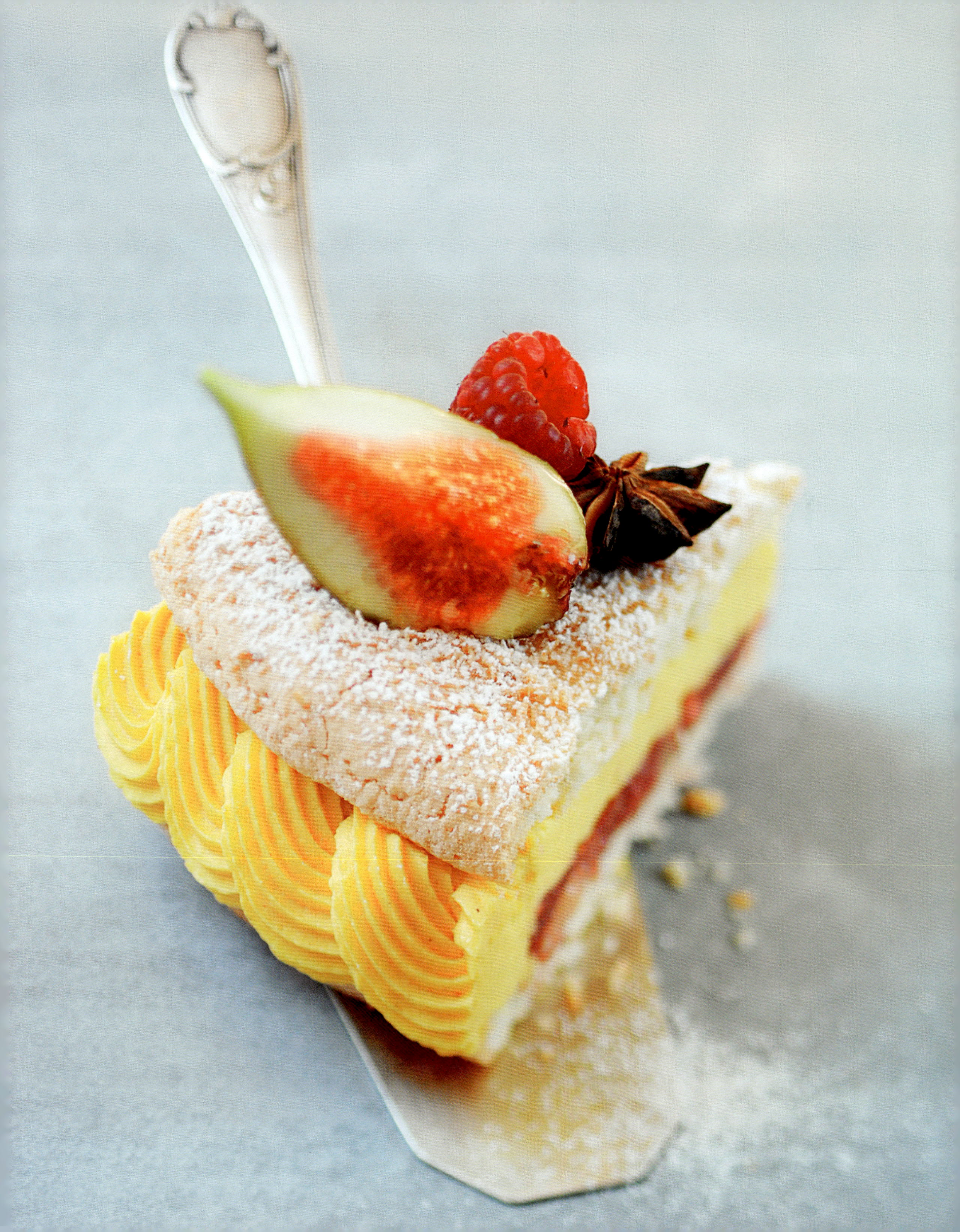

DACQUOISE DE FIGOS, manga e especiarias

passo a passo

PREPARE A COMPOTA DE FIGOS E FRAMBOESAS COM ESPECIARIAS

1 – Amoleça as folhas de gelatina em uma tigela com água fria. Corte os figos em pedacinhos.

2 – Coloque os figos em uma panela, junte o mix de especiarias e leve ao fogo por 2 minutos, mexendo com uma espátula.

3 – Adicione o açúcar, o suco de limão e as framboesas e cozinhe por mais 2 ou 3 minutos.

4 – Escorra a gelatina e incorpore-a à mistura da panela, fora do fogo.

5 – Forre a fôrma de 18 cm de diâmetro com filme de PVC.

6 – Disponha a compota dentro dela. Alise a superfície com a espátula para deixá-la bem uniforme. Leve ao congelador por 1 hora.

PREPARE A DACQUOISE

7 – Preaqueça o forno a 150 °C e toste o coco ralado por 5 minutos. Retire do forno e reserve. Aumente a temperatura do forno para 200 °C. Misture o açúcar de confeiteiro, a farinha, a farinha de amêndoa e o mix de especiarias.

8 – Bata as claras em neve até que se formem picos firmes e acrescente o açúcar, misturando bem para obter consistência de merengue.

9 – Incorpore os ingredientes secos ao merengue e insira a mistura em um saco de confeitar com bico nº 12.

...

- BOLOS SIMPLES, RECHEADOS E ENTREMETS -

-37-

DACQUOISE DE FIGOS, manga e especiarias

passo a passo

10 – Com o auxílio do aro da fôrma de 20 cm de diâmetro, desenhe dois círculos sobre duas folhas de papel-manteiga e disponha-as em duas assadeiras. Com o saco de confeitar, faça uma espiral no interior dos dois círculos.

11 – Salpique as dacquoises com o coco tostado.

12 – Em seguida polvilhe-as com açúcar de confeiteiro peneirado. Leve ao forno as duas assadeiras separadamente, por 18 minutos cada uma.

PREPARE O CREME DE MANGA E ESPECIARIAS

13 – Em uma tigela, bata as gemas com o açúcar até que a mistura fique esbranquiçada e espessa. Junte a fécula de batata.

14 – Coloque o purê de manga e a manteiga em uma panela e leve ao fogo até começar a ferver.

15 – Despeje a mistura na preparação da tigela e incorpore bem os ingredientes.

16 – Recoloque tudo na panela. Adicione o mix de especiarias, o anis-estrelado e leve ao fogo até ferver, mexendo sem parar. Retire o anis-estrelado, transfira a mistura para uma tigela e leve à geladeira por 1 hora.

17 – Bata o creme de manga até ficar bem uniforme e junte o licor. Bata a manteiga até adquirir consistência bem cremosa. Incorpore-a ao creme, mexendo vigorosamente.

18 – Bata o creme de leite até que fique bem firme.

...

CONSELHO DO CHEF

Para que o creme fique bem incorporado, adicione-o aos poucos e delicadamente aos ingredientes secos. Assim as texturas se integrarão e o creme final se tornará mais leve.

- BOLOS SIMPLES, RECHEADOS E ENTREMETS -

DACQUOISE DE FIGOS, manga e especiarias

passo a passo

FAÇA A MONTAGEM

19 – Misture um terço do creme batido ao creme de manga, bata vigorosamente e incorpore o restante. Insira tudo em um saco de confeitar com bico pitanga 8B.

20 – Retire o papel-manteiga dos discos de dacquoise.

21 – Disponha um disco em um prato próprio para tortas. Retire o filme e o aro da compota de figos.

22 – Coloque-a sobre o disco de dacquoise.

23 – Com o saco de confeitar, faça uma trança de creme de manga e especiarias em volta da dacquoise.

24 – Faça uma espiral de creme de manga no centro da compota de figos e framboesas.

25 – Cubra com o segundo disco de dacquoise.

26 – Corte o figo em quatro. Polvilhe a dacquoise com açúcar de confeiteiro peneirado.

27 – Decore-a com os quartos de figo, as framboesas e o anis-estrelado.

- BOLOS SIMPLES, RECHEADOS E ENTREMETS -

-41-

FONDANT DE MAÇÃ
à moda tatin

Rende 10 porções

PREPARO : 30 min – COZIMENTO : 1h05 – REFRIGERAÇÃO : 4 horas – CONSERVAÇÃO : 2 dias na geladeira

DIFICULDADE : ♙

<u>Para as maçãs caramelizadas</u>
7 maçãs
150 g de manteiga
150 g de açúcar
uma pitada de canela em pó

100 g de manteiga para untar a fôrma
100 g de açúcar para polvilhar a fôrma

<u>Para a massa podre doce</u>
125 g de farinha de trigo
75 g de manteiga
uma pitada de sal refinado
2 colheres (chá) de açúcar de confeiteiro
½ ovo (30 g)
1 colher (chá) de água

<u>MATERIAL NECESSÁRIO</u> : 1 fôrma para savarin (baixa, de furo no meio)

A torta assada de ponta-cabeça

A originalidade da torta de maçãs caramelizadas está no fato de ela ser assada com a cobertura disposta embaixo da massa, e não sobre ela. Dizem que ela foi criada acidentalmente pelas irmãs Tatin, e depois disso ficou famosa. Tradicionalmente, o fundo da fôrma é forrado com maçãs, após ser untado com manteiga e açúcar. Em seguida coloca-se a massa podre doce e leva-se ao forno para terminar o cozimento. Se você não tiver a fôrma especial, caramelize as maçãs antes em uma frigideira.

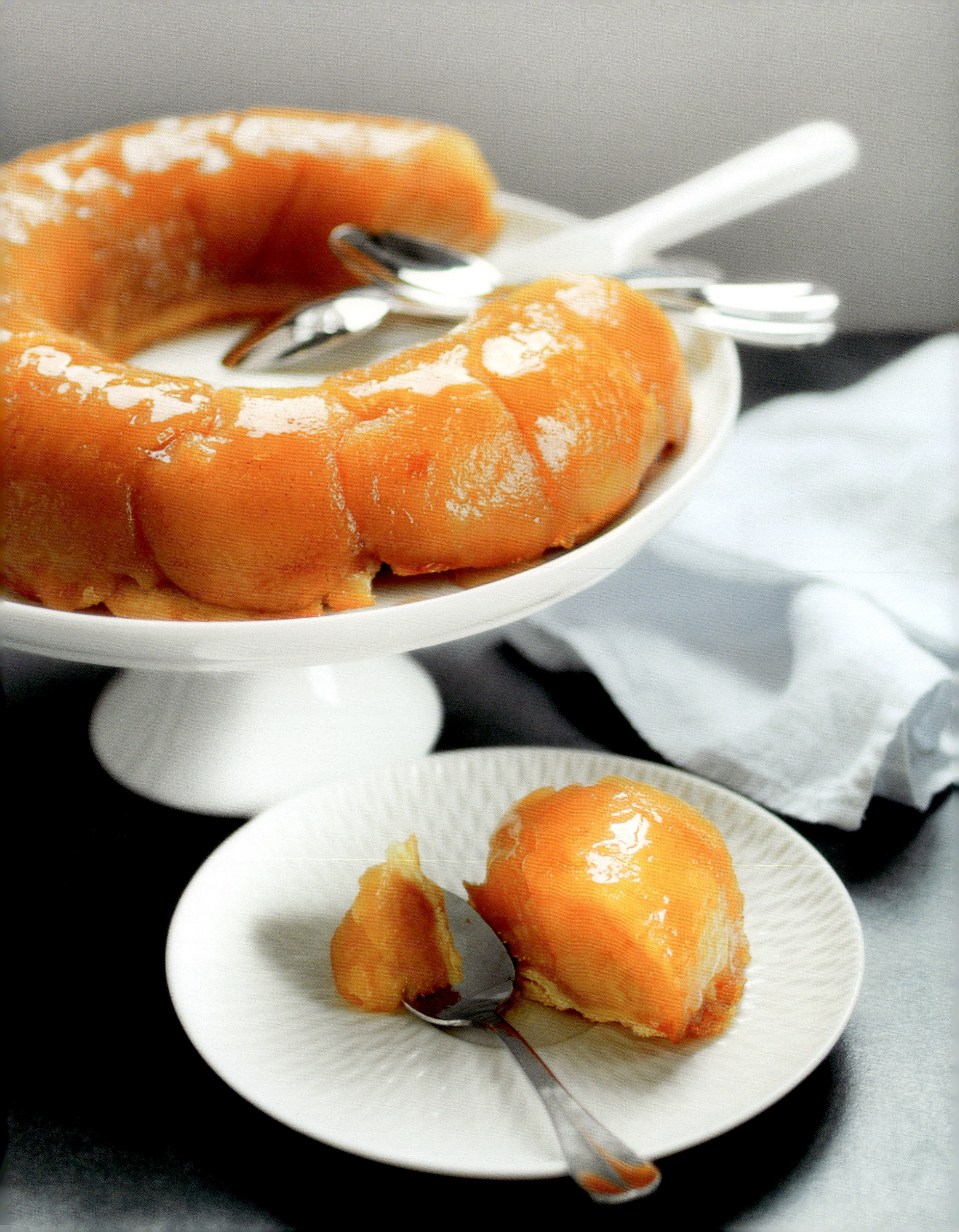

FONDANT DE MAÇÃ à moda tatin

passo a passo

PREPARE AS MAÇÃS CARAMELIZADAS

1 – Descasque as maçãs, corte-as ao meio e retire o miolo.

2 – Aqueça a manteiga e o açúcar em uma frigideira grande. Junte a canela e deixe no fogo até a mistura caramelizar.

3 – Acrescente as maçãs e cozinhe por cerca de 10 minutos.

4 – Preaqueça o forno a 220 °C. Unte a fôrma e salpique-a com açúcar.

5 – Disponha as maçãs na fôrma, bem juntinhas, e polvilhe-as com açúcar. Leve ao forno por 45 minutos.

PREPARE A MASSA PODRE DOCE (VER PREPARO NA P. 490)

6 – Estenda a massa, deixando-a ligeiramente maior que o diâmetro da fôrma. Leve à geladeira.

7 – Retire a fôrma do forno, deixe esfriar um pouco e coloque por cima o disco de massa.

8 – Passe um rolo na superfície da fôrma para eliminar a massa excedente. Abaixe a temperatura do forno para 200 °C e asse a torta por mais 20 minutos.

9 – Espere esfriar por pelo menos 4 horas. Para desenformar a torta, mantenha-a previamente em banho-maria para derreter um pouco o caramelado das maçãs e a torta se soltar mais facilmente.

- BOLOS SIMPLES, RECHEADOS E ENTREMETS -

① ② ③ ④ ⑤ ⑥ ⑦ ⑧ ⑨

SABLÉ BRETÃO
de chocolate e banana

Rende 8 porções

PREPARO : 1 hora + 30 min para a temperagem do chocolate – COZIMENTO : 20 a 25 min
REFRIGERAÇÃO : 1h30 – CONSERVAÇÃO : 2 dias na geladeira

DIFICULDADE : ♟

<u>Para a massa</u>
100 g de manteiga com sal
50 g de açúcar
20 g de avelãs moídas
1 gema (20 g)
100 g de farinha de trigo
½ colher (chá) de fermento químico em pó
2 colheres (chá) de cacau em pó
80 g de banana

<u>Para as bananas caramelizadas</u>
180 g de bananas
15 g de manteiga
30 g de açúcar demerara
30 ml de rum aromatizado com coco
(por ex., Malibu®)

<u>Para a ganache de chocolate ao leite</u>
180 g de chocolate ao leite
250 ml de creme de leite fresco

<u>Para a decoração</u>
açúcar de confeiteiro
100 g de chocolate ao leite
para cobertura

<u>MATERIAL NECESSÁRIO</u> : 1 fôrma de fundo removível de 18 cm de diâmetro – 1 bico liso nº 10 – 1 bico saint-honoré
1 cortador redondo de 5 cm de diâmetro – 2 sacos de confeitar

Sacos de confeitar e bicos

Os sacos e os bicos são indispensáveis em confeitaria. Com eles é possível aplicar correta e uniformemente cremes, musses e ganaches no preparo de sobremesas, confeitar bolos diversos ou fazer qualquer tipo de decoração em massas e doces. Existem à venda bicos de plástico ou de inox, e os sacos podem ser descartáveis ou reutilizáveis.

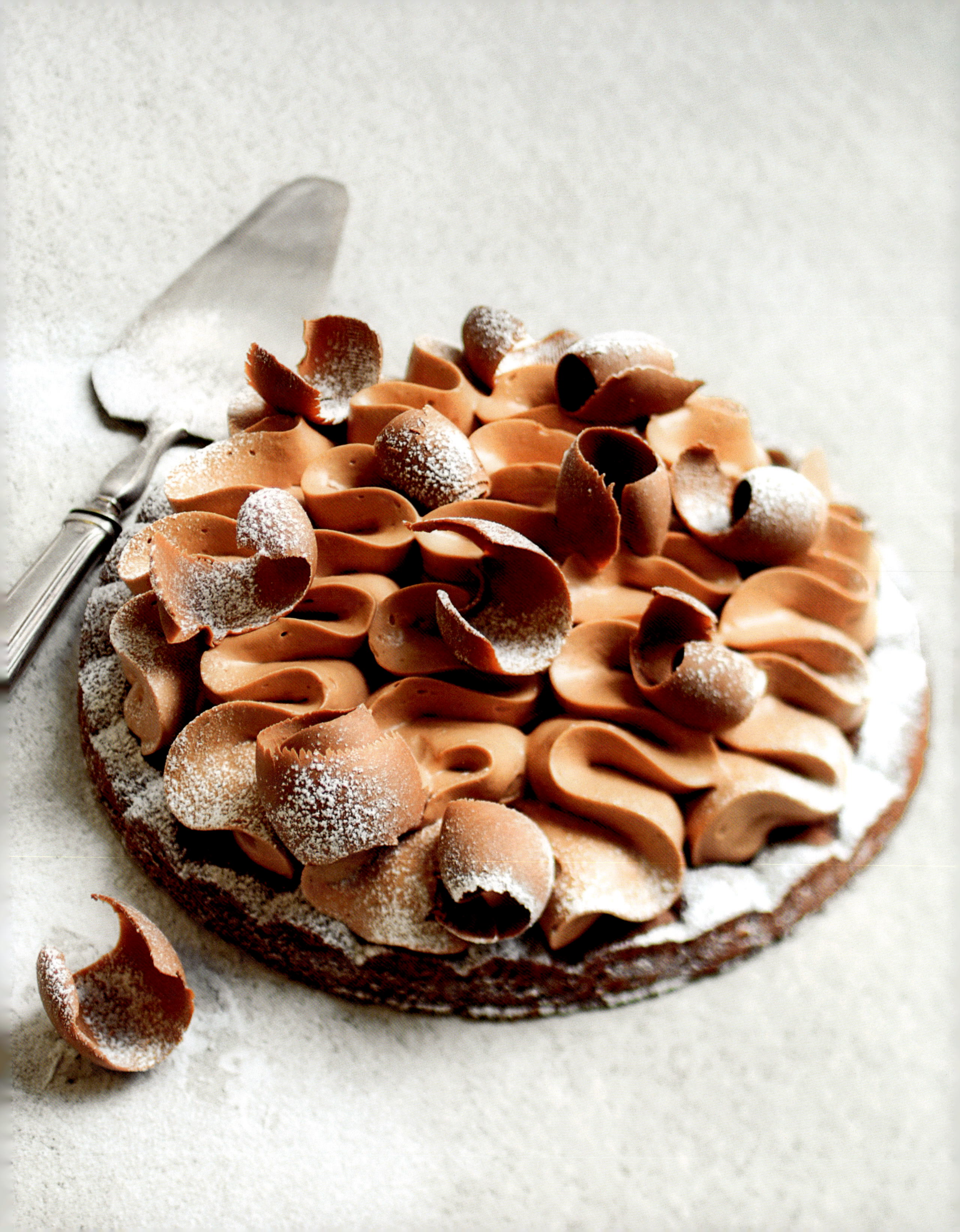

SABLÉ BRETÃO de chocolate e banana

passo a passo

PREPARE A MASSA

1 – Preaqueça o forno a 170 °C. Em uma tigela, bata a manteiga até ela ficar cremosa, acrescente o açúcar e as avelãs e misture bem. Junte a gema, bata, em seguida incorpore a farinha, o fermento, o cacau e as bananas previamente amassadas com um garfo. Coloque a massa em um saco de confeitar com bico nº 10.

2 – Unte a fôrma de 18 cm e coloque-a em uma assadeira grande forrada com papel-manteiga. Com o saco, faça bolas em toda a volta da fôrma e depois uma espiral. Leve ao forno por 20 a 25 minutos.

PREPARE AS BANANAS CARAMELIZADAS

3 – Corte as bananas em rodelas. Aqueça a manteiga e o açúcar demerara e deixe caramelizar. Junte as bananas e cozinhe até ficar com consistência de geleia. Desligue o fogo, adicione o rum, mexa bem e espere esfriar.

PREPARE A GANACHE DE CHOCOLATE AO LEITE

4 – Derreta o chocolate em banho-maria. Despeje sobre ele o creme de leite, mexa bem e leve à geladeira por 30 minutos.

5 – Bata com um batedor manual e insira a mistura em um saco de confeitar com bico saint-honoré.

FAÇA A MONTAGEM E A DECORAÇÃO

6 – Desenforme a torta e deixe-a esfriar. Espalhe por cima as bananas caramelizadas, deixando um espaço de 2 cm entre elas e a borda.

7 – Disponha sobre as bananas a ganache de chocolate, formando ondas. Leve a torta à geladeira por 1 hora, depois polvilhe com açúcar de confeiteiro peneirado.

8 – Faça a temperagem do chocolate para cobertura (ver procedimento nas pp. 494-495) e estenda-o em uma superfície de trabalho fria. Quando ele começar a grudar, mas ainda estiver maleável, faça grandes lascas, usando um cortador para raspá-las.

9 – Polvilhe as lascas com açúcar de confeiteiro e decore a torta com elas.

- BOLOS SIMPLES, RECHEADOS E ENTREMETS -

CHEESECAKE
com geleia de framboesa

Rende 10 porções

PREPARO: 1 hora – COZIMENTO: 20 min – REFRIGERAÇÃO: 3h50 – CONSERVAÇÃO: 2 dias na geladeira

DIFICULDADE: ♙♙

Para a massa
240 g de biscoito amanteigado
90 g de manteiga em pedaços

Para a geleia de framboesa
20 ml de água
25 g de mel
75 g de açúcar
180 g de framboesas
2 grãos de pimenta-do-reino moídos
2 colheres (chá) de vinagre balsâmico
2 folhas de gelatina (4 g)

Para a musse de queijo branco
20 ml de água
60 g de açúcar
2 gemas
160 g de cream cheese
raspas da casca de ½ limão
3 folhas de gelatina (6 g)
50 ml de creme de leite fresco
250 ml de creme de leite fresco

Para a decoração
100 g de biscoito champanhe
50 g de framboesas
ouro em pó comestível
20 g de mirtilos
1 colher (chá) de pistaches sem casca
geleia de brilho
açúcar de confeiteiro

MATERIAL NECESSÁRIO: 1 fôrma de fundo removível de 20 cm de diâmetro e 4,5 cm de altura – 1 termômetro de cozinha

O cheesecake

Torta muito popular nos Estados Unidos, cuja versão mais famosa é originária de Nova York, o cheesecake pode ser preparado de várias maneiras e com diversos sabores. A base da torta pode ser de biscoitos secos, amanteigados ou mesmo de spéculoos, que é um biscoito doce, com sabor de canela e caramelo, criado na Bélgica. Sobre a base, vai uma camada de cream cheese misturado com ovos e açúcar.

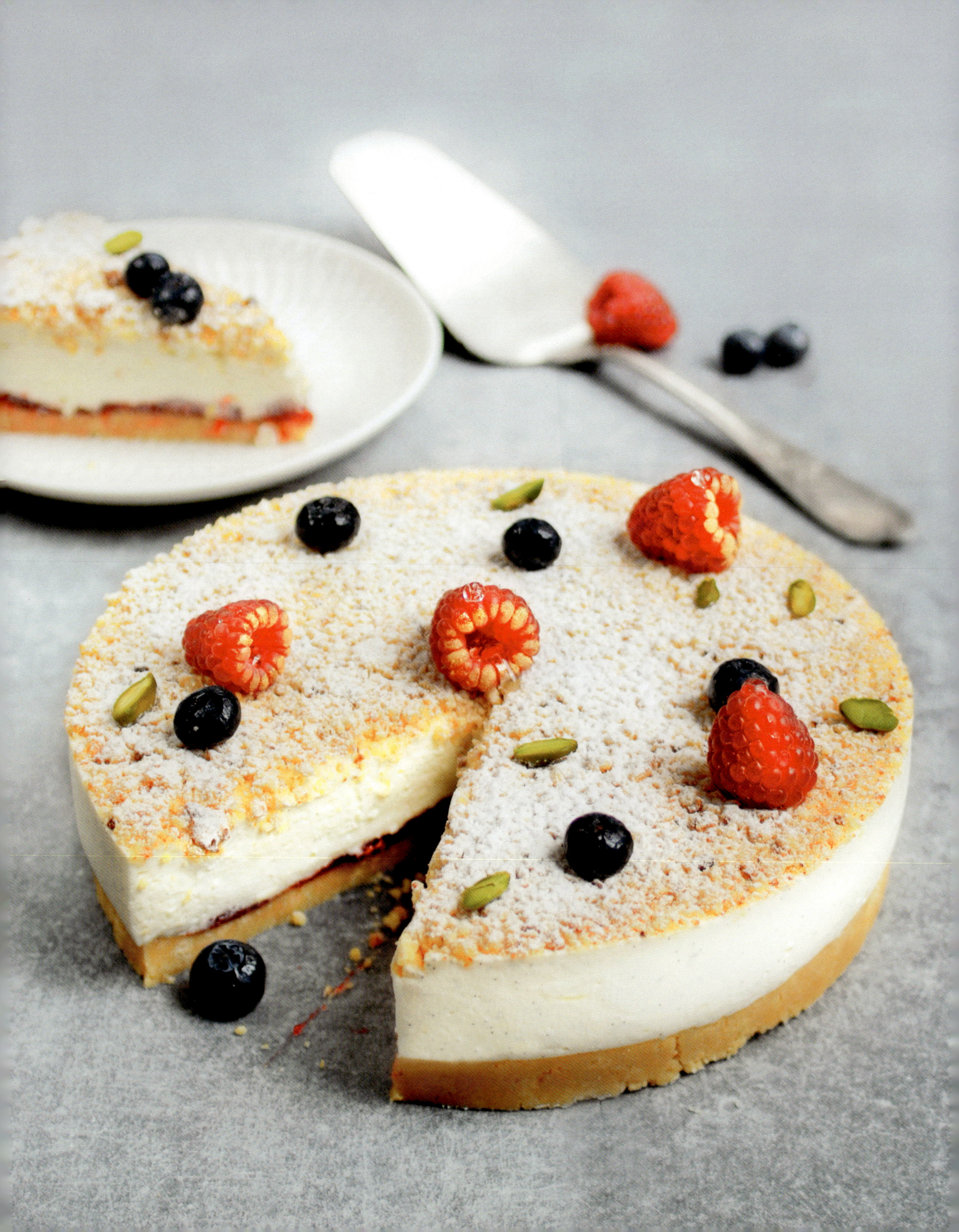

CHEESECAKE com geleia de framboesa

passo a passo

PREPARE A MASSA

1 – Em uma tigela, esmague os biscoitos com um rolo, junte a manteiga e continue a amassar. Mexa a mistura com um garfo para ficar com o aspecto de farofa grossa.

2 – Forre uma assadeira com papel-manteiga e coloque a fôrma dentro dela. Com uma colher, espalhe a massa no fundo da fôrma e alise-a com as costas da colher. Leve à geladeira por 30 minutos.

PREPARE A GELEIA DE FRAMBOESA

3 – Em uma panela, aqueça a água, o mel e o açúcar até a temperatura atingir 120 °C. Use o termômetro de cozinha.

4 – Nessa temperatura, adicione as framboesas, a pimenta e o vinagre balsâmico. Cozinhe por 2 minutos, mexendo com uma espátula de silicone. Coloque as folhas de gelatina de molho em uma tigela com água fria.

5 – Escorra a gelatina e acrescente-a à mistura da panela, incorporando-a bem com uma espátula de madeira.

6 – Com o auxílio de uma colher (sopa), disponha a geleia sobre a massa na fôrma.

PREPARE A MUSSE DE QUEIJO BRANCO

7 – Em uma panela pequena, ferva a água e o açúcar até obter uma calda. Em uma tigela, bata as gemas e adicione-as à calda quente.

8 – Ponha a mistura na batedeira e bata até se tornar bem uniforme. Esse creme é chamado de "pâte à bombe", muito usado como base em confeitaria.

9 – Coloque o cream cheese em uma tigela. Adicione as raspas de limão. Amoleça as folhas de gelatina em um recipiente com água fria.

...

- BOLOS SIMPLES, RECHEADOS E ENTREMETS -

CHEESECAKE com geleia de framboesa

passo a passo

10 – Escorra as folhas de gelatina. Em uma panela, aqueça os 50 ml de creme de leite e junte a gelatina, misturando bem para dissolver.

11 – Adicione o cream cheese e bata bem.

12 – Incorpore a pâte à bombe e continue a bater.

13 – Bata os 250 ml de creme de leite até ficar consistente.

14 – Incorpore-o delicadamente à mistura anterior.

TERMINE A MONTAGEM E FAÇA A DECORAÇÃO

15 – Com uma espátula de silicone, espalhe a musse de queijo sobre a geleia na fôrma, fazendo movimentos de fora para dentro.

16 – Alise a superfície com uma espátula dura para retirar a musse excedente. Leve à geladeira por 20 minutos.

17 – Preaqueça o forno a 150 °C. Esmague os biscoitos champanhe com a colher, espalhe-os em uma assadeira forrada com papel-manteiga e leve ao forno por 20 minutos. Polvilhe-os sobre o cheesecake e leve à geladeira por 3 horas.

18 – Desenforme a sobremesa delicadamente e decore-a com framboesas (passadas no ouro em pó), mirtilos e pistaches. Em uma panela pequena, aqueça a geleia de brilho, ponha-a em um cone de papel e aplique uma gota sobre cada framboesa. Para finalizar, polvilhe a torta com açúcar de confeiteiro.

- BOLOS SIMPLES, RECHEADOS E ENTREMETS -

BOLO DE PERA,
cereja e damasco

Rende 6 a 9 fatias

PREPARO : 30 min – MACERAÇÃO : 10 min – COZIMENTO : 35 a 40 min – CONSERVAÇÃO : 4 dias envolto em filme de PVC

DIFICULDADE : ♢

Para o bolo
- 50 g de peras desidratadas
- 30 g de cerejas em calda
- 50 g de damascos secos
- 2 colheres (chá) de licor de conhaque e laranja (por ex., Grand Marnier®)
- 110 g de farinha de trigo
- 110 g de manteiga em temperatura ambiente
- 85 g de açúcar de confeiteiro
- 1 ovo grande (60 g)
- 1 gema (20 g)
- ½ colher (chá) de fermento químico em pó

20 g de manteiga amolecida para untar

Para a calda
- 30 ml de água
- 30 ml de suco de laranja
- 30 g de açúcar
- 2 colheres (chá) de licor de conhaque e laranja (por ex., Grand Marnier®)

MATERIAL NECESSÁRIO: 1 fôrma retangular de 18 x 6 cm – 1 pincel

As peras desidratadas

Especialidade de Indre-et-Loire, as peras desidratadas, ou "poires tapées" na terminologia francesa, são preparadas com uma técnica ancestral. As frutas são descascadas, secas no forno e depois socadas com um martelo especial chamado platissouerre. São conservadas em cestos de vime. Ligeiramente ácidas, podem ser consumidas ao natural ou acompanhar pratos salgados e sobremesas.

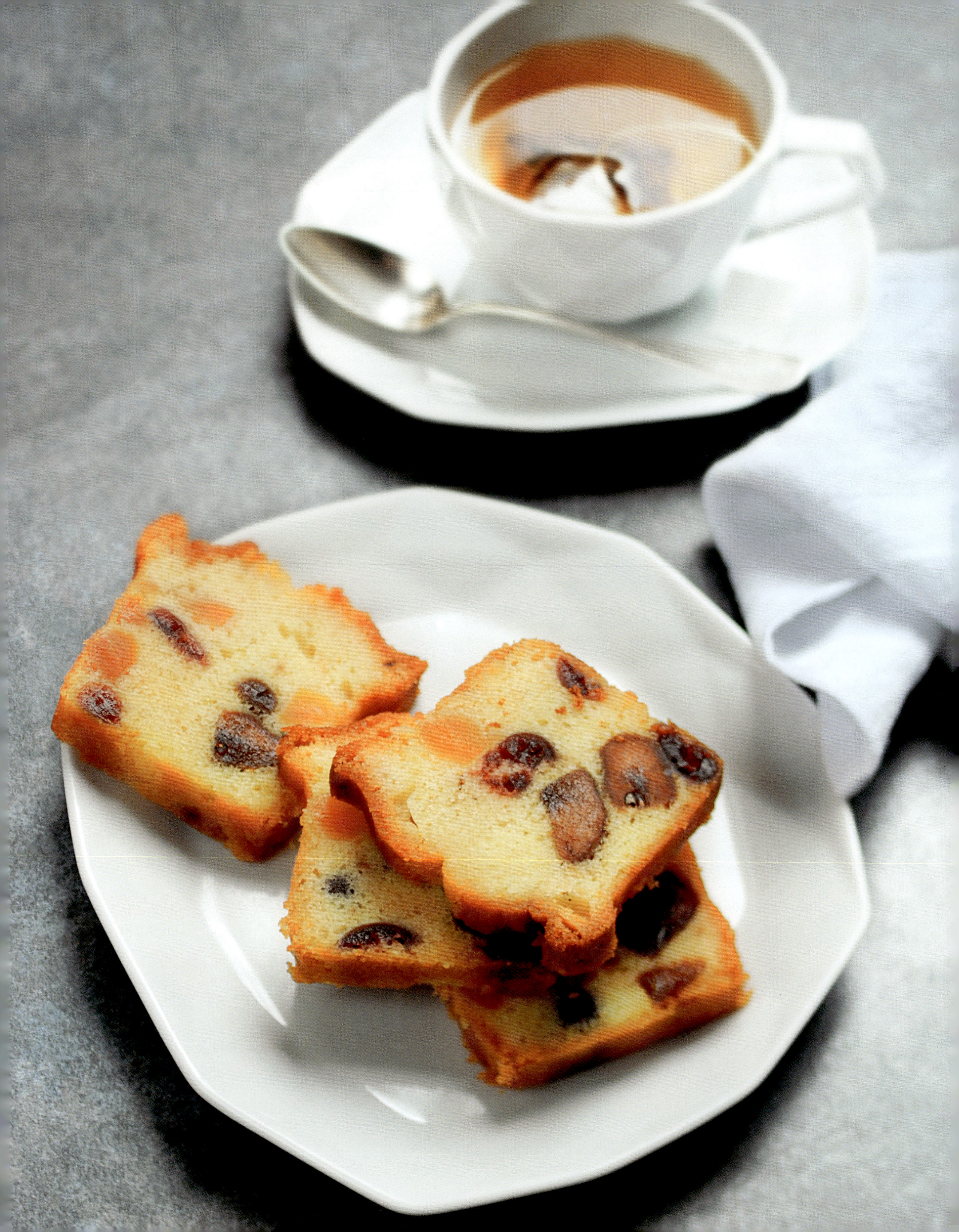

BOLO DE PERA, cereja e damasco

passo a passo

PREPARE A MASSA

1 – Corte as peras, as cerejas e os damascos em pedaços pequenos. Deixe-os macerando no licor de laranja durante 10 minutos.

2 – Preaqueça o forno a 170 °C. Unte a fôrma. Misture as frutas com 2 colheres (sopa) da farinha pesada previamente.

3 – Bata a manteiga com o açúcar de confeiteiro.

4 – Junte o ovo, depois a gema, e bata bem.

5 – Com uma espátula de silicone, incorpore a farinha e o fermento.

6 – Adicione as frutas enfarinhadas e misture delicadamente.

7 – Coloque a massa na fôrma e leve ao forno por 35 a 40 minutos.

PREPARE A CALDA

8 – Em uma panela, aqueça a água, o suco de laranja e o açúcar. Fora do fogo, adicione o licor de laranja e deixe amornar.

9 – Retire o bolo do forno e, com um pincel, espalhe a calda sobre ele.

- BOLOS SIMPLES, RECHEADOS E ENTREMETS -

BABA
de maracujá e coco

Rende 10 porções

PREPARO : 45 min – DESCANSO : 45 min – COZIMENTO : 40 min – CONSERVAÇÃO : 2 dias na geladeira

DIFICULDADE : ⌂

Para a massa
200 g de farinha de trigo
20 g de açúcar
1 colher (chá) de sal refinado
15 g de fermento biológico fresco
1 colher (sopa) de água morna
2 ovos (100 g)
110 ml de leite
1 colher (sopa) de rum aromatizado com coco (por ex., Malibu®)
70 g de manteiga
20 g de manteiga para untar

Para a calda de maracujá e coco
600 ml de água
37 g de açúcar
120 ml de leite de coco
60 g de purê de maracujá
50 ml de rum aromatizado com coco (por ex., Malibu®)

Para a geleia de maracujá
200 g de geleia de damasco
2 maracujás

Para o creme batido com mel
250 ml de creme de leite fresco
40 g de mel

MATERIAL NECESSÁRIO : 1 fôrma de pudim ondulada de 20 cm de diâmetro – 1 fôrma de pudim ondulada de 6 cm de diâmetro
2 sacos de confeitar – 1 bico pitanga nº 18 – 1 pincel

O fermento biológico

Obtido a partir de um fungo vivo de tamanho microscópico, o fermento biológico é usado para preparar massas e uma grande variedade de pães. O fermento se "alimenta" da glicose contida na farinha, e é essa reação química que faz a massa crescer. Evite misturá-lo diretamente com sal, pois este destrói os microrganismos contidos no fermento, impedindo a massa de crescer.

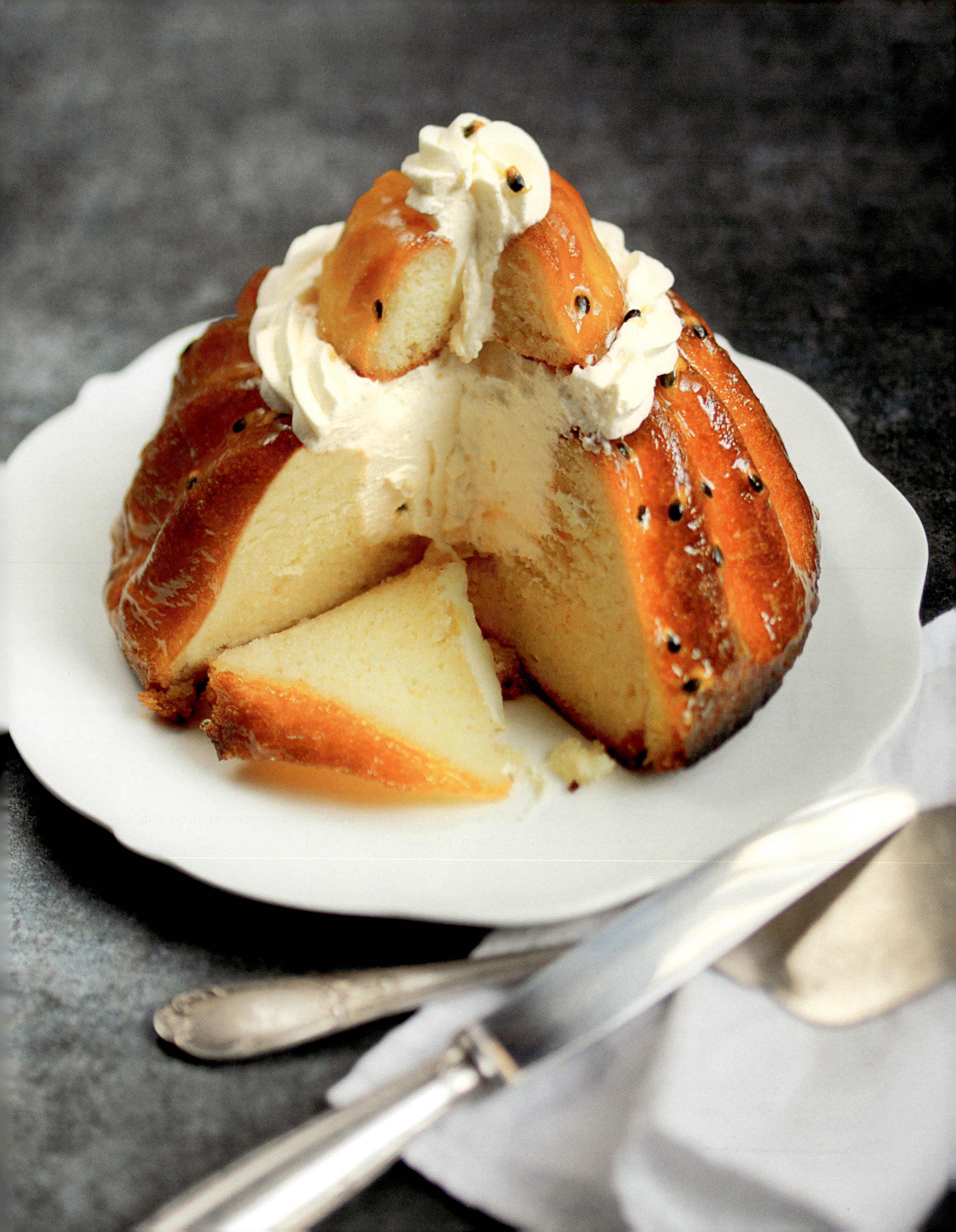

BABA de maracujá e coco — passo a passo

PREPARE A MASSA

1 – Em uma tigela, misture a farinha com o açúcar e o sal. Dissolva o fermento biológico em água morna e despeje-o na tigela.

2 – Junte os ovos e o leite. Bata bem até que a mistura fique homogênea.

3 – Incorpore o rum, batendo delicadamente.

4 – Bata a manteiga até ficar bem cremosa e incorpore-a à massa. Coloque a massa na batedeira e continue a bater.

5 – Trabalhe a massa até que fique uniforme, macia e elástica. Insira-a em um saco de confeitar.

6 – Unte as fôrmas com manteiga.

7 – Usando o saco de confeitar, distribua a massa na fôrma grande até ocupar dois terços e na pequena até também ocupar dois terços. Mantenha-as em lugar aquecido por 45 minutos para crescerem. Preaqueça o forno a 180 °C e asse as massas, deixando a fôrma pequena por 20 minutos e a grande por 40 minutos. Desenforme as babas imediatamente.

PREPARE A CALDA DE MARACUJÁ E COCO

8 – Em uma panela, ferva a água com o açúcar. Retire do fogo e acrescente o leite de coco, o purê de maracujá e o rum. Disponha a mistura em uma tigela grande.

9 – Recoloque a baba grande na fôrma e, com uma concha, despeje a calda pouco a pouco sobre ela até que esteja totalmente embebida.

...

CONSELHO DO CHEF

É possível variar infinitamente os aromas e os sabores desta sobremesa, usando abacaxi, grapefruit, cereja, limão etc. Você também pode substituir o rum por uísque, licor de cereja (por ex., kirsch) ou licor de conhaque e laranja (por ex., Grand Marnier®).

- BOLOS SIMPLES, RECHEADOS E ENTREMETS -

① ② ③ ④ ⑤ ⑥ ⑦ ⑧ ⑨

-63-

BABA de maracujá e coco — passo a passo

10 – Disponha a baba pequena em uma tigela com a calda e, com uma concha, regue-a várias vezes até ficar bem embebida. Em seguida escorra-a em uma grelha sobre um recipiente.

11 – Ponha outra grelha sobre a tigela e desenforme a baba sobre ela.

12 – Usando a concha, embeba a massa com o restante da calda e deixe-a escorrer também.

PREPARE A GELEIA DE MARACUJÁ

13 – Em uma panela, aqueça a geleia de damasco com um pouco de calda para amolecê-la. Deixe ferver, mexendo com um pincel até se formar uma bolha na ponta dele.

14 – Corte os maracujás ao meio, recolha o miolo, o suco e as sementes com uma colher e junte-os à geleia. Reserve algumas sementes para decorar.

PREPARE O CREME BATIDO COM MEL

15 – Bata o creme de leite até obter a consistência de chantili. Incorpore o mel e mexa delicadamente. Insira a mistura em um saco de confeitar com bico pitanga nº 18.

FAÇA A MONTAGEM E A DECORAÇÃO

16 – Coloque a baba grande em uma grelha própria e espalhe a geleia de maracujá sobre ela com um pincel.

17 – Usando o saco de confeitar, preencha o centro com o creme batido.

18 – Disponha a baba pequena por cima e decore com uma rosácea de creme batido. Para finalizar, enfeite com sementes de maracujá.

- BOLOS SIMPLES, RECHEADOS E ENTREMETS -

SOBREMESA
à moda de Saint-Tropez

Rende 8 porções

PREPARO : 1 hora – DESCANSO : 1 hora + 45 min – REFRIGERAÇÃO : 5 horas – COZIMENTO : 40 min

DIFICULDADE : ♙♙

Para a massa de brioche	Para o creme Chiboust de baunilha
1 colher (chá) de fermento biológico fresco em tablete	Creme de confeiteiro
20 ml de leite	1 fava de baunilha
1 ou 2 gotas de baunilha	370 ml de leite
170 g de farinha de trigo	75 g de ovos
1 colher (chá) de sal refinado	60 g de açúcar
2 ovos (100 g)	50 g de amido de milho
20 g de açúcar	Merengue italiano
85 g de manteiga	100 g de claras
	40 ml de água
1 gema (20 g) para dourar a massa	160 g de açúcar
80 g de açúcar cristal	

Material necessário : 1 batedeira – 1 fôrma de aro removível de 22 cm de diâmetro – 1 pincel

A sobremesa à moda de Saint-Tropez

Doce típico de Saint-Tropez e famoso na França, esta sobremesa é composta de um brioche cortado ao meio, tradicionalmente guarnecido de creme mousseline aromatizado com água de flor de laranjeira e salpicado com açúcar cristal. Aqui, o creme mousseline é substituído pelo creme Chiboust, bem macio e leve, que é uma mistura de creme de confeiteiro com merengue italiano.

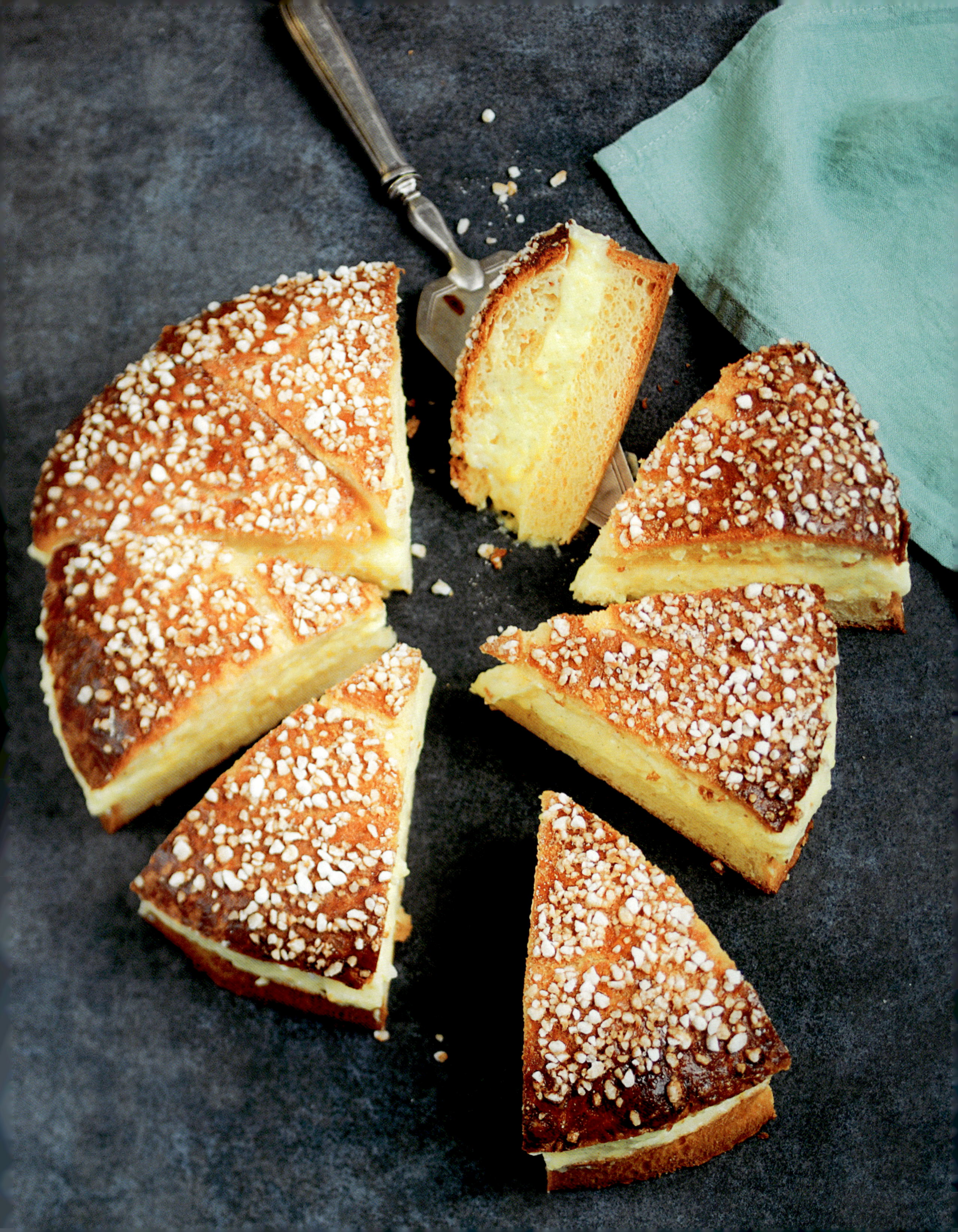

SOBREMESA à moda de Saint-Tropez   passo a passo

PREPARE A MASSA DE BRIOCHE

1 – Dissolva o fermento no leite quente com a baunilha.

2 – Misture a farinha e o sal na tigela da batedeira.

3 – Acrescente o leite fermentado e os ovos. Bata usando um batedor gancho por 7 a 8 minutos.

4 – Junte o açúcar e continue a trabalhar a massa por alguns minutos.

5 – Incorpore a manteiga pouco a pouco e continue a bater por 5 minutos, até que a massa se desprenda bem das laterais.

6 – A consistência deve ser elástica e lisa. Coloque a massa em uma tigela grande.

7 – Cubra a tigela com um filme de PVC e deixe a massa crescer durante 1 hora em lugar aquecido.

8 – Enfarinhe as mãos levemente e trabalhe a massa várias vezes para remover o ar. Recoloque o filme de PVC e leve à geladeira por 4 horas.

9 – Forme uma bola com a massa, disponha-a na superfície de trabalho e amasse-a levemente.

...

- BOLOS SIMPLES, RECHEADOS E ENTREMETS -

-69-

SOBREMESA à moda de Saint-Tropez — passo a passo

10 – Transfira a massa para a fôrma com aro e alise a superfície para ficar uniforme. Cubra a massa com um filme de PVC ou um pano úmido e deixe-a crescer por cerca de 45 minutos em lugar aquecido até dobrar de tamanho.

11 – Preaqueça o forno a 180 °C. Bata a gema com 1 colher (sopa) de água e pincele a massa de brioche com essa mistura.

12 – Polvilhe a superfície com o açúcar cristal e leve ao forno por 40 minutos.

13 – Depois que esfriar, corte o brioche ao meio no sentido horizontal e desenforme-o.

PREPARE O CREME CHIBOUST DE BAUNILHA

14 – Abra a fava de baunilha ao meio no sentido do comprimento e raspe as sementes com a ponta de uma faca. Bata o creme de confeiteiro (ver preparo na p. 480) e junte as sementes de baunilha. Acrescente um pouco de merengue italiano (ver preparo na p. 487) ao creme de confeiteiro e bata vigorosamente para deixar a mistura homogênea.

15 – Com uma espátula de silicone, incorpore delicadamente o restante, em três vezes.

FAÇA A MONTAGEM

16 – Com a ajuda do aro, espalhe o creme Chiboust uniformemente na base do brioche, alise com uma espátula e retire o aro.

17 – Corte a parte superior do brioche em 8 pedaços iguais.

18 – Disponha os pedaços sobre o creme Chiboust para remontar a sobremesa e corte os pedaços até embaixo, separando-os uns dos outros. Leve à geladeira por 1 hora antes de servir.

- BOLOS SIMPLES, RECHEADOS E ENTREMETS -

TORTA CROCANTE
de frutas vermelhas e chocolate branco

Rende 10 porções

PREPARO: 1 hora – COZIMENTO: 15 min – CONGELAMENTO: 2 horas – CONSERVAÇÃO: 2 dias na geladeira

DIFICULDADE: ⌂

Para a massa de pão de ló
70 g de manteiga
2 ovos pequenos (80 g)
75 g de açúcar
65 g de farinha de trigo
uma pitada de fermento químico em pó
30 g de framboesas
20 g de mirtilos

Para o crocante de cereais
130 g de chocolate branco
100 g de cereal matinal de frutas vermelhas
30 g de flocos de arroz
2 colheres (chá) de açúcar cristal

Para a musse de chocolate branco e pera
2 folhas de gelatina (4 g)
100 g de purê de pera
1 colher (sopa) de mel
4 colheres (sopa) de creme de leite fresco
235 g de chocolate branco
220 ml de creme de leite fresco

Para regar a massa
2 colheres (chá) de aguardente de framboesa

Para a decoração
açúcar de confeiteiro

MATERIAL NECESSÁRIO: 1 fôrma de aro removível de 20 cm de diâmetro – 1 fôrma de aro removível de 18 cm de diâmetro – 1 pincel – 1 spray de efeito aveludado vermelho para chocolate – 1 maçarico culinário – 1 bandeja para torta

Como deixar seus doces crocantes

Para dar textura crocante a uma sobremesa, não há nada mais simples: misture cereais matinais a chocolate derretido e deixe esfriar. Essa preparação pode ser usada na hora da montagem. Outra opção é utilizar biscoitos do tipo crêpes dentelle, de massa leve e crocante ao mesmo tempo, ou outro semelhante para mudar o sabor do crocante a seu gosto.

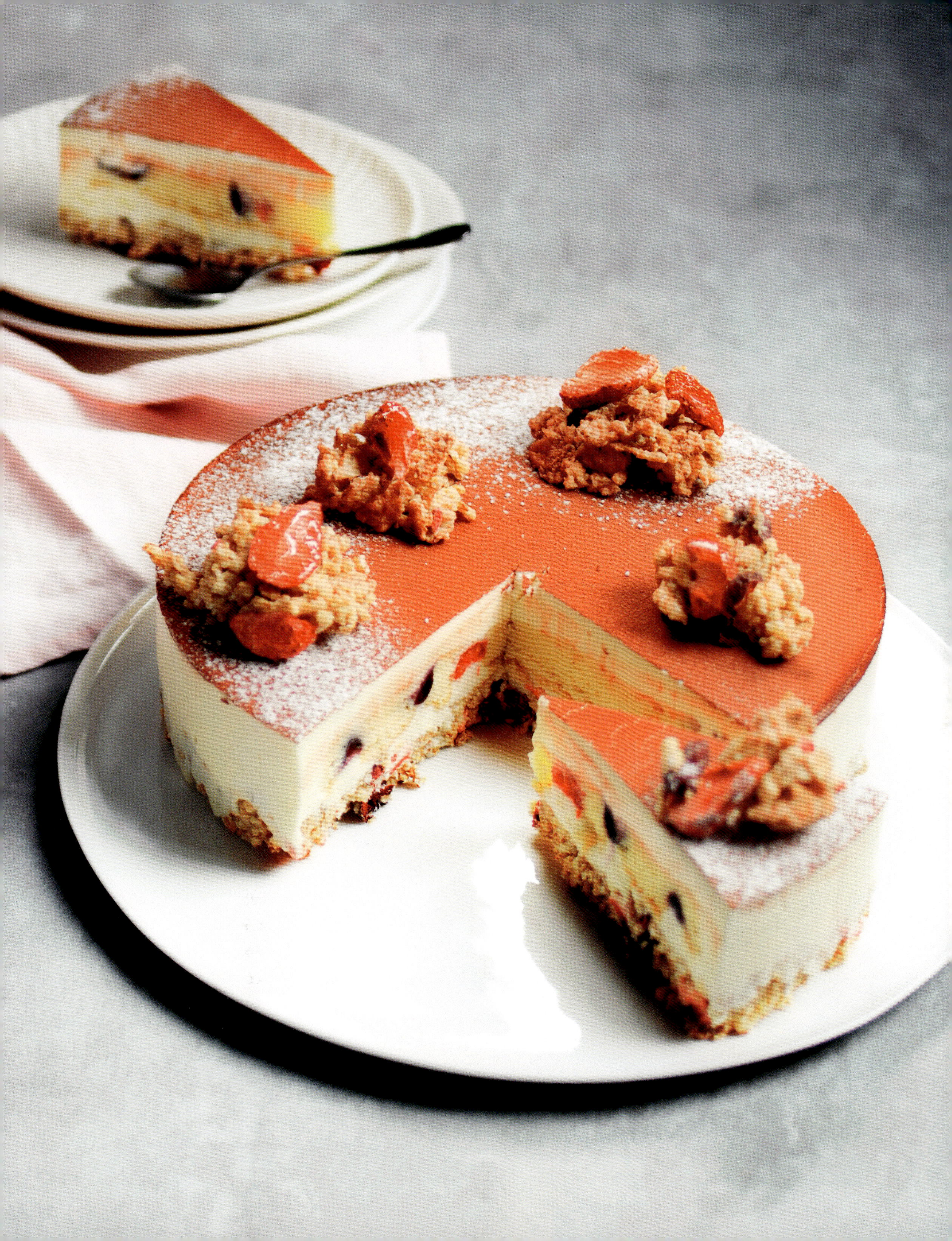

TORTA CROCANTE de frutas vermelhas

passo a passo

PREPARE A MASSA DE PÃO DE LÓ

1 – Preaqueça o forno a 200 °C. Derreta a manteiga. Bata os ovos com o açúcar. Junte a farinha e o fermento, misture bem e incorpore a manteiga ainda morna.

2 – Disponha a massa em uma assadeira forrada com papel-manteiga sem estendê-la.

3 – Corte ao meio as framboesas e os mirtilos e coloque-os sobre a massa. Leve ao forno por 15 minutos.

PREPARE O CROCANTE DE CEREAIS

4 – Derreta o chocolate branco em banho-maria e adicione os cereais, os flocos de arroz e o açúcar cristal, misturando bem.

5 – Coloque o aro de 20 cm em uma assadeira forrada com papel-manteiga e preencha o aro com essa massa. Com uma colher (sopa), alise a superfície para espalhá-la uniformemente.

6 – Faça montinhos com o restante do crocante e disponha-os na mesma bandeja em que vai servir. Leve à geladeira.

PREPARE A MUSSE DE CHOCOLATE BRANCO E PERA

7 – Amoleça as folhas de gelatina em uma tigela com água fria. Em uma panela, coloque o purê de pera, o mel e as 4 colheres de creme de leite e leve ao fogo até ferver. Escorra a gelatina e ponha-a na panela, fora do fogo, mexendo bem. Despeje a mistura em uma tigela.

8 – Incorpore o chocolate branco picado. Misture até a consistência ficar homogênea. Espere amornar. Bata os 220 ml de creme de leite em ponto de chantili e incorpore-o à mistura anterior.

FAÇA A MONTAGEM E A DECORAÇÃO

9 – Desenforme a torta sobre o papel-manteiga e retire a folha de papel de cima dela.

...

- BOLOS SIMPLES, RECHEADOS E ENTREMETS -

① ② ③
④ ⑤ ⑥
⑦ ⑧ ⑨

- 75 -

TORTA CROCANTE de frutas vermelhas   passo a passo

10 – Apoie o aro de 18 cm sobre a massa e corte-a com uma faca.

11 – Pincele a superfície da massa com aguardente de framboesa.

12 – Despeje um pouco da musse de chocolate dentro do aro, sobre a massa, e espalhe bem com uma espátula de silicone.

13 – Coloque a torta por cima.

14 – Cubra com o restante da musse e alise a superfície com uma espátula para retirar o excesso. Leve ao congelador por 2 horas.

15 – Forre a superfície de trabalho com filme de PVC e disponha uma grelha sobre ela. Transfira a sobremesa da assadeira para a grelha, sem retirar o aro. Pulverize a superfície com o spray vermelho até cobri-la uniformemente.

16 – Coloque a sobremesa sobre uma tigela de fundo plano virada de ponta-cabeça e passe o maçarico ao redor do aro para que se solte da lateral da torta. Deslize o aro para baixo e transfira o doce para a bandeja de servir.

17 – Salpique uma parte da torta com açúcar de confeiteiro, deixando o centro livre.

18 – Decore com os montinhos de crocante de cereais.

- BOLOS SIMPLES, RECHEADOS E ENTREMETS -

TORTA DE
pera e cumaru

Rende 10 porções

PREPARO: 1h30 + 15 min para o creme de confeiteiro – COZIMENTO: cerca de 35 min
REFRIGERAÇÃO: 1h30 – CONSERVAÇÃO: 2 dias na geladeira
DIFICULDADE:

Para as peras desidratadas
4 peras
geleia de brilho

Para as peras caramelizadas com cumaru
30 g de manteiga
40 g de açúcar
os cubinhos de pera
⅓ de fava de cumaru

Para a massa de nozes
4 gemas (75 g)
55 g de açúcar
2½ claras (70 g)
20 g de açúcar
20 g de farinha de trigo
25 g de fécula de batata
40 g de manteiga derretida
30 g de nozes picadas

Para o creme de cumaru
Creme de confeiteiro
⅓ de fava de cumaru
170 ml de leite
4 gemas (80 g)
40 g de açúcar
1 colher (sopa) de amido de milho
----
12 g de gelatina em folhas incolor
200 ml de creme de leite fresco

Para a glaçagem de caramelo
150 g de geleia de brilho
1 colher (chá) de caramelo líquido
1 ou 2 gotas de corante alimentício vermelho

MATERIAL NECESSÁRIO: 1 tapete de silicone (Silpat) – 1 fôrma com aro removível de 22 cm de diâmetro – 1 suporte para torta

O cumaru

É uma planta típica da região amazônica do Brasil, cujas sementes são muito usadas na culinária. Tem um sabor marcante, entre o da amêndoa e o do caramelo, e, se ingerido em grande quantidade, pode fazer mal. Portanto, é usado com moderação, geralmente para aromatizar cremes. Seja ralado, seja em infusão, combina muito bem com a pera e, por seu aroma original, é capaz de seduzir os paladares mais requintados.

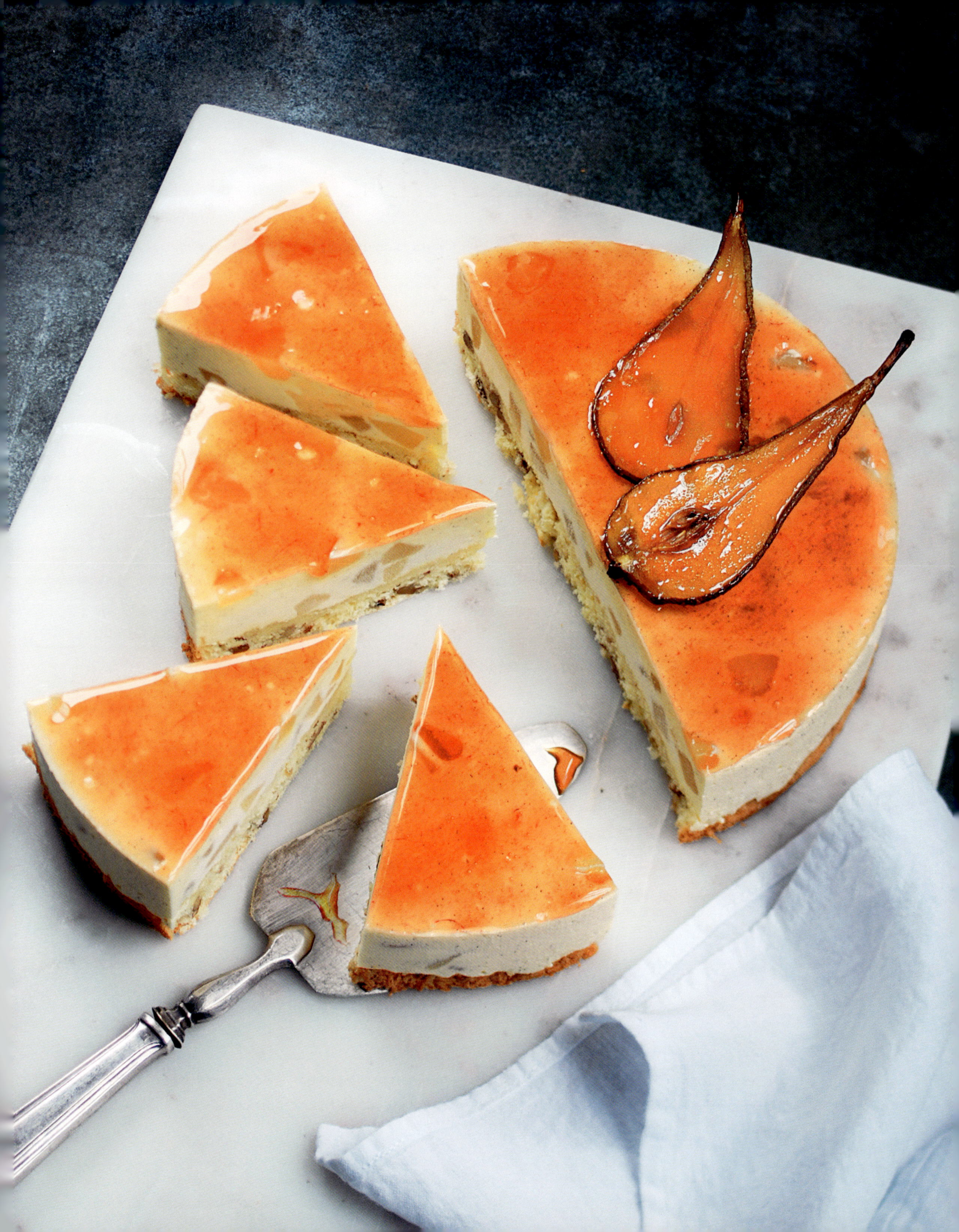

TORTA de pera e cumaru

passo a passo

PREPARE AS PERAS DESIDRATADAS

1 – Preaqueça o forno a 180 °C. Antes de descascar as peras, corte 2 fatias finas no centro de uma delas, incluindo o cabo. Depois corte o restante em cubos e reserve.

2 – Coloque as 2 fatias de pera em uma frigideira e doure-as por 5 minutos. Disponha-as no tapete de silicone e leve ao forno por 15 minutos para secarem.

PREPARE AS PERAS CARAMELIZADAS COM CUMARU

3 – Aqueça em uma panela a manteiga com o açúcar até que comecem a caramelizar e adicione os cubos de pera reservados. Cozinhe até que estejam macios. Rale a fava de cumaru sobre as peras, misture bem, ponha tudo em uma tigela e leve à geladeira.

PREPARE A MASSA DE NOZES

4 – Mantenha a temperatura do forno em 180 °C. Bata as gemas com o açúcar até a mistura ficar esbranquiçada e espessa.

5 – Em uma tigela grande, bata as claras em neve e incorpore o açúcar para formar um merengue.

6 – Adicione as gemas batidas.

7 – Junte a farinha, a fécula de batata e a manteiga derretida e mexa delicadamente.

8 – Incorpore as nozes.

9 – Disponha a fôrma de torta sobre uma assadeira forrada com papel-manteiga e coloque a massa dentro dela. Leve ao forno por 22 minutos.

...

- BOLOS SIMPLES, RECHEADOS E ENTREMETS -

TORTA de pera e cumaru

passo a passo

PREPARE O CREME DE CUMARU

10 – Rale a fava de cumaru. Prepare o creme de confeiteiro (ver preparo na p. 480), aquecendo o leite com a fava. Em seguida, incorpore a gelatina hidratada ao creme de confeiteiro e leve à geladeira por 30 minutos. Bata o creme de leite até adquirir consistência firme. Incorpore um pouco dele ao creme de confeiteiro, batendo bem para uniformizar a mistura. Em seguida, junte o restante, mexendo delicadamente.

FAÇA A MONTAGEM

11 – Misture as peras caramelizadas ao creme de cumaru.

12 – Desenforme a massa de torta sobre uma folha de papel-manteiga e corte um disco de 1,5 cm de espessura.

13 – Disponha a fôrma sobre um suporte para torta e recoloque o disco no fundo da fôrma.

14 – Espalhe o creme de cumaru sobre a torta, até a borda, e retire o excesso com uma espátula. Leve à geladeira por 1 hora.

FAÇA A GLAÇAGEM DE CARAMELO E A DECORAÇÃO

15 – Misture a geleia de brilho, o caramelo e o corante.

16 – Espalhe a glaçagem na superfície da sobremesa.

17 – Alise-a com uma espátula para retirar o excesso.

18 – Passe as fatias de pera secas na geleia de brilho e decore a torta com elas.

- BOLOS SIMPLES, RECHEADOS E ENTREMETS -

FLORESTA NEGRA

Rende 10 porções

PREPARO : 1h15 – COZIMENTO : 30 min – REFRIGERAÇÃO : 1 hora – CONSERVAÇÃO : 2 dias na geladeira

DIFICULDADE : ♙♙

Para a génoise de chocolate
4 ovos (200 g)
1 gema (20 g)
120 g de açúcar
50 g de farinha de trigo
50 g de fécula de batata
20 g de cacau em pó

Para as lascas de chocolate
200 g de chocolate ao leite

Para o creme chantili
500 ml de creme de leite fresco
50 g de açúcar de confeiteiro
uma pitada de baunilha em pó

Para a calda
150 ml de água
200 g de açúcar
30 ml de licor de cereja (por ex., kirsch)

Para as cerejas
350 g de cerejas em calda

Material necessário : 1 fôrma com aro removível de 20 cm de diâmetro e 6 cm de altura – 1 suporte de papelão

O bolo floresta negra

Especialidade alemã, o bolo floresta negra é composto de três camadas de génoise de chocolate embebidas de calda de licor e recheadas com chantili e cerejas. No final, é inteiramente coberto de creme chantili e decorado com cerejas e lascas de chocolate. É uma sobremesa também bastante consumida na Alsácia.

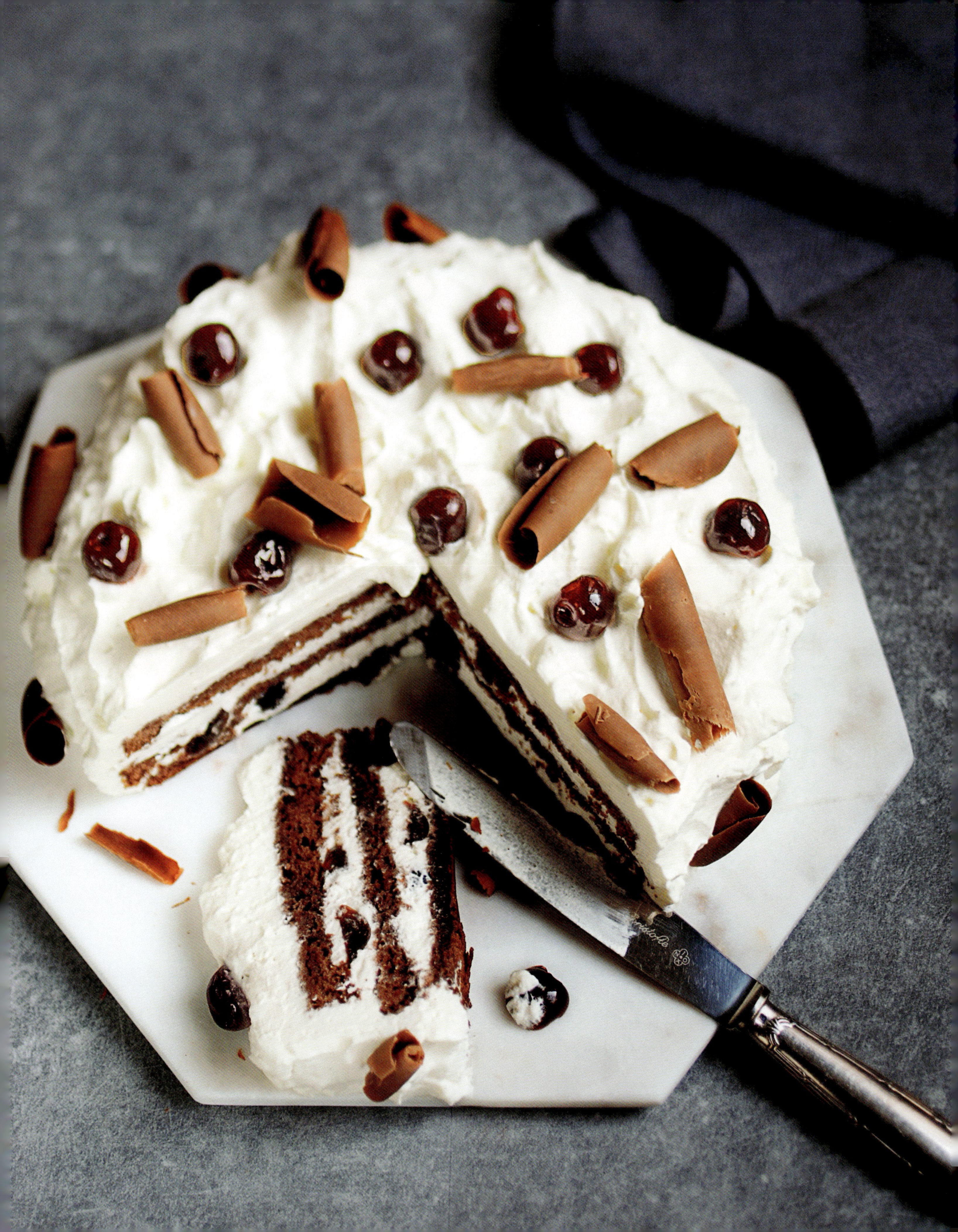

FLORESTA NEGRA

passo a passo

PREPARE A GÉNOISE DE CHOCOLATE

1 – Preaqueça o forno a 170 °C. Com um mixer, bata os ovos, a gema e o açúcar em uma tigela. Coloque-a em banho-maria e continue a bater até que a mistura fique esbranquiçada e espessa.

2 – Retire do banho-maria e continue batendo até que a massa esfrie totalmente e adquira a consistência de uma fita: deve escorrer do batedor sem se romper.

3 – Peneire juntos a farinha, a fécula de batata e o cacau e incorpore-os à massa, mexendo com uma espátula.

4 – Disponha a fôrma com aro sobre uma assadeira forrada com papel-manteiga e despeje a massa de chocolate no interior dela. Leve ao forno por 30 minutos e deixe esfriar.

PREPARE A CALDA

5 – Em uma panela, ferva a água com o açúcar. Deixe esfriar e junte o licor.

PREPARE AS LASCAS DE CHOCOLATE

6 – Derreta o chocolate em banho-maria. Despeje-o em uma superfície e trabalhe-o com a ajuda de duas espátulas até esfriar completamente.

7 – Faça as lascas raspando o chocolate com uma faca flexível.

PREPARE O CREME CHANTILI

8 – Bata o creme de leite até ficar consistente e formando picos. Adicione o açúcar e a baunilha e misture delicadamente.

FAÇA A MONTAGEM E A DECORAÇÃO

9 – Desenforme o bolo e, com uma faca serrilhada, corte-o em três discos iguais.

...

- BOLOS SIMPLES, RECHEADOS E ENTREMETS -

① ② ③
④ ⑤ ⑥
⑦ ⑧ ⑨

FLORESTA NEGRA

passo a passo

10 – Disponha um disco de génoise no suporte de papelão e embeba-o com a calda usando um pincel. Espalhe sobre ele uma camada de creme chantili e alise com a espátula.

11 – Ponha algumas cerejas por cima.

12 – Embeba o segundo disco na calda e acomode-o sobre o chantili.

13 – Coloque mais uma camada de chantili. Alise novamente com a espátula e disponha mais cerejas por cima.

14 – Regue o terceiro disco com a calda e disponha-o delicadamente sobre o bolo.

15 – Com uma espátula de silicone, espalhe mais creme chantili nas laterais da sobremesa.

16 – Cubra a superfície com chantili e alise com uma espátula para eliminar o excesso de creme.

17 – Disponha outra camada de chantili sobre a sobremesa, dando batidinhas com uma colher para formar picos.

18 – Decore a superfície e as laterais com cerejas e lascas de chocolate. Leve à geladeira por 1 hora antes de servir.

CONSELHO DO CHEF

Para fazer as lascas de chocolate mais rápido, pegue um tablete de chocolate e raspe-o com um descascador de legumes. Porém, o aspecto das lascas ficará menos viçoso. A génoise é uma massa básica de confeitaria francesa, parecida com a de pão de ló. A diferença é que leva manteiga.

- BOLOS SIMPLES, RECHEADOS E ENTREMETS -

BOLO MÁRMORE
de chocolate

Rende 3 bolos pequenos

PREPARO : 30 min – COZIMENTO : cerca de 35 min – CONSERVAÇÃO : 4 a 5 dias envolto em filme de PVC

DIFICULDADE : ⌂

P ARA A MASSA DO BOLO	P ARA A PASTA DE CACAU
50 g de manteiga amolecida para untar as fôrmas	20 g de cacau
farinha de trigo para polvilhar as fôrmas	100 ml de leite
180 g de manteiga	
180 g de açúcar de confeiteiro	
3½ ovos (180 g)	
1 fava de baunilha	
240 g de farinha de trigo	
1 colher (chá) de fermento químico em pó	

MATERIAL NECESSÁRIO : 3 fôrmas retangulares de 14 x 6 cm

A origem do chocolate

Os maias foram os primeiros a cultivar o cacau. Depois de torrar, moer e aquecer as favas, eles misturavam a massa obtida com água para produzir uma bebida amarga. Os astecas, por sua vez, acrescentavam açúcar, baunilha e mel, o que resultava no "xocolatl". Apenas no século XVI o cacau foi exportado para a Espanha pelos conquistadores, sendo difundido na Europa um século mais tarde.

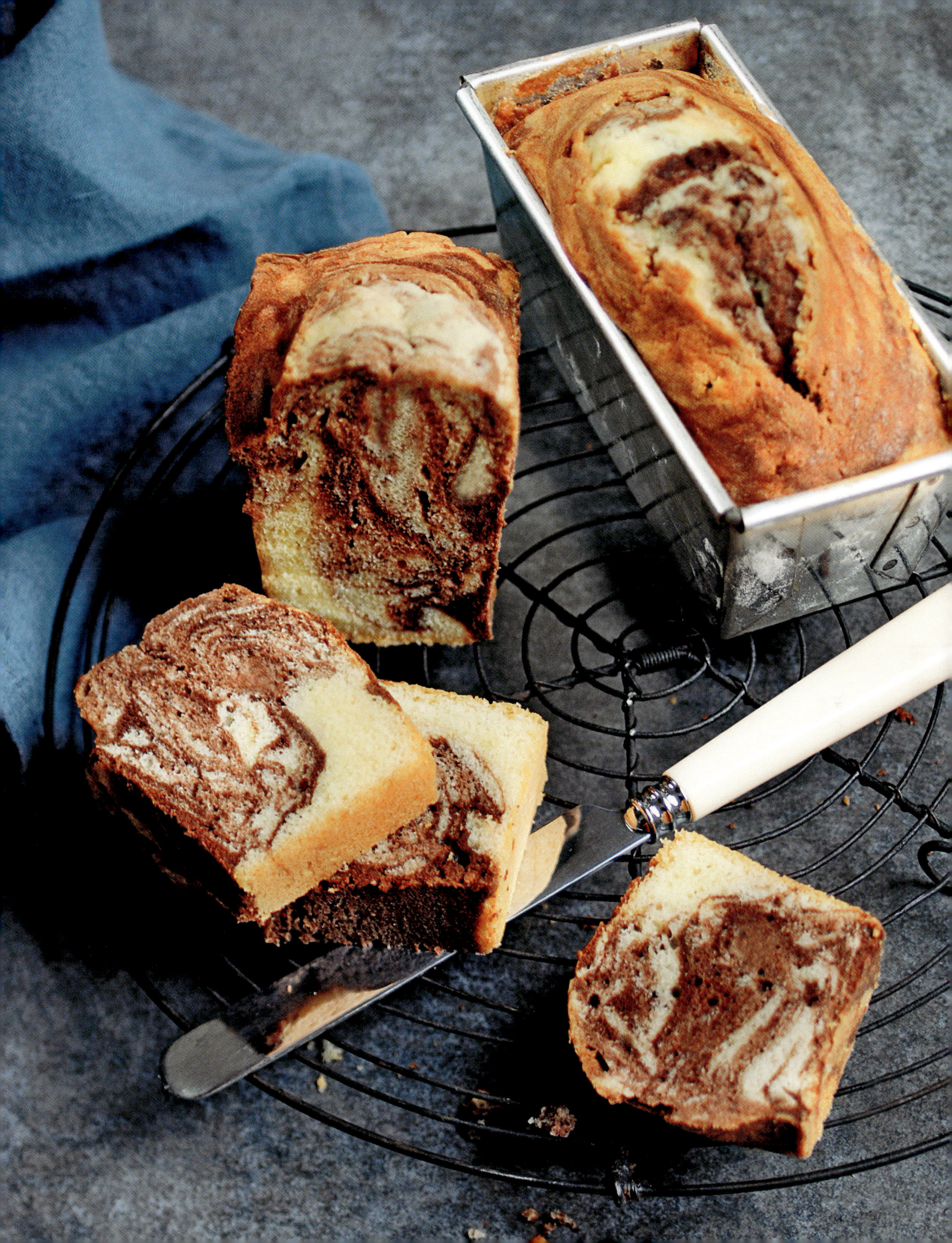

BOLO MÁRMORE de chocolate

passo a passo

PREPARE A MASSA DO BOLO

1 – Preaqueça o forno a 170 °C. Unte e enfarinhe as fôrmas e vire-as para baixo para retirar o excesso de farinha. Bata a manteiga em uma tigela até ficar bem pastosa.

2 – Junte o açúcar e misture bem.

3 – Incorpore os ovos com um batedor manual.

4 – Abra a fava de baunilha ao meio no sentido do comprimento e raspe as sementes com a ponta de uma faca. Adicione-as à mistura da tigela.

5 – Peneire a farinha e o fermento juntos em outra tigela e acrescente-os aos poucos à mistura anterior, mexendo até obter uma massa.

6 – Separe um terço dessa massa em outra tigela.

PREPARE A PASTA DE CACAU

7 – Em uma tigelinha, misture o cacau com o leite até obter uma pasta. Coloque essa mistura na tigela com o terço de massa do bolo e mexa com um batedor.

FAÇA A COMPOSIÇÃO DO BOLO MÁRMORE

8 – Distribua a massa do bolo entre as fôrmas. Espalhe por cima a pasta de cacau.

9 – Com um garfo, faça pequenos sulcos nas duas massas, misturando-as para ficarem com o aspecto de mármore. Dê pequenas batidinhas no fundo das fôrmas. Leve ao forno por cerca de 35 minutos ou até que, ao enfiar um palito no centro da massa, ele saia limpo.

- BOLOS SIMPLES, RECHEADOS E ENTREMETS -

① ② ③
④ ⑤ ⑥
⑦ ⑧ ⑨

FRAISIER
(bolo-musse de morango)

Rende 8 porções

PREPARO : 1 hora + 30 min para a génoise + 15 min para o creme de confeiteiro – COZIMENTO : cerca de 30 min
REFRIGERAÇÃO : 1 hora + 30 min para o creme de confeiteiro – CONSERVAÇÃO : 2 dias na geladeira
DIFICULDADE : ♙♙

Para a génoise	Para o creme mousseline
3 ovos (150 g)	Creme de confeiteiro
110 g de açúcar	370 ml de leite
30 g de farinha de amêndoa	25 g de manteiga
115 g de farinha de trigo	3 gemas (60 g)
20 g de manteiga	80 g de açúcar
	20 g de farinha de trigo
Para a calda	25 g de fécula de milho
150 ml de água	-------
120 g de açúcar	200 g de manteiga
20 ml de licor de cereja (por ex., kirsch)	
	Para a cobertura
	3 framboesas
	400 g de morangos
	1 cacho de groselhas

MATERIAL NECESSÁRIO : 1 fôrma com aro removível de 16 cm de diâmetro – 1 aro de 14 cm de diâmetro – 1 saco de confeitar
1 bico perlê n° 10 – 1 suporte para bolo

Um grande clássico da confeitaria francesa

O fraisier é composto de uma génoise embebida em calda, creme amanteigado e morangos para decorar. Atualmente, o creme mousseline, que é um creme de confeiteiro acrescido de manteiga, muitas vezes substitui o creme amanteigado, pois é mais leve e untuoso.

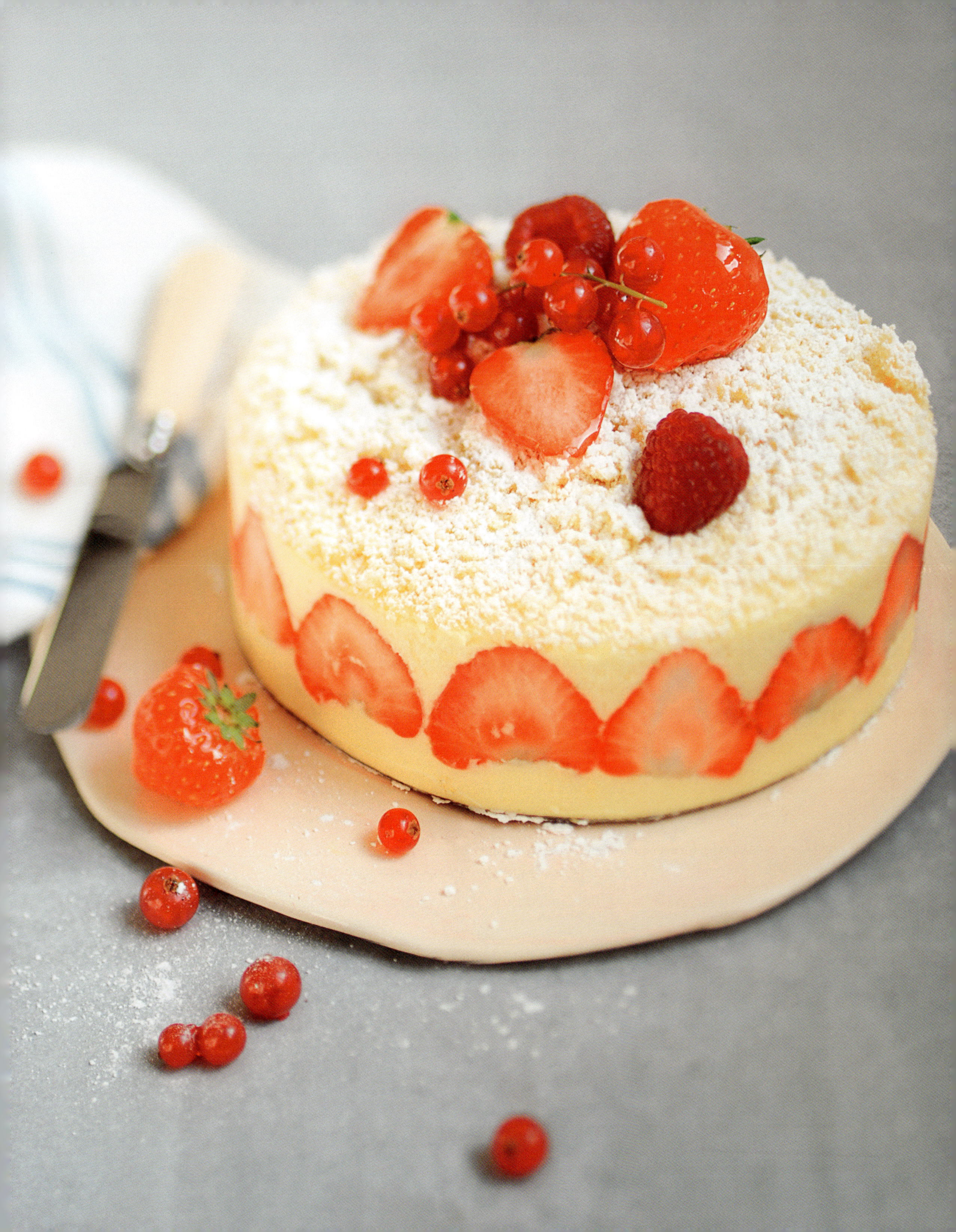

FRAISIER (bolo-musse de morango)

passo a passo

PREPARE A GÉNOISE

1 – Preaqueça o forno a 170 °C. Coloque a fôrma de 16 cm de diâmetro sobre uma assadeira forrada com papel-manteiga e disponha a massa de genóise na fôrma (ver preparo na p. 484). Leve ao forno por 30 a 35 minutos, retire e deixe esfriar. Corte o bolo ao meio para obter dois discos iguais.

2 – Corte a génoise usando o aro de 14 cm de diâmetro e reserve o que sobrou para a decoração.

PREPARE A CALDA

3 – Aqueça a água e o açúcar em uma panela. Deixe esfriar fora do fogo e adicione o licor.

PREPARE O CREME MOUSSELINE

4 – Coloque o creme de confeiteiro (ver preparo na p. 480) em uma tigela e bata bem para deixá-lo mais leve.

5 – Bata a manteiga até ficar com consistência pastosa. Adicione o creme de confeiteiro e bata de novo. Coloque o creme mousseline em um saco de confeitar com bico perlê nº 10.

FAÇA A MONTAGEM E A DECORAÇÃO

6 – Disponha o aro de 16 cm de diâmetro em um suporte para bolo e, com o saco de confeitar, faça um anel de creme mousseline no fundo da embalagem, acompanhando as bordas do aro.

7 – Com um pincel, embeba o primeiro disco de génoise na calda e coloque-o na fôrma, por cima do anel de creme mousseline.

8 – Em seguida, com o saco de confeitar, disponha o creme mousseline, fazendo primeiro um anel ao redor do bolo e depois uma espiral no centro.

9 – Corte os morangos ao meio e disponha-os na fôrma, com o lado cortado para baixo.

...

- BOLOS SIMPLES, RECHEADOS E ENTREMETS -

① ② ③ ④ ⑤ ⑥ ⑦ ⑧ ⑨

-97-

FRAISIER (bolo-musse de morango) — passo a passo

10 – Cubra os morangos com uma camada de creme mousseline.

11 – Alise a superfície com uma espátula para cobrir uniformemente.

12 – Coloque outra camada de morangos no interior do aro, sobre os morangos já cobertos.

13 – Disponha outra camada de creme mousseline sobre os morangos e alise com a espátula.

14 – Cubra com o segundo disco de génoise e regue-o com a calda, usando um pincel.

15 – Aplique sobre o bolo outra camada de creme mousseline, fazendo uma espiral. Alise com a espátula.

16 – Esmigalhe o restante da génoise reservada e salpique sobre o creme. Leve o bolo à geladeira por 1 hora.

17 – Polvilhe o fraisier com açúcar de confeiteiro e retire delicadamente o aro.

18 – Decore com framboesas, morangos e groselhas.

CONSELHO DO CHEF

Se quiser seguir a receita tradicional, substitua as migalhas de génoise e açúcar de confeiteiro, na decoração, por marzipã rosa enfeitado com frutas vermelhas. Ou então finalize a sobremesa com um merengue italiano (ver preparo na p. 487), que dará um aspecto mais profissional ao seu fraisier.

- BOLOS SIMPLES, RECHEADOS E ENTREMETS -

-99-

PAVÊ SUÍÇO

Rende 8 porções

PREPARO: 45 min + 15 min para a massa doce – COZIMENTO: 40 min
REFRIGERAÇÃO: 10 min + 30 min para a massa doce – CONSERVAÇÃO: 3 dias em uma caixa hermética
DIFICULDADE: ♙

Para os cubos de maçã
1 maçã
30 g de açúcar
30 ml de água

Para a massa doce
105 g de farinha de trigo
50 g de manteiga
50 g de açúcar de confeiteiro
15 g de farinha de amêndoa
½ ovo (25 g)

Para a base de amêndoa
140 g de manteiga em temperatura ambiente
120 g de açúcar
30 g de farinha de amêndoa
1½ ovo (75 g)
1 gema (20 g)
uma pitada de baunilha em pó
30 g de farinha de trigo
1 clara (30 g)
20 g de açúcar

Para a decoração
açúcar de confeiteiro

manteiga e farinha de trigo para untar e polvilhar a fôrma

MATERIAL NECESSÁRIO: 1 fôrma com aro removível de 16 cm de diâmetro e 4,5 cm de altura

Pommade

No jargão culinário, pommade é a manteiga cremosa, aquela que tem consistência de pasta (obtida quando mantida em temperatura ambiente). Ela é usada em algumas receitas porque é mais fácil de ser incorporada. Além disso, permite emulsionar bem os ingredientes, dando maciez e leveza ao prato preparado. A manteiga cremosa não deve se tornar líquida, portanto não é preciso trabalhá-la muito.

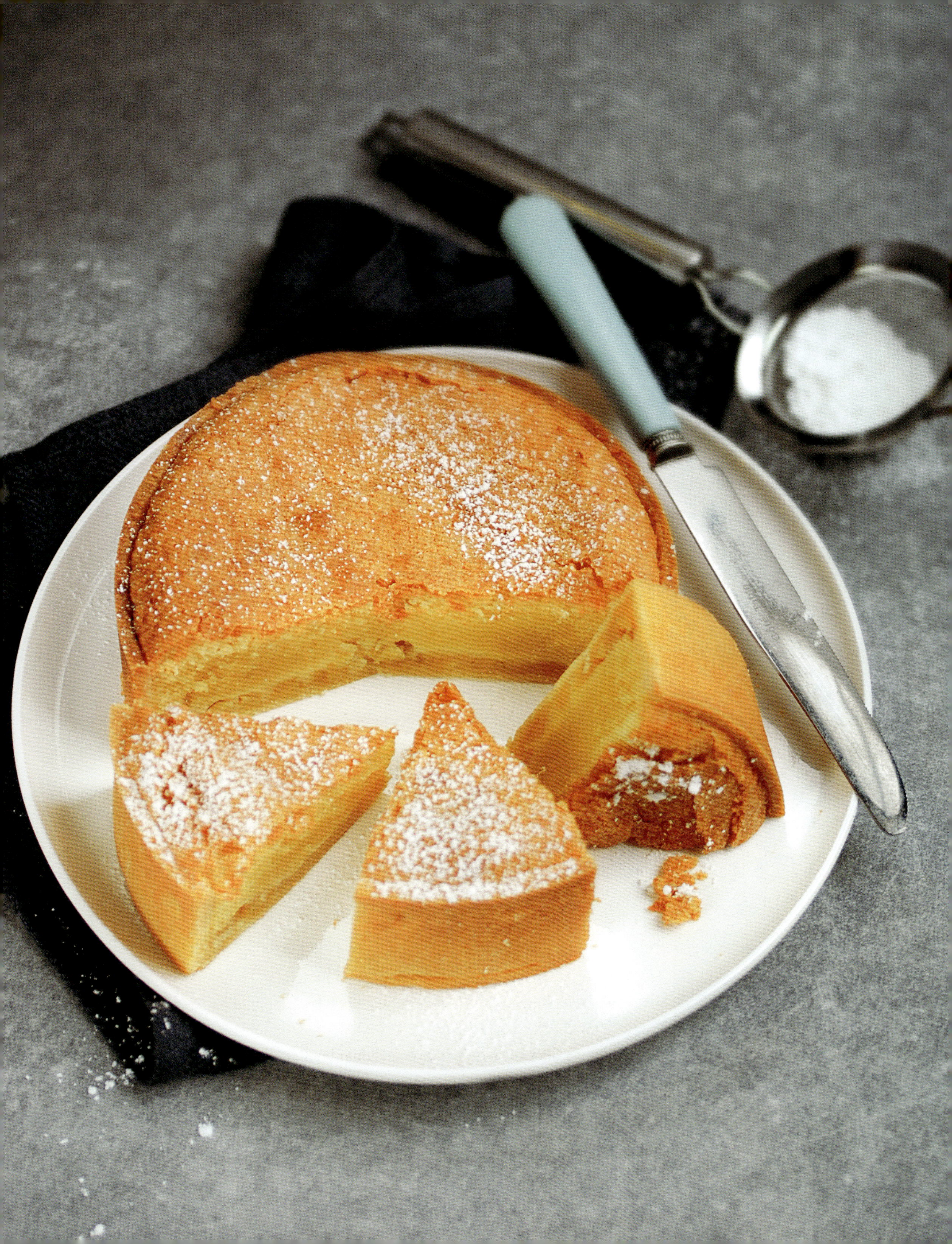

PAVÊ SUÍÇO

passo a passo

PREPARE OS CUBOS DE MAÇÃ

1 – Descasque a maçã, retire o miolo e as sementes e corte-a em cubinhos de 1 cm. Coloque-os em uma panela com o açúcar e a água e cozinhe até ficarem macios.

PREPARE A MASSA DOCE

2 – Enfarinhe a superfície de trabalho e estenda a massa doce (ver preparo na p. 488), deixando-a com 2 mm de espessura. Corte a massa com a ajuda de um aro de torta e transfira-a para uma assadeira forrada com papel-manteiga. Unte o aro e acomode a massa dentro dele.

3 – Faça um rolinho com os retalhos da massa e abra-o com um rolo até ficar com formato retangular e 2 mm de espessura.

4 – Com uma faca, corte uma tira de 16 cm de comprimento e 4,5 cm de largura, usando a altura do aro como referência.

5 – Enfarinhe levemente a tira e enrole-a em volta do rolo. Desenrole-a ao longo das laterais internas da fôrma, pressionando levemente para cobri-las bem de massa. Corte o excesso da borda com uma faca e leve à geladeira por 10 minutos.

PREPARE A BASE DE AMÊNDOA

6 – Com um batedor manual, bata a manteiga até ficar cremosa, junte o açúcar e continue a bater. Incorpore a farinha de amêndoa. Misture o ovo e a gema e acrescente ao creme anterior em duas etapas, batendo bem a cada vez. Incorpore a baunilha e depois a farinha, batendo sempre.

7 – Bata a clara em neve e adicione o açúcar para obter um merengue. Incorpore à mistura anterior com uma espátula de silicone.

FAÇA A MONTAGEM E A DECORAÇÃO

8 – Preaqueça o forno a 170 °C. Disponha os cubos de maçã na massa dentro do aro.

9 – Coloque por cima a base de amêndoa e alise bem a superfície com uma espátula. Leve ao forno por 40 minutos. Deixe esfriar antes de desenformar. Salpique a sobremesa com um pouco de açúcar de confeiteiro.

- BOLOS SIMPLES, RECHEADOS E ENTREMETS -

① ② ③ ④ ⑤ ⑥ ⑦ ⑧ ⑨

Doces em porções individuais

Bomba de chocolate e framboesa 106
Carolina crocante de chocolate 110
Sablé bretão de merengue e limão-siciliano . . 114
Religieuses de coco e gengibre 120
Bomba de violeta 124
Mont-blanc de laranja kinkan 128
Carolina de yuzu, chocolate e caramelo 134
Mil-folhas de chantili de baunilha
   e frutas frescas 140
Bombas de abacaxi 146
Paris-brest revisitado com recheio tropical . . 150
Minicheesecakes de mirtilo 156
Suflê quente de baunilha 162
Bomba crocante de caramelo
   com manteiga salgada 166
Petit gâteau de chocolate e recheio cremoso . . 172

BOMBA
de chocolate e framboesa

Rende 15 bombas

PREPARO : **1h15** para a massa choux – COZIMENTO : **35 min** – CONSERVAÇÃO : **2 dias na geladeira**

DIFICULDADE : ⌂

Para a massa choux	Para a decoração
170 ml de leite	200 g de fondant vermelho
70 g de manteiga	150 g de geleia de brilho
1½ colher (chá) de açúcar	1 ou 2 gotas de corante alimentício vermelho
½ colher (chá) de sal refinado	uma pitada de ouro em pó comestível
100 g de farinha de trigo	125 g de framboesas
3 ovos (140 g)	

Para a musse de chocolate e framboesa
90 g de chocolate ao leite
100 g de purê de framboesa
1 colher (chá) de gelatina incolor em pó
1 colher (chá) de açúcar
200 ml de creme de leite fresco

MATERIAL NECESSÁRIO : 2 sacos de confeitar – 1 bico pitanga 8B – 1 bico perlê liso nº 10 – 1 bico perlê liso nº 6

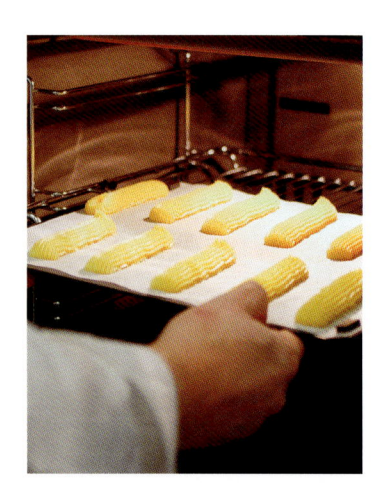

A origem da bomba

A bomba surgiu em Lyon no final do século XIX. Foi o mestre confeiteiro Antonin Carême que, naquela época, modernizou o pain à la duchesse, um tipo de bisnaga à base de massa choux e amêndoas, recheando-a com creme de confeiteiro. Hoje, as bombas de vários sabores são alternativas aos tipos mais tradicionais recheados com chocolate, baunilha ou café.

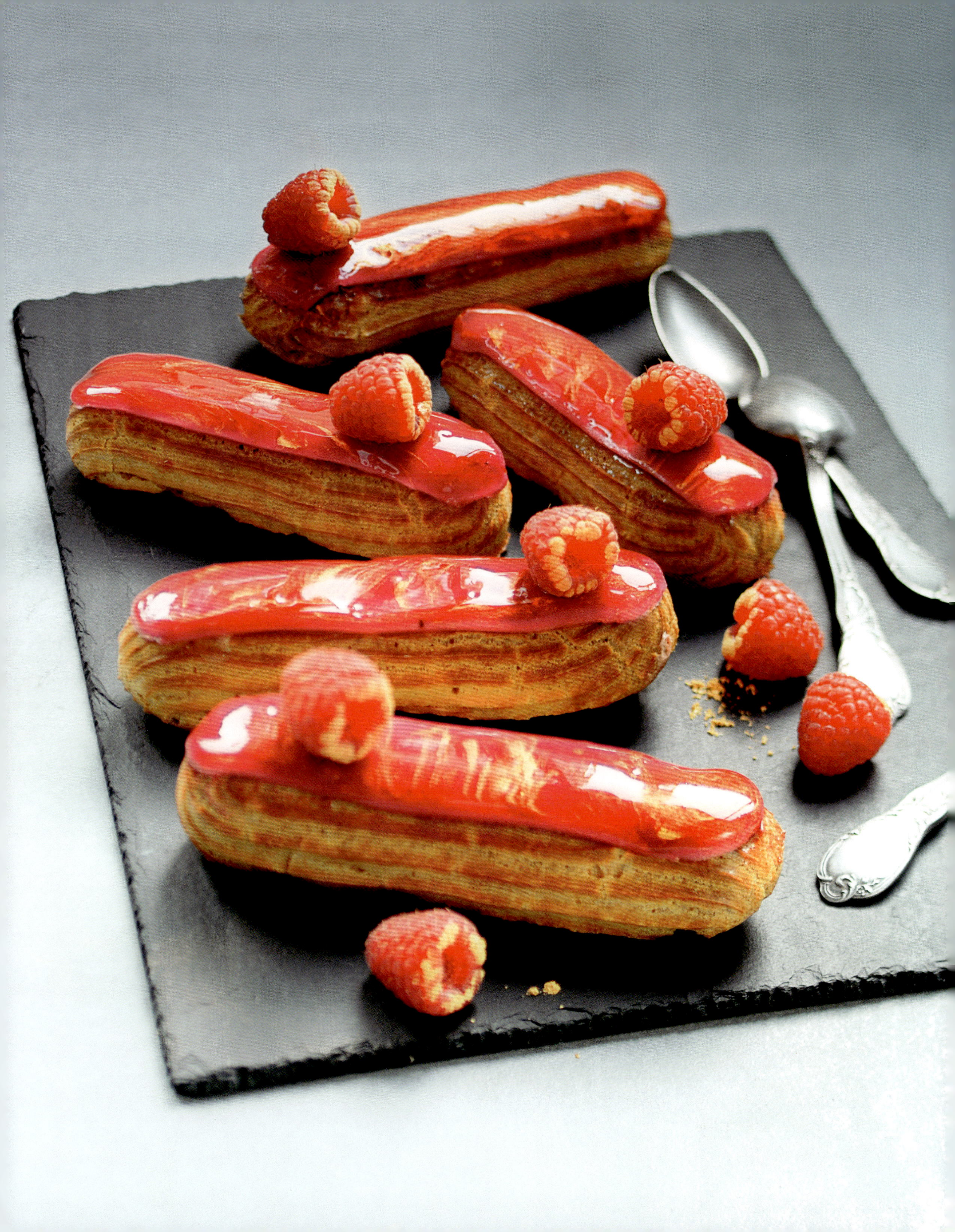

BOMBA de chocolate e framboesa

passo a passo

MODELE E ASSE A MASSA CHOUX

1 – Preaqueça o forno a 180 °C. Coloque a massa choux (ver preparo na p. 483) em um saco de confeitar com bico pitanga 8B.

2 – Forre uma assadeira rasa com papel-manteiga e, com o saco de confeitar, disponha por cima bastonetes de massa choux de 10 cm de comprimento, de maneira que não se toquem. Asse por 35 minutos e abra levemente a porta do forno a cada 2 minutos para deixar o vapor escapar.

PREPARE A MUSSE DE CHOCOLATE E FRAMBOESA

3 – Em uma tigela, coloque o chocolate previamente picado. Em uma panela, aqueça o purê de framboesa e acrescente a gelatina incolor em pó e o açúcar. Misture e retire do fogo.

4 – Despeje o preparo imediatamente sobre o chocolate, misture e deixar amornar.

5 – Bata o creme de leite fresco até firmar levemente e incorpore-o ao preparo de chocolate e framboesa. Transfira para um saco de confeitar com bico nº 10.

FAÇA A MONTAGEM E A DECORAÇÃO

6 – Com o bico nº 6, faça três furos embaixo de cada bomba, girando levemente o bico, e, com o saco de confeitar, recheie as bombas com a musse de chocolate e framboesa pelos furos. Remova o excedente de musse com uma colher.

7 – Abra o fondant em uma camada fina e corte retângulos de 10 x 2 cm. Com o pincel, unte levemente a superfície das bombas com geleia de brilho e ponha por cima um retângulo de fondant.

8 – Misture a geleia de brilho com o corante vermelho e o ouro em pó, mergulhe a superfície das bombas na glaçagem e alise o contorno com o dedo.

9 – Enfeite as bombas com framboesas passadas no ouro em pó.

- DOCES EM PORÇÕES INDIVIDUAIS -

CAROLINA CROCANTE
de chocolate

Rende 15 carolinas

PREPARO : 1h30 – COZIMENTO : 35 min – REFRIGERAÇÃO : 1h15 – CONSERVAÇÃO : 2 dias na geladeira

DIFICULDADE :

Para o craquelin de chocolate
75 g de manteiga em temperatura ambiente
75 g de farinha de trigo
80 g de açúcar demerara
12 g de cacau em pó sem açúcar

Para a massa choux
170 ml de leite
70 g de manteiga
1½ colher (chá) de açúcar
½ colher (chá) de sal refinado
100 g de farinha de trigo
3 ovos (140 g)

Para o creme de chocolate
Creme de confeiteiro
370 ml de leite
25 g de manteiga
3 gemas (70 g)
80 g de açúcar
20 g de farinha de trigo
25 g de amido de milho

----

100 g de chocolate amargo com 72% de cacau
70 ml de creme de leite fresco

Para a glaçagem de chocolate
160 g de chocolate amargo com 72% de cacau
2 colheres (chá) de cacau em pó sem açúcar
30 ml de água
130 ml de creme de leite fresco
80 g de glucose
20 g de geleia de brilho

MATERIAL NECESSÁRIO : 2 sacos de confeitar – 1 bico perlê liso nº 10 – 1 bico perlê liso nº 6
1 aro redondo de 5 cm de diâmetro – 1 spray de ouro comestível (opcional)

A etapa-chave da massa choux

A massa choux que desanda é o pesadelo de todos os gourmets. Para amenizar essa dificuldade, respeite uma etapa crucial: a secagem. Como a massa choux contém muita água, é preciso secá-la em uma panela antes do cozimento para evitar que desande. Assim, no cozimento, as carolinas crescem perfeitamente e mantêm uma textura bem seca.

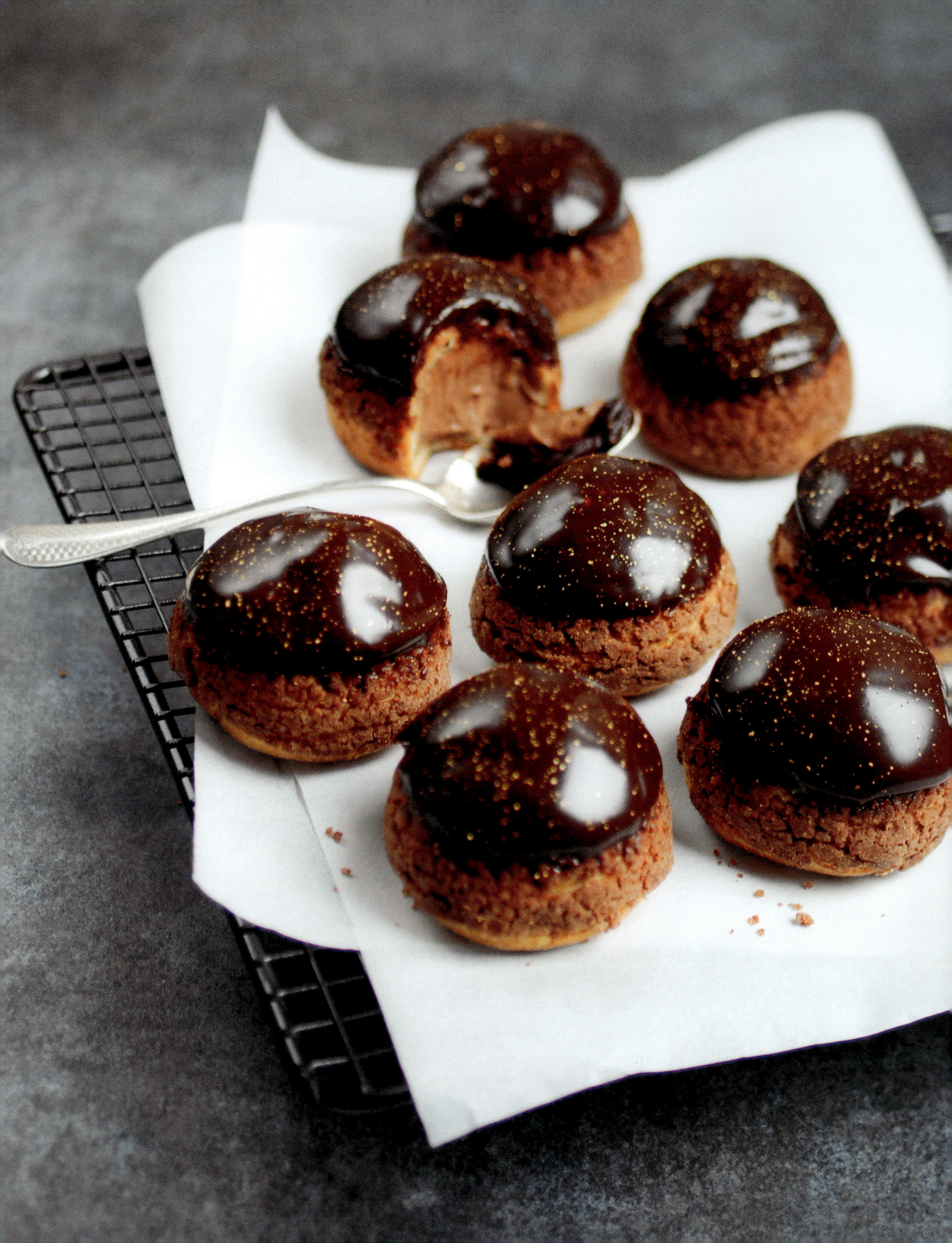

CAROLINA CROCANTE de chocolate

passo a passo

PREPARE O CRAQUELIN (MASSA CROCANTE) DE CHOCOLATE

1 – Em uma tigela, junte a manteiga em temperatura ambiente, a farinha de trigo, o açúcar demerara e o cacau. Misture com a ponta dos dedos até o ponto de massa e amasse-a até obter uma consistência homogênea. Refrigere por 15 minutos.

2 – Coloque a massa crocante sobre uma folha de papel-manteiga previamente enfarinhada e abra-a firmemente com o rolo.

DISPONHA E ASSE A MASSA CHOUX

3 – Transfira a massa choux (ver preparo na p. 483) para um saco de confeitar com bico nº 10. Preaqueça o forno a 180 °C. Forre uma assadeira rasa com papel-manteiga e disponha por cima porções de massa de cerca de 5 cm de diâmetro, de maneira que não se toquem.

4 – Recorte discos de massa crocante com o aro e coloque um disco sobre cada porção de massa choux. Asse no forno por 35 minutos e abra levemente a porta do forno a cada 2 minutos para deixar o vapor escapar.

PREPARE O CREME DE CHOCOLATE

5 – Prepare um creme de confeiteiro (ver preparo na p. 480). Pique o chocolate em uma tigela, despeje por cima o creme de confeiteiro quente e misture. Refrigere na geladeira por 1 hora.

6 – Bata o creme de leite fresco até ficar firme e não cair do batedor manual. Bata o creme de confeiteiro e incorpore um pouco de creme de leite batido sem parar de mexer. Incorpore o restante do creme de leite batido delicadamente. Transfira para um saco de confeitar com bico nº 10.

PREPARE A GLAÇAGEM DE CHOCOLATE

7 – Pique o chocolate e transfira-o para uma tigela com o cacau em pó. Esquente a água, o creme de leite fresco e a glucose em uma panela. Despeje o preparo quente sobre o chocolate e incorpore a geleia de brilho. Peneire com chinois em uma tigela. Cubra com filme de PVC e deixe amornar.

FAÇA A MONTAGEM E A DECORAÇÃO

8 – Faça um furo embaixo de cada carolina com o bico nº 6 e, com o saco de confeitar, recheie as carolinas com o creme pelo furo. Retire o excedente de creme com uma colher.

9 – Mergulhe a parte superior da carolina na glaçagem morna e alise com o dedo.

- DOCES EM PORÇÕES INDIVIDUAIS -

SABLÉ BRETÃO DE MERENGUE
e limão-siciliano

Rende 10 sablés

PREPARO : 1h15 + 10 min para o merengue – COZIMENTO : 1h30 – REFRIGERAÇÃO : 2 horas – CONSERVAÇÃO : 2 dias na geladeira

DIFICULDADE : ♙♙

Para o merengue
2 claras (50 g)
100 g de açúcar
60 g de açúcar de confeiteiro
raspas da casca de 1 limão-siciliano
1 colher (chá) de pistache triturado

Para a massa de sablé com limão
25 g de farinha de amêndoa
150 g de manteiga com sal em temperatura ambiente
60 g de açúcar
raspas da casca de 1 limão-siciliano
1 gema (25 g)
130 g de farinha de trigo
½ colher (chá) de fermento químico em pó

Para o creme de limão-siciliano
2½ folhas de gelatina (5 g)
3 ou 4 ovos (180 g)
210 g de açúcar
10 g de amido de milho
140 ml de suco de limão-siciliano
raspas da casca de 2 limões-sicilianos
265 g de manteiga em pedaços

Para a casca de limão-siciliano confitada
casca de 1 limão-siciliano
100 ml de água
100 g de açúcar

manteiga para untar os aros

MATERIAL NECESSÁRIO : 10 aros de confeitaria de 8 cm de diâmetro – 3 sacos de confeitar – 1 bico perlê liso nº 8

O limão-siciliano de Menton

Originalmente esta receita é preparada com um tipo de limão-siciliano cultivado na região de Menton, cidade montanhosa do sul da França, de sabor único e perfume delicado. Colhido tradicionalmente à mão, não sofre nenhum tratamento químico após a colheita. Para homenageá-lo, a cidade de Menton organiza anualmente uma festa do limão. Escolha de preferência limões-sicilianos orgânicos e bem perfumados. Nesta receita, eles são utilizados em conjunto com o sablé, um biscoito amanteigado típico da região da Bretanha, na França. De consistência friável e macia e sabor pronunciado de manteiga, o sablé bretão é tradicionalmente preparado com manteiga com sal.

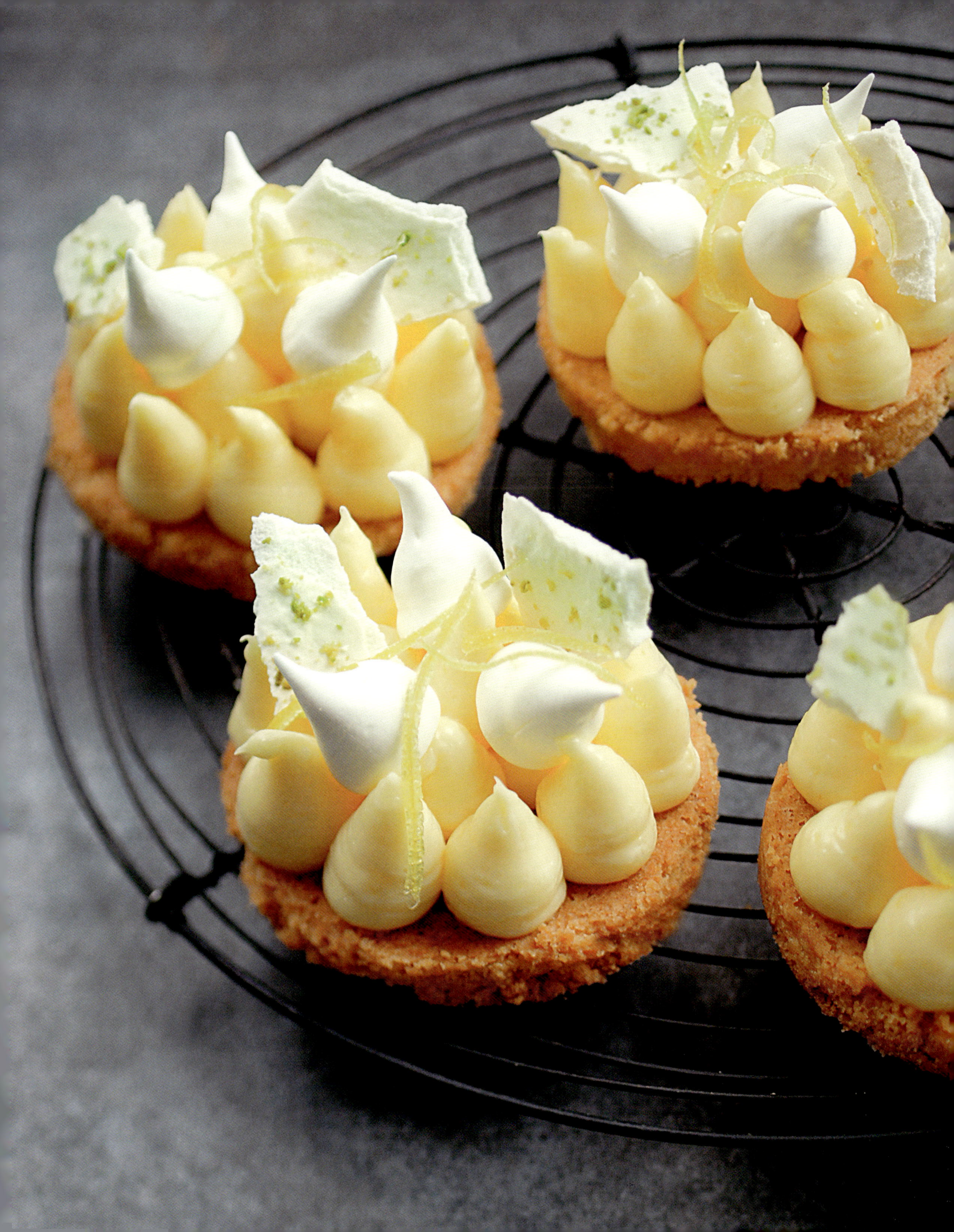

SABLÉ BRETÃO DE MERENGUE e limão-siciliano   passo a passo

PREPARE O MERENGUE

1 – Preaqueça o forno a 120 °C. Despeje o merengue francês (ver preparo na p. 486) em um saco de confeitar com bico perlê liso. Em uma assadeira rasa forrada com papel-manteiga, disponha com o saco de confeitar pequenos cones com metade do merengue.

2 – Em seguida, espalhe o merengue restante sobre a assadeira e polvilhe com o pistache triturado. Asse no forno por 1 hora e deixe esfriar em temperatura ambiente. Quebre o merengue com pistache em pedaços.

PREPARE A MASSA DE SABLÉ COM LIMÃO

3 – Aumente a temperatura do forno para 180 °C. Bata a farinha de amêndoa, a manteiga em temperatura ambiente, o açúcar e as raspas de limão-siciliano.

4 – Incorpore a gema, bata e acrescente a farinha de trigo e o fermento químico em pó e misture com uma espátula flexível.

5 – Com a espátula flexível, transfira a massa para um saco de confeitar com bico perlê liso.

6 – Unte com manteiga os 10 aros e arrume-os em uma assadeira rasa forrada com papel-manteiga.

7 – Com o saco de confeitar, despeje a massa dos sablés nos aros em forma de caracol. Asse por cerca de 20 minutos, até que os biscoitos estejam dourados. Retire os biscoitos dos aros na saída do forno. Para facilitar, passe a lâmina de uma pequena faca no contorno interno dos aros. Deixe esfriar.

PREPARE O CREME DE LIMÃO-SICILIANO

8 – Amoleça as folhas de gelatina em uma tigela de água fria. Em outra tigela, bata os ovos com o açúcar até obter um preparado branco e espesso.

9 – Acrescente o amido de milho.

...

- DOCES EM PORÇÕES INDIVIDUAIS -

-117-

SABLÉ BRETÃO DE MERENGUE e limão-siciliano   passo a passo

10 – Em uma panela, ferva o suco de limão-siciliano com as raspas e despeje-o sobre o preparado anterior, batendo energicamente.

11 – Transfira de volta o preparado para a panela e cozinhe em fogo brando, mexendo constantemente com o batedor manual até começar a ferver. Retire imediatamente a panela do fogo.

12 – Despeje o creme em uma tigela larga. Esprema as folhas de gelatina para escorrer a água e incorpore-as ao creme. Deixe esfriar por alguns minutos e acrescente a manteiga.

13 – Bata com um mixer para obter uma consistência bem lisa e refrigere por 2 horas.

PREPARE A CASCA DE LIMÃO-SICILIANO CONFITADA

14 – Corte a casca de limão em tiras finas.

15 – Branqueie as tiras em uma panela de água fervente. Repita o processo, trocando a água. Em seguida, ferva a água com o açúcar. Acrescente as tiras de casca e deixe confitar por 10 minutos. Retire as cascas do xarope e enxugue-as com papel-toalha.

FAÇA A MONTAGEM

16 – Bata levemente o creme de limão-siciliano para alisá-lo. Transfira-o para um saco de confeitar com bico e disponha pequenos picos em cada biscoito bretão.

17 – Coloque por cima três pequenos cones de merengue e dois pedaços de merengue com pistache.

18 – Enfeite com as cascas de limão-siciliano confitadas.

- DOCES EM PORÇÕES INDIVIDUAIS -

RELIGIEUSES
de coco e gengibre

Rende 12 religieuses

PREPARO : 45 min + 15 min para a massa choux + 15 min para o creme de confeiteiro – COZIMENTO : 35 min
REFRIGERAÇÃO : 30 min – CONSERVAÇÃO : 2 dias na geladeira
DIFICULDADE : ⌂

Para a massa choux
170 ml de leite
70 g de manteiga
1½ colher (chá) de açúcar
½ colher (chá) de sal refinado
100 g de farinha de trigo
3 ovos (140 g)

1 ovo batido para dourar

Para o creme de coco e gengibre
Creme de confeiteiro
200 ml de leite
200 ml de leite de coco
3 gemas (70 g)
80 g de açúcar
20 g de farinha de trigo
25 g de amido de milho
----
5 g de gengibre fresco
140 ml de creme de leite fresco

Para a decoração
100 g de geleia de brilho
100 g de coco ralado

MATERIAL NECESSÁRIO : 2 sacos de confeitar – 1 bico perlê liso nº 10 – 1 pincel – 1 bico pitanga nº 17 – 1 bico nº 6

Gengibre

O gengibre é um tubérculo aromático, originário da Índia e da Malásia, cultivado em vários países asiáticos. Em pó, fresco ou em conserva, é apreciado em todas as suas formas e entra em vários preparos culinários, doces ou salgados. Para uma combinação perfeita e atemporal, não hesite em experimentar a combinação coco e gengibre.

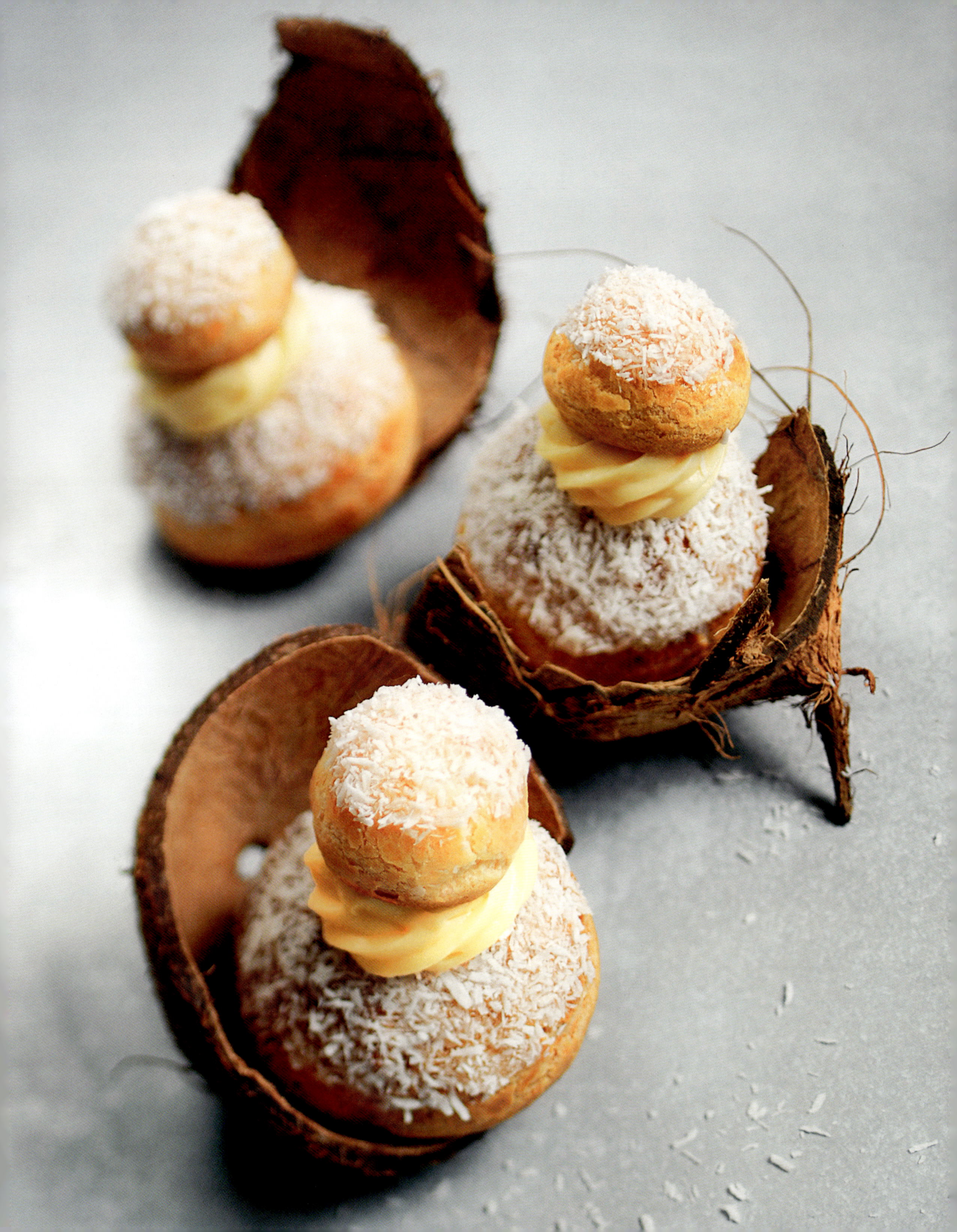

RELIGIEUSES de coco e gengibre — passo a passo

DISPONHA E ASSE A MASSA CHOUX

1 – Preaqueça o forno a 170 °C. Transfira a massa choux (ver preparo na p. 483) para um saco de confeitar com bico perlê liso nº 10. Em uma assadeira rasa, disponha doze bolas de 5 cm e doze bolas de 2,5 cm.

2 – Com o pincel, unte as bolas de massa com ovo para dourar e achate-as levemente com o garfo. Asse por 35 minutos, abrindo levemente a porta do forno a cada 2 minutos para deixar o vapor escapar.

PREPARE O CREME DE COCO E GENGIBRE

3 – Prepare o creme de confeiteiro misturando o leite com o leite de coco (ver preparo na p. 480). Descasque o gengibre e rale-o sobre o creme de confeiteiro de coco ainda quente. Transfira imediatamente o creme para uma tigela. Cubra com filme de PVC e deixe esfriar por 30 minutos.

4 – Bata o creme de confeiteiro de coco e gengibre para alisá-lo.

5 – Bata o creme de leite fresco até obter picos firmes, que não caiam do batedor manual. Incorpore um terço do creme batido ao creme de confeiteiro de coco e gengibre, misturando bem para deixá-lo macio, e então incorpore o restante, batendo delicadamente. Transfira o preparado para um saco de confeitar com bico pitanga nº 17.

FAÇA A MONTAGEM E A DECORAÇÃO

6 – Com o bico nº 6, faça um furo no fundo de cada carolina, girando levemente o bico.

7 – Recheie cada carolina com creme de coco e gengibre e retire o excedente de creme com uma colher.

8 – Prepare uma tigela de geleia de brilho e outra de coco ralado. Passe a superfície de cada carolina na geleia, retire o excedente com o dedo e então passe a carolina no coco ralado.

9 – Faça uma rosácea de creme de coco e gengibre sobre as carolinas maiores e então, sobre cada uma, disponha uma carolina menor.

CONSELHO DO CHEF

Para ressaltar o sabor do gengibre no creme de coco e gengibre, rale-o na panela antes de esquentar o leite com o leite de coco.

- DOCES EM PORÇÕES INDIVIDUAIS -

BOMBA
de violeta

Rende 15 bombas

PREPARO: 1 hora + 15 min para a massa choux + 15 min para o creme de confeiteiro — COZIMENTO: 35 min
REFRIGERAÇÃO: 1h15 — CONSERVAÇÃO: 2 dias na geladeira
DIFICULDADE: ⌂

Para o craquelin (massa crocante)
65 g de manteiga em temperatura ambiente
85 g de farinha de trigo
80 g de açúcar demerara

Para a massa choux
170 ml de leite
70 g de manteiga
1½ colher (chá) de açúcar
½ colher (chá) de sal refinado
100 g de farinha de trigo
3 ovos (140 g)

Para o creme de confeiteiro de violeta
550 ml de leite
40 g de manteiga
5 gemas (105 g)
120 g de açúcar
30 g de farinha de trigo
35 g de amido de milho

----

7 gotas de essência de violeta

Para a decoração
200 g de fondant de cor violeta
75 g de geleia de framboesa
300 g de geleia de brilho
1 ou 2 gotas de corante alimentício violeta
uma pitada de corante alimentício prata em pó
pérolas de açúcar prata

MATERIAL NECESSÁRIO: 2 sacos de confeitar — 1 bico pitanga 8B — 1 bico perlê liso nº 10 — 1 bico perlê liso nº 6

Os doces de violeta

Perfumada e delicada, a violeta é uma das mais antigas flores comestíveis. Associada à cidade de Toulouse, em que é comercializada no formato de flor cristalizada, é utilizada na confeitaria na forma floral e em essência para perfumar vários tipos de iguaria. Não hesite em associar a violeta com sua cor, usando corante alimentício para tingir cremes, macarons ou glaçagens.

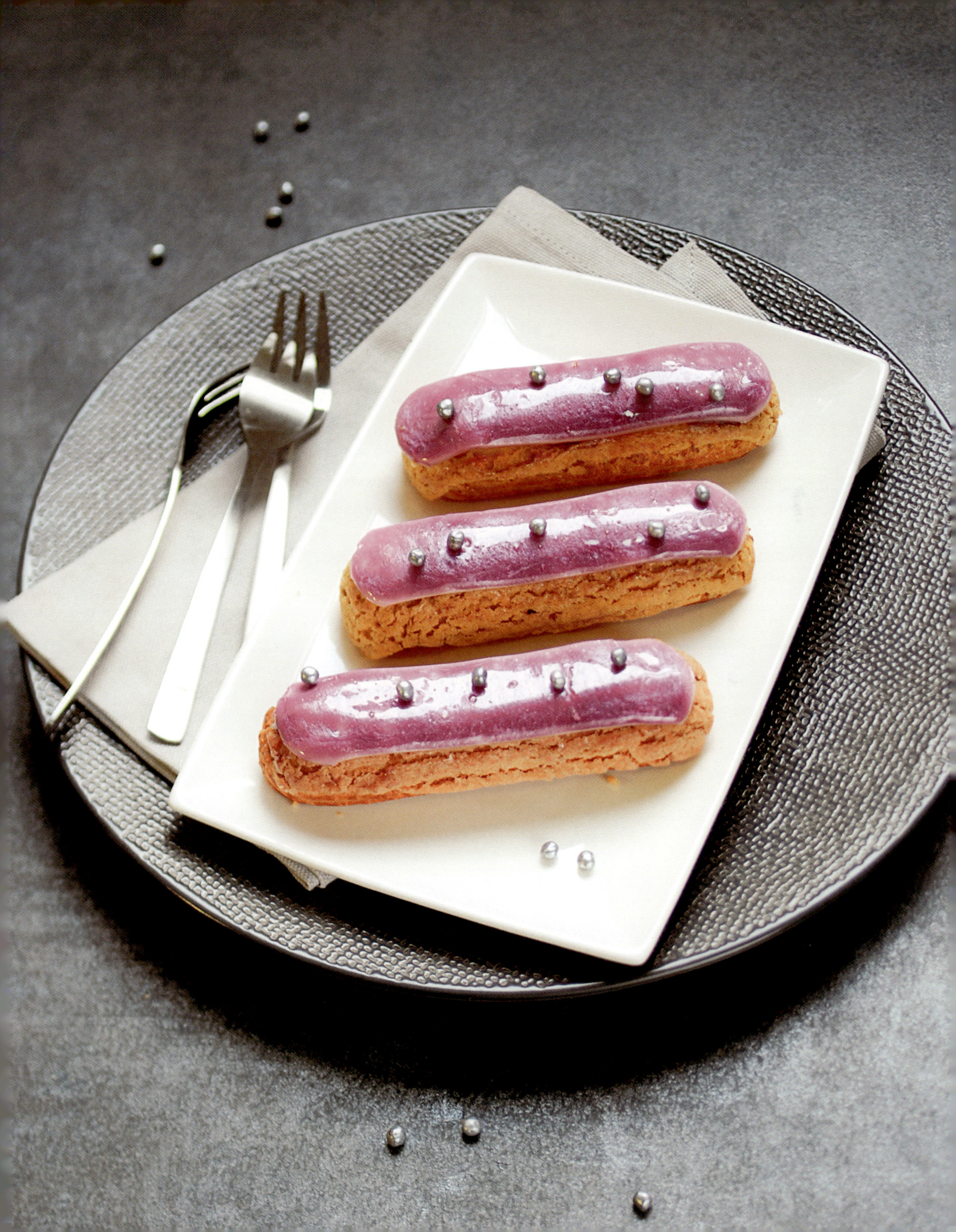

BOMBA de violeta

passo a passo

PREPARE O CRAQUELIN (MASSA CROCANTE)

1 – Em uma tigela, junte a manteiga em temperatura ambiente, a farinha de trigo e o açúcar. Misture com a ponta dos dedos até o ponto de massa, amasse-a para obter uma consistência homogênea. Refrigere por 15 minutos.

2 – Enfarinhe uma folha de papel-manteiga e abra a massa crocante em uma camada fina com a ajuda de um rolo.

DISPONHA E ASSE A MASSA CHOUX

3 – Transfira a massa choux (ver preparo na p. 483) para um saco de confeitar com bico pitanga 8B. Forre uma assadeira rasa com papel-manteiga e, com o saco de confeitar, disponha bastonetes de massa choux de 10 cm de comprimento, de maneira que não se toquem.

4 – Preaqueça o forno a 180 ºC. Corte o craquelin em tiras de 10 x 2 cm e coloque-as sobre os bastonetes de massa choux. Asse por 35 minutos e abra levemente a porta do forno a cada 2 minutos para deixar o vapor escapar.

PREPARE O CREME DE CONFEITEIRO DE VIOLETA

5 – Coloque o creme de confeiteiro quente (ver preparo na p. 480) em uma tigela e incorpore a essência de violeta. Deixe na geladeira por 1 hora, bata o creme para alisá-lo e transfira para um saco de confeitar com bico nº 10.

FAÇA A MONTAGEM E A DECORAÇÃO

6 – Com o bico nº 6, faça três furos embaixo de cada bomba, girando levemente o bico, e, com o saco de confeitar, recheie as bombas pelos furos com creme de confeitar de violeta. Remova o excedente de creme com uma colher pequena.

7 – Abra o fondant em uma camada fina e corte retângulos de 10 x 2 cm.

8 – Com uma colher pequena, espalhe um pouco de geleia de framboesa sobre cada bomba e ponha por cima um retângulo de fondant.

9 – Misture a geleia de brilho com o corante violeta e o pó comestível prata, mergulhe a superfície das bombas na cobertura e alise com o dedo. Enfeite com pérolas de açúcar prata.

- DOCES EM PORÇÕES INDIVIDUAIS -

MONT-BLANC
de laranja kinkan

Rende 10 monts-blancs

PREPARO : 50 min + 10 min para o merengue + 30 min para a temperagem – COZIMENTO : cerca de 1h30
REFRIGERAÇÃO : 40 min – CONSERVAÇÃO : 2 dias na geladeira

DIFICULDADE :

Para as cascas de merengue e chocolate
3 gemas
100 g de açúcar
100 g de açúcar de confeiteiro
50 g de chocolate ao leite para cobertura

manteiga e farinha para a assadeira

Para a laranja kinkan confitada
150 g de laranjas kinkan
150 ml de água
150 g de açúcar

Para o creme chantili
100 g de creme de leite fresco
1 colher (sopa) de açúcar de confeiteiro

Para o creme de castanha portuguesa
400 g de pasta de castanha portuguesa
40 ml de rum
200 g de manteiga em temperatura ambiente

Para a decoração
100 g de marrom-glacê em pedaços
açúcar de confeiteiro

MATERIAL NECESSÁRIO : 2 sacos de confeitar – 1 aro de 6 cm de diâmetro – 1 bico perlê liso nº 20 – 1 pincel
1 bico perlê liso nº 10

A laranja kinkan

A laranja kinkan é a menor das frutas cítricas: sua forma redonda ou oval nunca ultrapassa 5 cm. Possui uma casca tenra adocicada e polpa acidulada. Originária da China, pode ser consumida fresca, com a casca, ou confitada, na composição de doces. Serve também à elaboração de geleias.

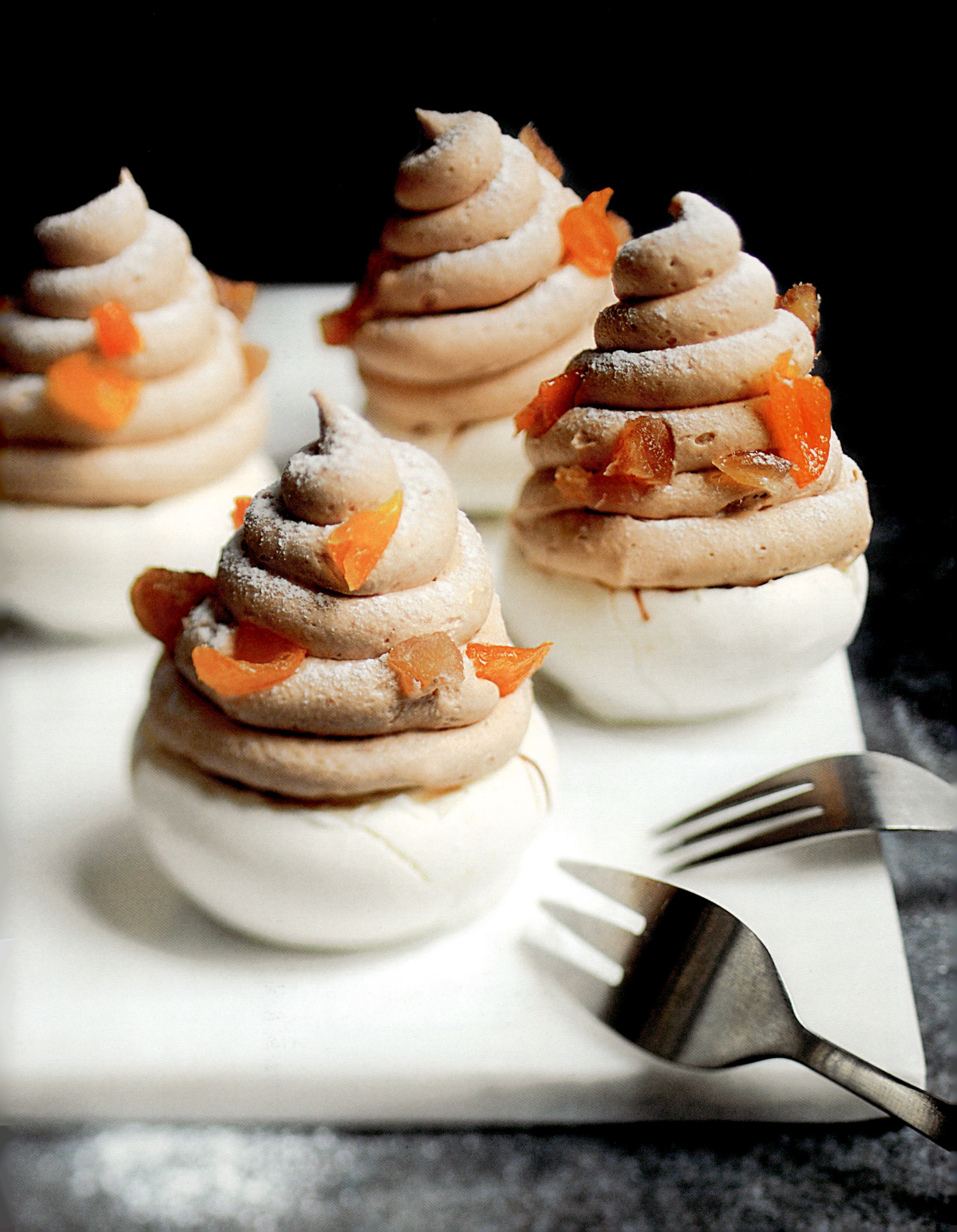

MONT-BLANC de laranja kinkan

passo a passo

PREPARE AS CASCAS DE MERENGUE E CHOCOLATE

1 – Preaqueça o forno a 100 ºC. Coloque o merengue francês (ver preparo na p. 486) em um saco de confeitar com bico nº 20.

2 – Unte com manteiga e enfarinhe uma assadeira rasa de confeitaria, marcando dez vezes a assadeira com o aro. Com o saco de confeitar, disponha por cima dez pequenos cones de merengue de cerca de 6 cm de diâmetro. Asse por 25 minutos.

3 – Retire os cones de merengue do forno e esvazie a parte interna com uma faca pequena para obter cascas, e volte a assar por 40 minutos.

4 – Deixe esfriar as cascas e aplane o lado curvado com ralador.

5 – Faça a temperagem do chocolate ao leite para cobertura (ver procedimento nas pp. 494-495).

6 – Com um pincel, unte a parte interna das cascas de merengue com o chocolate temperado. Refrigere por 10 minutos.

PREPARE A LARANJA KINKAN CONFITADA

7 – Coloque as laranjas kinkan inteiras e não descascadas em uma panela de água fria e leve à fervura por alguns instantes para branquear as frutas. Repita o processo após ter trocado a água, retire as kinkans e deixe a água escorrer.

8 – Esquente a água e o açúcar em outra panela até obter um xarope. Mergulhe as kinkans no xarope e deixe confitar em fogo brando por 30 minutos.

9 – Escorra as kinkans e reserve o xarope. Corte as kinkans confitadas em pequenos pedaços.

...

CONSELHO DO CHEF

Conforme o gosto, substitua as laranjas kinkan por tiras de casca de laranja confitadas.

- DOCES EM PORÇÕES INDIVIDUAIS -

MONT-BLANC de laranja kinkan

passo a passo

PREPARE O CREME CHANTILI

10 – Bata o creme de leite fresco até obter um preparado firme, que não caia do batedor manual, e em seguida incorpore o açúcar de confeiteiro.

11 – Com a ajuda de uma colher, recheie as cascas de merengue e chocolate com o creme chantili.

PREPARE O CREME DE CASTANHA PORTUGUESA

12 – Em uma tigela, trabalhe a pasta de castanha com uma espátula e acrescente aos poucos o rum para deixá-la macia.

13 – Incorpore delicadamente a manteiga em temperatura ambiente e bata a mistura para mantê-la macia. Transfira o creme de castanha para um saco de confeitar com bico perlê liso nº 10.

FAÇA A MONTAGEM E A DECORAÇÃO

14 – Com o saco de confeitar, recheie o centro das cascas com uma porção generosa de creme de castanha, formando um bico.

15 – Coloque delicadamente por cima os pedaços de marrom-glacê e de laranja kinkan confitada.

16 – Com o saco de confeitar, desenhe uma espiral de creme de castanha em volta do bico de creme de castanha.

17 – Polvilhe o açúcar de confeiteiro com a ajuda de uma peneira.

18 – Enfeite essa espiral com pedaços de marrom-glacê e de kinkan e refrigere por, pelo menos, 30 minutos. Retire os monts-blancs da geladeira de 15 a 20 minutos antes de servir.

- DOCES EM PORÇÕES INDIVIDUAIS -

CAROLINA DE YUZU,
chocolate e caramelo

Rende 15 carolinas

PREPARO: 1 hora + 15 min para a massa choux + 15 min para o creme de confeiteiro – COZIMENTO: 35 min
REFRIGERAÇÃO: 1h25 – CONSERVAÇÃO: 2 dias na geladeira
DIFICULDADE: ♢

Para o craquelin (massa crocante)
- 65 g de manteiga em temperatura ambiente
- 85 g de farinha de trigo
- 80 g de açúcar demerara

Para a massa choux
- 170 ml de leite
- 70 g de manteiga
- 1½ colher (chá) de açúcar
- ½ colher (chá) de sal refinado
- 100 g de farinha de trigo
- 3 ovos (140 g)

Para o creme de confeiteiro de yuzu
- 370 ml de leite
- 25 g de manteiga
- 3 gemas (70 g)
- 80 g de açúcar
- 20 g de farinha de trigo
- 25 g de amido de milho
- -------
- raspas da casca de 1 yuzu
- 40 ml de suco de yuzu

Para a musse de chocolate e caramelo
- 200 ml de creme de leite fresco
- 35 g de chocolate branco
- 65 g de chocolate ao leite
- 1 colher (chá) de caramelo líquido
- 2 colheres (chá) de açúcar de confeiteiro

Para a decoração
- açúcar de confeiteiro

MATERIAL NECESSÁRIO: 3 sacos de confeitar – 1 bico perlê liso nº 10 – 1 bico pitanga 8B – 1 aro de 5 cm de diâmetro

O yuzu

O yuzu, fruta cítrica originária da Ásia, é muito usado na confeitaria. Da cor do limão-siciliano, do tamanho de uma laranja, seu gosto é singular, entre o do grapefruit e o da mexerica. O suco e as raspas da casca são utilizados para perfumar cremes e sobremesas geladas, e tirinhas da casca costumam ser confitadas. É vendido em lojas especializadas em ingredientes coreanos ou japoneses. Se não encontrar, substitua por uma mistura de suco de limão-siciliano e tangerina.

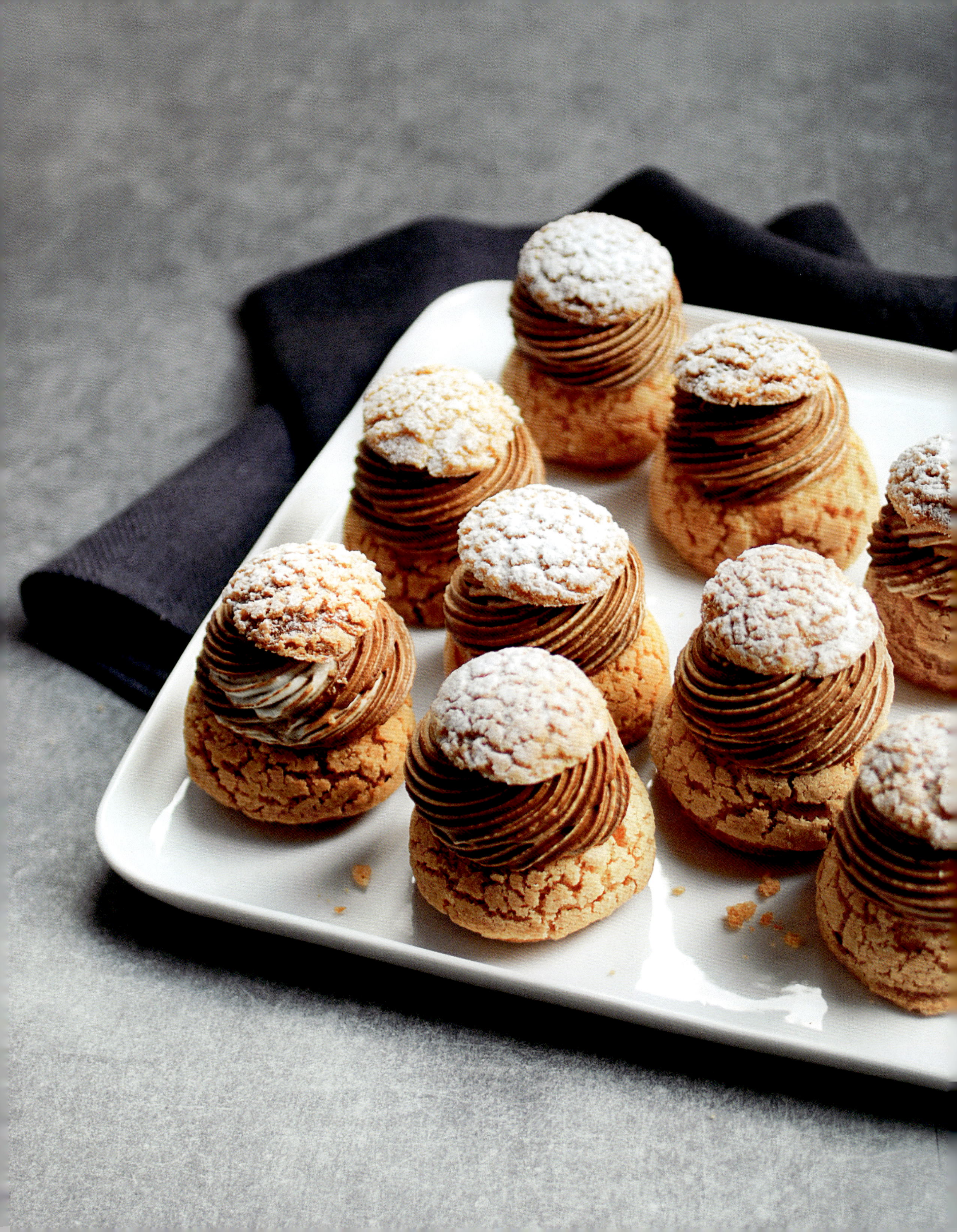

CAROLINA DE YUZU, chocolate e caramelo

passo a passo

PREPARE O CRAQUELIN (MASSA CROCANTE)

1 – Em uma tigela, junte a manteiga em temperatura ambiente, a farinha de trigo e o açúcar.

2 – Misture com a ponta dos dedos até o ponto de massa e amasse-a para obter uma consistência homogênea. Refrigere por 15 minutos.

3 – Enfarinhe uma folha de papel-manteiga e abra a massa crocante em uma camada fina com a ajuda de um rolo.

DISPONHA E ASSE A MASSA CHOUX

4 – Transfira a massa choux (ver preparo na p. 483) para um saco de confeitar com bico perlê liso nº 10.

5 – Forre uma assadeira rasa com papel-manteiga e, com o saco de confeitar, disponha por cima bolas de massa de cerca de 5 cm de diâmetro, de maneira que não se toquem.

6 – Preaqueça o forno a 180 °C. Corte o craquelin em discos com o aro e coloque um disco em cada bola de massa choux. Asse por 35 minutos e abra levemente a porta do forno a cada 2 minutos para deixar o vapor escapar.

PREPARE O CREME DE CONFEITEIRO DE YUZU

7 – Coloque o creme de confeiteiro quente (ver preparo na p. 480) em uma tigela e rale por cima a casca de yuzu. Misture.

8 – Incorpore o suco de yuzu e refrigere o creme de confeiteiro durante 1 hora.

PREPARE A MUSSE DE CHOCOLATE E CARAMELO

9 – Bata o creme de leite fresco até ficar macio, divida o preparado em dois.

...

- DOCES EM PORÇÕES INDIVIDUAIS -

-137-

CAROLINA DE YUZU, chocolate e caramelo

passo a passo

10 – Separadamente, derreta o chocolate branco e o chocolate ao leite em banho-maria, acrescente o caramelo e misture.

11 – Incorpore delicadamente a primeira metade do creme batido.

12 – Acrescente o açúcar de confeiteiro à segunda metade do creme batido.

13 – Acrescente a segunda metade do creme ao preparado sem misturar muito, para conservar um efeito marmorizado. Coloque a musse em um saco de confeitar com bico pitanga 8B. Refrigere por 20 minutos.

FAÇA A MONTAGEM E A DECORAÇÃO

14 – Corte a parte superior das carolinas de modo a obter tampas.

15 – Polvilhe as tampas com açúcar de confeiteiro peneirado.

16 – Bata o creme de confeiteiro de yuzu para alisá-lo, transfira o creme para um saco de confeitar com bico perlê liso nº 10 e recheie as carolinas até a borda.

17 – Com o saco de confeitar, disponha a musse de chocolate e caramelo em forma de rosácea sobre o creme de confeiteiro de yuzu.

18 – Finalize colocando de volta a tampa em cada carolina.

CONSELHO DO CHEF

Se a massa crocante colar ao papel-manteiga, enfarinhe a superfície superior da massa, coloque por cima uma segunda folha de papel-manteiga, vire a massa de ponta-cabeça e retire a folha de papel-manteiga que antes estava embaixo. Acrescenta-se o yuzu após o cozimento do creme de confeiteiro para não alterar o sabor da fruta durante o cozimento.

- DOCES EM PORÇÕES INDIVIDUAIS -

-139-

MIL-FOLHAS
de chantili de baunilha e frutas frescas

Rende 4 mil-folhas

PREPARO: 45 min + 1h30 para a massa folhada – COZIMENTO: 30 min – CONSERVAÇÃO: 2 dias na geladeira

DIFICULDADE: 👨‍🍳👨‍🍳

PARA A MASSA FOLHADA
55 ml de água
½ colher (chá) de sal refinado
25 g de manteiga
100 g de farinha
85 g de manteiga seca (alto teor de gordura, de 82% a 84%)

açúcar de confeiteiro

PARA O CREME CHANTILI DE BAUNILHA
300 ml de creme de leite fresco
1 fava de baunilha
25 g de açúcar de confeiteiro

60 g de geleia de framboesa

PARA AS FRUTAS FRESCAS
1 tangerina
2 morangos
1 figo
4 framboesas
1 ramo de groselhas

PARA A DECORAÇÃO
geleia de framboesa
fondant

MATERIAL NECESSÁRIO: 2 sacos de confeitar – 1 bico perlê liso nº 8 – 1 aro em forma de flor

A baunilha

As primeiras favas de baunilha foram encontradas no México em orquídeas silvestres, e Cristóvão Colombo as introduziu na Europa no século XVI. Ninguém conseguiu cultivar a planta fora do seu hábitat natural até se perceber que a polinização era efetuada por uma abelha nativa do México. A fecundação manual da orquídea começou então na ilha de Reunião, e depois em Madagascar, grande produtor de baunilha, e na Indonésia.

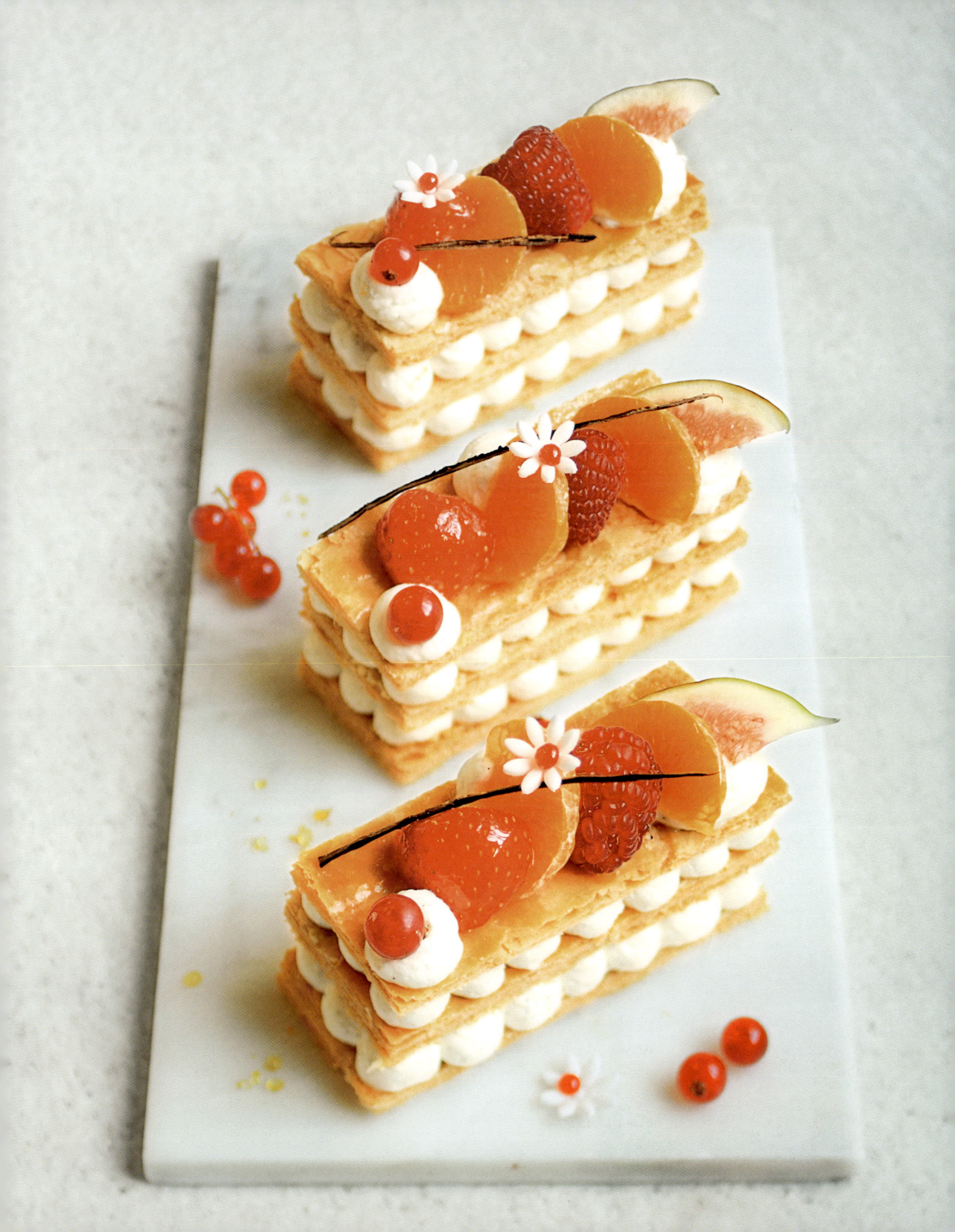

MIL-FOLHAS de chantili de baunilha e frutas frescas — passo a passo

PREPARE OS RETÂNGULOS DE MASSA FOLHADA

1 – Preaqueça o forno a 200 °C. Abra a massa folhada (ver preparo na p. 491) até ficar com 2 mm de espessura.

2 – Recorte um retângulo de 30 x 24 cm e espete levemente a massa com um garfo.

3 – Transfira o retângulo de massa para uma assadeira rasa forrada com papel-manteiga e asse por 10 minutos. Quando a massa começar a crescer, coloque por cima uma folha de papel-manteiga e depois uma grade para fazer peso.

4 – Reduza a temperatura do forno para 180 °C e deixe a massa folhada assar por mais 20 minutos. Retire a massa folhada do forno, aumente a temperatura para 200 °C, polvilhe a massa com açúcar de confeiteiro e leve de volta ao forno até caramelizar.

5 – Recorte quatro tiras de 4 cm de largura na parte mais comprida do retângulo.

6 – Recorte retângulos a cada 10 cm, de modo a obter doze retângulos de 10 x 4 cm.

PREPARE O CREME CHANTILI DE BAUNILHA

7 – Bata o creme de leite fresco até ficar macio. Abra a fava de baunilha ao meio no sentido do comprimento e raspe as sementes com a ponta de uma faca. Incorpore-as ao creme. Reserve a fava partida para a decoração.

8 – Acrescente o açúcar de confeiteiro e continue batendo até o creme ficar firme. Transfira o creme chantili para um saco de confeitar com bico.

FAÇA A MONTAGEM E A DECORAÇÃO

9 – Nas oito tiras de massa folhada, disponha com o saco de confeitar pequenas bolas de creme chantili de baunilha, sem deixar espaço entre elas.

...

- DOCES EM PORÇÕES INDIVIDUAIS -

① ② ③ ④ ⑤ ⑥ ⑦ ⑧ ⑨

MIL-FOLHAS de chantili de baunilha e frutas frescas — passo a passo

10 – Transfira a geleia de framboesa para um saco de confeitar e desenhe delicadamente um risco de geleia sobre as quatro tiras de massa folhada recheadas de creme chantili (o traço deve ser menor que o comprimento do creme chantili).

11 – Abra o fondant em uma espessura de 2 mm. Com o aro, recorte pequenas flores e coloque no centro de cada flor uma pequena gota de geleia de framboesa.

12 – Descasque a tangerina, separe os gomos e corte-os em dois. Corte os morangos em dois e corte o figo em fatias finas.

13 – Sobre os quatro últimos retângulos, disponha três bolas de creme chantili com o saco de confeitar.

14 – Coloque por cima 2 fatias de tangerina, 1 fatia de figo, 2 framboesas, 1 groselha e ½ morango.

15 – Corte a fava de baunilha partida em tiras pequenas.

16 – Enfeite os mil-folhas com as pequenas tiras de fava de baunilha e as flores de fondant.

17 – Coloque o retângulo de massa folhada recheada apenas com creme chantili sobre cada uma das quatro tiras de massa folhada recheadas com creme chantili e geleia de framboesa.

18 – Finalize cada mil-folhas com um retângulo de massa folhada recheado com frutas frescas.

CONSELHO DO CHEF

Embora a massa folhada caseira seja o elemento principal desta receita, use uma massa folhada pronta se não tiver tempo de prepará-la.

- DOCES EM PORÇÕES INDIVIDUAIS -

- 145 -

BOMBAS
de abacaxi

Rende 15 bombas

PREPARO : 1h15 + 15 min para a massa choux + 15 min para o creme de confeiteiro
COZIMENTO : 35 min – REFRIGERAÇÃO : 1 hora – CONSERVAÇÃO : 2 dias na geladeira
DIFICULDADE : ⌂

Para a massa choux
170 ml de leite
70 g de manteiga
1½ colher (chá) de açúcar
½ colher (chá) de sal refinado
100 g de farinha de trigo
3 ovos (140 g)

Para o abacaxi salteado
1 abacaxi-vitória de cerca de 200 g
20 g de manteiga
35 g de açúcar demerara
2 colheres (chá) de rum aromatizado com coco (por ex., Malibu®)

Para o creme de baunilha
Creme de confeiteiro
370 ml de leite
25 g de manteiga
3 gemas (70 g)
80 g de açúcar
20 g de farinha de trigo
25 g de amido de milho
----
1 fava de baunilha
140 ml de creme de leite fresco

Para a glaçagem
500 g de fondant
uma pitada de baunilha em pó
1 ou 2 gotas de corante alimentício amarelo
50 g de glucose

Para a decoração
50 g de amêndoas laminadas
uma pitada de ouro em pó comestível

MATERIAL NECESSÁRIO : 2 sacos de confeitar – 1 bico pitanga 8B – 1 bico perlê liso nº 12 – 1 bico perlê liso nº 6

O abacaxi-vitória

Considerado por muitos como a melhor variedade do mundo, o abacaxi-vitória, menor que as demais espécies, deve seu nome à rainha Vitória, que o apreciava muito. Originário das ilhas Maurício ou de Reunião, o abacaxi-vitória se destaca por sua polpa amarelo vivo, especialmente tenra e doce, cujo perfume sutil remete a sabores tropicais. No Brasil, tem sido plantado na região do Espírito Santo.

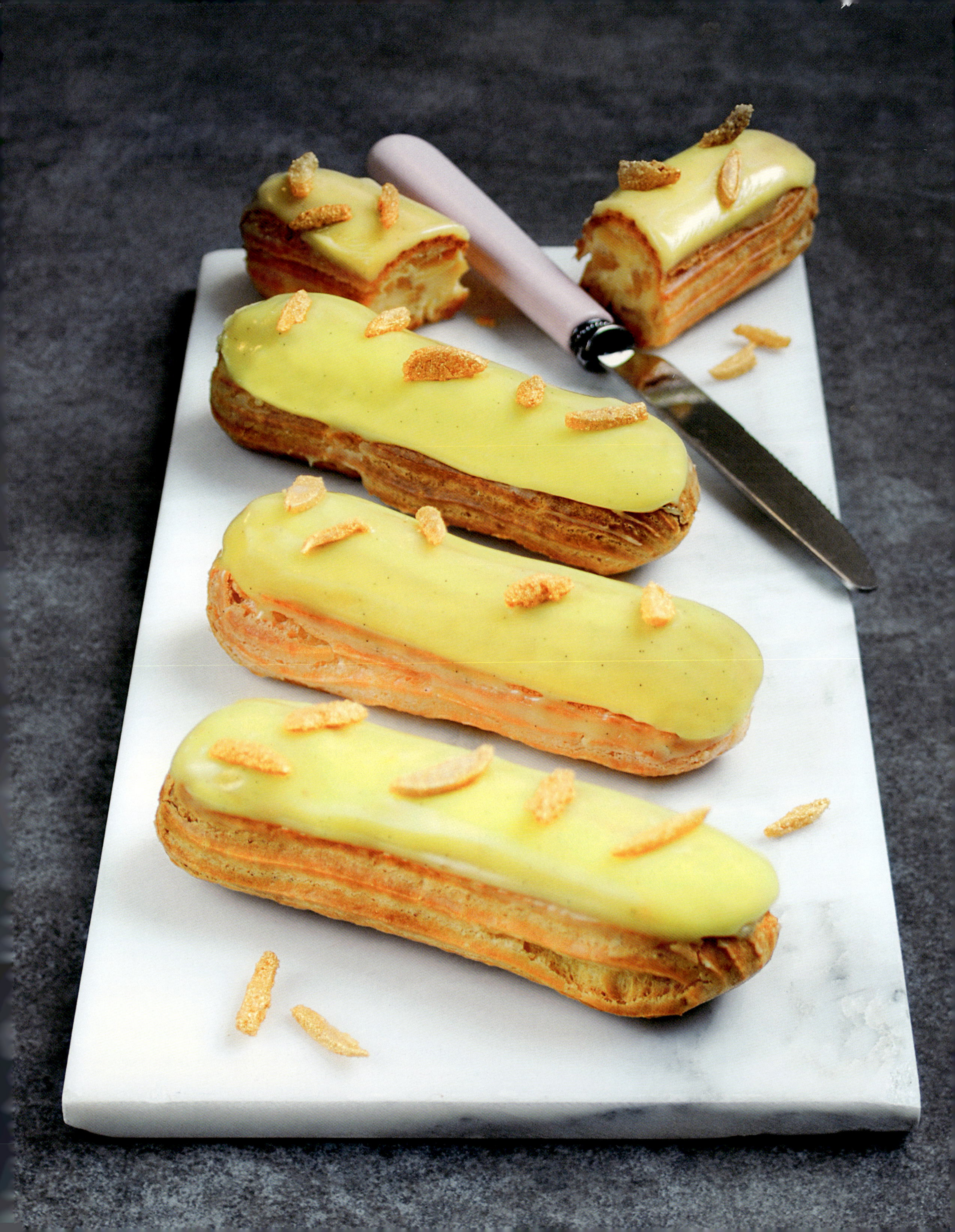

BOMBAS de abacaxi

passo a passo

DISPONHA E ASSE A MASSA CHOUX

1 – Transfira a massa choux (ver preparo na p. 483) para um saco de confeitar com bico pitanga 8B. Preaqueça o forno a 180 °C. Forre uma assadeira rasa com papel-manteiga e, com o saco de confeitar, disponha por cima bastonetes de massa choux de cerca de 10 cm de comprimento, de maneira que não se toquem. Asse por 35 minutos e abra levemente a porta do forno a cada 2 minutos para deixar o vapor escapar.

PREPARE O ABACAXI SALTEADO

2 – Descasque e corte o abacaxi em fatias finas e então em pequenos cubos.

3 – Em uma frigideira, caramelize a manteiga com o açúcar demerara, acrescente os cubos de abacaxi e salteie por 3 minutos. Acrescente o rum e continue refogando por 1 minuto. Escorra os cubos de abacaxi.

PREPARE O CREME DE BAUNILHA

4 – Coloque o creme de confeiteiro (ver preparo na p. 480) em uma tigela e incorpore as sementes da fava de baunilha raspada. Refrigere por pelo menos 1 hora.

5 – Bata o creme de leite fresco até ficar firme e não cair do batedor manual. Bata o creme de confeiteiro de baunilha para alisá-lo. Incorpore um pouco do creme de leite batido ao creme de confeiteiro de baunilha, batendo para deixar o preparado macio. Incorpore o resto de creme batido delicadamente.

FAÇA A MONTAGEM

6 – Misture os cubos de abacaxi com o creme de baunilha e transfira o preparado para um saco de confeitar com bico nº 12.

7 – Abra as bombas pelo comprimento e recheie-as com o creme do saco de confeitar.

FAÇA A GLAÇAGEM E A DECORAÇÃO

8 – Em uma panela, aqueça o fondant com a baunilha e o corante até chegar a 30 °C no termômetro culinário. Acrescente a glucose e um pouco de água se o fondant estiver espesso demais. Retire do fogo, deixe amornar, mergulhe a superfície das bombas no fondant e alise com o dedo.

9 – Misture as amêndoas laminadas e o ouro em pó e enfeite as bombas.

- DOCES EM PORÇÕES INDIVIDUAIS -

PARIS-BREST REVISITADO
com recheio tropical

Rende 15 unidades

PREPARO: 1h15 + 15 min para a massa choux + 15 min para o creme de confeiteiro
COZIMENTO: 35 minutos – REFRIGERAÇÃO: 1h45 – CONSERVAÇÃO: 2 dias na geladeira
DIFICULDADE:

Para o craquelin (massa crocante)
65 g de manteiga em temperatura ambiente
85 g de farinha de trigo
80 de açúcar demerara

Para a massa choux
170 ml de leite
70 g de manteiga
1½ colher (chá) de açúcar
½ colher (chá) de sal refinado
100 g de farinha de trigo
3 ovos (140 g)

Para a calda tropical
125 g de purê de manga
50 g de purê de maracujá
raspas da casca de ¼ de limão-taiti
40 g de açúcar
½ colher (chá) de pectina
25 g de glucose

Para as lascas de avelã crocante
70 g de avelã tostada
20 ml de água
30 g de açúcar

Creme de praliné
Creme de confeiteiro
370 ml de leite
25 g de manteiga
3 gemas (70 g)
80 g de açúcar
20 g de farinha de trigo
25 g de amido de milho

200 g de pasta de praliné
310 g de manteiga
140 ml de creme de leite fresco

Para a decoração
açúcar de confeiteiro

MATERIAL NECESSÁRIO: 1 bico nº 10 – 1 aro de 3 cm de diâmetro – 3 sacos de confeitar – 1 bico pitanga 8B

A origem do paris-brest

O paris-brest é um doce à base de massa choux, tradicionalmente em forma de coroa, recheado com creme mousseline de praliné e polvilhado com amêndoas em lascas. Foi Louis Durand, famoso confeiteiro do século XIX, que, inspirado pela corrida ciclística entre Paris e Brest, inventou e nomeou este doce. Hoje, o paris-brest se democratizou, originando novas variações.

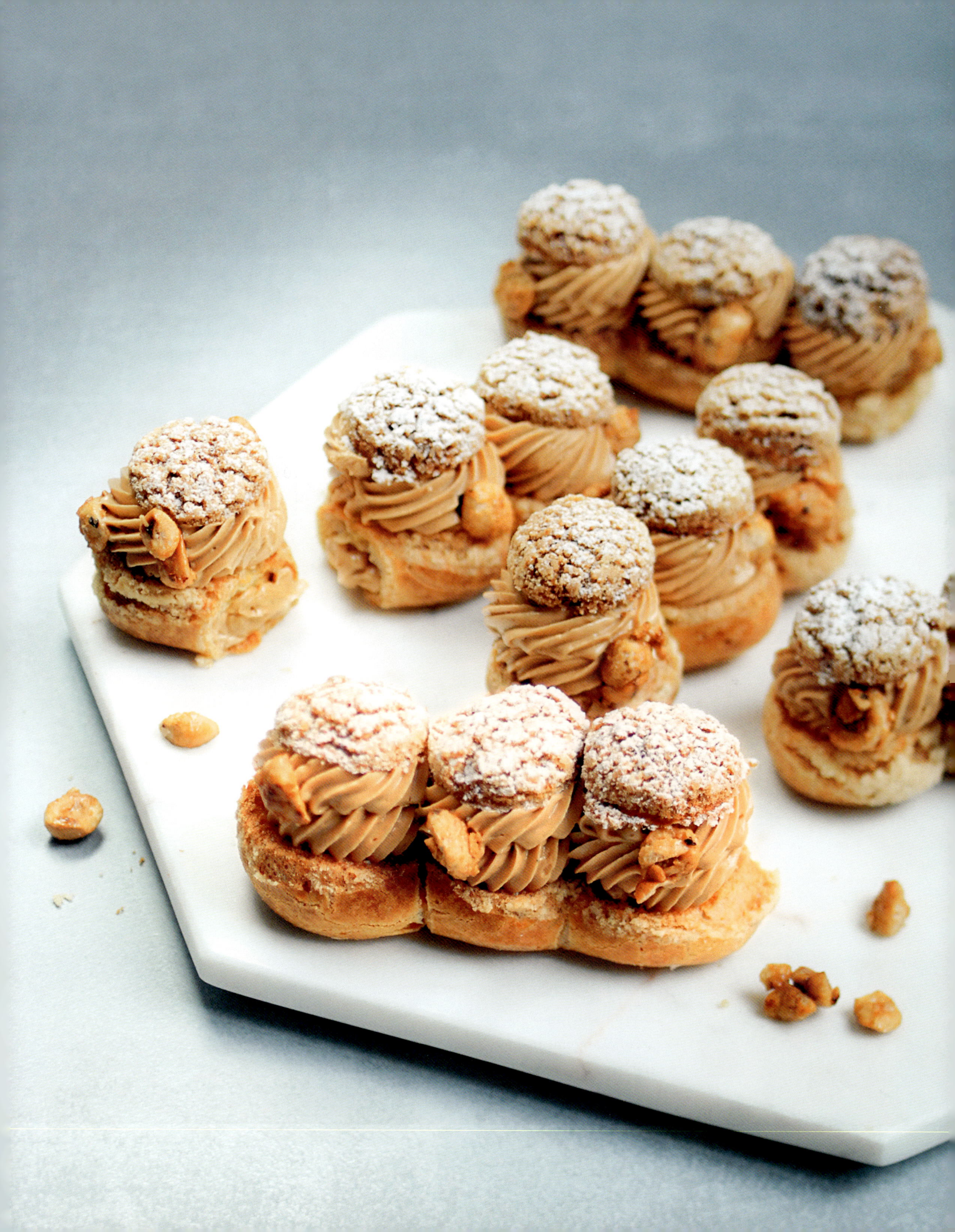

PARIS-BREST REVISITADO com recheio tropical — passo a passo

PREPARE O CRAQUELIN (MASSA CROCANTE)

1 – Em uma tigela, junte a manteiga em temperatura ambiente, a farinha de trigo e o açúcar. Misture com a ponta dos dedos até o ponto de massa e amasse-a até obter uma consistência homogênea. Refrigere por 15 minutos.

2 – Coloque a massa crocante sobre uma folha de papel-manteiga previamente enfarinhada. Abra a massa bem finamente com um rolo.

DISPONHA E ASSE A MASSA CHOUX

3 – Transfira a massa choux (ver preparo na p. 483) para um saco de confeitar com bico nº 10.

4 – Forre uma assadeira rasa com papel-manteiga e, com o saco de confeitar, disponha bolas de massa choux de 3 cm de diâmetro, juntando três bolas de cada vez.

5 – Preaqueça o forno a 180 ºC. Recorte discos de massa crocante de 3 cm de diâmetro com o aro e coloque-os sobre as bolas de massa choux. Asse por 35 minutos, abrindo levemente a porta do forno a cada 2 minutos para deixar o vapor escapar.

PREPARE A CALDA TROPICAL

6 – Em uma panela, esquente o purê de manga e de maracujá. Acrescente as raspas de limão-taiti.

7 – Misture o açúcar com a pectina e polvilhe dentro da panela. Acrescente a glucose e leve à fervura, batendo continuamente. Despeje a mistura em uma tigela e refrigere por 30 minutos.

PREPARE AS LASCAS DE AVELÃ CROCANTE

8 – Triture as avelãs em uma panela para obter lascas.

9 – Ferva a água e o açúcar em uma panela por 2 minutos, mexendo com uma espátula de madeira, e acrescente as lascas de avelã. Cozinhe, mexendo continuamente até que as lascas estejam levemente caramelizadas. Transfira imediatamente as lascas de avelã para uma assadeira forrada com papel-manteiga e deixe esfriar.

...

- DOCES EM PORÇÕES INDIVIDUAIS -

PARIS-BREST REVISITADO com recheio tropical   passo a passo

PREPARE O CREME DE PRALINÉ

10 – Prepare o creme de confeiteiro (ver preparo na p. 480) e incorpore nele ainda quente a pasta de praliné. Refrigere por 1 hora.

11 – Bata o creme de confeiteiro de praliné para alisá-lo. Bata a manteiga em temperatura ambiente até obter uma consistência pastosa e incorpore-a ao creme de confeiteiro. Bata bem para emulsionar até o creme clarear.

12 – Bata o creme de leite fresco até ficar firme e não cair do batedor manual, e incorpore-o delicadamente ao creme de praliné. Transfira o creme de praliné para um saco de confeitar com bico pitanga 8B.

FAÇA A MONTAGEM E A DECORAÇÃO

13 – Corte a parte superior das peças de massa choux e, com o saco de confeitar, recheie as peças com creme de praliné até três quartos de altura.

14 – Bata a calda tropical para alisá-la, transfira-a para em saco de confeitar e corte a ponta. Disponha um pouco de calda no creme de praliné.

15 – Cubra cada peça de creme de praliné, formando uma rosácea.

16 – Polvilhe por cima algumas lascas de avelã.

17 – Recorte as tampas de massa choux com o aro para obter discos de 3 cm de diâmetro.

18 – Polvilhe as tampas com açúcar de confeiteiro e coloque-as sobre cada peça.

- DOCES EM PORÇÕES INDIVIDUAIS -

MINICHEESECAKES
de mirtilo

Rende 6 unidades

Preparo : 45 min – cozimento : 1 hora – Refrigeração : 12 horas – conservação : 2 dias na geladeira

DIFICULDADE :

<u>Para a base</u>
<u>Massa amanteigada</u>
100 g de farinha de trigo
60 g de manteiga
30 g de açúcar de confeiteiro
uma pitada de sal refinado
10 g de farinha de amêndoa
½ ovo pequeno (20 g)
------
25 g de manteiga derretida

óleo para os aros

<u>Para o recheio</u>
1 fava de baunilha
490 g de cream cheese em temperatura ambiente
140 g de açúcar
3 ovos (150 g)
140 ml de creme de leite fresco

<u>Para a compota de mirtilo</u>
250 g de mirtilo
30 g de açúcar
2 colheres (sopa) de água
¼ de colher (chá) de amido de milho

<u>Para a decoração</u>
125 g de mirtilo

<u>MATERIAL NECESSÁRIO :</u> 6 aros de 6 cm de diâmetro e 6 cm de altura – 1 tapete de silicone (Silpat)

O acabamento do cheesecake

Ao preparar um cheesecake natural ou com leve sabor de baunilha, não deixe de decorá-lo com frutas frescas. Para enriquecer ainda mais sua receita, faça uma pequena compota caseira de frutas, simples e rápida, para trazer mais texturas ao paladar. Apresente o cheesecake em porções individuais para tornar a sobremesa ainda mais original.

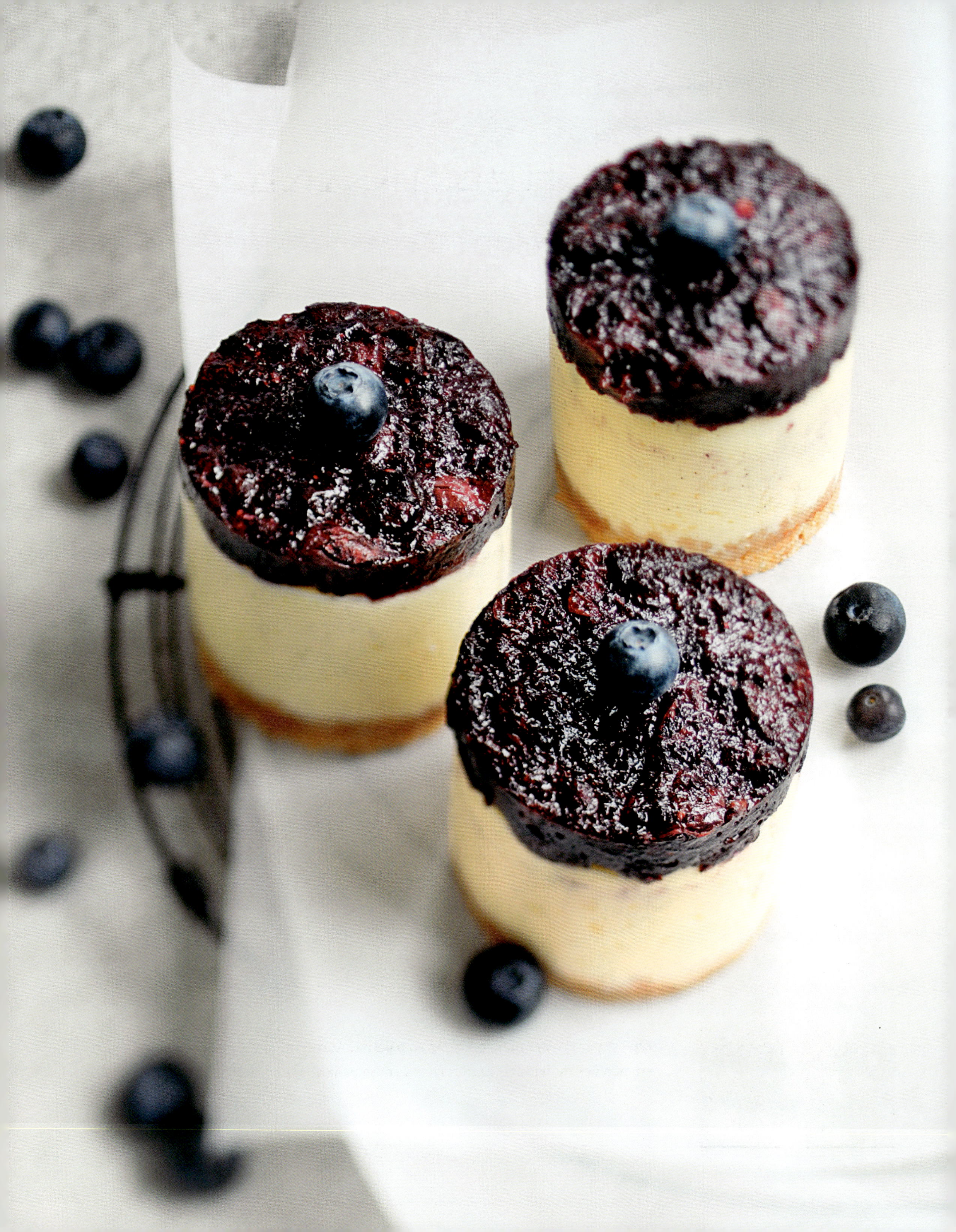

MINICHEESECAKES de mirtilo

passo a passo

PREPARE A MASSA AMANTEIGADA

1 – Preaqueça o forno a 170 °C. Em uma tigela, junte a farinha de trigo, a manteiga, o açúcar de confeiteiro, o sal e a farinha de amêndoa. Sove a massa esfregando-a entre as mãos e misturando-a com a ponta dos dedos. Incorpore o meio ovo e misture com uma espátula de madeira.

2 – Transfira o preparo para a superfície de trabalho e sove a massa até obter uma consistência homogênea.

3 – Polvilhe um pouco de farinha sobre a superfície de trabalho, abra a massa com 4 mm de espessura e transfira-a para uma assadeira rasa forrada com o tapete de silicone. Asse por 12 a 15 minutos até a massa ficar dourada. Deixe esfriar.

PREPARE A BASE

4 – Unte os aros com óleo e disponha-os sobre uma assadeira rasa forrada com papel-manteiga. Triture a massa podre em uma tigela.

5 – Acrescente a manteiga derretida e misture.

6 – Disponha o preparado no fundo dos aros e aperte bem. Leve à geladeira.

PREPARE O RECHEIO

7 – Abra a fava pelo comprimento e raspe a parte interna com a ponta de uma faca para recuperar as sementes.

8 – Preaqueça o forno a 90 °C. Misture o cream cheese com o açúcar. Incorpore os ovos um a um, sem misturar muito.

9 – Acrescente as sementes de baunilha à mistura.

...

- DOCES EM PORÇÕES INDIVIDUAIS -

MINICHEESECAKES de mirtilo

passo a passo

10 – Incorpore por último o creme de leite fresco. Não misture muito.

11 – Disponha a mistura nas fôrmas até 1 cm da borda. Asse no forno por cerca de 1 hora ou até a ponta de uma faca sair limpa dos cheesecakes. Deixe esfriar e refrigere por 12 horas.

PREPARE A COMPOTA DE MIRTILO

12 – Em uma panela, cozinhe os mirtilos com o açúcar e 1 colher (sopa) de água até o ponto de compota.

13 – Em uma tigela, dilua o amido de milho em 1 colher (sopa) de água fria.

14 – Acrescente o amido de milho diluído à compota sem parar de mexer. Leve à fervura branda durante 3 minutos e retire do fogo. Refrigere por 12 horas.

FAÇA A DECORAÇÃO

15 – Com uma colher pequena, disponha a compota de mirtilo sobre os cheesecakes até a borda das fôrmas. Alise a superfície com uma espátula flexível.

16 – Aqueça as fôrmas com as mãos.

17 – Retire delicadamente as fôrmas, puxando-as para baixo.

18 – Enfeite cada cheesecake com mirtilos frescos e sirva imediatamente os doces bem frescos.

CONSELHO DO CHEF

Para que a compota de mirtilo fique bem firme, acrescente uma folha de gelatina, previamente hidratada em água fria e bem escorrida, para gelificar levemente o preparo.

- DOCES EM PORÇÕES INDIVIDUAIS -

SUFLÊ QUENTE
de baunilha

Rende 6 suflês

PREPARO: 15 min (+ 15 min para o creme de confeiteiro)
REFRIGERAÇÃO: 30 min para o creme de confeiteiro – COZIMENTO: 15 min

DIFICULDADE: ♙

Para o creme de baunilha
Creme de confeiteiro
180 ml de leite
1 ovo (45 g)
45 g de açúcar
2 colheres (chá) de preparo em pó para creme de confeiteiro
2 colheres (chá) de amido de milho

----

2 favas de baunilha
5 claras (230 g)
110 g de açúcar

Para a decoração
açúcar de confeiteiro

manteiga em temperatura ambiente e açúcar para as fôrmas

MATERIAL NECESSÁRIO: 6 fôrmas para suflê de 10 cm de diâmetro x 5 cm de altura – 1 saco de confeitar

Prepare bem as fôrmas para suflê

Seja em tamanho familiar ou individual, o suflê perfeito é sempre um desafio: ele deve crescer bem e ter textura muito leve. É preciso servi-lo assim que sair do forno. A etapa-chave é o preparo das fôrmas, que devem estar perfeitamente limpas e secas. Outro segredo para o sucesso: untá-las generosamente com manteiga e polvilhá-las com açúcar para que o recheio cresça uniformemente por dentro. Tenha o cuidado de não deixar impressões digitais na parte interna.

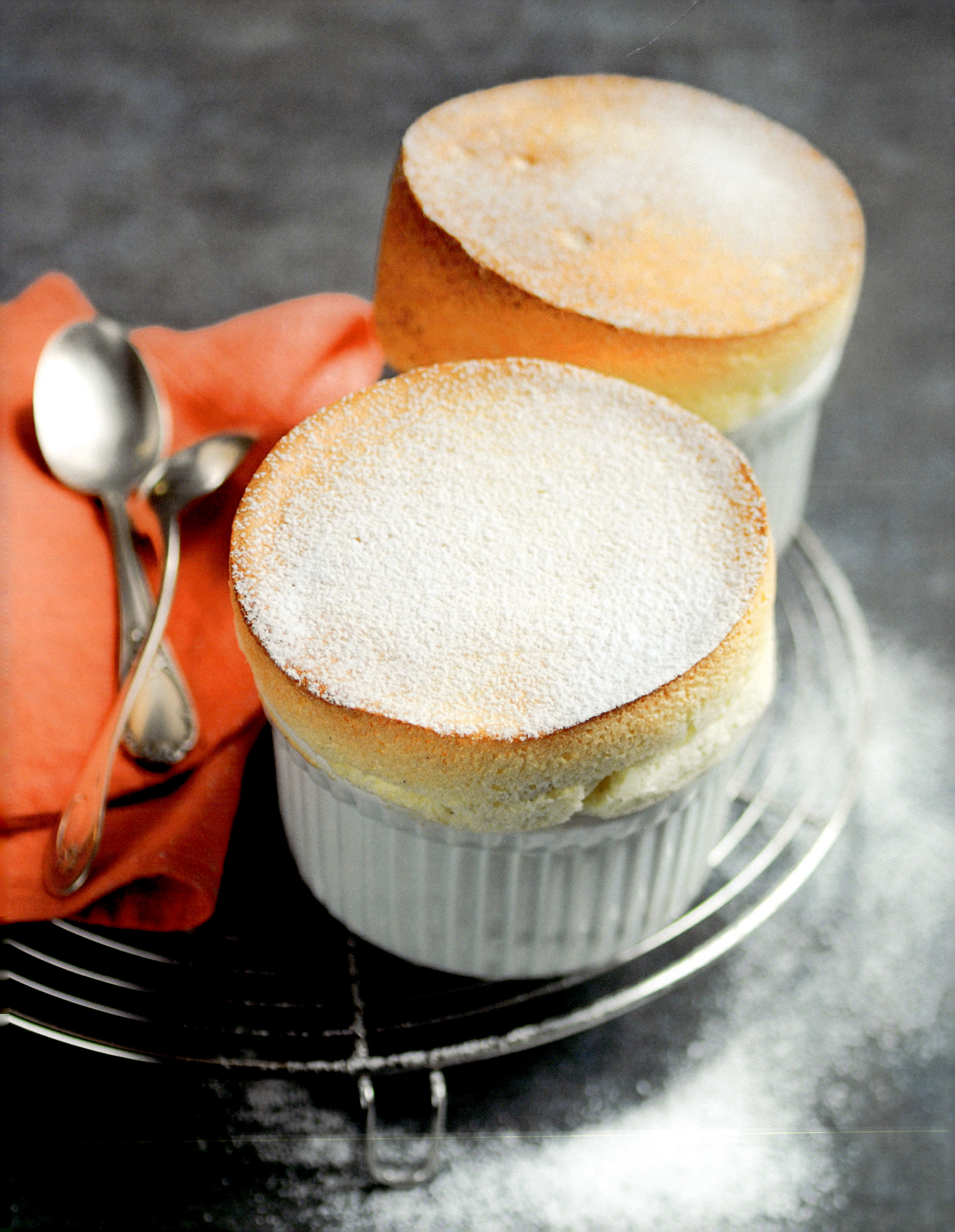

SUFLÊ QUENTE de baunilha

passo a passo

PREPARE AS FÔRMAS PARA SUFLÊ

1 – Bata a manteiga até tomar a consistência pastosa e unte cuidadosamente as fôrmas para suflê.

2 – Polvilhe açúcar nas fôrmas e vire-as de ponta-cabeça para retirar o excesso de açúcar e deixar apenas as laterais internas polvilhadas.

PREPARE O CREME DE BAUNILHA

3 – Preaqueça o forno a 180 °C. Bata o creme de confeiteiro (ver preparo na p. 480) para alisá-lo. Abra a fava de baunilha pelo comprimento, raspe a parte interna com a ponta de uma faca e acrescente as sementes de baunilha ao creme (ou acrescente-as ao leite antes de cozinhar o creme de confeiteiro).

4 – Bata as claras até ficarem com consistência macia. Incorpore o açúcar e siga batendo até ficarem lisas e brilhantes, ou seja, por 30 segundos.

5 – Coloque um quarto das claras em ponto de merengue no creme de baunilha e misture energicamente com o batedor manual.

6 – Incorpore delicadamente com o batedor manual mais dois quartos de claras em ponto de merengue, então acrescente o restante das claras batidas e misture levemente com uma espátula flexível.

7 – Transfira o preparo para um saco de confeitar, corte a ponta para obter uma abertura de 2 cm. Disponha o creme de baunilha nas fôrmas de suflê até a borda.

8 – Alise a superfície com uma espátula.

9 – Passe o polegar na borda das fôrmas para abrir um espaço de 5 mm entre o preparado e a borda; assim, os suflês vão crescer mais facilmente. Asse por 15 minutos (não abra a porta do forno durante o cozimento). Polvilhe os suflês com açúcar de confeiteiro assim que saírem do forno e sirva imediatamente.

- DOCES EM PORÇÕES INDIVIDUAIS -

BOMBA CROCANTE
de caramelo com manteiga salgada

Rende 15 bombas

PREPARO: 1h15 + 15 min para a massa choux + 15 min para o creme de confeiteiro – COZIMENTO: 1 hora
REFRIGERAÇÃO: 1h30 – CONSERVAÇÃO: 2 dias na geladeira
DIFICULDADE:

PARA A MASSA CHOUX
170 ml de leite
70 g de manteiga
1½ colher (chá) de açúcar
½ colher (chá) de sal refinado (2 g)
100 g de farinha de trigo
3 ovos (140 g)

PARA O CRUMBLE
2 colheres (chá) de açúcar demerara
2 colheres (chá) de açúcar granulado
20 g de farinha de avelã
20 g de farinha de trigo
uma pitada de sal refinado
20 g de manteiga
ouro em pó comestível

PARA O CARAMELO COM
MANTEIGA SALGADA
50 g de glucose
50 g de fondant
40 g de manteiga com sal
60 ml de creme de leite fresco
50 g de açúcar
uma pitada de baunilha em pó

PARA O CREME DE CONFEITEIRO
DE CARAMELO
Creme de confeiteiro
370 ml de leite
25 g de manteiga
3 gemas (70 g)

80 g de açúcar
20 g de farinha de trigo
25 g de amido de milho
100 g de caramelo com manteiga salgada

PARA O FONDANT DE CARAMELO
500 g de fondant
150 g de caramelo com manteiga salgada
50 g de glucose

PARA A DECORAÇÃO
flor de sal

MATERIAL NECESSÁRIO: 2 sacos de confeitar – 1 bico pitanga 8B – 1 bico perlê liso nº 6 – 1 bico perlê liso nº 10

O caramelo com manteiga salgada

O caramelo com manteiga salgada, aliando deliciosamente doce e salgado, tem história bastante singular. Originou-se na Bretanha, região isenta do pagamento do imposto sobre o sal a partir do século XIV. Assim, a manteiga com sal perdurou na Bretanha, entrando no preparo do caramelo para criar um sabor peculiar, muito apreciado hoje em dia.

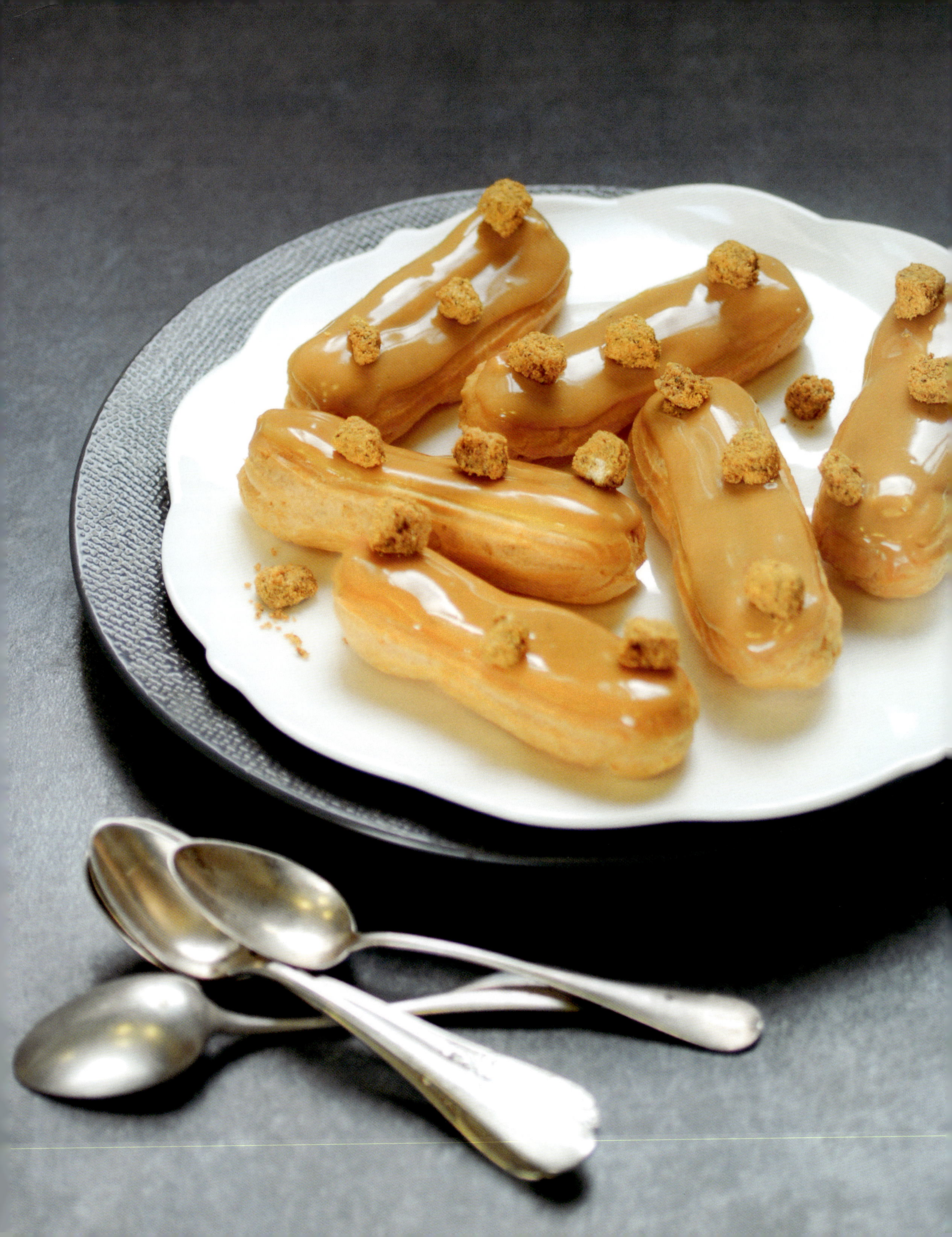

BOMBA CROCANTE de caramelo com manteiga salgada   passo a passo

DISPONHA E ASSE A MASSA CHOUX

1 – Transfira a massa choux (ver preparo na p. 483) para um saco de confeitar com bico pitanga 8B.

2 – Preaqueça o forno a 180 °C. Forre uma assadeira rasa com papel-manteiga, disponha por cima bastonetes de massa choux de cerca de 10 cm de comprimento, de maneira que não se toquem. Asse por 35 minutos, abrindo levemente a porta do forno a cada 2 minutos para deixar o vapor escapar.

PREPARE O CRUMBLE

3 – Forre uma assadeira rasa com papel-manteiga e preaqueça o forno a 170 °C. Junte todos os ingredientes do crumble em uma tigela, menos o ouro em pó.

4 – Misture com os dedos e amasse até obter uma massa homogênea.

5 – Transfira a massa para a bancada de trabalho coberta com papel-manteiga e achate-a com a palma da mão até chegar a uma espessura de 1 cm.

6 – Com a faca, recorte tiras de massa.

7 – Corte as tiras em cubos e asse por 25 minutos.

PREPARE O CARAMELO COM MANTEIGA SALGADA

8 – Em uma panela, esquente a glucose com o fondant até levantar fervura e então acrescente a manteiga.

9 – Despeje o creme de leite fresco, o açúcar e a baunilha na panela e esquente em fogo brando. Transfira para uma tigela e deixe refrigerar por 30 minutos.

...

- DOCES EM PORÇÕES INDIVIDUAIS -

BOMBA CROCANTE de caramelo com manteiga salgada   passo a passo

PREPARE O CREME DE CONFEITEIRO DE CARAMELO

10 – Transfira o creme de confeiteiro quente (ver preparo na p. 480) para uma tigela e incorpore imediatamente o caramelo com manteiga salgada. Refrigere por 1 hora.

FAÇA A MONTAGEM

11 – Com o bico nº 6, faça três furos sob cada bomba, girando levemente o bico.

12 – Bata o creme de caramelo com manteiga salgada para alisá-lo e transfira-o para um saco de confeitar com bico nº 10. Recheie as bombas pelos furos e retire o excedente de creme com uma colher.

PREPARE O FONDANT DE CARAMELO

13 – Em uma panela, esquente o fondant com o caramelo com manteiga salgada, misturando bem com uma espátula de madeira.

14 – Acrescente a glucose e esquente, mexendo bem.

FAÇA A DECORAÇÃO

15 – Mergulhe a superfície de cada bomba no fondant.

16 – Alise o contorno do fondant com o dedo.

17 – Coloque os cubos de crumble em uma tigela com o ouro em pó e misture para cobri-los igualmente.

18 – Coloque três cubos de crumble em cada bomba e enfeite com um pouco de flor de sal.

- DOCES EM PORÇÕES INDIVIDUAIS -

-171-

PETIT GÂTEAU
de chocolate e recheio cremoso

Rende 10 unidades

PREPARO: 20 min – COZIMENTO: 6-7 min – CONSERVAÇÃO: 2 semanas na geladeira

DIFICULDADE:

PARA A MASSA DE PETIT GÂTEAU DE CHOCOLATE
- 8 ovos (400 g)
- 270 g de açúcar
- 300 g de chocolate amargo
- 270 g de manteiga em temperatura ambiente
- 80 g de farinha de trigo
- 45 g de fécula de batata

PARA O RECHEIO
- 20 quadrados de chocolate amargo
- manteiga e farinha de trigo para as forminhas

MATERIAL NECESSÁRIO: 10 forminhas de papel para muffin de 7,5 cm de diâmetro e 4 cm de altura

Uma receita 100% chocolate

Esta receita rápida e fácil de fazer é perfeita para encerrar uma refeição com toque de chocolate, ou para a hora do lanche. Com seu recheio cremoso, a sobremesa deve ser servida quente, assim que sair do forno, e pode ser acompanhada de uma bola de sorvete de baunilha, ou de creme inglês.

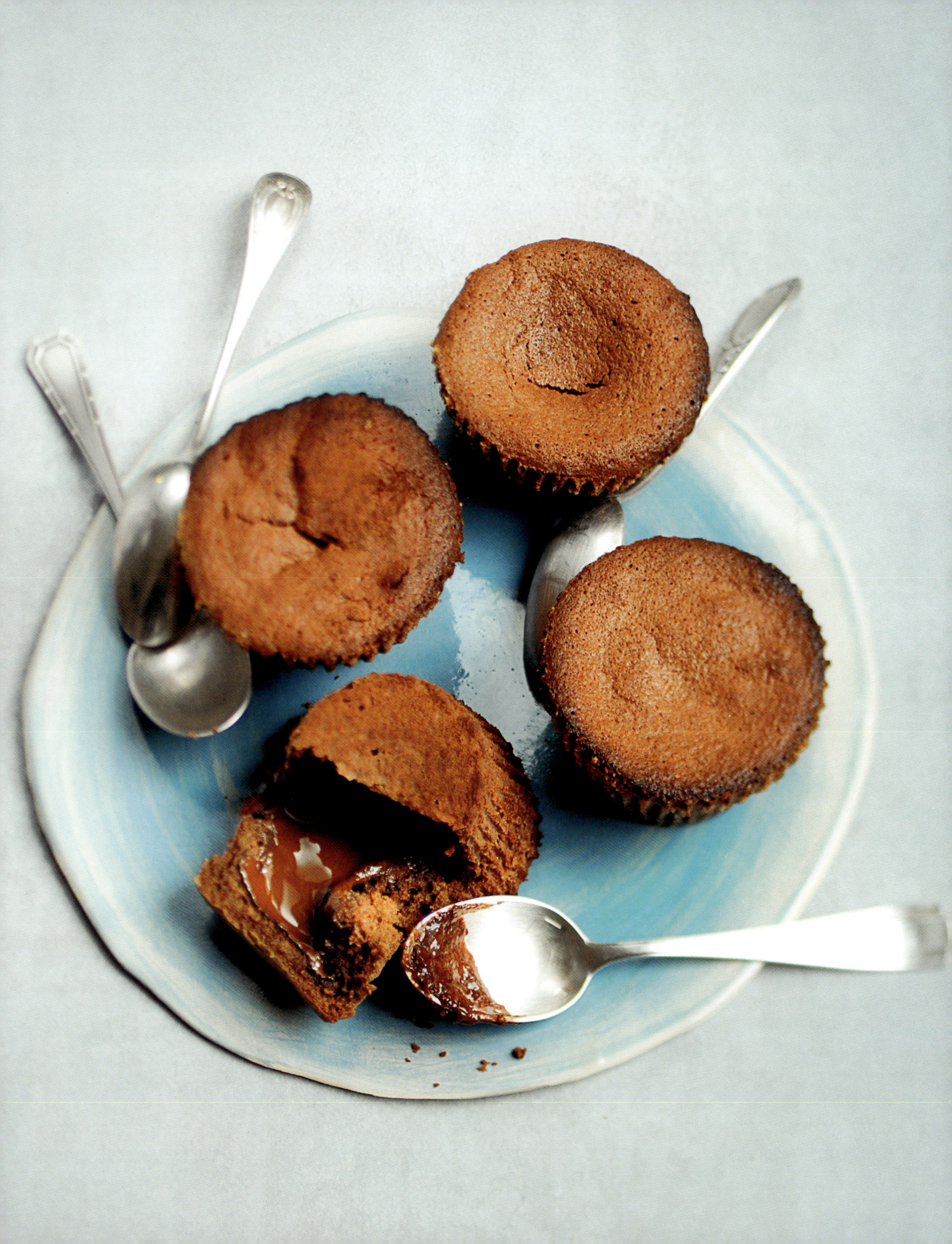

PETIT GÂTEAU de chocolate e recheio cremoso — passo a passo

PREPARE A MASSA DO PETIT GÂTEAU DE CHOCOLATE

1 – Unte e enfarinhe as forminhas de papel. Vire-as de ponta-cabeça para retirar o excedente de farinha.

2 – Esquente os ovos e o açúcar em banho-maria, batendo-os com batedeira manual elétrica até que o preparado esteja levemente quente na ponta do dedo.

3 – Retire do banho-maria e continue batendo com batedeira elétrica em velocidade máxima até o preparado esfriar e chegar ao ponto de fita: ele deve escorrer do batedor, sem quebrar, formando uma fita.

4 – Pique o chocolate e derreta-o em banho-maria. Acrescente a manteiga em temperatura ambiente e misture bem até obter uma consistência lisa.

5 – Incorpore delicadamente a farinha e a fécula de batata à mistura de ovo e açúcar.

6 – Incorpore o preparado de chocolate com uma espátula de madeira.

FAÇA A MONTAGEM

7 – Preaqueça o forno a 190 °C. Disponha a massa de petit gâteau de chocolate nas forminhas, até a metade.

8 – Coloque dois quadrados de chocolate amargo no centro de cada forminha.

9 – Acabe de preencher as forminhas com a massa de petit gâteau de chocolate. Asse por 6 ou 7 minutos. Espere 5 minutos antes de desenformar e sirva imediatamente.

CONSELHO DO CHEF

É fácil criar variações desta sobremesa: substitua os quadrados de chocolate amargo por purê de frutas, framboesa ou manga, por exemplo, por pasta de avelã ou caramelo, para obter um recheio cremoso com sabores e cores diferentes.

- DOCES EM PORÇÕES INDIVIDUAIS -

Tortas e tortinhas

Torta tipo sablé bretão com frutas frescas
   e abacaxi caramelizado 178
Torta caramelizada de maracujá 184
Torta de chocolate e praliné com frutas
   secas caramelizadas 188
Tortinhas de chocolate e marshmallow 192
Torta de damasco, avelã e canela 198
Torta de mirtilo 202
Torta-musse de coco com framboesas 206
Torta-merengue de grapefruit 212
Torta de maracujá e chocolate 218
Torta de maçã e avelã com creme praliné ... 224
Tortinhas de limão e hortelã com
   frutas vermelhas...................... 228
Tortinhas de crème brûlée com frutas frescas . 234
Torta de morango com yuzu 238
Torta de ruibarbo aromatizada com açafrão .. 242
Tortinhas de figo com lascas de amêndoa 246

TORTA TIPO SABLÉ BRETÃO
com frutas frescas e abacaxi caramelizado

Rende 8 porçõe

PREPARO : 45 min + 15 min para o creme de confeiteiro – COZIMENTO : 25 min – CONSERVAÇÃO : 2 dias na geladeira

DIFICULDADE :

Para a massa de sablé bretão
150 g de manteiga em temperatura ambiente
120 g de açúcar de confeiteiro
uma pitada de baunilha em pó
uma pitada de sal refinado
1 ovo (50 g)
50 ml de creme de leite fresco
155 g de farinha de trigo
1 colher (chá) de fermento químico em pó (4 g)

20 g de manteiga para untar a fôrma

Para o creme de confeiteiro
200 ml de leite
15 g de manteiga
2 gemas (40 g)
45 g de açúcar
2 colheres (chá) de farinha de trigo (10 g)
2 colheres (chá) de amido de milho (10 g)
75 ml de creme de leite fresco

Para o abacaxi caramelizado
1 abacaxi
30 g de manteiga
30 g de açúcar mascavo

Para as frutas frescas
2 laranjas
1 grapefruit
1 manga
200 g de morangos
125 g de framboesas
100 g de mirtilos
2 cachos de groselha

Para a decoração
açúcar de confeiteiro
geleia de brilho

MATERIAL NECESSÁRIO : 1 fôrma com aro removível de 22 cm de diâmetro – 2 sacos de confeitar – 1 bico perlê liso nº 12
1 boleador de frutas

O sablé bretão

O sablé bretão é um bolo de massa quebradiça, feita de farinha de trigo, manteiga, açúcar e gemas (opcional). Os ingredientes são misturados até ficarem com consistência farinhenta. Esta especialidade francesa é usada no preparo de diversas receitas doces, especialmente em bases de torta ou de bolos individuais. O sablé bretão pode ser aromatizado com chocolate, limão etc.

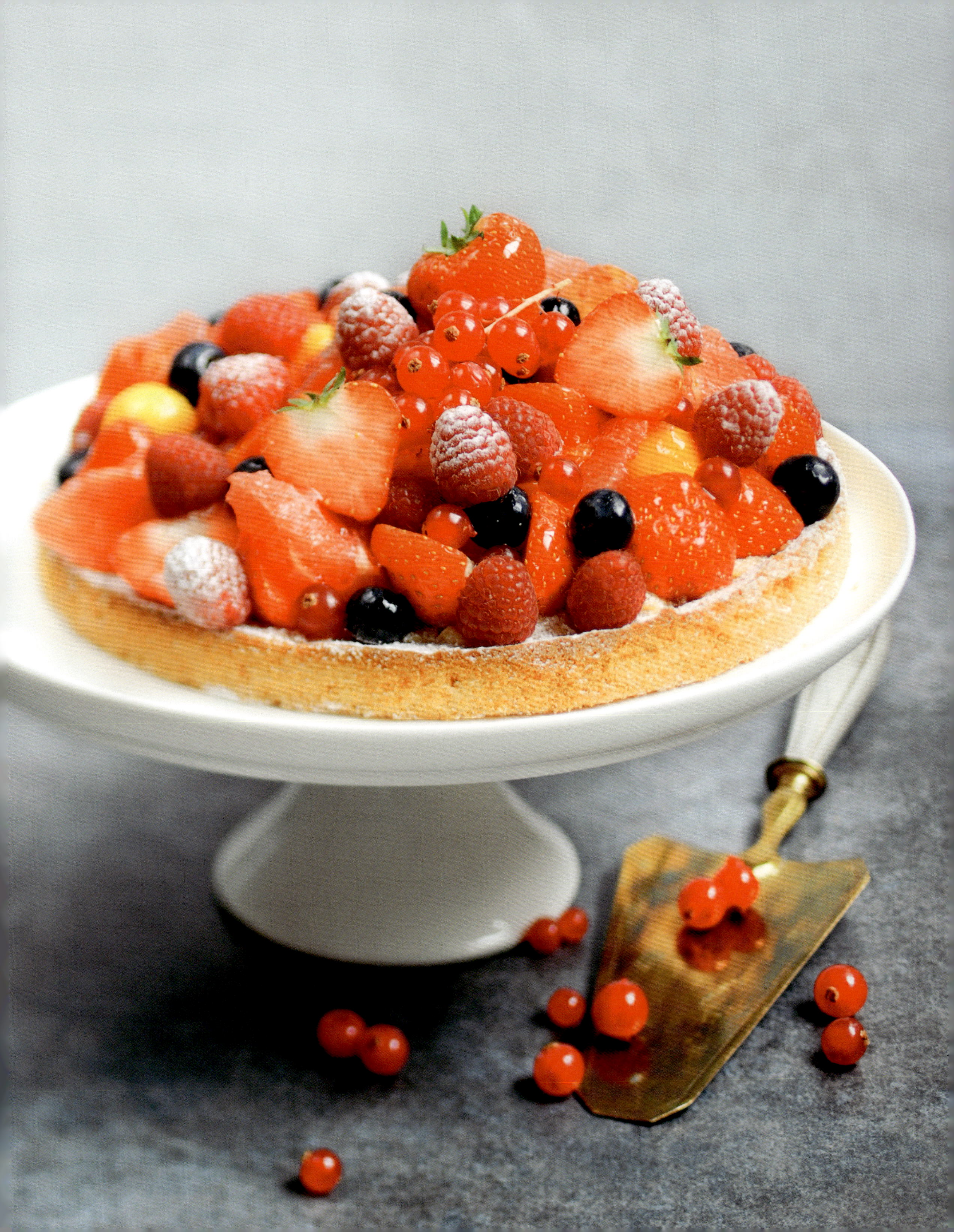

TORTA tipo sablé bretão com frutas frescas

passo a passo

PREPARE A MASSA DE SABLÉ BRETÃO

1 – Bata a manteiga com o açúcar de confeiteiro, a baunilha e o sal até a mistura adquirir consistência pastosa.

2 – Junte o ovo, o creme de leite e misture bem.

3 – Incorpore a farinha e o fermento e transfira a massa para um saco de confeitar com bico perlê liso.

4 – Preaqueça o forno a 170 °C. Unte a fôrma e coloque-a em uma assadeira rasa forrada com papel-manteiga. Cole uma tira de papel-manteiga ligeiramente mais alta do que a fôrma nas bordas untadas.

5 – Com o saco de confeitar, disponha a massa na fôrma, fazendo uma espiral.

6 – Faça um círculo de massa na borda interna da fôrma para dar espessura à torta. Leve ao forno por 25 minutos.

PREPARE O ABACAXI CARAMELIZADO

7 – Corte o abacaxi em cubos.

8 – Coloque o abacaxi com a manteiga e o açúcar em uma frigideira e cozinhe em fogo baixo por 5 minutos.

PREPARE AS FRUTAS FRESCAS

9 – Descasque as laranjas e o grapefruit: com uma faca pequena, corte uma fatia fina de cada fruta de cima para baixo. Segure-a na vertical sobre a superfície de trabalho e, seguindo o contorno da fruta, corte a casca e a parte branca, deixando só o miolo.

...

- TORTAS E TORTINHAS -

① ② ③
④ ⑤ ⑥
⑦ ⑧ ⑨

TORTA tipo sablé bretão com frutas frescas — passo a passo

10 – Segure os segmentos das laranjas e do grapefruit, faça um corte entre as membranas e elimine as sementes eventuais.

11 – Descasque a manga e, com um boleador de frutas, molde pequenas bolas com a polpa.

FAÇA A MONTAGEM

12 – Coloque o creme de confeiteiro (ver preparo na p. 480) em uma tigela e bata bem para uniformizá-lo. Incorpore o abacaxi e misture bem.

13 – Espalhe esse creme com abacaxi na massa da torta.

14 – Polvilhe a superfície com açúcar de confeiteiro.

15 – Corte os morangos ao meio e disponha-os sobre a torta.

16 – Em seguida, coloque as frutas cítricas preparadas e as bolinhas de manga.

17 – Pincele a superfície com a geleia de brilho.

18 – Passe algumas framboesas no açúcar de confeiteiro e disponha-as em cima da torta. Finalize com os mirtilos e as groselhas.

- TORTAS E TORTINHAS -

TORTA CARAMELIZADA
de maracujá

Rende 8 porções

PREPARO : 45 min + 15 min para a massa doce – REFRIGERAÇÃO : 30 min para a massa doce – COZIMENTO : 30 min

DIFICULDADE : ♙

Para a massa doce
50 g de manteiga em temperatura ambiente
50 g de açúcar de confeiteiro
½ ovo (20 g)
100 g de farinha de trigo
20 g de farinha de amêndoa

manteiga para untar a fôrma

Para o creme de amêndoa e maracujá
50 g de manteiga em temperatura ambiente
80 g de purê de maracujá
100 g de farinha de amêndoa
uma pitada de sal refinado
50 g de açúcar
2 ovos (100 g)

1½ clara (50 g)
20 g de açúcar

Para o caramelo de maracujá
30 g de purê de maracujá
30 g de leite condensado
50 ml de creme de leite fresco
30 g de glucose
60 g de açúcar
75 g de manteiga com sal

Para a decoração
20 g de geleia de brilho
50 g de amêndoa em lascas ou palitos
uma pitada de ouro em pó comestível
1 maracujá

MATERIAL NECESSÁRIO : 1 fôrma com aro removível de 16 cm de diâmetro e 4,5 cm de altura – 1 saco de confeitar – 1 bico perlê nº 8

O cozimento do caramelo

O caramelo é uma calda preparada com açúcar cozido a mais de 150 °C em um termômetro culinário, e sua cor varia conforme o grau de cozimento. Depois de pronto, o caramelo perde um pouco da doçura. A coloração pode mudar de acordo com as instruções da receita. Mas tenha cuidado, porque, se o caramelo passar do ponto, ficará inutilizável, tanto pela consistência quanto pelo aroma.

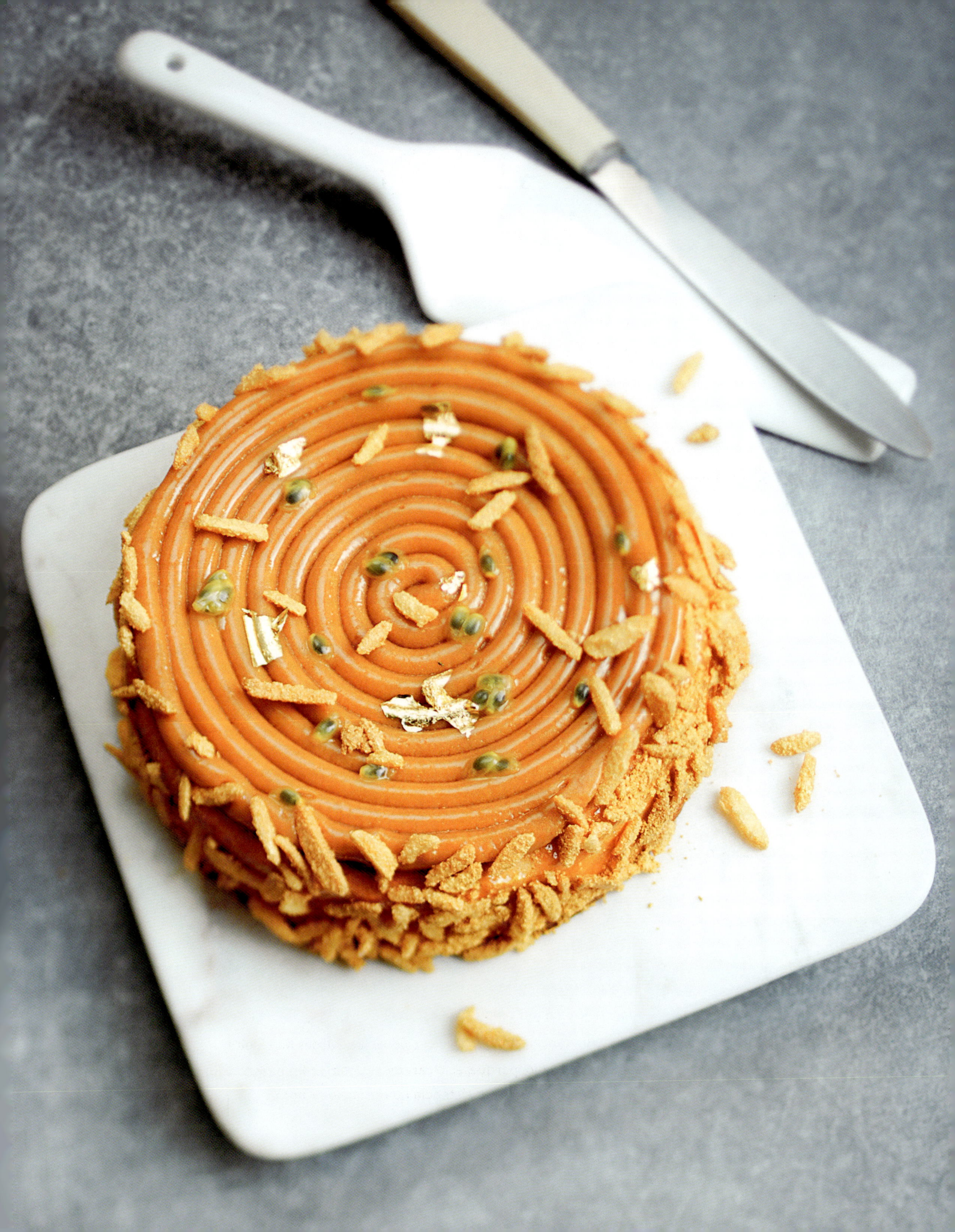

TORTA CARAMELIZADA de maracujá

passo a passo

PREPARE A BASE DA TORTA

1 – Forre uma chapa com papel-manteiga. Em uma superfície de trabalho levemente enfarinhada, abra a massa doce (ver preparo nas pp. 488-489), deixando-a com aproximadamente 3 mm de espessura. Com o aro da fôrma, recorte um disco de massa. Retire o excesso e disponha o disco em uma assadeira rasa forrada com papel-manteiga.

PREPARE O CREME DE AMÊNDOA E MARACUJÁ

2 – Preaqueça o forno a 170 °C. Coloque a manteiga em uma tigela. Leve ao fogo o purê de maracujá, reduza-o à metade e despeje-o imediatamente sobre a manteiga. Mexa com um batedor manual até a consistência ficar homogênea. À parte, misture a farinha de amêndoa com o sal e o açúcar. Adicione-os ao purê e depois incorpore os ovos.

3 – Bata as claras em neve e junte o açúcar para formar o merengue. Adicione um pouco dessa clara à mistura anterior, bata vigorosamente e incorpore o restante com suavidade.

4 – Unte a fôrma de torta e forre as laterais com uma tira de papel-manteiga que ultrapasse a altura do aro. Disponha a massa na fôrma e acomode-a sobre uma chapa. Acima da massa, disponha o creme de amêndoa e maracujá e alise com uma espátula de silicone. Leve ao forno por 30 minutos.

PREPARE O CARAMELO DE MARACUJÁ

5 – Leve ao fogo o purê de maracujá e reduza-o à metade. Junte o leite condensado e o creme de leite e mexa com uma espátula de madeira. À parte, aqueça a glucose e adicione o açúcar aos poucos. Misture e cozinhe até obter um caramelo marrom-dourado.

6 – Acrescente o purê de maracujá e ferva. Incorpore a manteiga. Deixe esfriar e insira o caramelo em um saco de confeitar com bico.

FAÇA A DECORAÇÃO

7 – Desenforme a torta sobre uma base para doce. Com o saco de confeitar, cubra a superfície com uma espiral de caramelo.

8 – Com um pincel, espalhe a geleia de brilho sobre a torta.

9 – Preaqueça o forno a 160 °C. Toste as amêndoas em palitos e misture-as ao ouro em pó. Distribua-as sobre a torta. Retire as sementes do maracujá e finalize a decoração com elas.

- TORTAS E TORTINHAS -

TORTA DE CHOCOLATE E PRALINÉ
com frutas secas caramelizadas

Rende 8 porções

PREPARO: 1 hora + 15 min para a massa doce – COZIMENTO: 20 min – REFRIGERAÇÃO: 15 min + 30 min para a massa doce + 10 min depois de forrar a fôrma com a massa – CONSERVAÇÃO: 2 dias na geladeira

DIFICULDADE: ⌂

Para a massa doce
200 g de farinha de trigo
120 g de manteiga
1 ovo pequeno (40 g)
65 g de açúcar de confeiteiro
25 g de farinha de amêndoa

manteiga para untar a fôrma

Para o creme de chocolate e praliné
200 ml de creme de leite fresco
uma pitada de baunilha em pó
200 g de chocolate amargo com 54% de cacau
35 g de pasta de praliné
55 g de manteiga

Para as frutas secas caramelizadas
50 ml de água
100 g de açúcar
50 g de amêndoas sem casca e sem pele
60 g de avelãs sem casca e sem pele

Para a glaçagem de chocolate
130 g de chocolate amargo para cobertura
60 ml de água
60 g de glucose

MATERIAL NECESSÁRIO: 1 fôrma com aro removível de 22 cm de diâmetro

As frutas secas caramelizadas

Frutas secas como amêndoas, avelãs e pistaches, quando são caramelizadas, ganham um sabor adocicado, textura crocante e um aspecto dourado, o que as torna perfeitas para decorar tortas e sobremesas. Fáceis de preparar, as frutas secas podem ser degustadas como aperitivo ou no lanche da tarde. Basta envolvê-las em uma calda de caramelo à base de água e açúcar até caramelizarem.

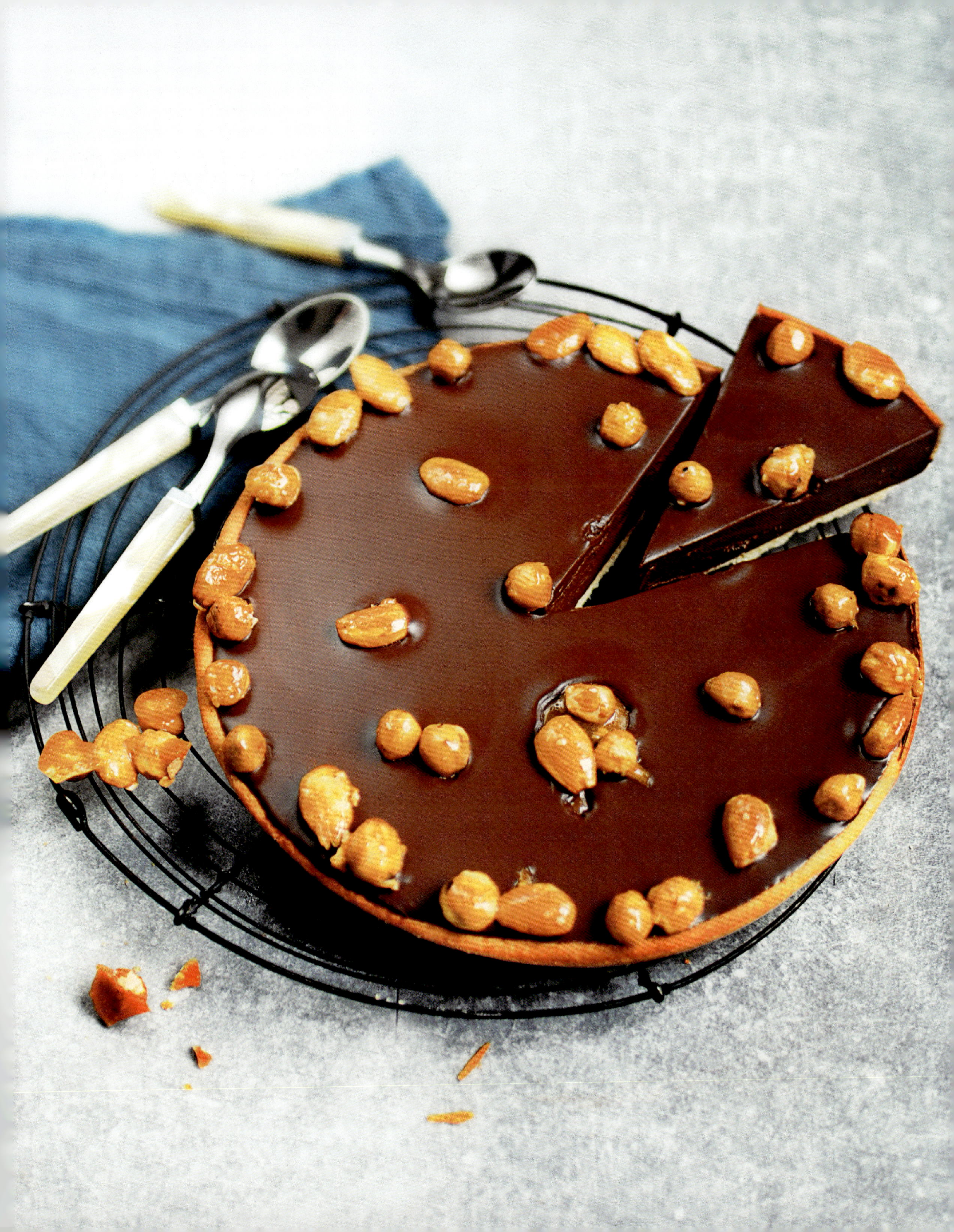

TORTA de chocolate e praliné — passo a passo

PREPARE A BASE DA TORTA

1 – Em uma superfície de trabalho ligeiramente enfarinhada, abra a massa doce (ver preparo nas pp. 488-489), deixando-a com mais ou menos 3 mm de espessura. Recorte um disco cujo diâmetro seja 5 cm maior que o da fôrma, ou seja, de aproximadamente 27 cm, apoiando o aro na massa para ter uma referência.

2 – Preaqueça o forno a 170 °C. Unte a fôrma e forre-a com a massa doce (ver procedimento na p. 493). Coloque-a em uma assadeira rasa forrada com papel-manteiga e leve à geladeira por 10 minutos. Então pré-asse a massa por 10 minutos (ver procedimento na p. 494). Retire as bolinhas de cerâmica ou os feijões secos (se você seguir o que está indicado na p. 494) e cozinhe por mais 10 minutos até ficar dourada. Deixe esfriar e retire o aro.

PREPARE O CREME DE CHOCOLATE E PRALINÉ

3 – Deixe o creme de leite em temperatura ambiente. Adicione-o à baunilha. Derreta o chocolate em banho-maria e incorpore-o ao creme. Junte a pasta de praliné e a manteiga, misturando bem. Espere amornar.

4 – Disponha a mistura sobre a base da torta e leve à geladeira por 15 minutos.

PREPARE AS FRUTAS SECAS CARAMELIZADAS

5 – Em uma panela, ferva a água com o açúcar por 4 minutos. Acrescente as amêndoas e as avelãs e deixe-as no fogo, mexendo sempre, até caramelizarem.

6 – Disponha-as em uma chapa forrada com papel-manteiga, separe-as com uma faca e deixe-as esfriar.

PREPARE A GLAÇAGEM DE CHOCOLATE

7 – Pique o chocolate e ponha em uma tigela. Em uma panela, ferva a água com a glucose e junte o chocolate, mexendo bem.

8 – Despeje a glaçagem sobre o creme de chocolate e praliné. Segure a torta e incline-a levemente para distribuir bem a cobertura.

9 – Decore com as frutas secas caramelizadas.

- TORTAS E TORTINHAS -

① ② ③
④ ⑤ ⑥
⑦ ⑧ ⑨

- 191 -

TORTINHAS
de chocolate e marshmallow

Rende 10 tortinhas

PREPARO : 1 hora + 15 min para a massa doce – COZIMENTO : cerca de 20 min – REFRIGERAÇÃO : 30 min + 30 min para a massa doce + 10 min depois de forrar a fôrma com a massa – CONSERVAÇÃO : 2 dias na geladeira

DIFICULDADE : ♟ ♟

Para o marshmallow
2¾ folhas de gelatina (5,5 g)
20 ml de água
45 g de açúcar
20 g de glucose
25 g de açúcar invertido
25 g de açúcar invertido
1 ou 2 gotas de corante alimentício roxo
3 gotas de essência de violeta

----

35 g de fécula de batata
35 g de açúcar de confeiteiro

óleo para untar a assadeira
manteiga para untar as fôrmas

Para a massa doce
200 g de farinha de trigo
90 g de manteiga
90 g de açúcar de confeiteiro
30 g de farinha de amêndoa
1 ovo (50 g)

Para o creme de chocolate
30 g de manteiga
50 g de chocolate amargo com 70% de cacau
2 claras (45 g)
40 g de açúcar
1 colher (sopa) de farinha de trigo
30 g de farinha de amêndoa

Para a glaçagem de ganache de chocolate
100 g de chocolate com 70% de cacau para cobertura
40 g de manteiga
40 ml de água
60 ml de creme de leite fresco
45 g de açúcar

Para a decoração
açúcar de confeiteiro

MATERIAL NECESSÁRIO : 2 sacos de confeitar – 1 bico nº 8 – 10 fôrmas de tortinha de 8 cm de diâmetro

As fôrmas com aro removível

Usadas durante muito tempo apenas por profissionais, as fôrmas com aro removível são facilmente encontradas no mercado. De diferentes formatos e tamanhos, são mais recomendadas do que as assadeiras comuns porque permitem um cozimento uniforme de tortas e bolos, facilitam a tarefa de desenformar a massa e ajudam os amadores a dar um ar profissional às suas criações culinárias.

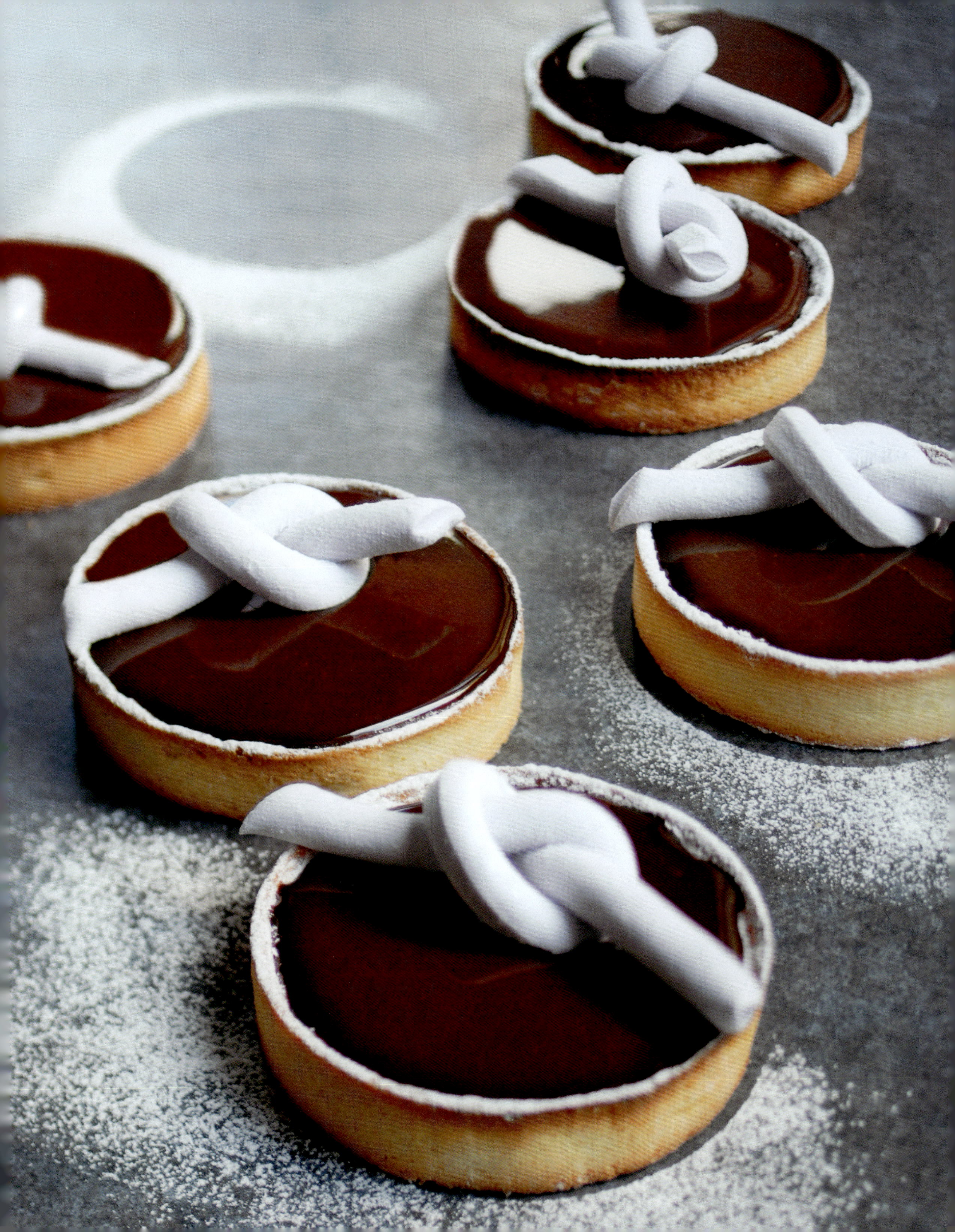

TORTINHAS de chocolate e marshmallow

passo a passo

PREPARE O MARSHMALLOW

1 – Amoleça as folhas de gelatina em uma tigela com água. Em uma panela pequena, ferva a água com o açúcar, a glucose e os primeiros 25 g de açúcar invertido. Escorra bem a gelatina e coloque-a em uma tigela com os outros 25 g de açúcar invertido. Despeje por cima a calda quente.

2 – Junte o corante roxo.

3 – Adicione a essência de violeta e bata até obter uma pasta homogênea e morna. Insira a mistura em um saco de confeitar com bico.

4 – Unte uma assadeira rasa. Com o saco de confeitar, faça fios de marshmallow levemente espaçados.

5 – Em uma tigela, misture a fécula de batata e o açúcar de confeiteiro. Com uma peneirinha, polvilhe a mistura sobre os fios de marshmallow para evitar que grudem. Deixe o marshmallow secar por 2 horas, vire-o e polvilhe-o novamente com a mistura de fécula e açúcar.

6 – Faça nós nos marshmallows e corte as extremidades.

PREPARE A BASE DAS TORTINHAS

7 – Unte as fôrmas.

8 – Abra a massa doce (ver preparo nas pp. 488-489) em uma superfície de trabalho levemente enfarinhada, deixando-a com 3 mm de espessura.

9 – Usando o aro como referência, recorte discos com um diâmetro 5 cm maior que o das fôrmas, ou seja, 13 cm.

...

- TORTAS E TORTINHAS -

TORTINHAS de chocolate e marshmallow

passo a passo

10 – Forre as fôrmas com a massa (ver procedimento na p. 493) e leve à geladeira por 10 minutos. Preaqueça o forno a 170 °C. Pré-asse as bases das tortinhas (ver procedimento na p. 494) durante 15 minutos.

PREPARE O CREME DE CHOCOLATE

11 – Preaqueça o forno a 200 °C. Coloque a manteiga em uma tigela. Derreta o chocolate em banho-maria e despeje-o imediatamente sobre a manteiga, misturando bem.

12 – Bata as claras em neve, adicione o açúcar e mexa para formar o merengue.

13 – Incorpore-o delicadamente à mistura de chocolate e manteiga.

14 – Para finalizar, mexa o creme com uma espátula de silicone. Junte a farinha, a farinha de amêndoa e mexa bem com a espátula.

15 – Transfira o preparado para um saco de confeitar com bico e faça uma espiral na base de cada torta. Leve ao fogo por 4 minutos.

PREPARE A GLAÇAGEM DE GANACHE DE CHOCOLATE

16 – Pique o chocolate e coloque-o em uma tigela com a manteiga. Em uma panela, ferva a água com o creme de leite e o açúcar. Adicione a mistura de chocolate e manteiga e mexa delicadamente com um batedor manual.

TERMINE A MONTAGEM E FAÇA A DECORAÇÃO

17 – Com a ajuda de uma colher, distribua a glaçagem nas bases de torta, sobre o creme de chocolate, e leve à geladeira por 20 minutos.

18 – Polvilhe a superfície das tortinhas com açúcar de confeiteiro. Enfeite com os nós de marshmallow.

- TORTAS E TORTINHAS -

TORTA DE DAMASCO,
avelã e canela

Rende 8 a 10 porções

PREPARO : 45 min + 15 min para a massa doce – REFRIGERAÇÃO : 30 min para a massa podre doce
COZIMENTO : 1 hora – CONSERVAÇÃO : 2 dias na geladeira
DIFICULDADE :

Para a massa podre doce
160 g de farinha de trigo
90 g de manteiga
½ colher (chá) de sal refinado
1 colher (sopa) de açúcar de confeiteiro
1 colher (chá) de água
1 ovo (50 g)
uma pitada de baunilha em pó

20 g de manteiga para untar a fôrma

Para o creme de avelã
60 g de manteiga
60 g de açúcar
60 g de farinha de avelã
1 ovo grande (60 g)
1 colher (chá) de farinha de trigo
20 g de avelã moída

Para os damascos
800 g de damascos em calda

Para o recheio de canela
25 g de manteiga
1 ovo (50 g)
50 g de açúcar
uma pitada de canela em pó

Para a decoração
açúcar de confeiteiro

MATERIAL NECESSÁRIO : 1 fôrma canelada para torta de 24 cm de diâmetro

O damasco na confeitaria

De cor amarelo-alaranjada, o damasco tem casca aveludada e polpa doce e suculenta. Bastante frágil quando fresco, é muito usado em confeitaria no preparo de conservas e caldas. Também é ótimo para decorar bolos e tortas, cortados em metades ou em quartos. No Brasil, a fruta é produzida apenas em climas frios, como o do Rio Grande do Sul e de algumas regiões de Minas Gerais. No entanto, o damasco seco é muito consumido, seja ao natural, seja como ingrediente de receitas doces e salgadas.

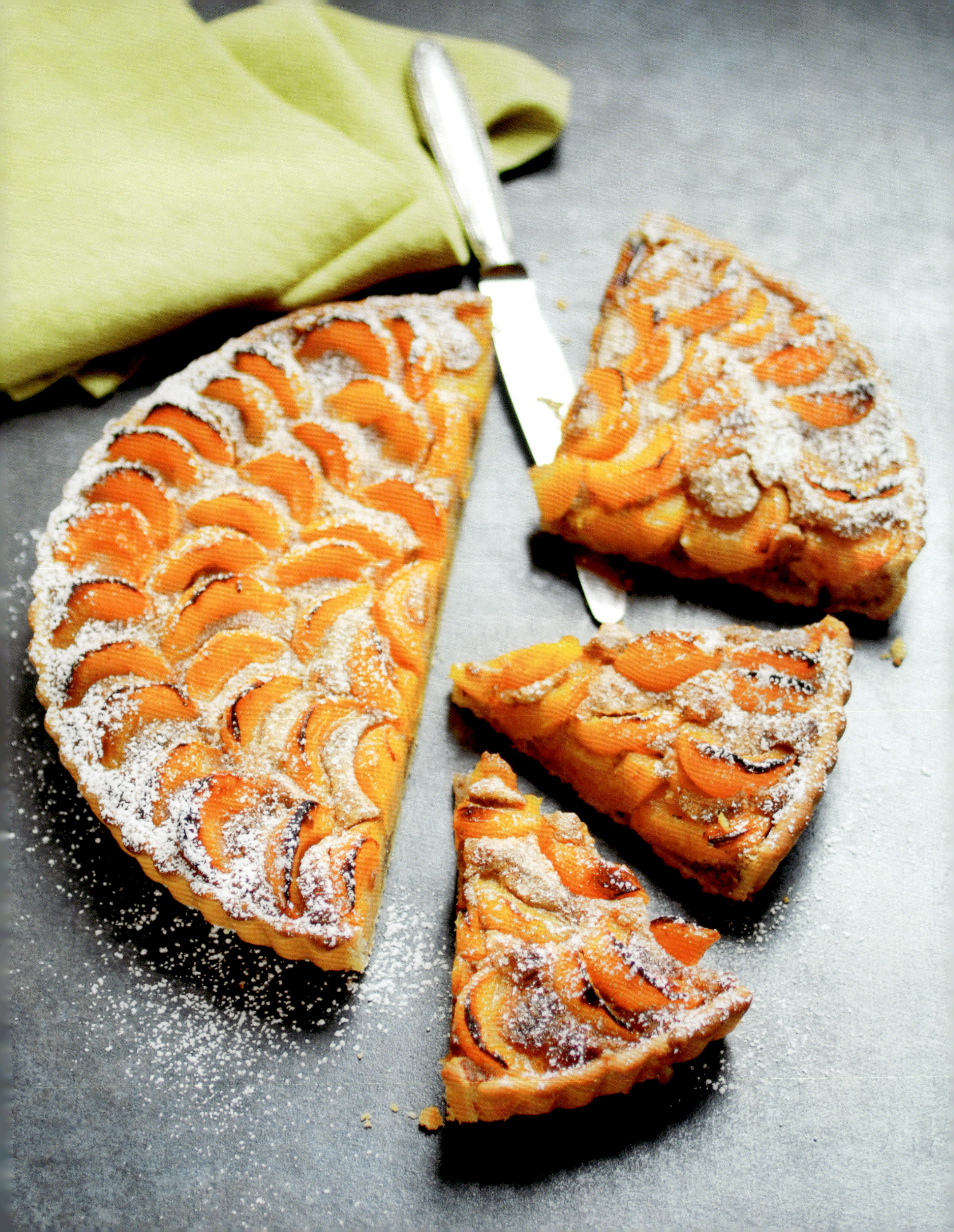

TORTA DE DAMASCO, avelã e canela

passo a passo

PREPARE A MASSA

1 – Unte a fôrma. Em uma mesa de trabalho levemente enfarinhada, abra a massa podre doce (ver preparo na p. 490), deixando-a com uma espessura de 3 mm. Recorte um disco com diâmetro 5 cm maior que o da fôrma, ou seja, cerca de 30 cm, apoiando o aro da fôrma na massa para ter uma referência.

2 – Forre a fôrma untada com a massa (ver procedimento na p. 493) e fure-a levemente com um garfo.

PREPARE O CREME DE AVELÃ

3 – Bata a manteiga até ficar com consistência pastosa e incorpore o açúcar e os 60 g de farinha de avelã.

4 – Junte o ovo, bata vigorosamente e incorpore a farinha de trigo.

FAÇA A MONTAGEM

5 – Despeje o creme de avelã na base da torta e alise-o com as costas de uma colher.

6 – Salpique a torta com os 20 g de avelã.

7 – Escorra as metades de damasco e disponha-as sobre o creme.

PREPARE O RECHEIO DE CANELA

8 – Preaqueça o forno a 220 °C. Em uma panela, aqueça a manteiga até ficar escura (ver "manteiga noisette" no glossário). Bata o ovo, o açúcar e a canela em uma tigela e adicione a manteiga, mexendo vigorosamente.

9 – Com uma colher, distribua esse preparado de canela sobre o damasco. Leve ao forno por 15 minutos, até a torta começar a dourar. Abaixe a temperatura do forno para 190 °C e asse por mais 45 minutos. Desenforme a torta delicadamente enquanto ainda estiver morna e polvilhe-a levemente com açúcar de confeiteiro.

CONSELHO DO CHEF

Você pode substituir as avelãs moídas salpicadas sobre o creme por migalhas de génoise ou de biscoito. Essa etapa é fundamental para absorver o suco do damasco. Se encontrar a fruta fresca, use-a

- TORTAS E TORTINHAS -

TORTA
de mirtilo

Rende de 8 a 10 porções

PREPARO: 1 hora + 15 min para a massa doce – COZIMENTO: cerca de 35 min – REFRIGERAÇÃO: 30 min para a massa doce + 10 min depois de dispor a massa na fôrma – CONSERVAÇÃO: 2 dias na geladeira

DIFICULDADE: ♢

PARA A MASSA DOCE
200 g de farinha de trigo
120 g de manteiga
70 g de açúcar de confeiteiro
½ colher (chá) de sal refinado
30 g de farinha de amêndoa
1 ovo pequeno (40 g)

50 g de manteiga em temperatura ambiente para untar a fôrma
farinha de trigo para polvilhar a fôrma

PARA O CREME DE AMÊNDOA
60 g de manteiga
60 g de açúcar
60 g de farinha de amêndoa
1 fava de baunilha
1 ovo (50 g)

PARA A DECORAÇÃO
50 g de geleia de damasco
250 g de mirtilos
20 g de açúcar de confeiteiro

MATERIAL NECESSÁRIO: 1 fôrma canelada para torta de 24 cm de diâmetro – 1 pincel

Como escolher os mirtilos

De cor azul-arroxeada e sabor doce e ácido, o mirtilo é encontrado nas florestas da Alsácia, da Lorena e de Franco-Condado de junho a meados de outubro. No Brasil, a fruta é produzida apenas no Rio Grande do Sul e em algumas regiões de Santa Catarina, onde o frio é rigoroso, condição essencial para o seu cultivo. Na hora de escolher, prefira os frutos mais arredondados, de tamanho uniforme, com o furo serrilhado característico. Evite os amassados.

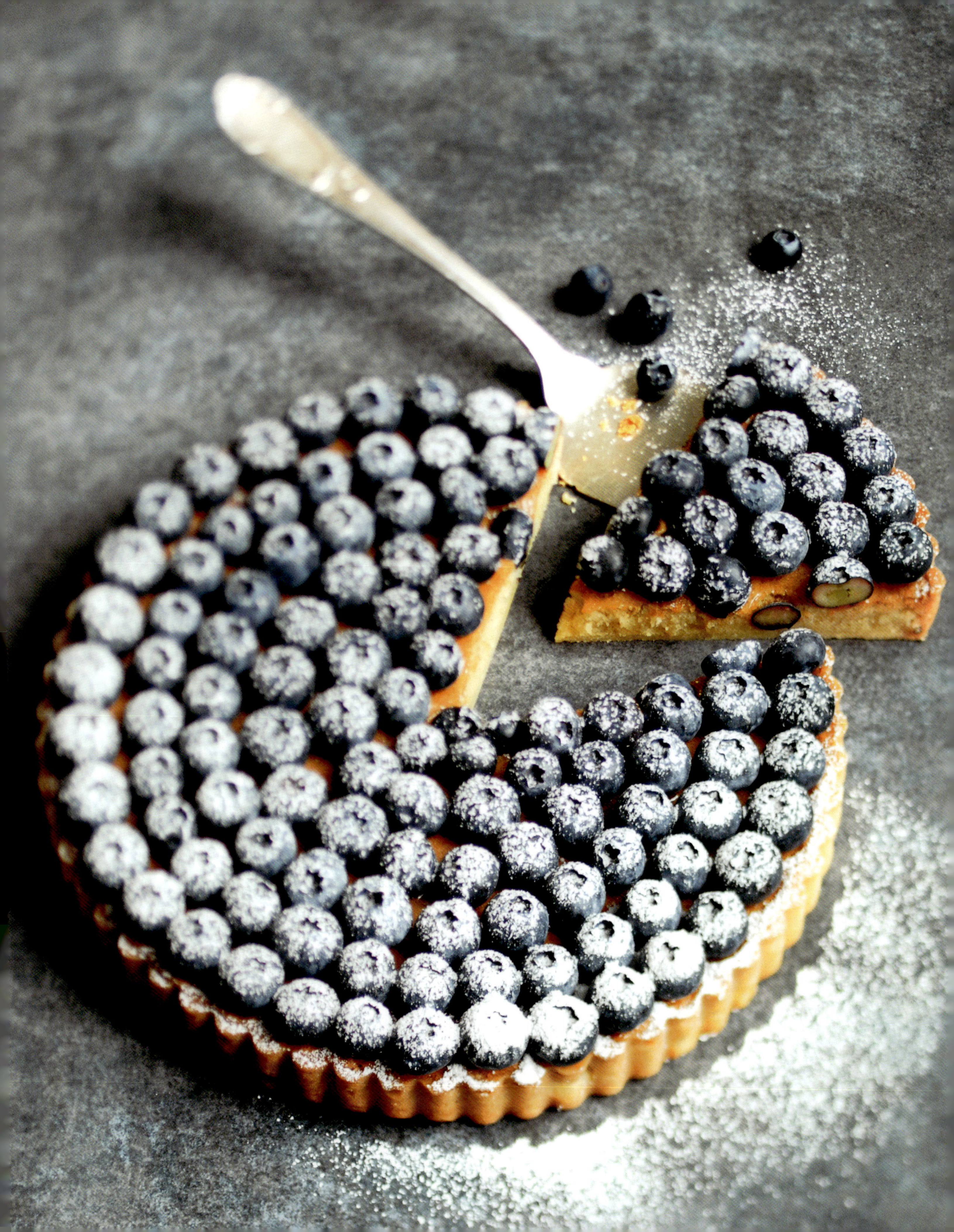

TORTA de mirtilo

passo a passo

PREPARE A MASSA

1 – Preaqueça o forno a 170 °C. Unte a fôrma. Abra a massa doce (ver preparo nas pp. 488-489), deixando-a com uma espessura de aproximadamente 3 mm. Recorte um disco de diâmetro 5 cm maior que o da fôrma, ou seja, de 30 cm, apoiando o aro na massa para ter uma referência. Forre a fôrma untada com a massa (ver procedimento na p. 493).

PREPARE O CREME DE AMÊNDOA

2 – Bata a manteiga em uma tigela até ficar com consistência cremosa, adicione o açúcar e misture.

3 – Incorpore a farinha de amêndoa.

4 – Abra a fava de baunilha ao meio no sentido do comprimento, raspe as sementes com a ponta de uma faca, coloque-as na tigela e mexa bem.

5 – Incorpore o ovo.

FAÇA A MONTAGEM E A DECORAÇÃO

6 – Coloque o creme de amêndoa sobre a massa da torta e distribua-o uniformemente com uma espátula de silicone. Leve ao forno por cerca de 35 minutos. Deixe amornar.

7 – Desenforme a torta. Com um pincel, espalhe a geleia de damasco sobre o creme.

8 – Disponha os mirtilos em toda a superfície da torta.

9 – Polvilhe com açúcar de confeiteiro peneirado.

CONSELHO DO CHEF

O creme de amêndoa deve ser colocado até metade da altura da fôrma depois de forrada com a massa, não importa o tamanho da fôrma ou do aro. Nesta receita, a quantidade dos ingredientes é prevista para dar esse efeito.

- TORTAS E TORTINHAS -

TORTA-MUSSE
de coco com framboesas

Rende de 6 a 8 porções

PREPARO : 1h30 – COZIMENTO : 35 min – CONGELAMENTO : 2h10

DIFICULDADE : ♧♧♧

Para o sablé bretão
20 g de farinha de amêndoa
125 g de manteiga com sal em temperatura ambiente
50 g de açúcar
1 gema (20 g)
100 g de farinha de trigo
½ colher (chá) de fermento químico em pó

Para o creme tropical
65 g de purê de manga
85 g de purê de maracujá
25 g de glucose
50 g de açúcar
½ colher (chá) de pectina

Para a musse de coco
1½ folha de gelatina (3 g)
70 ml de leite de coco
20 g de açúcar
20 g de coco ralado
160 ml de creme de leite fresco

Para a decoração
150 g de geleia de brilho
250 g de framboesas
açúcar de confeiteiro

MATERIAL NECESSÁRIO : 2 sacos de confeitar – 1 fôrma de torta de 20 cm de diâmetro – 1 fôrma com aro removível de 16 cm de diâmetro – 1 base para doce – 1 bico perlê liso nº 10

A cobertura neutra na finalização de receitas

Fácil de utilizar, a cobertura neutra embeleza qualquer sobremesa, dando um aspecto profissional ao trabalho. Seu sabor doce neutro combina bem com todos os preparos, conferindo um brilho especial a tortas e bolos.

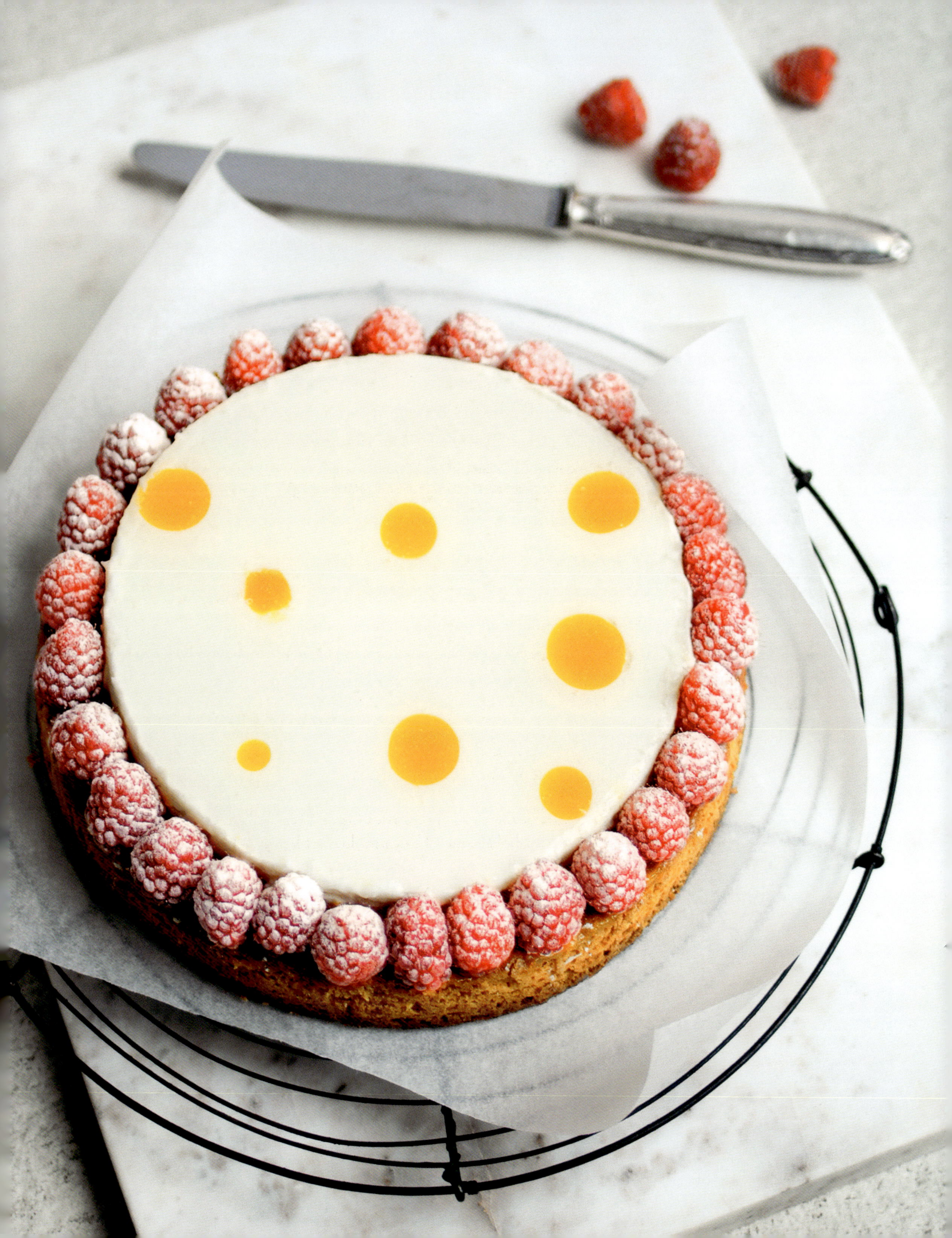

TORTA-MUSSE de coco com framboesas

passo a passo

PREPARE O SABLÉ BRETÃO

1 – Preaqueça o forno a 160 °C. Bata a farinha de amêndoa com a manteiga e o açúcar.

2 – Incorpore a gema e continue a bater.

3 – Peneire juntos a farinha e o fermento e adicione-os à mistura anterior, mexendo com uma espátula de silicone.

4 – Coloque a massa em um saco de confeitar com bico perlê. Corte uma tira de papel-manteiga de 20 cm de comprimento e com largura um pouco maior que a da fôrma de 20 cm. Forre as laterais da fôrma com ela. Disponha-a em uma assadeira rasa forrada com papel-manteiga. Com o saco de confeitar, faça uma espiral de massa no interior da fôrma. Leve ao forno por 35 minutos.

PREPARE O CREME TROPICAL

5 – Em uma panela, aqueça os dois purês com a glucose. Misture o açúcar com a pectina e disponha sobre os purês. Mantenha no fogo até ferver.

6 – Depois que o creme esfriar, mexa com um batedor e insira um pouco dele em um cone de papel. Leve o restante à geladeira.

PREPARE A MUSSE DE COCO

7 – Amoleça as folhas de gelatina em uma tigela com água fria. Em uma panela, leve ao fogo o leite de coco, o açúcar e o coco ralado até a mistura começar a ferver. Despeje-a em uma tigela.

8 – Esprema as folhas de gelatina e incorpore-as ao líquido quente. Deixe esfriar.

9 – Bata o creme de leite até ficar bem consistente.

...

- TORTAS E TORTINHAS -

TORTA-MUSSE de coco com framboesas   passo a passo

10 – Incorpore um terço dele à preparação de coco e bata vigorosamente.

11 – Em seguida, junte o restante do creme, bata levemente e termine de mexer com uma espátula de silicone.

FAÇA A MONTAGEM E A DECORAÇÃO

12 – Forre a superfície da fôrma de 16 cm de diâmetro com filme de PVC. Coloque-a sobre a base de doce e, com o cone, faça pingos de creme tropical de vários tamanhos no interior da fôrma. Congele por 10 minutos.

13 – Despeje a musse sobre os pingos de creme tropical na fôrma forrada com filme de PVC. Alise-a com uma espátula e leve ao congelador por 2 horas.

14 – Desenforme o sablé bretão, disponha o creme tropical sobre ele e alise bem com as costas de uma colher.

15 – Retire a musse de coco do congelador, vire-a e retire o filme. Disponha a geleia de brilho sobre a musse e alise-a com a espátula.

16 – Retire o aro da musse e coloque-a por cima do sablé bretão.

17 – Polvilhe as framboesas com açúcar de confeiteiro peneirado.

18 – Decore a torta com as framboesas.

- TORTAS E TORTINHAS -

TORTA-MERENGUE
de grapefruit

Rende 8 porções

PREPARO: 45 min + 15 min para a massa doce e 15 min para o merengue italiano COZIMENTO: 1 hora + 15 min
REFRIGERAÇÃO: 30 min para a massa doce e 10 min depois de forrar a fôrma com a massa – CONSERVAÇÃO: 1 dia
DIFICULDADE: ♙♙

PARA A MASSA DOCE
200 g de farinha de trigo
120 g de manteiga
65 g de açúcar de confeiteiro
20 g de farinha de amêndoa
1 ovo pequeno (40 g)

manteiga para untar a fôrma

PARA O RECHEIO DE GRAPEFRUIT
2½ ovos (130 g)
160 g de açúcar
30 g de farinha de amêndoa
25 g de fécula de batata
130 g de suco de grapefruit
30 g de manteiga derretida

PARA AS TIRAS DE GRAPEFRUIT CRISTALIZADAS
raspas da casca de ¼ de grapefruit
100 ml de água
100 g de açúcar
2 colheres (chá) de grenadine (licor de romã)

PARA OS GOMOS DE GRAPEFRUIT
3 grapefruits
geleia de brilho

PARA O MERENGUE ITALIANO
2 claras (60 g)
120 g de açúcar
60 ml de água

MATERIAL NECESSÁRIO: 1 fôrma com aro removível de 22 cm de diâmetro

Como descascar e cortar frutas cítricas em gomos

Antes de usar frutas cítricas em sobremesas, retire e descarte a casca e a parte branca. Depois, com a ajuda de uma faca, retire os gomos ou corte a fruta em rodelas. A casca pode ser cristalizada.

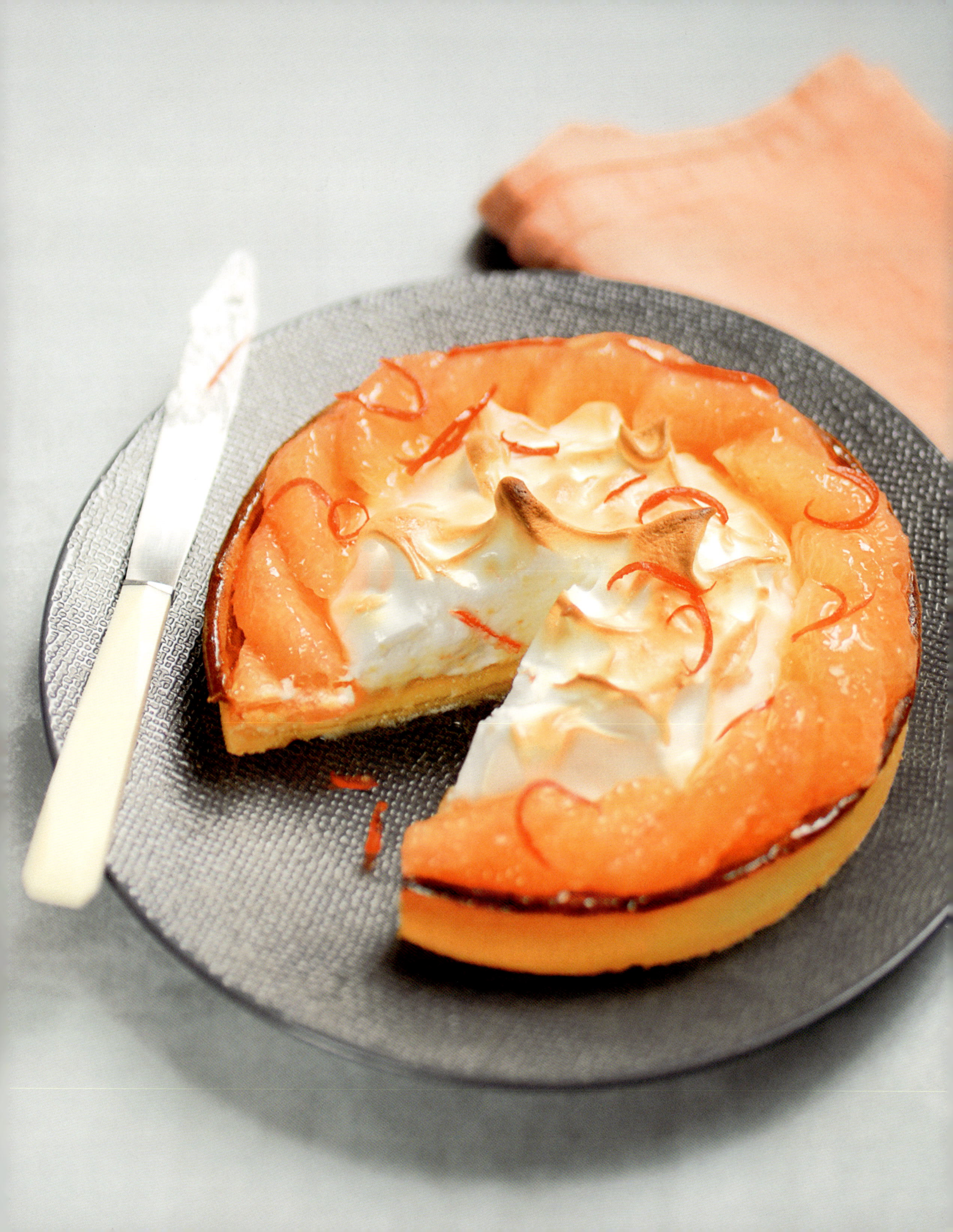

TORTA-MERENGUE de grapefruit

passo a passo

PREPARE A MASSA

1 – Preaqueça o forno a 170 °C. Em uma superfície de trabalho levemente enfarinhada, abra a massa doce (ver preparo nas pp. 488 e 489), deixando-a com aproximadamente 3 mm de espessura. Recorte um disco cujo diâmetro seja 5 cm maior que o da fôrma, ou seja, 27 cm, apoiando o aro na massa para ter uma referência.

2 – Unte e forre a fôrma (ver procedimento na p. 493) com a massa doce e disponha-a em uma assadeira rasa forrada com papel-manteiga. Pré-asse a base da torta (ver procedimento na p. 494) por 20 minutos. Mantenha a temperatura do forno em 170 °C.

PREPARE O RECHEIO DE GRAPEFRUIT

3 – Bata os ovos com o açúcar em uma tigela.

4 – Junte a farinha de amêndoa e a fécula de batata e misture bem com um batedor manual.

5 – Incorpore o suco de grapefruit e a manteiga derretida.

6 – Disponha esse recheio na massa da torta e leve ao forno por 40 minutos. Deixe esfriar em temperatura ambiente.

PREPARE AS TIRAS DE GRAPEFRUIT CRISTALIZADAS

7 – Retire a casca do grapefruit.

8 – Corte-a em tiras bem finas.

9 – Branqueie-as em uma panela com água fervente e uma pitada de sal. Troque a água e repita a operação.

...

- TORTAS E TORTINHAS -

TORTA-MERENGUE de grapefruit

passo a passo

10 – Em uma panela, faça uma calda com a água e o açúcar e junte a grenadine. Acrescente as tiras da casca de grapefruit e vá mexendo em fogo baixo por cerca de 15 minutos, até que fiquem caramelizadas.

11 – Disponha as tiras em papel-toalha para absorver o excesso de calda.

PREPARE OS GOMOS DE GRAPEFRUIT

12 – Descasque o grapefruit: corte uma rodela fina em cima e embaixo da fruta. Coloque-a na vertical e, seguindo seu contorno, remova a pele e toda a parte branca com uma faca, de modo que reste apenas o miolo.

13 – Destaque os gomos do grapefruit, cortando-os entre as membranas.

PREPARE O MERENGUE ITALIANO

14 – Prepare o merengue italiano (ver preparo na p. 487).

FAÇA A MONTAGEM E A DECORAÇÃO

15 – Disponha o merengue italiano na base da torta, sobre o recheio de grapefruit, deixando 2 cm livres em volta para colocar os gomos da fruta.

16 – Com uma espátula flexível, dê leves batidinhas no merengue para formar picos. Ponha o merengue na grelha do forno por alguns minutos para dourar ligeiramente.

17 – Coloque os gomos de grapefruit em volta do merengue.

18 – Pincele os gomos de grapefruit com a geleia de brilho e decore a torta com as raspas cristalizadas.

- TORTAS E TORTINHAS -

- 217 -

TORTA
de maracujá e chocolate

Rende 8 porções

PREPARO : 1 hora + 15 min para a massa doce – COZIMENTO : 33 min – REFRIGERAÇÃO : 30 min + 30 min para a massa doce e 10 min depois de forrar a fôrma com a massa – CONSERVAÇÃO : 2 dias na geladeira

DIFICULDADE : ♙♙

Para a massa doce
200 g de farinha de trigo
120 g de manteiga
65 g de açúcar de confeiteiro
20 g de farinha de amêndoa
1 ovo pequeno (40 g)

manteiga para untar a fôrma

Para o recheio cremoso de chocolate
50 g de chocolate ao leite
30 g de chocolate amargo com 70% de cacau
1½ ovo (75 g)
65 g de açúcar
2 colheres (chá) de rum aromatizado com coco (por ex., Malibu®)
60 g de manteiga em temperatura ambiente

Para o creme de maracujá
1½ folha de gelatina (3 g)
2 ovos (100 g)
85 g de açúcar de confeiteiro
80 g de suco concentrado de maracujá
140 g de manteiga

Para a glaçagem de maracujá
100 g de geleia de brilho
1 maracujá

Para as lascas de chocolate
1 tablete de chocolate ao leite

MATERIAL NECESSÁRIO : 1 fôrma com aro removível de 22 cm de diâmetro

O maracujá

O maracujá, fruta brasileira altamente nutritiva e perfumada, é encontrado em toda a América do Sul e hoje em dia no mundo inteiro. Tem ampla variedade de cores, mas o roxo e o amarelo são as mais comuns. A fruta contém uma quantidade elevada de nutrientes benéficos à saúde, além de antioxidantes, que protegem contra o câncer, o envelhecimento precoce e inflamações generalizadas. Por sua composição rica em fibras, é ótima para a digestão. Outra propriedade muito valorizada do maracujá, já que é uma planta do gênero *Passiflora*, é sua capacidade de relaxar o sistema nervoso e induzir ao sono.

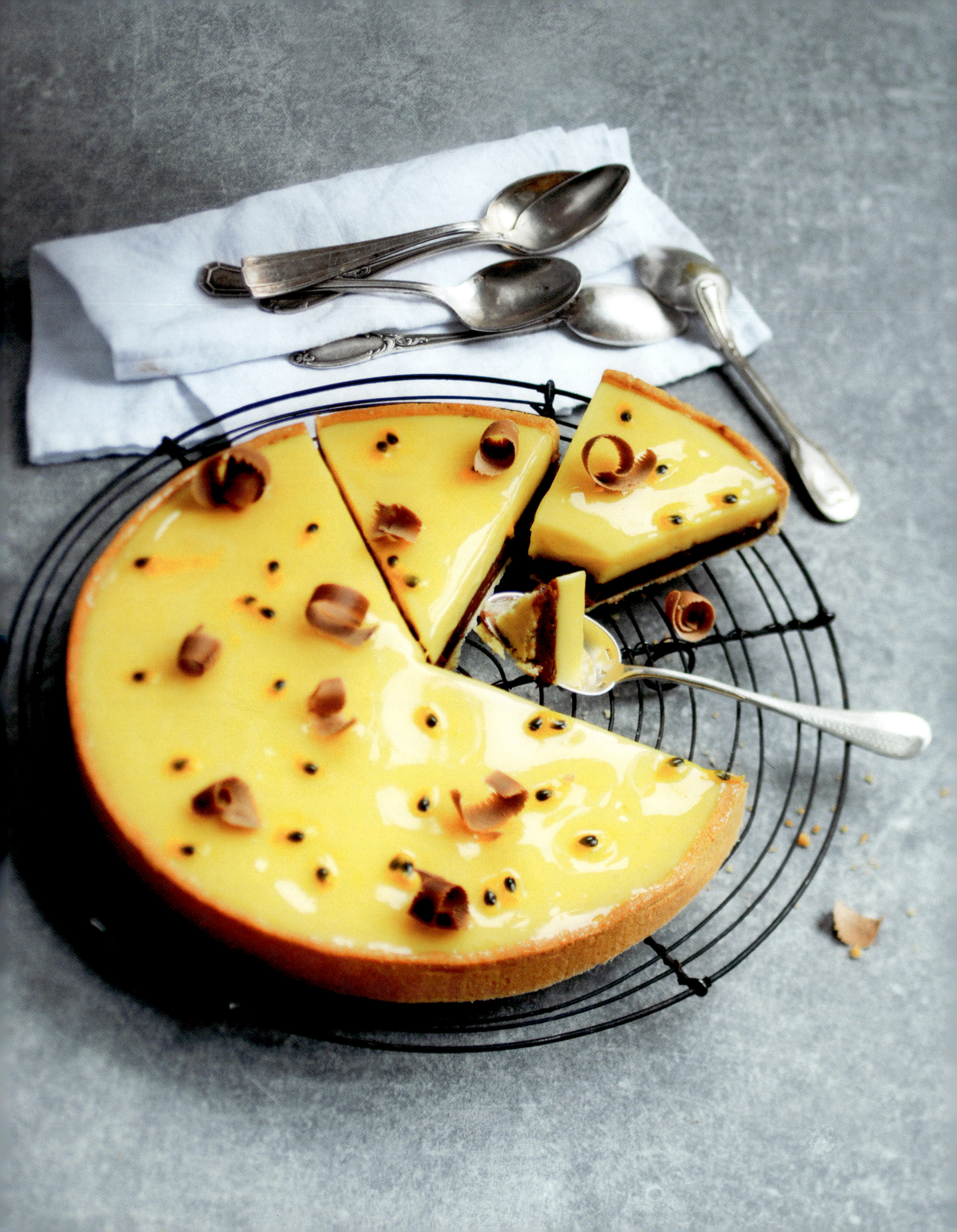

TORTA de maracujá e chocolate   passo a passo

PREPARE A MASSA

1 – Preaqueça o forno a 170 °C. Em uma mesa de trabalho levemente enfarinhada, abra a massa doce (ver preparo nas pp. 488-489), deixando-a com aproximadamente 3 mm de espessura. Recorte um disco cujo diâmetro seja 5 cm maior que o da fôrma. Use o aro como referência.

2 – Unte e forre a fôrma (ver procedimento na p. 493) com a massa doce e disponha-a em uma assadeira rasa forrada com papel-manteiga.

3 – Pré-asse a base da torta (ver procedimento na p. 494) no forno durante 10 minutos, retire as bolinhas de cerâmica ou os feijões secos e asse-a por mais 15 minutos.

PREPARE O RECHEIO CREMOSO DE CHOCOLATE

4 – Derreta os chocolates em banho-maria. Aumente a temperatura do forno para 180 °C.

5 – Bata o ovo com o açúcar e o rum.

6 – Bata a manteiga até ficar com consistência pastosa e adicione o chocolate derretido. Incorpore a mistura anterior e mexa com o batedor manual.

7 – Despeje esse recheio de chocolate na base da torta e leve ao forno por 8 minutos. Deixe esfriar.

PREPARE O CREME DE MARACUJÁ

8 – Amoleça as folhas de gelatina em uma tigela com água fria. Bata os ovos com o açúcar em um recipiente até a mistura ficar esbranquiçada e espessa.

9 – Aqueça o suco concentrado de maracujá e verta-o imediatamente sobre a mistura de ovos e açúcar, batendo bem.

...

- TORTAS E TORTINHAS -

① ② ③
④ ⑤ ⑥
⑦ ⑧ ⑨

- 221 -

TORTA de maracujá e chocolate — passo a passo

10 – Transfira tudo para a panela e deixe ferver em fogo baixo, mexendo sem parar.
11 – Escorra as folhas de gelatina e incorpore-as ao creme fora do fogo.
12 – Coloque tudo em uma tigela, deixe amornar por 5 minutos e adicione a manteiga em diversas levas, mexendo bem.

FAÇA A MONTAGEM

13 – Retire o aro da torta. Disponha o creme de maracujá sobre o recheio de chocolate.
14 – Agite a torta delicadamente da esquerda para a direita para espalhar o creme uniformemente. Leve à geladeira por 30 minutos.
15 – Espalhe a geleia de brilho sobre a torta e alise a superfície com uma espátula.
16 – Retire a polpa do maracujá (suco e sementes) e coloque-a em uma tigela pequena. Misture delicadamente com o batedor para eliminar os filamentos da fruta. Espalhe as sementes com um garfo na superfície da torta.

FAÇA A DECORAÇÃO

17 – Com um descascador de frutas, raspe o tablete de chocolate para fazer as lascas.
18 – Decore a torta com elas.

CONSELHO DO CHEF

Ao decorar, você pode substituir as lascas de chocolate por framboesas, para dar mais colorido à torta.

- TORTAS E TORTINHAS -

TORTA DE MAÇÃ
e avelã com creme praliné

Rende 8 porções

PREPARO: 1 hora + 15 min para a massa doce – COZIMENTO: 50 min REFRIGERAÇÃO: 1 hora + 30 min para a massa doce e 10 min depois de forrar a fôrma com a massa – CONSERVAÇÃO: 2 dias na geladeira

DIFICULDADE: ♙

Para a massa doce
200 g de farinha de trigo
120 g de manteiga
65 g de açúcar de confeiteiro
20 g de farinha de amêndoa
1 ovo pequeno (40 g)

manteiga para untar a fôrma

Para o recheio de avelã
1 ovo grande (60 g)
50 g de açúcar
25 g de manteiga derretida
30 g de pasta de avelã

Para as maçãs caramelizadas
5 maçãs
40 g de manteiga
40 g de açúcar

Para as avelãs sablées
20 ml de água
50 g de açúcar
50 g de avelãs sem casca e sem pele

Para o creme de mascarpone e avelã
120 ml de creme de leite fresco
70 g de mascarpone
20 g de pasta de avelã

Para a decoração
100 g de geleia de brilho
açúcar de confeiteiro

MATERIAL NECESSÁRIO: 1 fôrma com aro removível de 22 cm de diâmetro – 1 termômetro culinário – 1 pincel – 1 base para doce

As maçãs para torta

Existem mais de cem variedades de maçã, por isso às vezes é difícil escolher a fruta adequada para o que queremos cozinhar, seja uma preparação crua, uma torta ou uma compota. Para elaborar tortas como a desta receita, é aconselhável usar maçãs do tipo fuji, ricas em vitamina C porém de durabilidade curta, ou gala, mais ácidas e suculentas, que resistem bem ao cozimento.

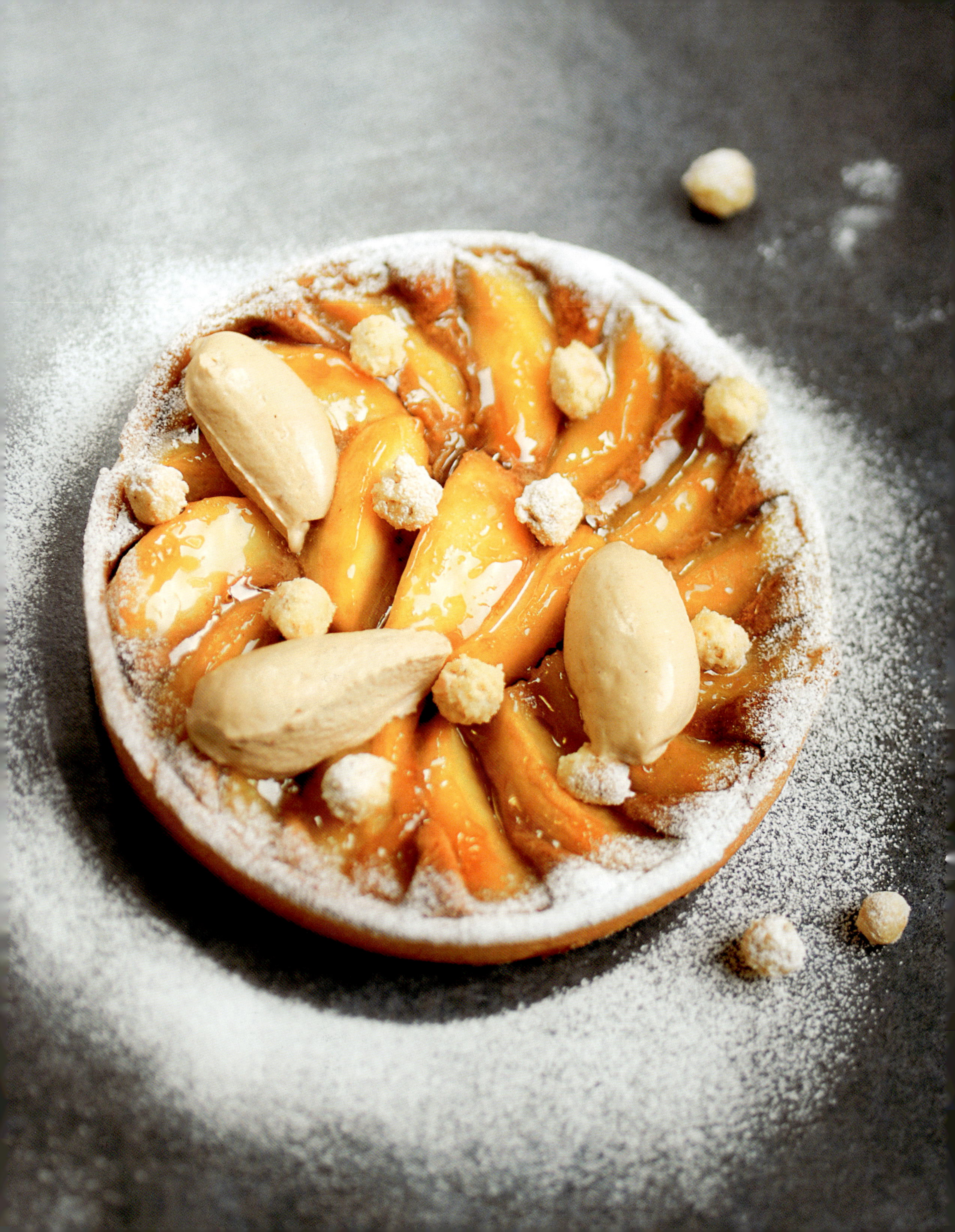

TORTA DE MAÇÃ e avelã com creme praliné — passo a passo

PREPARE A MASSA

1 – Preaqueça o forno a 180 °C. Sobre uma superfície de trabalho enfarinhada, abra a massa doce (ver preparo nas pp. 488-489) e forre a fôrma (ver procedimento na p. 493).

2 – Pré-asse no forno (ver procedimento na p. 494) por 10 minutos.

PREPARE O RECHEIO DE AVELÃ

3 – Coloque em uma tigela o ovo, o açúcar e a manteiga derretida, bata bem e incorpore a pasta de avelã. Disponha esse recheio na base da torta e leve à geladeira.

PREPARE AS MAÇÃS CARAMELIZADAS

4 – Descasque as maçãs, retire o miolo e as sementes e corte em quartos. Em uma frigideira, aqueça a manteiga com o açúcar até obter um caramelo. Adicione as maçãs, cozinhe por 5 minutos e deixe esfriar em temperatura ambiente.

PREPARE AS AVELÃS SABLÉES

5 – Em uma panela, aqueça a água com o açúcar até obter uma calda espessa e a temperatura atingir 110 °C em um termômetro culinário. Junte as avelãs e cozinhe-as por cerca de 2 minutos, mexendo sem parar, até branquearem. Disponha-as em uma assadeira rasa e deixe esfriar.

PREPARE O CREME DE MASCARPONE E AVELÃ

6 – Bata o creme de leite em uma tigela até que esteja firme e se formem picos na ponta do batedor. Bata o mascarpone e incorpore-o ao creme. Aos poucos e delicadamente, junte a pasta de avelã e misture. Leve à geladeira por 1 hora.

FAÇA A MONTAGEM E A DECORAÇÃO

7 – Aumente a temperatura do forno para 200 °C. Disponha as maçãs sobre a torta, formando uma rosácea. Leve ao forno por 40 minutos. Deixe esfriar.

8 – Usando um pincel, espalhe a geleia de brilho sobre as maçãs. Com uma peneira pequena, polvilhe açúcar de confeiteiro nas bordas da torta.

9 – Enfeite a torta com as avelãs sablées e sirva com quenelles de creme de mascarpone e avelã.

CONSELHO DO CHEF

Para formar os bolinhos de creme de mascarpone e avelã, use duas colheres molhadas em água quente, pegando um pouco do creme em uma delas e passando-o para a outra. Repita a operação até o bolinho ficar bem liso e oval.

- TORTAS E TORTINHAS -

TORTINHAS DE LIMÃO E HORTELÃ
com frutas vermelhas

Rende 10 tortinhas

PREPARO : 1 hora + 15 min para a massa doce – COZIMENTO : 20 min
REFRIGERAÇÃO : 30 min + 30 min para a massa doce – CONSERVAÇÃO : 1 dia na geladeira
DIFICULDADE : ♙♙

Para a massa doce
200 g de farinha de trigo
90 g de manteiga
90 g de açúcar de confeiteiro
30 g de farinha de amêndoa
1 ovo (50 g)

manteiga para untar as fôrmas

Para o creme de amêndoa
80 g de manteiga
80 g de açúcar
1 ovo grande (60 g)
80 g de farinha de amêndoa
1 fava de baunilha

Para o creme de limão e hortelã
500 ml de creme de leite fresco
75 g de açúcar
suco e raspas da casca de 3 limões
8 folhas de hortelã
50 g de manteiga
5½ ovos (270 g)
45 g de amido de milho

Para as frutas frescas
20 morangos
10 amoras
4 laranjas kinkan
20 framboesas
30 mirtilos
4 cachos de groselhas

MATERIAL NECESSÁRIO : 10 forminhas para torta com 8 cm de diâmetro – 1 saco de confeitar – 1 bico perlê liso nº 8

As frutas vermelhas

Morangos, framboesas, cassis, mirtilos, groselhas e outras bagas são conhecidos como "frutas vermelhas". Essas frutinhas deliciosas e refrescantes são muito usadas em confeitaria, no preparo de tortas, bolos e recheios, ou ao natural, em saladas, pratos frios ou guarnições. Também ficam excelentes na composição de musses e cremes. A torta de frutas vermelhas, muito popular em todo o mundo, é uma sobremesa que faz sucesso em qualquer ocasião.

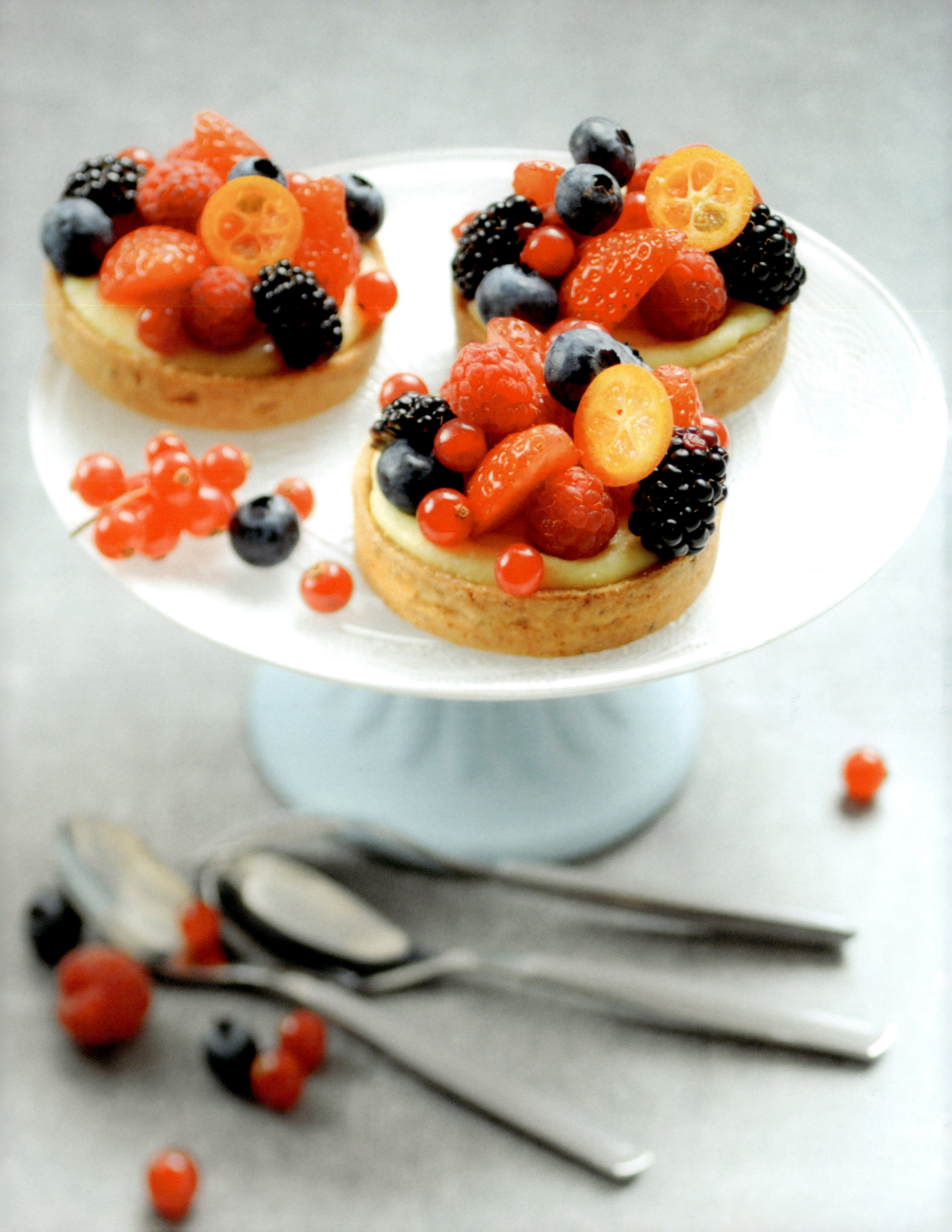

TORTINHAS de limão e hortelã com frutas vermelhas   passo a passo

PREPARE A MASSA DOCE

1 – Em uma superfície de trabalho ligeiramente enfarinhada, abra a massa doce (ver preparo nas pp. 488-489), deixando-a com aproximadamente 3 mm de espessura. Usando o aro da fôrma como referência, recorte 10 discos cujo diâmetro seja 5 cm maior que o das forminhas, ou seja, cerca de 13 cm.

2 – Unte as forminhas e forre-as com a massa (ver procedimento na p. 493).

3 – Com uma faca, corte o excesso de massa da superfície e disponha as fôrmas em uma assadeira rasa forrada com papel-manteiga.

PREPARE O CREME DE AMÊNDOA

4 – Em uma tigela, bata a manteiga até ficar com consistência pastosa, junte o açúcar e misture. Incorpore o ovo, depois a farinha de amêndoa.

5 – Abra a fava de baunilha ao meio no sentido do comprimento, raspe as sementes com a ponta de uma faca e acrescente-as à tigela, mexendo bem.

6 – Distribua o creme de amêndoa sobre as bases de torta, até três quartos da altura da fôrma. Leve ao forno por cerca de 20 minutos.

7 – Deixe esfriar em temperatura ambiente e retire os aros.

FAÇA O CREME DE LIMÃO E HORTELÃ

8 – Coloque o creme de leite e metade do açúcar em uma panela e adicione as raspas de limão.

9 – Junte a hortelã e bata tudo com um mixer. Passe o creme na peneira.

•••

- TORTAS E TORTINHAS -

① ② ③
④ ⑤ ⑥
⑦ ⑧ ⑨

- 231 -

TORTINHAS de limão e hortelã com frutas vermelhas   passo a passo

10 – Incorpore o suco dos limões e a manteiga.

11 – Aqueça a mistura até começar a borbulhar.

12 – Enquanto isso, bata os ovos com o restante do açúcar e o amido de milho, misturando bem.

13 – Despeje dois terços do creme de limão e hortelã sobre a mistura de ovos e amido de milho e bata vigorosamente.

14 – Recoloque tudo na panela e cozinhe em fogo médio, batendo sem parar, até o creme engrossar.

15 – Deixe ferver por 1 minuto, mexendo sempre, até o creme ficar consistente. Disponha-o em uma tigela e leve à geladeira por 30 minutos.

FAÇA A MONTAGEM E A DECORAÇÃO

16 – Bata o restante do creme de limão e hortelã para uniformizá-lo. Com uma espátula flexível, insira o creme em um saco de confeitar com bico.

17 – Com o saco de confeitar, aplique o creme na base das tortinhas, fazendo uma espiral.

18 – Corte os morangos e as amoras ao meio e as laranjas kinkan em rodelas bem finas. Disponha-os sobre as tortinhas juntamente com as framboesas, os mirtilos e as groselhas. Sirva as tortas geladas.

- TORTAS E TORTINHAS -

-233-

TORTINHAS DE CRÈME BRÛLÉE
com frutas frescas

Rende 10 tortinhas

PREPARO : 45 min + 15 min para a massa doce – COZIMENTO : 55 min REFRIGERAÇÃO : 30 min + 30 min para a massa doce e 10 min depois de forrar a fôrma com a massa – CONSERVAÇÃO : 1 dia na geladeira

DIFICULDADE : ♔♔

Para a massa doce
200 g de farinha de trigo
90 g de manteiga
90 g de açúcar de confeiteiro
30 g de farinha de amêndoa
1 ovo (50 g)

20 g de manteiga para untar as fôrmas

Para o recheio de crème brûlée
420 ml de creme de leite fresco
60 g de açúcar
2 favas de baunilha
5 gemas (100 g)

Para as frutas frescas
2 mangas
1 coco
10 cerejas
3 figos
10 físalis

MATERIAL NECESSÁRIO : 10 forminhas para torta com 8 cm de diâmetro

O crème brûlée

O crème brûlée, preparação tradicional da França, é produzido com leite, gemas e açúcar. É cozido no forno e, depois de frio, polvilhado com açúcar e caramelizado no forno, em uma estufa ou com um maçarico. Essa caramelização de um creme frio ou morno é característica do crème brûlée.

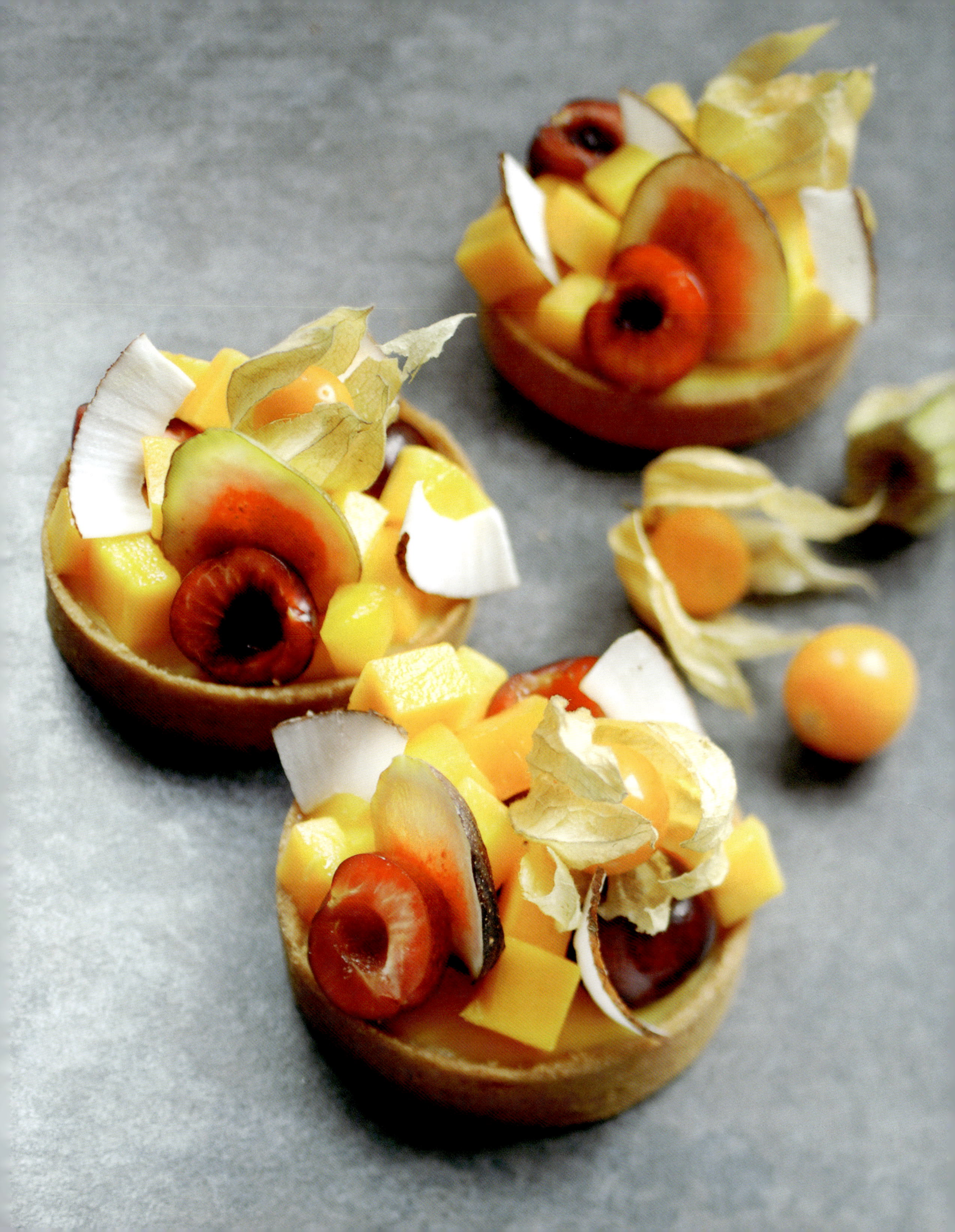

TORTINHAS de crème brûlée com frutas frescas passo a passo

> **CONSELHO DO CHEF**
>
> Depois de assar as tortinhas, verifique se a massa não ficou com furos. Se isso acontecer, cubra-os com um pouco de massa doce crua e leve ao forno por 5 minutos.

PREPARE A MASSA

1 – Em uma superfície de trabalho ligeiramente enfarinhada, abra a massa doce (ver preparo nas pp. 488-489), deixando-a com cerca de 3 mm de espessura. Recorte dez discos com um diâmetro 5 cm maior que o das fôrmas, ou seja, 13 cm, usando o aro da fôrma como referência.

2 – Unte e forre as forminhas (ver procedimento na p. 493). Corte o excesso de massa da superfície com uma faca.

3 – Preaqueça o forno a 160 °C. Pré-asse as massas (ver p. 494) por 15 minutos.

4 – Retire as bolinhas de cerâmica ou os feijões secos (se seguir o procedimento indicado na p. 494), abaixe a temperatura do forno para 150 °C e continue a assar por mais 10 minutos.

PREPARE O RECHEIO DE CRÈME BRÛLÉE

5 – Reduza a temperatura do forno para 100 °C. Misture o creme de leite com o açúcar.

6 – Abra a fava de baunilha ao meio no sentido do comprimento, raspe as sementes com a ponta de uma faca e adicione-as ao creme, mexendo bem.

7 – Incorpore as gemas e misture.

8 – Com uma concha, distribua o recheio de crème brûlée na base das tortinhas. Leve ao forno por 30 minutos, até o creme ficar consistente. Leve à geladeira por 30 minutos.

FAÇA A MONTAGEM E A DECORAÇÃO

9 – Corte as mangas em cubos de aproximadamente 1 x 1 cm. Quebre o coco e faça lascas com a polpa usando um descascador de legumes. Corte as cerejas ao meio e retire as sementes. Corte os figos em rodelas bem finas. Disponha as frutas sobre as tortinhas e decore com lascas de coco e um físalis.

- TORTAS E TORTINHAS -

-237-

TORTA DE MORANGO
com yuzu

Rende de 6 a 8 porções

PREPARO : 30 min + 15 min para o creme de confeiteiro e 15 min para a massa doce
REFRIGERAÇÃO : 30 min para a massa doce – COZIMENTO : 30 min – CONSERVAÇÃO : 2 dias na geladeira
DIFICULDADE : ♙♙

Para a massa doce
150 g de farinha de trigo
75 g de manteiga
75 g de açúcar de confeiteiro
20 g de farinha de amêndoa
½ ovo (30 g)

manteiga para untar a fôrma

Para o creme de amêndoa e yuzu
60 g de manteiga
80 g de compota de yuzu (ver nota na p. 134)
60 g de farinha de amêndoa
1 ovo grande (60 g)

Para o creme de confeiteiro com yuzu
170 ml de leite
12 g de manteiga
1½ gema (35 g)
40 g de açúcar
2 colheres (chá) de farinha de trigo
1½ colher (chá) de amido de milho
40 g de compota de yuzu (ver nota na p. 134)

Para os morangos
500 g de morangos
100 g de geleia de brilho

Para a decoração
30 g de compota de yuzu (ver nota na p. 134)

MATERIAL NECESSÁRIO : 1 fôrma com aro removível de 20 cm de diâmetro – 1 base para doce – 1 pincel

Os benefícios do morango

Esta fruta vermelha, saborosa e delicada, traz inúmeros benefícios à saúde, sendo rica em vitaminas, minerais e fibras. Além de agir no organismo como um poderoso antioxidante, combate o colesterol e o diabetes e melhora o sistema cardiovascular. O morango é usado na culinária do mundo inteiro, no preparo de tortas, bolos, saladas e sobremesas em geral.

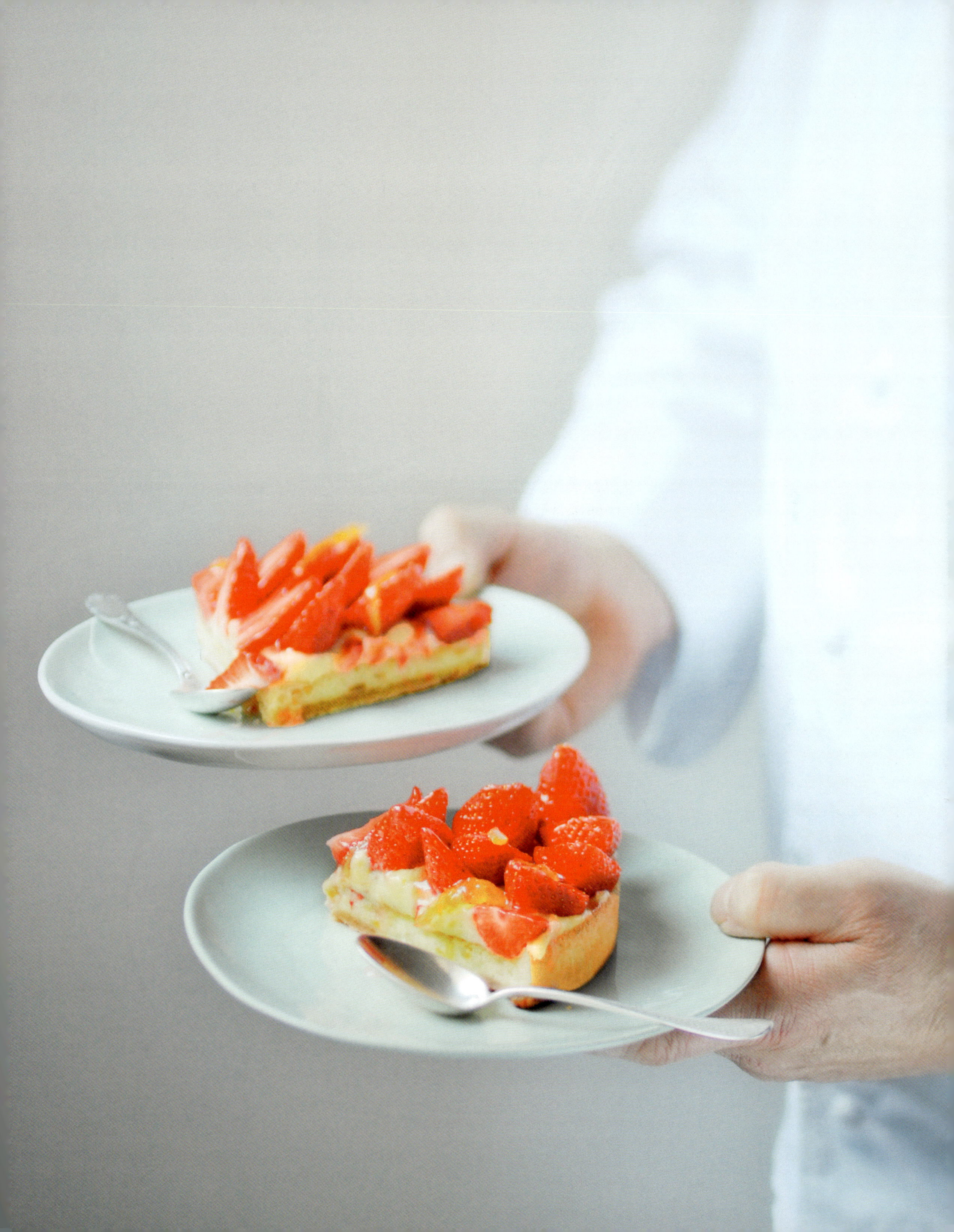

TORTA DE MORANGO com yuzu

passo a passo

PREPARE A MASSA DOCE

1 – Em uma superfície de trabalho ligeiramente enfarinhada, abra a massa doce (ver preparo nas pp. 488-489), deixando-a com aproximadamente 3 mm de espessura. Recorte um disco cujo diâmetro seja 5 cm maior que o da fôrma, ou seja, 25 cm, apoiando o aro na massa para ter uma referência.

2 – Forre a fôrma (ver procedimento na p. 493) com a massa e coloque-a em uma assadeira rasa recoberta com papel-manteiga.

PREPARE O CREME DE AMÊNDOA E YUZU

3 – Preaqueça o forno a 170 °C. Coloque a manteiga em uma tigela. Junte a compota de yuzu, bata bem e incorpore a farinha de amêndoa.

4 – Adicione o ovo e continue a bater.

5 – Cubra a massa com o creme e distribua-o bem com uma espátula de silicone. Leve ao forno por 30 minutos e deixe esfriar.

PREPARE O CREME DE CONFEITEIRO COM YUZU

6 – Faça um creme de confeiteiro (ver preparo na p. 480) e misture-o com a compota de yuzu. Deixe esfriar.

FAÇA A MONTAGEM

7 – Disponha a torta em uma base para doce e retire o aro. Bata o creme de confeiteiro para uniformizá-lo e espalhe-o sobre o creme de amêndoa e yuzu.

8 – Retire os cabinhos dos morangos e corte as frutas ao meio. Coloque as metades sobre o creme de confeiteiro, no sentido de fora para dentro.

9 – Com um pincel, besunte os morangos com a geleia de brilho. Decore a torta com a compota de yuzu.

CONSELHO DO CHEF

Se quiser, substitua os morangos por framboesas, que também combinam muito bem com o aroma do yuzu.

- TORTAS E TORTINHAS -

TORTA DE RUIBARBO
aromatizada com açafrão

Rende 8 porções

PREPARO : 45 min + 15 min para a massa doce – COZIMENTO : 50 min
REFRIGERAÇÃO : 1 hora para a massa doce e 10 min depois de forrar a fôrma com a massa – CONSERVAÇÃO : 2 dias na geladeira
DIFICULDADE :

Para a massa doce
100 g de manteiga
100 g de açúcar de confeiteiro
1 colher (sopa) de farinha de amêndoa
210 g de farinha de trigo
1 ovo (50 g)

manteiga para untar a fôrma

Para o ruibarbo caramelizado
700 g de ruibarbo (ver nota)
30 g de manteiga
50 g de açúcar

Para o recheio de açafrão
1½ ovo (80 g)
60 g de açúcar
4 ou 5 pistilos de açafrão
200 ml de creme de leite fresco

Para a decoração
açúcar de confeiteiro

MATERIAL NECESSÁRIO : 1 fôrma com aro removível de 22 cm de diâmetro – 1 base para doce

O ruibarbo

O ruibarbo é uma planta de origem chinesa cultivada para a obtenção dos talos de suas folhas, também chamados de pecíolos. É usado no preparo de tortas, compotas, geleias e sobremesas, e, devido à sua acidez, deve ser acrescido de açúcar durante o cozimento. Os talos têm uma cor especial, entre o vermelho e o rosa, e podem ser consumidos da mesma maneira que os do aipo. Seu sabor é azedo e ao mesmo tempo levemente adocicado, por isso pode ser substituído por diversos tipos de frutas vermelhas. Depois de cozido, fica com uma consistência parecida com a da maçã e da pera, então você também pode usá-las como alternativa.

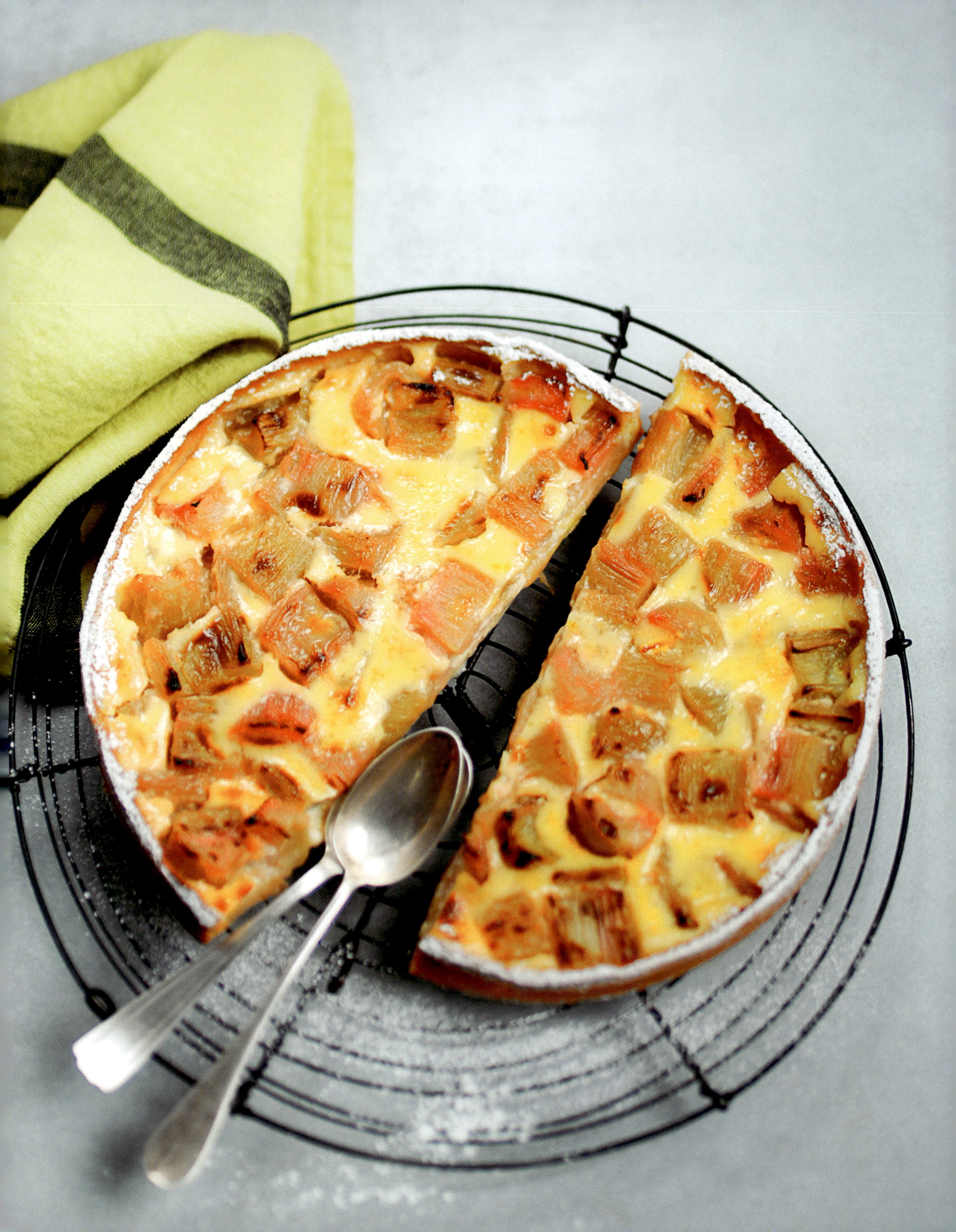

TORTA DE RUIBARBO aromatizada com açafrão   passo a passo

PREPARE A MASSA

1 – Preaqueça o forno a 170 °C. Em uma superfície de trabalho ligeiramente enfarinhada, abra a massa doce (ver preparo nas pp. 488-489), deixando-a com aproximadamente 3 mm de espessura. Recorte um disco cujo diâmetro seja 5 cm maior que o da fôrma, ou seja, 27 cm, apoiando o aro sobre a massa para ter uma referência. Unte e forre a fôrma (ver procedimento na p. 493) com a massa doce e disponha-a em uma assadeira rasa revestida com papel-manteiga. Leve à geladeira por 10 minutos.

PREPARE O RUIBARBO

2 – Pré-asse a massa (ver procedimento na p. 494) por 10 minutos no forno. Mantenha a temperatura em 170 °C.

3 – Descasque o ruibarbo e corte-o em rodelas de 1,5 cm de espessura. Aqueça a manteiga e o açúcar em uma panela e cozinhe o ruibarbo em fogo alto por 2 ou 3 minutos.

PREPARE O RECHEIO DE AÇAFRÃO

4 – Bata o ovo e o açúcar em uma tigela. Junte os pistilos de açafrão.

5 – Acrescente o creme de leite e misture bem.

6 – Disponha um terço do recheio na massa da torta.

7 – Espalhe as rodelas de ruibarbo uniformemente.

8 – Por fim, coloque o recheio restante. Leve ao forno por 40 minutos.

FAÇA A DECORAÇÃO

9 – Depois que a torta esfriar, desenforme-a. Polvilhe as bordas com açúcar de confeiteiro, tomando cuidado para não o colocar em toda a superfície.

- TORTAS E TORTINHAS -

① ② ③
④ ⑤ ⑥
⑦ ⑧ ⑨

- 245 -

TORTINHAS DE FIGO
com lascas de amêndoa

Rende 10 tortinhas

PREPARO : 45 min + 15 min para a massa doce – COZIMENTO : 30 min
REFRIGERAÇÃO : 30 min para a massa doce – CONSERVAÇÃO : 2 dias na geladeira
DIFICULDADE :

Para a massa doce
200 g de farinha de trigo
90 g de manteiga
90 g de açúcar de confeiteiro
30 g de farinha de amêndoa
1 ovo (50 g)

manteiga para untar a fôrma

Para o creme de avelã
70 g de amêndoas confeitadas brancas
100 g de manteiga em temperatura ambiente
100 g de açúcar
100 g de farinha de avelã
1½ ovo (85 g)

Para os figos
20 figos
35 g de manteiga derretida
35 g de açúcar
uma pitada de flor de sal

Para a decoração
150 g de geleia de brilho
80 g de amêndoas confeitadas brancas

MATERIAL NECESSÁRIO : 10 forminhas com aro removível de 8 cm de diâmetro – 1 pincel

O figo

O figo é uma fruta originária do Oriente que se expandiu rapidamente pela região mediterrânea na Antiguidade. Depois de colhido, tem prazo de validade muito curto. Na hora de escolher, prefira os frutos carnudos e macios, assim estarão perfeitamente maduros. O figo é usado tanto no preparo de sobremesas quanto de pratos salgados. O figo seco, ao contrário da fruta ao natural, conserva-se bem por vários meses.

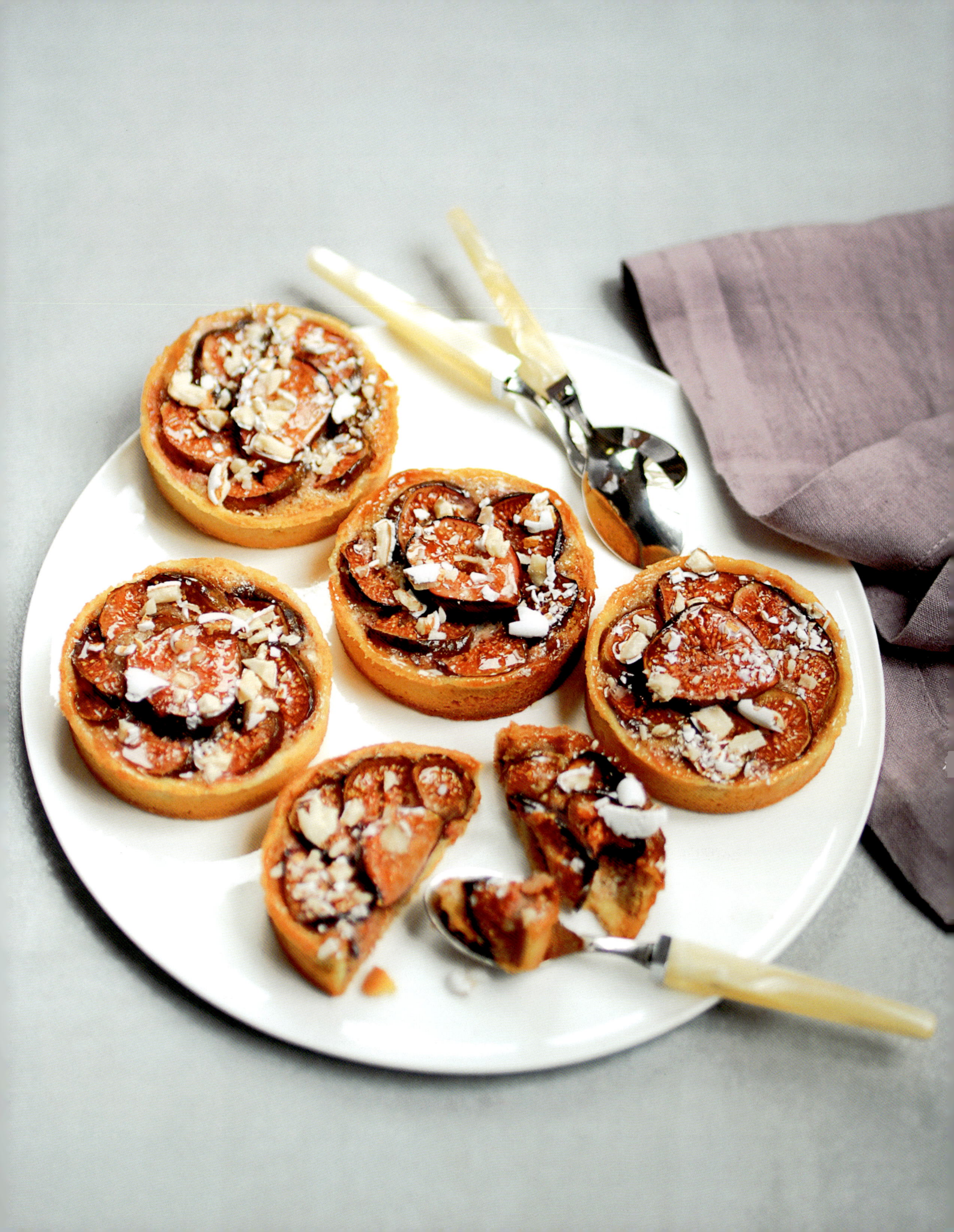

TORTINHAS DE FIGO com lascas de amêndoa

passo a passo

PREPARE A MASSA

1 – Em uma superfície de trabalho ligeiramente enfarinhada, abra a massa doce (ver preparo nas pp. 488-489), deixando-a com aproximadamente 3 mm de espessura. Recorte dez discos com um diâmetro 5 cm maior que o das fôrmas, ou seja, 13 cm, usando o aro da fôrma como referência.

2 – Unte e forre as forminhas (ver procedimento na p. 493). Corte o excesso de massa da superfície com uma faca.

PREPARE O CREME DE AVELÃ

3 – Amasse as amêndoas confeitadas com um rolo.

4 – Em uma tigela, misture a manteiga com o açúcar e a farinha de avelã.

5 – Junte os ovos, mexa bem e incorpore as lascas de amêndoas.

FAÇA A MONTAGEM E A DECORAÇÃO

6 – Preaqueça o forno a 170 °C. Usando uma colher, distribua o creme de avelã sobre a base das tortinhas. Alise bem com as costas da colher para a camada ficar uniforme.

7 – Corte 15 figos em rodelas finas e coloque-os sobre as tortinhas, formando uma rosácea.

8 – Corte ao meio os 5 figos restantes. Disponha uma metade no centro de cada tortinha.

9 – Borrife os figos levemente com manteiga e polvilhe-os com açúcar e uma pitada de flor de sal. Leve ao forno por 30 minutos. Deixe esfriar. Pincele os figos com geleia de brilho. Amasse as amêndoas confeitadas e distribua-as sobre as tortinhas.

- TORTAS E TORTINHAS -

① ② ③
④ ⑤ ⑥
⑦ ⑧ ⑨

Sobremesas especiais

Prestígio de chocolate, cumaru
   e frutas vermelhas 252
Cubos de baunilha com
   amores-perfeitos cristalizados 260
Bolo fresco de limão-siciliano 268
Torta crocante de chocolate 274
Entremet crocante de laranja e praliné 280
Bolo de torrone e tangerina............... 286
Domos de coco e manga 292
Domos cremosos de chocolate e cassis 300
Entremet de aloe vera e morangos silvestres . 308
Entremet de castanha, chocolate e damasco .. 314
Torta de Reis 320
Opéra de chocolate e pistache 326
Torta de chocolate e frutas vermelhas 332
Macaronnade de chocolate e café 338

PRESTÍGIO DE CHOCOLATE,
cumaru e frutas vermelhas

Rende de 8 a 10 porções

PREPARO : 1h30 – COZIMENTO : 15 min – REFRIGERAÇÃO : 10 min – CONGELAMENTO : 5h10

DIFICULDADE : ♟ ♟ ♟

Para a dacquoise de chocolate
2 colheres (chá) de farinha de trigo
125 g de farinha de amêndoa
105 g de açúcar de confeiteiro
2 colheres (chá) de cacau em pó
4½ claras (130 g)
50 de açúcar

Para o creme de frutas vermelhas
2 colheres (chá) de fécula de batata
30 g de açúcar
30 g de purê de cassis
80 g de purê de morango
80 g de purê de framboesa

Para o recheio crocante de spéculoos
80 g de biscoito do tipo spéculoos
(à base de noz-moscada, canela, cravo, gengibre e cardamomo)
30 g de chocolate amargo
20 g de pasta de praliné

Para a musse de chocolate e cumaru
195 g de chocolate amargo para cobertura
¾ de semente de cumaru
400 ml de creme de leite fresco
2½ gemas (70 g)
65 g de açúcar

Para a glaçagem
3½ folhas de gelatina (7 g)
70 ml de água
150 g de açúcar
150 g de glucose
1 ou 2 gotas de corante alimentício vermelho
20 g de manteiga de cacau
180 g de chocolate ao leite para cobertura
165 ml de leite condensado

Para a decoração
morangos
framboesas
açúcar de confeiteiro
1 cacho de groselhas
amoras

MATERIAL NECESSÁRIO : 2 sacos de confeitar – 1 bico perlê liso n° 12 – 1 aro para torta de 18 cm de diâmetro
1 aro para sobremesa de 20 cm de diâmetro e 4,5 cm de altura – 1 folha de acetato – 1 base para doce – 1 termômetro culinário

A glaçagem espelho

Para o acabamento de um entremet, costuma-se fazer uma espécie de cobertura dita "espelhada", por causa do seu brilho. Achocolatada ou colorida, a glaçagem espelho deve ser utilizada em uma temperatura específica sobre o entremet congelado, para ficar firme, não derreter nem coalhar. Recomenda-se aplicar um filme de PVC sobre a superfície antes da utilização para eliminar possíveis bolhas de ar. Deve ser despejada de uma única vez e espalhada sobre a superfície e a lateral do entremet, e então alisada para ficar homogênea.

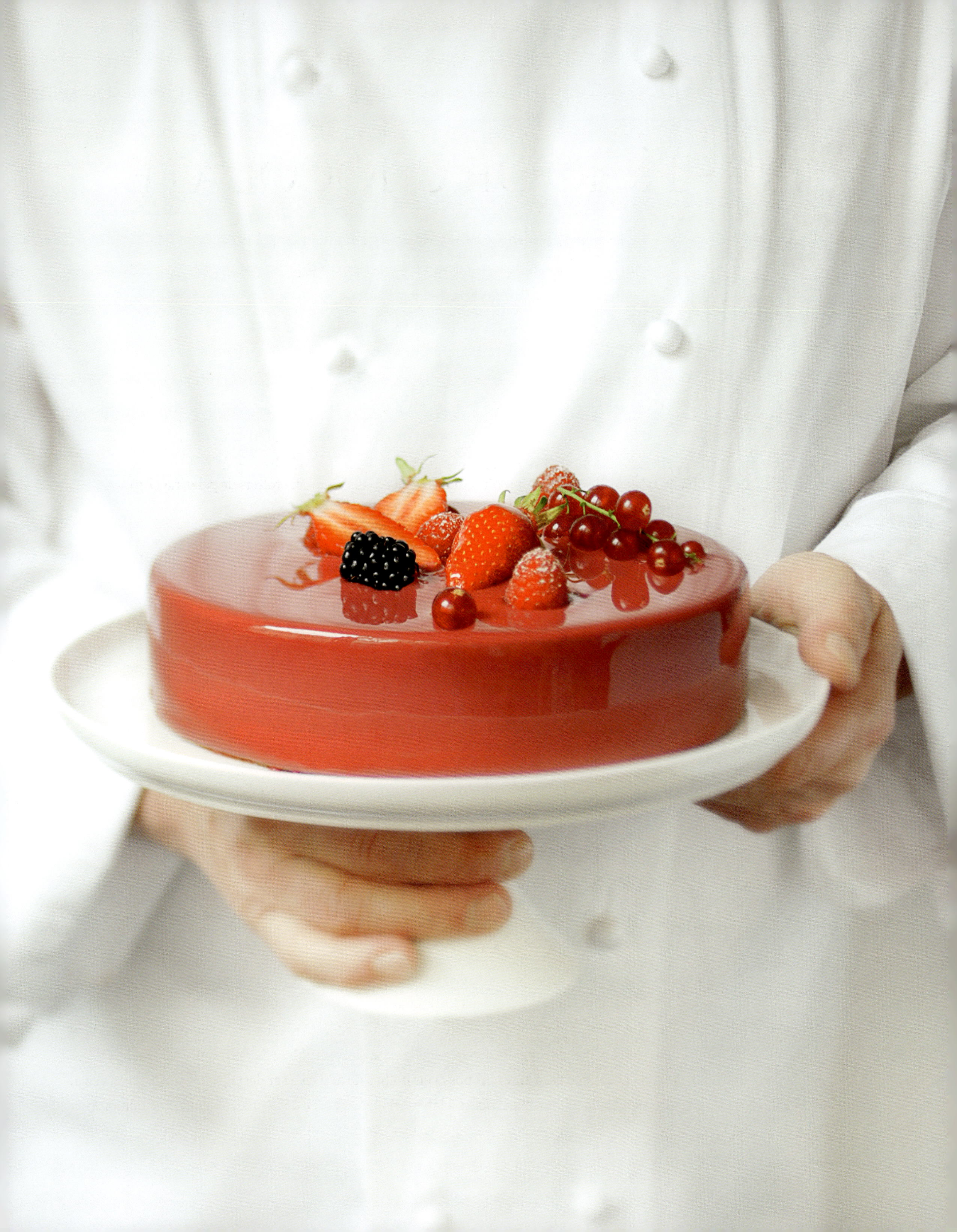

PRESTÍGIO de chocolate, cumaru e frutas vermelhas   passo a passo

PREPARE A DACQUOISE DE CHOCOLATE

1 – Preaqueça o forno a 180 °C. Misture em uma tigela a farinha de trigo, a farinha de amêndoa, o açúcar de confeiteiro e o cacau em pó.

2 – Bata as claras até ficarem firmes e acrescente o açúcar para o ponto de merengue. Incorpore os ingredientes secos em duas vezes.

3 – Transfira o preparado para um saco de confeitar com bico. Desenhe dois círculos de 18 cm de diâmetro sobre duas folhas de papel-manteiga e forre duas assadeiras rasas com as folhas. Com o saco de confeitar, disponha o preparado de dacquoise de chocolate em forma de caracol nas assadeiras dentro dos círculos desenhados. Asse por 15 minutos.

PREPARE O CREME DE FRUTAS VERMELHAS

4 – Em uma tigela, misture a fécula de batata com o açúcar. Em uma panela, leve à fervura o purê de cassis, de morango e de framboesa, e polvilhe por cima a mistura de fécula com açúcar. Leve à fervura, misturando sem parar com um batedor manual, retire do fogo e deixe esfriar em temperatura ambiente.

PREPARE O RECHEIO CROCANTE DE SPÉCULOOS

5 – Triture o biscoito em uma tigela com a ajuda de um rolo.

6 – Derreta o chocolate em banho-maria, transfira para uma tigela, acrescente a pasta de praliné e o biscoito triturado.

7 – Coloque o aro para torta de 18 cm de diâmetro sobre uma folha de papel-manteiga. Abra dentro o recheio crocante de spéculoos. Transfira para uma assadeira rasa e refrigere por 10 minutos.

8 – Espalhe o creme de frutas vermelhas sobre o recheio crocante de spéculoos e congele por 10 minutos.

PREPARE A MUSSE DE CHOCOLATE E CUMARU

9 – Derreta o chocolate em banho-maria. Raspe a semente de cumaru por cima.

...

- SOBREMESAS ESPECIAIS -

① ② ③
④ ⑤ ⑥
⑦ ⑧ ⑨

-255-

PRESTÍGIO de chocolate, cumaru e frutas vermelhas — passo a passo

10 – Bata o creme de leite fresco até ficar bem firme.

11 – Bata as gemas com o açúcar até o preparo branquear e ficar espesso e despeje-o sobre o creme batido. Misture levemente com o batedor manual.

12 – Incorpore energicamente a metade do preparo de chocolate derretido e cumaru com um batedor manual.

13 – Acrescente então o restante, mexendo mais delicadamente a massa com o batedor manual. Acabe de incorporar com uma espátula e transfira para um saco de confeitar com bico.

FAÇA A MONTAGEM

14 – Corte uma faixa de folha de acetato do tamanho do aro para sobremesa, ou seja, 20 cm. Forre a lateral do aro com a folha e coloque o aro sobre uma base para sobremesa. Com o saco de confeitar, faça um anel de musse de chocolate e cumaru ao longo do contorno interno do aro.

15 – Disponha no centro um disco de dacquoise de chocolate.

16 – Com o saco de confeitar, disponha um caracol de musse de chocolate e cumaru sobre o disco de dacquoise de chocolate.

17 – Aplique mais uma camada de musse de chocolate e cumaru ao longo do contorno interno e, com uma espátula, aplane essa camada contra a lateral do aro para cobrir bem as bordas.

18 – Desenforme o recheio crocante de spéculoos com creme de frutas vermelhas e disponha-o dentro do aro, sobre a musse de chocolate e cumaru.

...

CONSELHO DO CHEF

Se não tiver a folha de acetato, utilize uma folha de plástico espesso como o papel plástico transparente usado para os retroprojetores ou aquele usado nas floriculturas. Basta então recortar uma faixa da circunferência e da altura do entremet.

- SOBREMESAS ESPECIAIS -

PRESTÍGIO de chocolate, cumaru e frutas vermelhas — passo a passo

19 – Sobreponha o segundo disco de dacquoise de chocolate.

20 – Despeje o restante de musse de chocolate e cumaru sobre a dacquoise de chocolate e alise-a com uma espátula. Leve a sobremesa para congelar por 5 horas.

PREPARE A GLAÇAGEM

21 – Hidrate as folhas de gelatina em uma tigela de água fria. Em uma panela, leve à fervura a água, o açúcar e a glucose até a temperatura alcançar 103 °C no termômetro culinário, em ponto de calda. Acrescente o corante vermelho.

22 – Em uma tigela, junte a manteiga de cacau, o chocolate e o leite condensado. Esprema as folhas de gelatina para escorrer a água e acrescente-as à tigela. Despeje por cima a calda quente e misture com uma espátula flexível.

23 – Bata com o mixer para homogeneizar a glaçagem. Disponha um filme de PVC sobre a superfície da glaçagem e retire-o imediatamente para eliminar as bolhas de ar. Deixe amornar até a temperatura alcançar 30 °C no termômetro culinário.

CUBRA COM A GLAÇAGEM E FAÇA A DECORAÇÃO

24 – Retire o aro do entremet e então retire a folha de acetato.

25 – Disponha o entremet em cima de um recipiente. Despeje a glaçagem de uma única vez, do centro para as bordas da sobremesa.

26 – Deixe a glaçagem escorrer. Levante o entremet e passe uma espátula na parte de baixo para retirar o excedente de glaçagem.

27 – Corte os morangos ao meio no sentido do comprimento sem retirar o cabinho e polvilhe levemente as framboesas com açúcar de confeiteiro. Decore o entremet com essas duas frutas e acrescente as groselhas e as amoras.

- SOBREMESAS ESPECIAIS -

CUBOS DE BAUNILHA
com amores-perfeitos cristalizados

Rende 6 cubos

PREPARO: 1h30 + 15 minutos para a massa de biscoito Joconde – COZIMENTO: cerca de 8 min
CONGELAMENTO: 12h30 – REFRIGERAÇÃO: 12 horas – SECAGEM: 12 horas – CONSERVAÇÃO: 2 dias na geladeira
Os amores-perfeitos cristalizados se conservam por até 1 semana em recipiente hermético.

DIFICULDADE: ♟♟

Para os amores-perfeitos cristalizados
100 g de açúcar
12 amores-perfeitos frescos
1 clara (30 g)

Para a massa de biscoito Joconde
2 ovos (100 g)
70 g de farinha de amêndoa
60 de açúcar mascavo
20 g de farinha de trigo
½ fava de baunilha raspada
1 colher (sopa) de manteiga derretida
----
2 claras (60 g)
25 g de açúcar

Para a musse de mascarpone
1 fava de baunilha
1½ folha de gelatina (3 g)
100 g de mascarpone
50 ml de creme de leite fresco
20 g de açúcar
125 ml de creme de leite fresco

Para a geleia de violeta
5 folhas de gelatina (10 g)
100 ml de água
50 g de açúcar
1 ou 2 gotas de corante alimentício violeta
1 ou 2 gotas de essência natural de violeta

Para a glaçagem branca
125 g de chocolate branco
2½ folhas de gelatina (5 g)
50 ml de água
100 g de glucose
100 g açúcar
2 colheres (chá) de corante alimentício prata brilhante
30 g de manteiga de cacau
110 g de leite condensado

óleo para os aros quadrados

MATERIAL NECESSÁRIO: 6 aros quadrados de 5 x 5 cm e 3 cm de altura – 1 bico nº 10 ou 1 aro de 1 cm de diâmetro
1 aro quadrado de 17 x 17 x 3,5 cm

Os amores-perfeitos

Pequenas flores comestíveis frequentemente usadas como decoração em confeitaria ou culinária, os amores-perfeitos podem enriquecer as receitas de várias maneiras. Cristalizados, trazem um toque crocante às sobremesas, além de um aspecto colorido e floral original. Conforme a estação, substitua-os por violetas, que se preparam do mesmo modo.

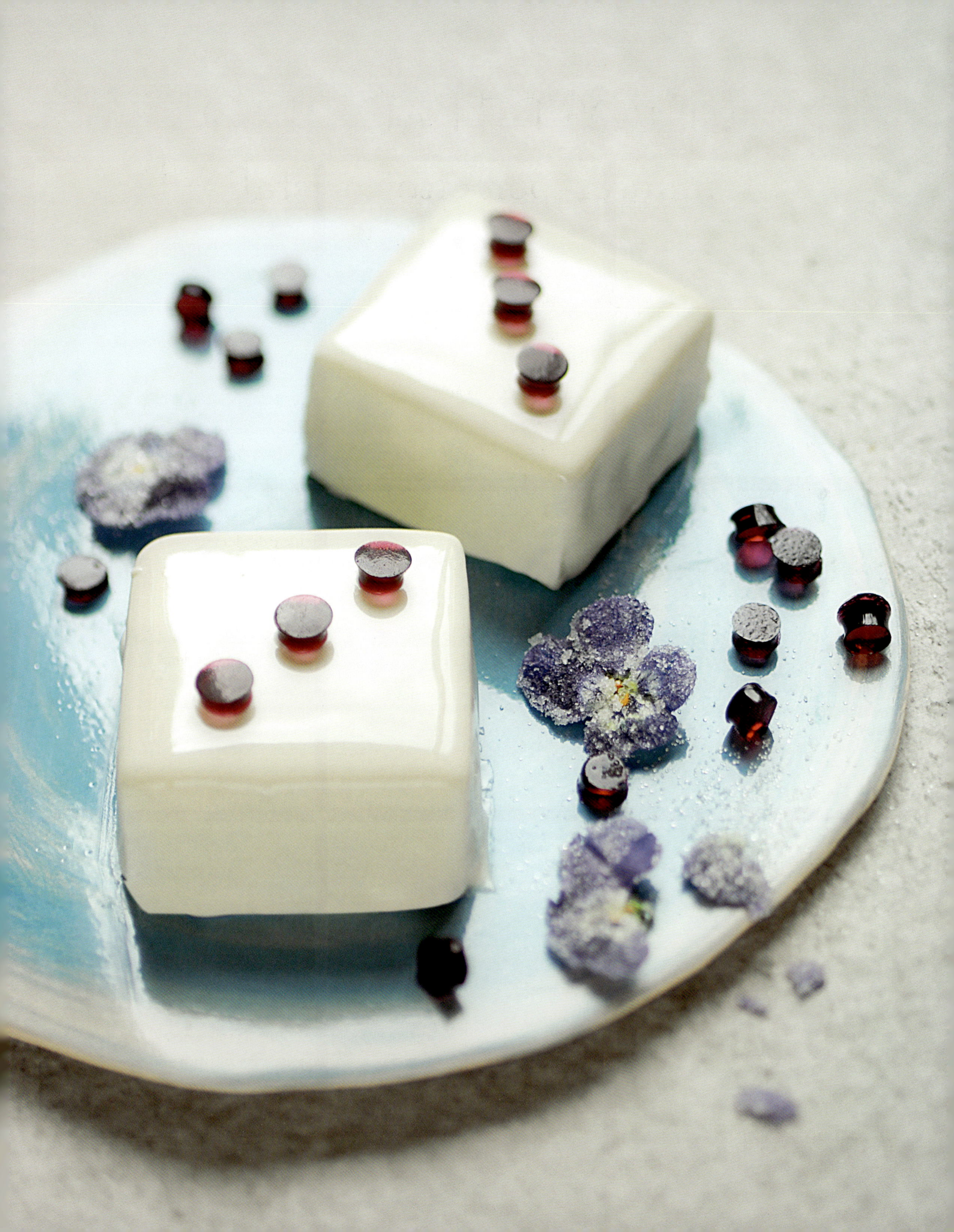

CUBOS de baunilha com amores-perfeitos cristalizados   passo a passo

PREPARE OS AMORES-PERFEITOS CRISTALIZADOS

1 – Despeje o açúcar em um prato. Cubra os amores-perfeitos com clara e polvilhe com o açúcar. Limpe-os levemente para retirar o excedente de açúcar. Deixe secar em temperatura ambiente por 12 horas e reserve em um recipiente hermético.

PREPARE OS QUADRADOS DE BISCOITO JOCONDE

2 – Preaqueça o forno a 200 °C. Despeje a massa de biscoito Joconde (ver p. 485) em uma assadeira rasa forrada com papel-manteiga.

3 – Iguale a massa uniformemente em 1 cm de espessura com uma espátula flexível. Asse por 6 a 8 minutos.

4 – Deixe esfriar e recorte doze quadrados com um dos aros quadrados pequenos.

5 – Com uma faca, reduza o tamanho dos quadrados em 5 mm de cada lado.

PREPARE A MUSSE DE MASCARPONE

6 – Abra a fava de baunilha ao meio no sentido do comprimento e raspe as sementes com a ponta de uma faca. Hidrate a folha de gelatina em água fria. Em uma panela, aqueça o mascarpone, os 50 ml de creme de leite fresco, o açúcar e as sementes de baunilha.

7 – Esprema as folhas de gelatina para escorrer a água e incorpore-as à panela fora do fogo.

8 – Bata os 125 ml de creme de leite fresco até obter um preparo aveludado. Acrescente um terço ao preparo de mascarpone morno e bata. Adicione o restante do creme batido e misture bem.

FAÇA A MONTAGEM

9 – Unte os seis aros quadrados e disponha-os sobre uma assadeira rasa forrada com papel-manteiga. Disponha um quadrado de biscoito Joconde de baunilha em cada aro quadrado.

...

- SOBREMESAS ESPECIAIS -

① ② ③ ④ ⑤ ⑥ ⑦ ⑧ ⑨

-263-

CUBOS de baunilha com amores-perfeitos cristalizados   passo a passo

10 – Coloque por cima 1 colher (sopa) de musse de mascarpone.

11 – Espalhe a musse para cobrir bem as laterais dos aros quadrados.

12 – Disponha outro quadrado de biscoito Joconde e aperte bem para empurrá-lo na musse.

13 – Acrescente 1 colher (sopa) de musse de mascarpone e espalhe bem para que o quadrado de biscoito Joconde esteja inteiramente coberto de musse e alise a superfície. Deixe congelar por 12 horas. Reserve a musse de mascarpone restante na geladeira.

PREPARE A GELEIA DE VIOLETA

14 – Aqueça levemente o aro quadrado grande com um maçarico ou deixe-o no forno por alguns instantes. Cubra a base do aro quadrado com filme de PVC e unte levemente o filme e as laterais internas do aro quadrado (você pode substituir o aro por uma fôrma quadrada com laterais de mesma altura).

15 – Hidrate as folhas de gelatina em água fria. Leve a água e o açúcar à fervura até o ponto de calda e retire do fogo. Acrescente o corante e a essência de violeta.

16 – Esprema as folhas de gelatina para escorrer a água e acrescente-as à calda.

17 – Despeje o preparo no aro quadrado com base de filme de PVC em uma espessura de 0,5 cm. Refrigere por 12 horas.

18 – Retire delicadamente os aros quadrados dos cubos empurrando-os para baixo, após aquecê-los com as mãos.

...

CONSELHO DO CHEF

Se partes do biscoito Joconde ainda aparecerem depois de desenformar os cubos, cubra-as com a musse de mascarpone restante com uma espátula e leve os cubos de volta ao congelador.

- SOBREMESAS ESPECIAIS -

CUBOS de baunilha com amores-perfeitos cristalizados   passo a passo

PREPARE A GLAÇAGEM BRANCA

19 – Pique o chocolate branco. Hidrate as folhas de gelatina em água fria. Aqueça a água com a glucose até derretê-la totalmente. Acrescente o açúcar e mexa sem parar com um batedor manual para dissolvê-lo bem. Logo antes do ponto de fervura, retire o preparado do fogo.

20 – Adicione o corante brilhante e misture bem com um batedor manual.

21 – Esprema as folhas de gelatina para escorrer a água e incorpore-as ao preparo com o batedor manual.

22 – Acrescente a manteiga de cacau e misture bem até que esteja totalmente derretida.

23 – Despeje a mistura em uma tigela e junte o chocolate branco picado. Misture até obter uma consistência homogênea.

24 – Acrescente o leite condensado e misture.

FAÇA A GLAÇAGEM DOS CUBOS

25 – Coloque os cubos em uma grade sobre um recipiente. Utilize a glaçagem quando estiver liso e levemente morno (35 ºC). Derrame a glaçagem sobre cada cubo de modo a cobri-lo uniformemente. Passe a espátula embaixo dos cubos e faça-os deslizar sobre a grade para que a glaçagem escorra inteiramente e que a base esteja lisa. Transfira os cubos para uma assadeira rasa forrada com papel-manteiga e refrigere.

26 – Na geleia de violeta, recorte dezoito pequenos discos com o bico de confeitar.

27 – Disponha três discos de geleia em cada cubo. Sirva-os imediatamente enfeitados com os amores-perfeitos cristalizados.

- SOBREMESAS ESPECIAIS -

BOLO FRESCO
de limão-siciliano

Rende 10 porções

PREPARO : 1h30 + 10 min para o merengue – COZIMENTO : cerca de 1h45 – REFRIGERAÇÃO : 2 horas
CONSERVAÇÃO : 2 dias na geladeira

DIFICULDADE : ♙♙

PARA A DECORAÇÃO DE MERENGUE
raspas da casca de ¼ de limão-siciliano
1½ clara (50 g)
50 g de açúcar
50 g de açúcar de confeiteiro peneirado

PARA O CREME DE LIMÃO-SICILIANO
1 folha de gelatina (2 g)
5 gemas (100 g)
1 ovo (50 g)
50 g de açúcar
110 ml de suco de limão-siciliano
raspas da casca de 1 limão-siciliano
250 ml de creme de leite fresco

PARA A CALDA DE LIMÃO-SICILIANO
100 ml de água
100 g de açúcar
30 ml de suco de limão-siciliano

PARA A MASSA DE LIMÃO-SICILIANO
170 g de manteiga
3 ovos (150 g)
165 g de açúcar
raspas da casca de 1 limão-siciliano
50 ml de suco de limão-siciliano
170 g de farinha de trigo
½ colher (chá) de fermento químico em pó

----

200 g de creme de avelã

PARA A DECORAÇÃO
cacau em pó

MATERIAL NECESSÁRIO : 2 sacos de confeitar – 1 bico perlê liso nº 8 – 1 fôrma retangular para bolo de 35 x 7 cm
1 aro em forma de estrela – 1 base para bolo retangular – 1 pincel.

A decoração de merengue

Entre os três tipos de merengue – francês, italiano e suíço –, o francês é o mais fácil de fazer. Ao contrário dos demais, pode ser utilizado para criar decorações de sobremesas, como pequenas conchas ou bastonetes, ou ainda ser recortado com um aro no formato que desejar. Uma ideia fácil para dar um toque final às suas criações.

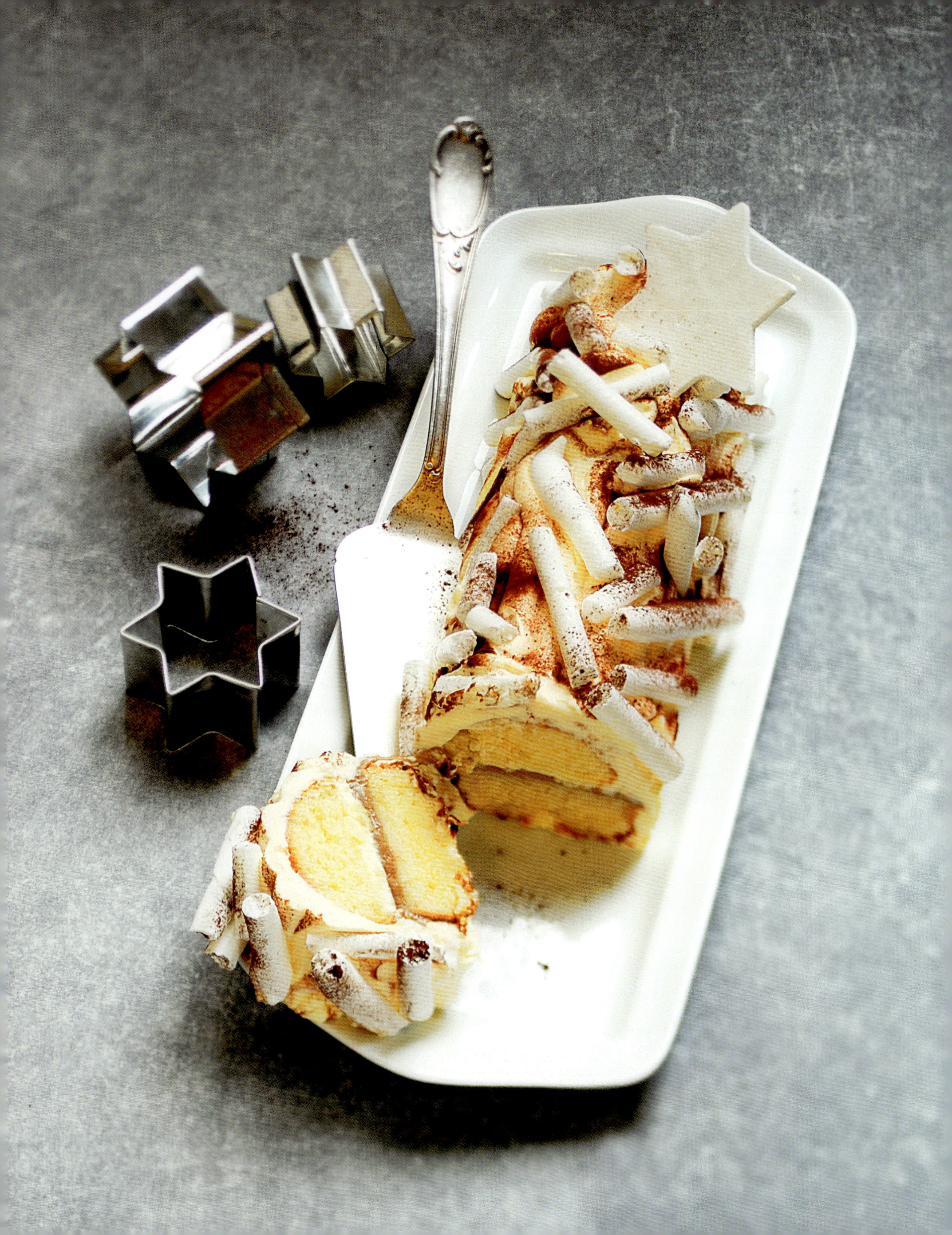

BOLO FRESCO de limão-siciliano — passo a passo

PREPARE A DECORAÇÃO DE MERENGUE

1 – Preaqueça o forno a 110 °C. Forre uma assadeira rasa com papel-manteiga. Misture as raspas de limão-siciliano ao merengue francês (ver preparo na p. 486).

2 – Transfira o merengue para um saco de confeitar com bico e disponha linhas de merengue em metade da assadeira, no comprimento.

3 – Disponha uma camada de merengue de cerca de 3 mm de espessura na outra metade da assadeira. Alise com uma espátula e recorte estrelas com o aro. Asse por 1h15.

PREPARE O CREME DE LIMÃO-SICILIANO

4 – Hidrate a folha de gelatina em água fria. Bata as gemas, o ovo e o açúcar em uma tigela. Acrescente o suco de limão-siciliano e misture. Transfira o preparo para uma panela e acrescente as raspas de limão-siciliano. Cozinhe, mexendo sem parar com um batedor manual, até chegar à fervura.

5 – Esprema a folha de gelatina para escorrer a água e incorpore-a à panela fora do fogo. Refrigere por 1 hora.

6 – Bata o creme de leite até obter uma consistência firme, que não caia do batedor. Alise o creme de limão-siciliano e incorpore delicadamente o creme batido. Transfira o creme de limão-siciliano para um saco de confeitar com bico.

PREPARE A CALDA DE LIMÃO-SICILIANO

7 – Em uma panela leve à fervura a água, o açúcar e o suco de limão-siciliano. Deixe esfriar.

PREPARE A MASSA DE LIMÃO-SICILIANO

8 – Preaqueça o forno a 180 °C. Derreta a manteiga em uma panela. Em uma tigela, bata os ovos com o açúcar e as raspas de limão-siciliano até o preparado branquear e ficar espesso. Incorpore o suco de limão-siciliano, a farinha de trigo e o fermento químico e misture bem.

9 – Incorpore a manteiga derretida morna.

...

- SOBREMESAS ESPECIAIS -

① ② ③

④ ⑤ ⑥

⑦ ⑧ ⑨

-271-

BOLO FRESCO de limão-siciliano

passo a passo

10 – Forre a fôrma com papel-manteiga, despeje nela a massa de limão-siciliano. Asse por 25 a 30 minutos. Deixe esfriar.

FAÇA A MONTAGEM E A DECORAÇÃO

11 – Desenforme o bolo e retire o papel-manteiga. Divida o bolo de limão-siciliano, cortando na horizontal, formando dois retângulos, e coloque-o sobre uma folha de papel-manteiga. Com um pincel, pincele ambos os lados com a calda de limão-siciliano.

12 – Com o saco de confeitar, disponha uma faixa de creme de limão-siciliano sobre a base da sobremesa e coloque por cima um dos bolos, com o lado da crosta sobre o creme.

13 – Espalhe o creme de avelã sobre o biscoito, usando uma espátula flexível.

14 – Com o saco de confeitar, cubra com uma camada de creme de limão-siciliano.

15 – Feche o bolo com a outra metade do bolo. Pincele a superfície com calda de limão. Como o saco de confeitar, cubra toda a superfície do bolo, dispondo linhas de creme no comprimento da sobremesa e cobrindo as duas extremidades. Termine dispondo três pequenas bolas na superfície.

16 – Quebre os bastonetes de merengue em pedaços e enfeite o bolo.

17 – Despeje o cacau em pó em uma tigela e, com o pincel, polvilhe o cacau sobre o bolo.

18 – Finalize a decoração do bolo com as estrelas de merengue. Refrigere por pelo menos 1 hora antes de servir.

- SOBREMESAS ESPECIAIS -

TORTA CROCANTE
de chocolate

Rende 12 porções

PREPARO : 1h30 – COZIMENTO : 20 min – REFRIGERAÇÃO : 30 min – CONSERVAÇÃO : 2 dias na geladeira

DIFICULDADE : ♙♙♙

Para a dacquoise crocante de amêndoa
50 g de farinha de amêndoa
40 g de açúcar de confeiteiro
1½ colher (chá) de farinha de trigo
2 claras (60 g)
30 g de açúcar

Para a massa crocante de praliné
150 g de pasta de praliné
50 g de chocolate branco
130 g de massa folhada crocante em pedaços

Para a musse de chocolate
150 g de chocolate amargo com 70% de cacau
200 ml de água
35 g de açúcar
2 gemas (40 g)
250 ml de creme de leite fresco

Para a glaçagem de ganache
25 g de chocolate amargo com 70% de cacau
25 ml de creme de leite fresco
2 colheres (chá) de açúcar
2 colheres (chá) de água

Para a decoração
30 g de cacau em pó sem açúcar
folhas de ouro comestível (opcional)

MATERIAL NECESSÁRIO : 2 sacos de confeitar – 1 bico perlê liso nº 12 – 1 cone de papel – 1 termômetro culinário

A pâte à bombe

A técnica da pâte à bombe é utilizada para fazer musses de chocolate untuosas e saborosas. Consiste em aquecer o açúcar e a água entre 118 °C e 120 °C, despejar essa calda sobre as gemas e bater até esfriar. Além de assegurar o sucesso da musse de chocolate, essa técnica tem a vantagem de pasteurizar os ovos e, portanto, aumentar o tempo de conservação da sobremesa.

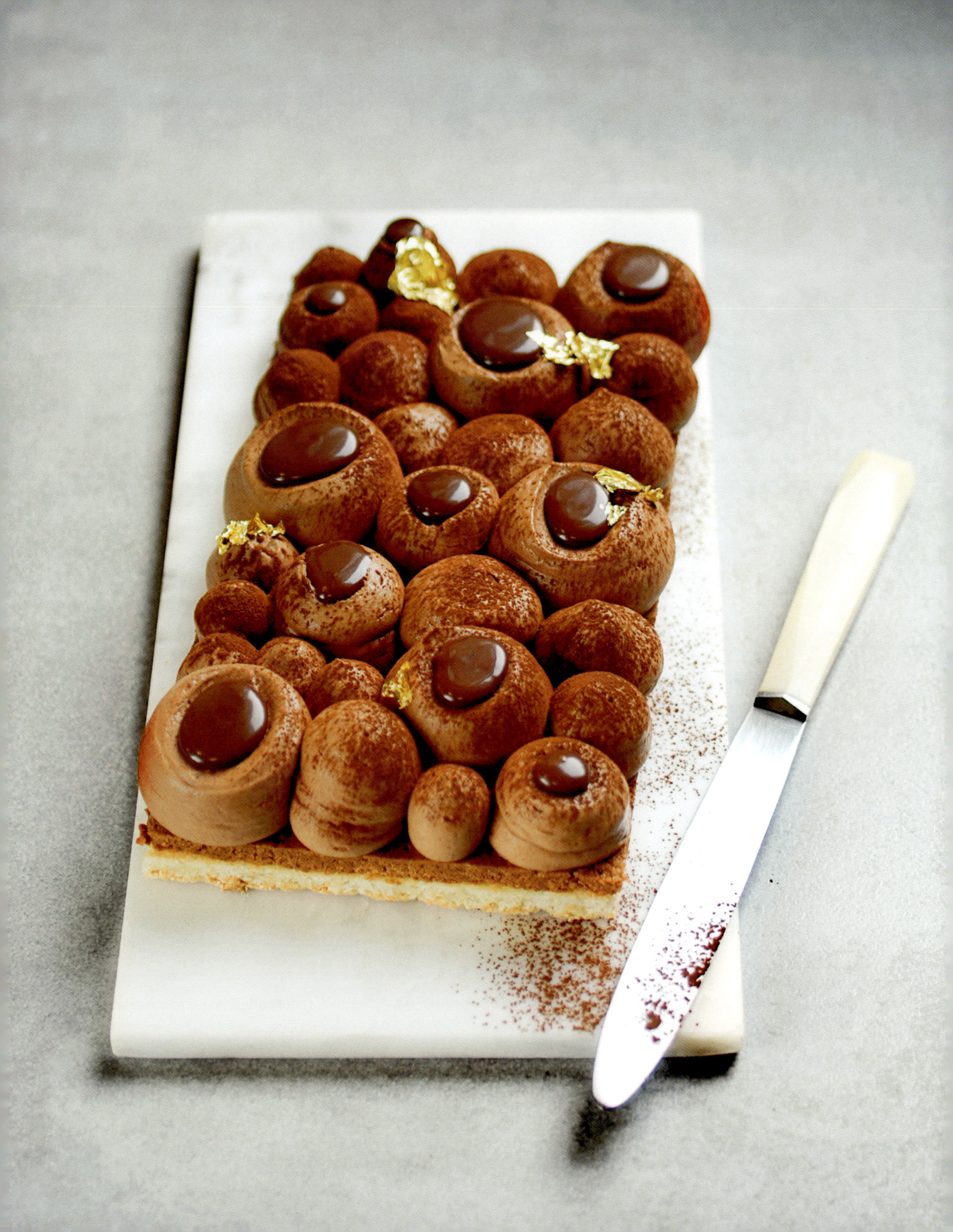

TORTA CROCANTE de chocolate

passo a passo

PREPARE A DACQUOISE CROCANTE DE AMÊNDOA

1 – Preaqueça o forno a 200 °C. Forre duas assadeiras rasas com papel-manteiga e desenhe um retângulo de 15 x 20 cm em cada uma. Em uma tigela, junte a farinha de amêndoa, o açúcar de confeiteiro e a farinha de trigo. Bata as claras até ficarem firmes e incorpore o açúcar para o ponto de merengue.

2 – Com uma espátula flexível, incorpore às claras a metade da mistura de ingredientes secos. Misture lentamente, fazendo movimentos circulares do centro da tigela para a borda, de cima para baixo, enquanto gira a tigela com a outra mão. Incorpore então o restante de ingredientes secos.

3 – Transfira o preparo para um saco de confeitar com bico e, então, no retângulo desenhado na primeira assadeira, disponha linhas de massa no sentido do comprimento, coladas umas às outras. Asse por 20 minutos e deixe esfriar fora do forno.

PREPARE A MASSA CROCANTE DE PRALINÉ

4 – Coloque a pasta de praliné em uma tigela. Derreta o chocolate em banho-maria, despeje-o sobre a pasta de praliné e misture.

5 – Incorpore a massa folhada crocante em pedaços.

6 – Na segunda assadeira rasa, abra a massa crocante de praliné sobre o retângulo desenhado com a ajuda de uma colher flexível e achate o preparo com as costas da colher.

7 – Disponha por cima uma folha de papel-manteiga e abra delicadamente a massa crocante de praliné com um rolo de maneira a formar grosseiramente um retângulo de, no mínimo, 15 x 20 cm e 1 cm de espessura. Refrigere por 10 minutos.

PREPARE A MUSSE DE CHOCOLATE

8 – Derreta o chocolate em banho-maria, transfira para uma tigela e deixe amornar. Em uma panela, aqueça a água e o açúcar até alcançar a temperatura de 118 °C no termômetro culinário e chegar ao ponto de calda. Em uma tigela, bata as gemas e despeje por cima a calda quente, misturando bem até o preparado branquear, ficar espesso e esfriar de modo a obter uma pâte à bombe.

9 – Separadamente, bata o creme de leite fresco até ficar aveludado. Despeje por cima a pâte à bombe e misture levemente com um batedor manual.

...

- SOBREMESAS ESPECIAIS -

TORTA CROCANTE de chocolate

passo a passo

10 – Despeje metade desse preparado sobre o chocolate derretido e morno, misture bem e então incorpore o resto do preparado. Transfira para um saco de confeitar com bico.

FAÇA A MONTAGEM

11 – Com uma faca, apare as bordas da dacquoise crocante de amêndoas para obter um retângulo nítido de 15 x 20 cm.

12 – Disponha o retângulo de dacquoise de amêndoa sobre a massa crocante de praliné e corte-o nas dimensões da massa crocante.

13 – Com o saco de confeitar, disponha por cima bolas de musse de chocolate de tamanhos variados.

14 – Faça cavidades rasas nas bolas maiores com uma colher previamente passada em água quente. Refrigere a sobremesa por 20 minutos.

PREPARE A GLAÇAGEM DE GANACHE

15 – Pique o chocolate e reserve-o em uma tigela. Em uma panela, misture com o batedor manual o creme de leite fresco, o açúcar e a água e leve à fervura. Despeje imediatamente o preparo sobre o chocolate picado e misture com o batedor manual até obter uma consistência homogênea. Transfira a ganache para um cone de papel.

ENFEITE A TORTA

16 – Polvilhe a torta com cacau em pó.

17 – Com o pequeno cone de papel, introduza um pouco de ganache na cavidade das bolas de musse de chocolate.

18 – Enfeite com folhas de ouro comestível (opcional).

- SOBREMESAS ESPECIAIS -

ENTREMET CROCANTE
de laranja e praliné

Rende 8 porções

PREPARO: 1h30 + 15 min para o creme de confeiteiro – COZIMENTO: 1h35 – CONGELAMENTO: 30 min
CONSERVAÇÃO: 3 dias na geladeira

DIFICULDADE: ♙♙

Para as laranjas desidratadas
- 1 laranja
- açúcar

Para a macaronnade de avelã
- 190 g de açúcar de confeiteiro
- 80 g de farinha de avelã
- 40 g de farinha de amêndoa
- 3 claras (90 g)
- 25 g de açúcar

Para as tuiles de laranja
- 120 g de açúcar de confeiteiro
- 50 ml de suco de laranja
- raspas da casca de 2 laranjas
- 30 g de farinha de trigo
- 40 g de manteiga em temperatura ambiente
- 60 g de amêndoas laminadas

Para o creme de praliné e laranja
Creme de confeiteiro
- raspas da casca de 1 laranja
- 250 ml de leite
- 1½ gema (30 g)
- 60 g de açúcar
- 1 ovo (50 g)
- 30 g de amido de milho

- 140 g de creme de praliné
- 130 g de manteiga em temperatura ambiente

Para o recheio crocante de praliné e laranja
- 150 g de tuiles de laranja
- 50 g de chocolate ao leite
- 70 g de creme de praliné
- 40 g de casca de laranja confitada cortada em cubos macerada em 1 colher (chá) de licor de conhaque e laranja (por ex., Grand Marnier®)

Para a glaçagem de chocolate
- 95 g de chocolate amargo com 70% de cacau
- 60 g de cobertura de chocolate amargo (pâte à glacer)
- 60 ml de creme de leite fresco
- 60 ml de água
- 30 g de glucose
- 60 g de açúcar

MATERIAL NECESSÁRIO: 1 base para sobremesa – 1 tapete de silicone (Silpat) – 1 saco de confeitar – 1 bico perlê liso nº 12
1 aro para sobremesa de 20 cm de diâmetro

A laranja

Originária da China, a laranja foi introduzida na Europa no século XV. Naquela época e por muito tempo essa fruta foi rara e sinônimo de riqueza. Ornava as mesas de festas e era dada de presente às crianças no Natal. É consumida ao natural, em salada, em suco, ou ainda em geleia ou xarope. É a fruta de maior produção no Brasil.

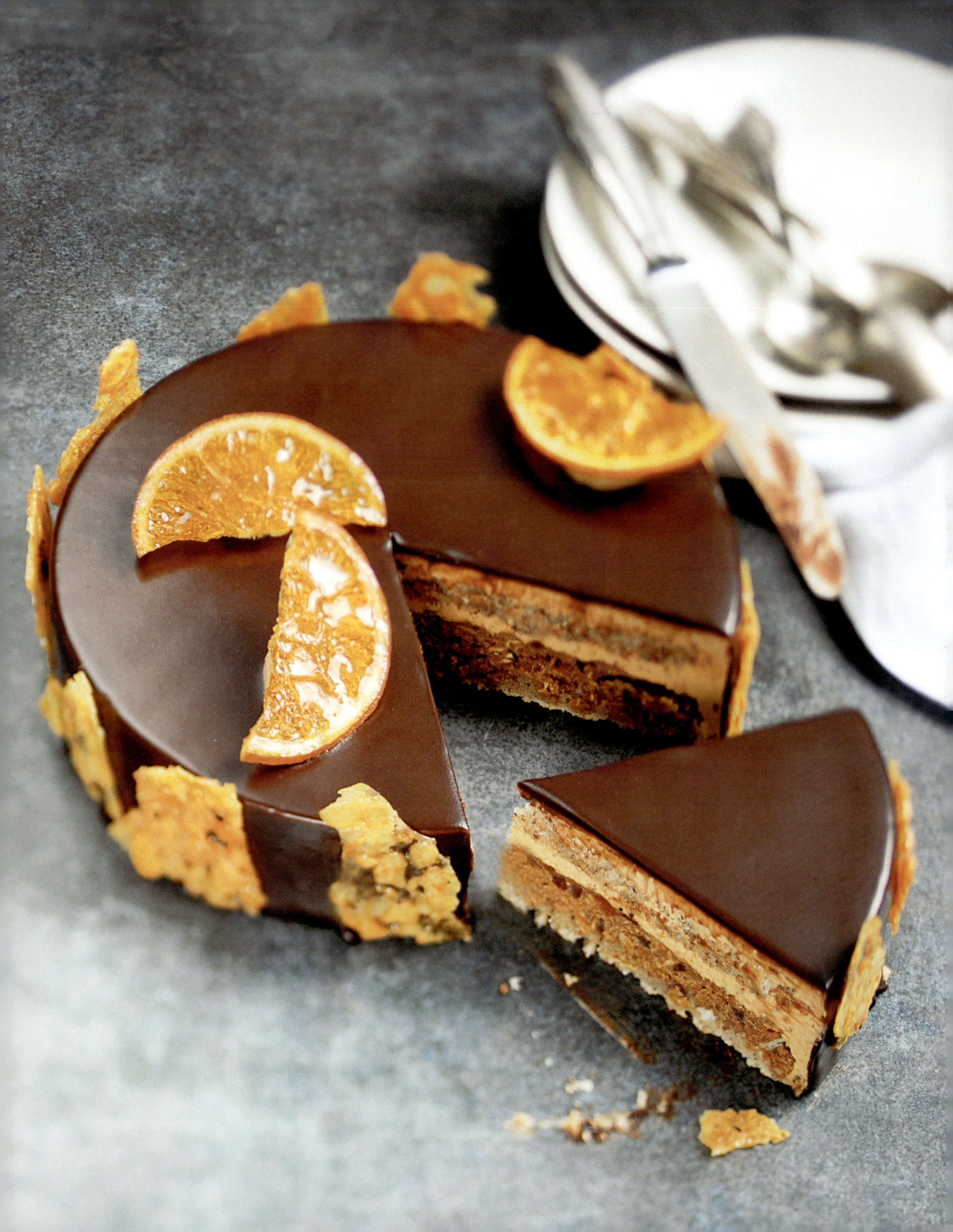

ENTREMET CROCANTE de laranja e praliné — passo a passo

PREPARE AS LARANJAS DESIDRATADAS

1 – Preaqueça o forno a 110 °C. Corte a laranja ao meio e depois em fatias finas. Disponha as fatias de laranja em uma assadeira rasa forrada com papel-manteiga e polvilhe com açúcar. Asse por 1 hora. Reserve em lugar seco.

PREPARE A MACARONNADE DE AVELÃ

2 – Aumente a temperatura do forno para 180 °C. Misture os ingredientes secos em uma tigela. Bata as claras até ficarem firmes e acrescente o açúcar para o ponto de merengue. Com uma espátula flexível, misture os ingredientes secos e transfira o preparado para um saco de confeitar com bico.

3 – Desenhe dois círculos de 18 cm de diâmetro em duas folhas de papel-manteiga e forre duas assadeiras rasas com eles. Com o saco de confeitar, disponha dois discos de massa de macaronnade e asse por cerca de 20 minutos.

PREPARE AS TUILES DE LARANJA

4 – Reduza a temperatura do forno para 160 °C. Misture o açúcar de confeiteiro e o suco de laranja. Acrescente por cima as raspas de laranja ralada na hora. Incorpore a farinha de trigo e então a manteiga derretida com um batedor manual e acrescente as amêndoas laminadas com a espátula.

5 – Abra a massa em uma assadeira rasa forrada com tapete de silicone. Asse por 15 minutos. Deixe esfriar e quebre a tuile em pedaços grandes.

PREPARE O CREME DE PRALINÉ E LARANJA

6 – Prepare o creme de confeiteiro (ver preparo na p. 480) colocando as raspas de laranja no leite e, no final do cozimento, incorpore o creme de praliné. Deixe esfriar.

7 – Emulsione a manteiga e incorpore-a ao creme de confeiteiro de praliné e laranja, batendo energicamente.

PREPARE O RECHEIO CROCANTE DE PRALINÉ E LARANJA

8 – Triture 150 g de tuiles de laranja em uma tigela com o rolo.

9 – Derreta o chocolate em banho-maria. Incorpore o creme de praliné. Acrescente as tuiles de laranja trituradas e os cubos de casca de laranja confitada previamente escorridos.

- SOBREMESAS ESPECIAIS -

① ② ③
④ ⑤ ⑥
⑦ ⑧ ⑨

-283-

ENTREMET CROCANTE de laranja e praliné — passo a passo

FAÇA A MONTAGEM

10 – Disponha um disco da macaronnade de avelã em uma assadeira forrada com papel-manteiga. Espalhe por cima o recheio crocante de praliné e laranja.

11 – Unte toda a lateral interna do aro com creme de praliné e laranja.

12 – Disponha o aro sobre o disco da macaronnade de avelã com recheio de praliné e laranja.

13 – Espalhe uma camada de creme de praliné e laranja no aro, cobrindo bem as laterais.

14 – Disponha por cima o segundo disco da macaronnade de avelã e recheie com creme de praliné e laranja até a beira do aro. Alise com espátula e congele por 30 minutos.

FAÇA A GLAÇAGEM DE CHOCOLATE E A DECORAÇÃO

15 – Pique o chocolate, coloque em uma tigela e junte a cobertura. Em uma panela, leve à fervura o creme de leite fresco, a água, a glucose e o açúcar, despeje na tigela e misture. Cubra a superfície da glaçagem com filme de PVC e deixe amornar.

16 – Forre a área de trabalho com filme de PVC e disponha uma grade por cima. Transfira a sobremesa para a grade. Retire o filme de PVC da glaçagem para eliminar as bolhas de ar e despeje-a sobre a sobremesa de uma única vez, indo das laterais para o centro.

17 – Alise com uma espátula, então transfira o entremet para uma base para sobremesa.

18 – Enfeite a lateral do entremet com tuiles de laranja. Com o saco de confeitar, disponha três pequenas bolas de creme de praliné e laranja sobre a sobremesa e coloque por cima três meias fatias de laranja desidratada.

- SOBREMESAS ESPECIAIS -

-285-

BOLO DE TORRONE
e tangerina

Rende 10 porções

PREPARO : 2 horas – COZIMENTO : 30 min – REFRIGERAÇÃO : 30 min – CONGELAMENTO : 12 horas – CONSERVAÇÃO : 2 dias na geladeira
DIFICULDADE : ♙♙

Para a compota de tangerina
3 tangerinas
50 ml de água
75 g de açúcar
1 colher (chá) de licor de conhaque e laranja (por ex., Grand Marnier®)

Para a massa de amêndoa
50 g de manteiga em temperatura ambiente
65 g de açúcar
uma pitada de sal refinado
2 ovos
100 g de farinha de amêndoa
2 claras (50 g)
1 colher (chá) de açúcar
1 colher (sopa) de amêndoas laminadas

Para o creme de torrone
1½ folha de gelatina (3 g)
Creme de confeiteiro
150 ml de creme de leite fresco
75 ml de leite
2 gemas (50 g)
50 g de açúcar
25 g de amido de milho

----

50 g de pasta de torrone
50 g de manteiga
150 ml de creme de leite fresco

Para o recheio crocante de torrone
50 g de chocolate branco para cobertura
50 g de pasta de torrone

Para a decoração
150 g de geleia de brilho
açúcar de confeiteiro
100 g de chocolate branco para cobertura
cacau em pó

MATERIAL NECESSÁRIO : 1 termômetro culinário – 1 fôrma de silicone para bolo de 22 x 12 cm – 1 assadeira de 20 x 26 cm – 1 pincel

Tangerina ou mexerica?

É muito difícil diferenciar a tangerina da mexerica. A tangerina, originária da China, é levemente maior, a casca adere menos à polpa e ela contém muitas sementes. A mexerica, menor, conhecida como mexerica murcote, ou morgote, é uma variedade híbrida, oriunda de uma hibridação entre a tangerina e a laranja-azeda, feita no começo do século XX. Hoje, no Brasil, a mexerica de maior consumo é a ponkan, de sabor mais doce que as demais variedades.

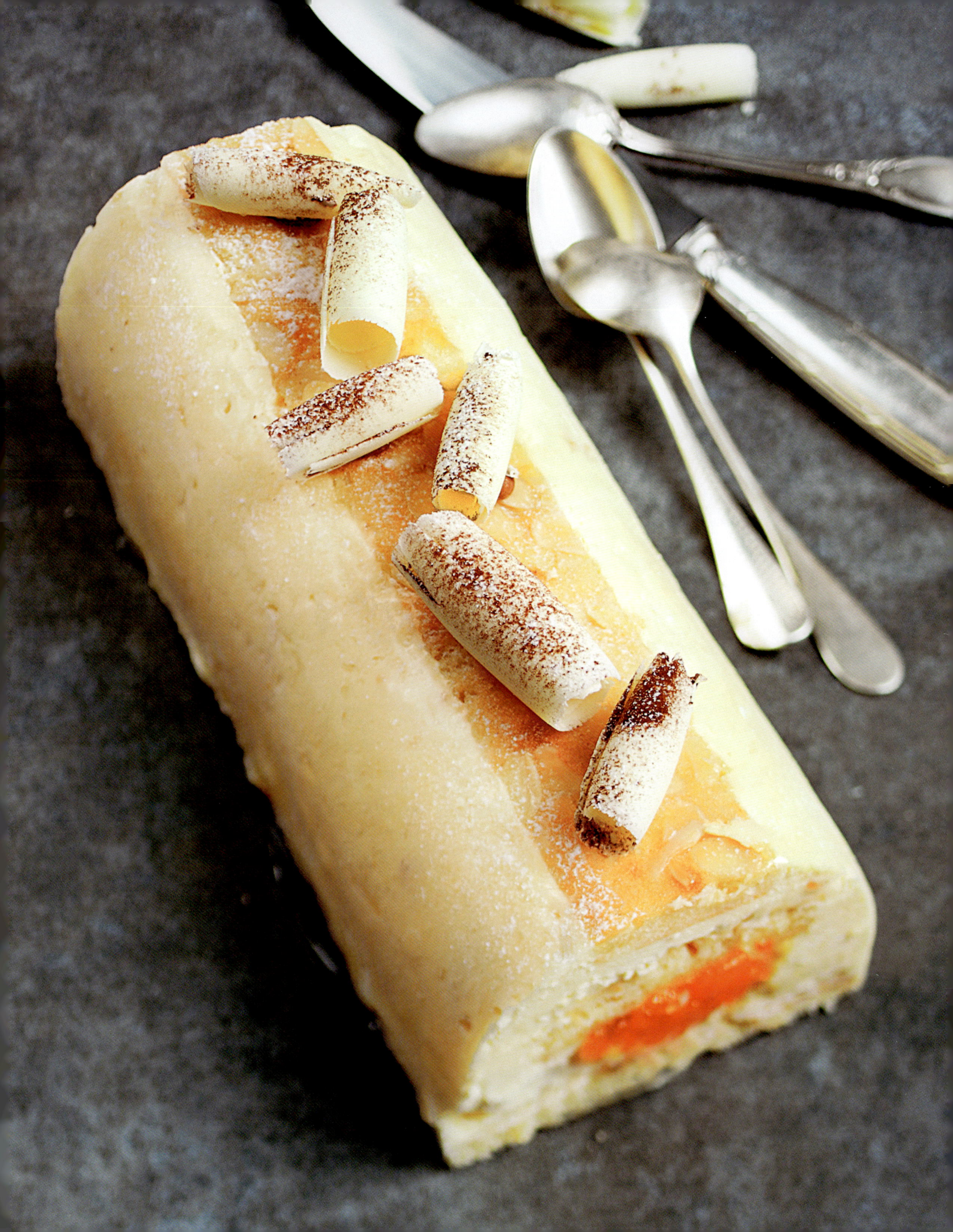

BOLO de torrone e tangerina

passo a passo

PREPARE A COMPOTA DE TANGERINA

1 – Descasque as tangerinas e corte-as em pedaços. Em uma panela, aqueça a água e o açúcar até a temperatura alcançar 110 °C no termômetro culinário, e então acrescente os pedaços de tangerina. Compote a tangerina durante 20 minutos em fogo brando. Retire do fogo e acrescente o licor.

PREPARE A MASSA DE AMÊNDOA

2 – Preaqueça o forno a 180 °C. Misture a manteiga em temperatura ambiente com o açúcar e o sal, e então incorpore os ovos e a farinha de amêndoa.

3 – Bata as claras até que fiquem firmes e não caiam do batedor manual. Incorpore o açúcar para o ponto de merengue. Integre as claras batidas ao preparado anterior.

4 – Transfira para uma assadeira forrada com papel-manteiga e abra a massa em uma espessura de 2 cm. Polvilhe a superfície com amêndoas laminadas. Asse por 30 minutos.

PREPARE O CREME DE TORRONE

5 – Hidrate a gelatina em uma tigela de água fria. Prepare o creme de confeiteiro (ver preparo na p. 480) e, com ele ainda quente, incorpore a pasta de torrone e a manteiga. Esprema a gelatina e incorpore-a com o batedor manual. Refrigere por 20 minutos.

6 – Bata o creme de torrone para alisá-lo. Bata o creme de leite fresco até ficar firme e não cair do batedor manual. Incorpore um terço do creme de leite batido ao creme de torrone, batendo para deixar o preparo homogêneo, e então incorpore o restante com uma espátula flexível.

PREPARE O RECHEIO CROCANTE DE TORRONE

7 – Derreta o chocolate branco em banho-maria. Acrescente a pasta de torrone e misture.

FAÇA A MONTAGEM

8 – Corte o bolo de amêndoa em três faixas de 25 cm de comprimento: uma de 9 cm de largura, a segunda de 6 cm de largura e a última de 4 cm de largura.

9 – Espalhe uma camada de cobertura crocante de torrone sobre o retângulo de bolo de amêndoa de 9 x 25 cm. Refrigere por 10 minutos.

- SOBREMESAS ESPECIAIS -

① ② ③
④ ⑤ ⑥
⑦ ⑧ ⑨

-289-

BOLO de torrone e tangerina — passo a passo

10 – Disponha a faixa de bolo de amêndoa de 4 x 25 cm no fundo da fôrma.

11 – Com uma espátula flexível, espalhe uma camada de creme de torrone e forre as laterais.

12 – Disponha por cima o retângulo de biscoito de amêndoa de 6 x 25 cm.

13 – Cubra-o com compota de tangerina.

14 – Despeje na fôrma o restante de creme de torrone e alise com uma espátula flexível.

15 – Disponha o retângulo de biscoito de amêndoa de 9 x 25 cm com a cobertura crocante de torrone para baixo. Congele por 12 horas.

FAÇA A DECORAÇÃO

16 – Desenforme o bolo, unte-o de geleia de brilho com a ajuda de um pincel e polvilhe a superfície com açúcar de confeiteiro peneirado.

17 – Tempere o chocolate branco (ver procedimento nas pp. 494-495) e espalhe-o sobre uma área de trabalho fria. Assim que começar a endurecer, porém ainda maleável, faça lascas grandes, raspando-o com uma espátula.

18 – Polvilhe as lascas com cacau em pó e enfeite o bolo.

- SOBREMESAS ESPECIAIS -

DOMOS DE COCO
e manga

Rende 6 domos

PREPARO: 2 horas + 15 min para o merengue suíço + 15 min para o biscoito Joconde + 15 min para o creme inglês + 15 min para a massa doce – COZIMENTO: cerca de 1h20 – REFRIGERAÇÃO: 12h30 – CONGELAMENTO: 12 horas

DIFICULDADE: ☐☐☐

Para os bastonetes de coco
3 claras (90 g)
180 g de açúcar
coco ralado

Para o biscoito joconde
2 ovos (100 g)
70 g de farinha de amêndoa
60 g de açúcar de confeiteiro
20 g de farinha de trigo
sementes de ½ fava de baunilha (abra-a ao meio no sentido do comprimento e raspe as sementes com a ponta de uma faca)
1 colher (sopa) de manteiga derretida
----
2 claras (60 g)
25 g de açúcar

Para a bavaroise de coco
2 folhas de gelatina (4 g)
Creme inglês de coco
1 fava de baunilha
170 ml de creme de coco
3 gemas (60 g)
45 g de açúcar mascavo
----
170 ml de creme de leite fresco

Para os cubos de manga
½ manga

Para a massa doce de coco
½ colher (sopa) de farinha de amêndoa
½ colher (sopa) de coco ralado
60 g de manteiga
uma pitada de sal refinado
35 g de açúcar de confeiteiro
½ fava de baunilha
½ ovo (25 g)
100 g de farinha de trigo

Para a glaçagem branca
125 g de chocolate branco
2½ folhas de gelatina (5 g)
50 ml de água
100 g de glucose
100 g de açúcar
2 colheres (chá) de corante alimentício prata brilhante
30 g de manteiga de cacau
110 g de leite condensado

Para a decoração (opcional)
folha de prata comestível

MATERIAL NECESSÁRIO: 1 saco de confeitar – 1 bico perlê liso nº 8 – 1 aro de 6 cm de diâmetro – 1 aro de 4,5 cm de diâmetro – 1 fôrma com cavidades semiesféricas de 7 cm de diâmetro

A glaçagem cor de marfim

Para surpreender seus convidados, ofereça uma sobremesa com acabamento de glaçagem. A glaçagem cor de marfim é especialmente elegante e se associa perfeitamente aos sabores tropicais da manga e do coco. Siga bem todas as etapas da realização para obter uma glaçagem de consistência e brilho perfeitos.

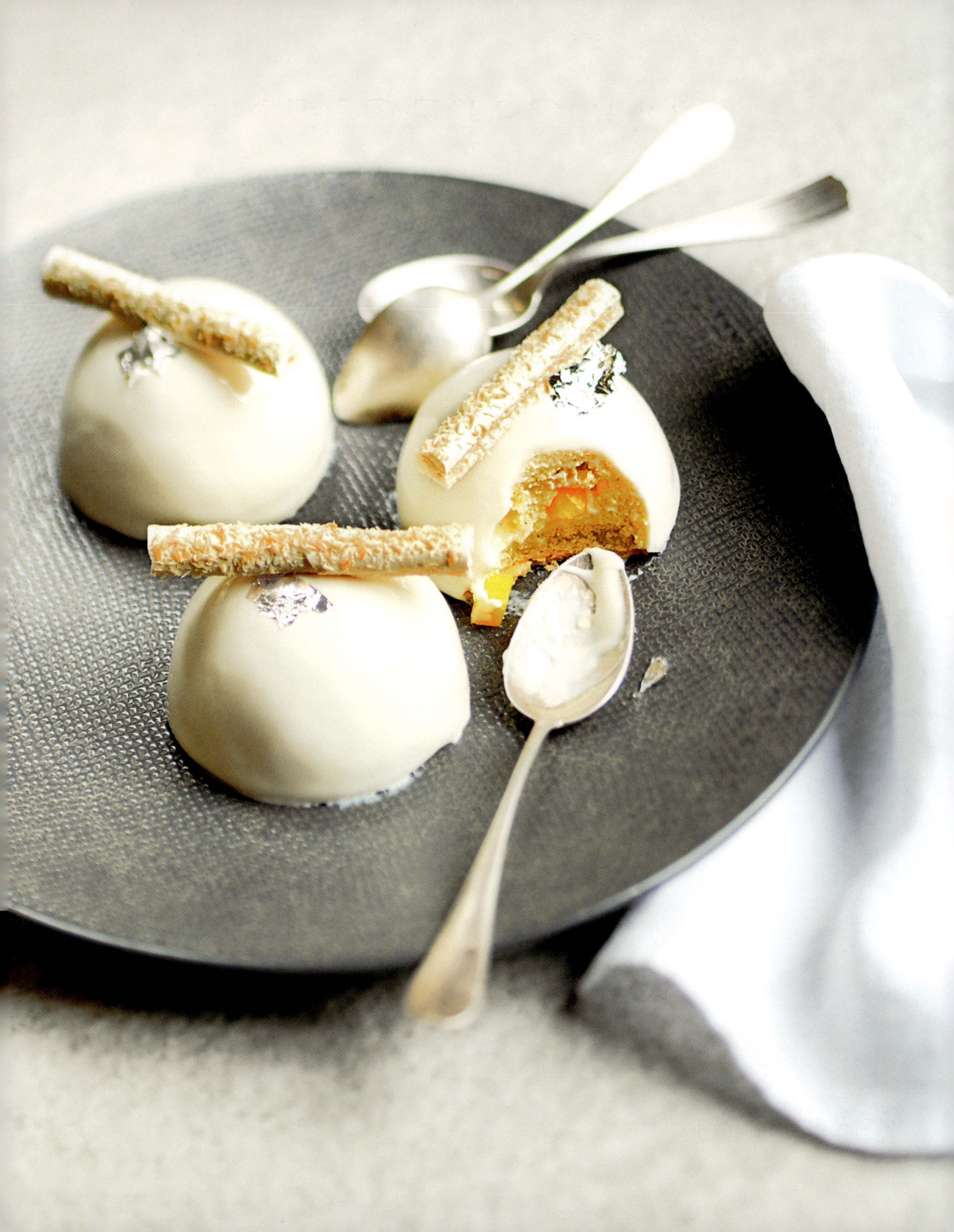

DOMOS DE COCO e manga — passo a passo

PREPARE OS BASTONETES DE COCO

1 – Preaqueça o forno a 90 °C. Transfira o merengue suíço (ver preparo na p. 487) para um saco de confeitar com bico.

2 – Em uma assadeira rasa forrada com papel-manteiga, disponha longos bastonetes com o saco de confeitar.

3 – Polvilhe os bastonetes com coco ralado e asse por 1 hora.

PREPARE O BISCOITO JOCONDE

4 – Aumente a temperatura do forno para 200 °C. Despeje a massa do biscoito Joconde (ver preparo na p. 485) sobre uma assadeira rasa forrada com papel-manteiga.

5 – Abra a massa uniformemente com 1 cm de espessura com uma espátula flexível. Asse por 6 a 8 minutos.

6 – Deixe esfriar e, com os aros, recorte seis discos de 6 cm de diâmetro e seis discos de 4,5 cm de diâmetro.

PREPARE A BAVAROISE DE COCO

7 – Hidrate as folhas de gelatina em uma tigela de água fria. Faça um creme inglês de coco (ver preparo na p. 481), substituindo o leite por creme de coco (ver glossário), e transfira imediatamente para uma tigela.

8 – Esprema as folhas de gelatina para escorrer a água e incorpore-as ao creme inglês de coco quente. Refrigere até o creme ficar frio, porém ainda líquido (não o deixe endurecer).

9 – Bata o creme de leite fresco até ficar aveludado. Refrigere por 30 minutos. Acrescente um terço do creme batido ao creme de coco e bata vigorosamente até o preparo ficar homogêneo. Incorpore delicadamente o restante do creme batido.

...

- SOBREMESAS ESPECIAIS -

① ② ③

④ ⑤ ⑥

⑦ ⑧ ⑨

-295-

DOMOS DE COCO e manga

passo a passo

FAÇA A MONTAGEM E A DECORAÇÃO

10 – Descasque meia manga e corte-a em cubos de 0,5 cm.

11 – Unte as fôrmas semiesféricas e disponha 2 colheres (chá) de bavaroise de coco em cada cavidade, deixando-a subir pelo contorno das cavidades para forrá-las.

12 – Coloque um pequeno disco de biscoito Joconde (4,5 cm de diâmetro) sobre o creme.

13 – Disponha 1 colher (chá) de cubos de manga sobre o creme.

14 – Acrescente então um pouco de bavaroise de coco até 0,5 cm da beira da fôrma de modo a deixar um espaço livre para o disco maior de biscoito Joconde.

15 – Disponha um disco maior de biscoito Joconde (6 cm de diâmetro).

16 – Acrescente 1 colher (sopa) de bavaroise de coco e alise com uma espátula para obter uma textura uniforme. Congele por 12 horas até os domos ficarem bem firmes.

PREPARE A MASSA DOCE DE COCO

17 – Prepare a massa doce (ver preparo nas pp. 488-489) misturando a farinha de amêndoa e o coco ralado. Cubra com filme de PVC e refrigere por 12 horas.

18 – Preaqueça o forno a 150 °C. Abra a massa doce em uma espessura de cerca de 4 mm, então recorte discos de 6 cm de diâmetros com o aro. Transfira os discos para uma assadeira rasa forrada com o tapete de silicone. Asse por 15 minutos e deixe esfriar sobre uma grade.

...

CONSELHO DO CHEF

A manga é difícil de descascar porque a polpa adere firmemente ao caroço central. Corte a fruta pelo comprimento de cada lado, o mais perto possível do caroço. Descasque então ambas as metades com descascador. O processo é mais fácil com frutas não muito maduras.

- SOBREMESAS ESPECIAIS -

DOMOS DE COCO e manga

passo a passo

PREPARE A GLAÇAGEM BRANCA

19 – Pique o chocolate branco. Hidrate as folhas de gelatina em água fria. Aqueça a água com a glucose até que a glucose esteja bem derretida. Acrescente o açúcar e mexa sem parar com um batedor manual até o açúcar se dissolver. Leve à fervura e retire do fogo.

20 – Adicione o corante brilhante e misture bem com o batedor manual.

21 – Esprema as folhas de gelatina para a água escorrer e incorpore-as com o batedor manual.

22 – Acrescente a manteiga de cacau e misture bem até a manteiga derreter completamente.

23 – Transfira o preparado para uma tigela e junte o chocolate branco picado. Misture até obter uma consistência homogênea.

24 – Acrescente o leite condensado e misture bem.

FAÇA A COBERTURA DE GLAÇAGEM DOS DOMOS

25 – Desenforme os domos e disponha cada um sobre um disco de massa doce.

26 – Coloque os domos sobre uma grade encaixada em um recipiente (para recuperar o excedente de glaçagem). Utilize a glaçagem quando estiver lisa e ainda morna (35 °C). Despeje a glaçagem sobre cada domo de modo a cobri-lo uniformemente. Passe a espátula por baixo e faça deslizar os domos sobre a grade para que a glaçagem escorra inteiramente e que a base fique lisa.

27 – Refrigere até a hora de servir e enfeite no último momento com um bastonete de coco e uma folha de prata comestível.

CONSELHO DO CHEF

Para obter uma cobertura de glaçagem uniforme, os domos, assim como as demais sobremesas, devem estar bem firmes e frios. Desse modo, a glaçagem se fixa bem.

- SOBREMESAS ESPECIAIS -

-299-

DOMOS CREMOSOS
de chocolate e cassis

Rende 12 domos

PREPARO: 2 horas + 15 min para a massa doce — COZIMENTO: cerca de 30 min
REFRIGERAÇÃO: 30 min para a massa doce — CONGELAMENTO: 3h10 — CONSERVAÇÃO: 2 dias na geladeira
DIFICULDADE: ♙ ♙ ♙

Para a massa de petit gâteau de chocolate
1½ ovo (80 g)
65 g de açúcar
70 g de chocolate amargo
55 g de manteiga
1 colher (chá) de creme de cassis
1 colher (chá) de fécula de batata

Para o savoie
20 g de farinha de avelã
2 colheres (chá) de cacau em pó não adoçado
uma pitada de fermento químico em pó
50 g de farinha de trigo
70 g de açúcar
1½ ovo (80 g)
65 g de manteiga derretida

Para o coulis de cassis
1½ folha de gelatina (3 g)
140 g de purê de cassis
1 colher (sopa) de açúcar

Para a calda de cassis
50 g de purê de cassis
10 ml de água
50 g de açúcar
2 colheres (chá) de creme de cassis

Para a musse de chocolate
170 g de chocolate amargo
3 gemas (60 g)
20 ml de água
60 g de açúcar
300 ml de creme de leite fresco

Para a massa doce
50 g de manteiga
1 colher (sopa) de farinha de amêndoa
50 g de açúcar de confeiteiro
100 g de farinha de trigo
½ ovo (25 g)

Para a glaçagem
4½ folhas de gelatina (9 g)
100 ml de água
80 ml de creme de leite fresco
90 g de mel
230 g de açúcar
100 g de cacau em pó

Para a decoração
brotos e flores comestíveis

MATERIAL NECESSÁRIO: 1 aro quadrado de 17 x 17 cm – 1 aro de 6 cm de diâmetro – 1 aro de 4 cm de diâmetro – 2 sacos de confeitar
1 fôrma com cavidades semiesféricas de 7 cm – 1 aro de 8 cm de diâmetro

Brotos e flores na decoração

Para enfeitar as sobremesas, utilize brotos ou flores comestíveis, que trazem originalidade e toque floral. Use-os de preferência em sobremesas modernas e despojadas, para não sobrecarregar a apresentação. Na receita da foto, usou-se uma flor chamada apple blossom, com sabor de maçã ácida, que combina perfeitamente com o chocolate, trazendo um toque especial para o domo. Conforme o gosto e a disponibilidade, escolha outras flores comestíveis, como a violeta ou a flor de jasmim.

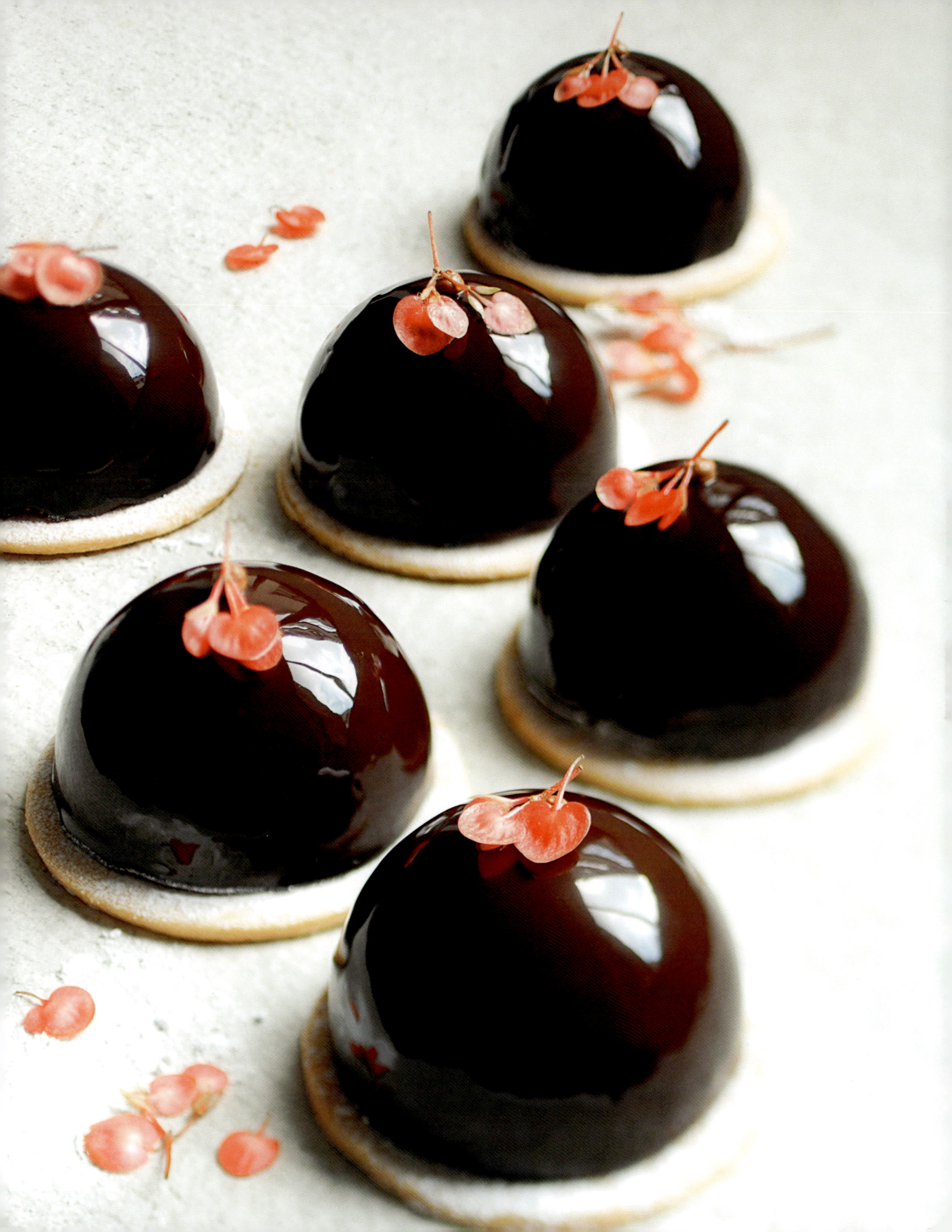

DOMOS CREMOSOS de chocolate e cassis   passo a passo

PREPARE A MASSA DE PETIT GÂTEAU DE CHOCOLATE

1 – Preaqueça o forno a 200 °C. Bata o ovo e meio com o açúcar. Derreta o chocolate, acrescente a manteiga e misture. Incorpore o preparado de ovo e açúcar. Acrescente o creme de cassis e a fécula e misture.

2 – Disponha o aro quadrado sobre uma assadeira rasa forrada com papel-manteiga e despeje dentro a massa de petit gâteau. Alise bem e asse por 5 minutos. Deixe esfriar.

PREPARE O SAVOIE

3 – Mantenha o forno a 200 °C. Misture todos os ingredientes secos. Em uma tigela, bata o açúcar com o ovo e meio. Despeje na tigela os ingredientes secos. Acrescente a manteiga derretida.

4 – Em uma assadeira rasa forrada com papel-manteiga, abra finamente a massa para obter um quadrado de cerca de 22 cm x 22 cm. Asse por 8 minutos e deixe esfriar.

5 – Disponha uma folha de papel-manteiga sobre a massa fria, vire-o de ponta-cabeça e retire a outra folha de papel-manteiga para soltar o savoie. Corte doze discos com o aro de 6 cm.

6 – Retire o papel-manteiga da massa de petit gâteau no aro quadrado e transfira-o para outra folha de papel-manteiga. Passe a lâmina de uma faca no contorno do aro quadrado para desenformar a massa de petit gâteau e deixar as bordas nítidas.

7 – Corte doze discos na massa de petit gâteau com o aro de 4 cm.

PREPARE O COULIS DE CASSIS

8 – Hidrate a gelatina em uma tigela de água fria. Em uma panela, ferva o purê de cassis e o açúcar. Fora do fogo, incorpore a gelatina hidratada com um batedor manual. Refrigere.

PREPARE A CALDA DE CASSIS

9 – Em uma panela, ferva o purê de cassis, a água e o açúcar, mexendo com um batedor manual. Fora do fogo, acrescente o creme de cassis. Transfira para uma tigela e refrigere.

...

- SOBREMESAS ESPECIAIS -

① ② ③
④ ⑤ ⑥
⑦ ⑧ ⑨

-303-

DOMOS CREMOSOS de chocolate e cassis   passo a passo

PREPARE A MUSSE DE CHOCOLATE

10 – Derreta o chocolate em banho-maria. Em uma tigela, bata as gemas. Em uma panela, aqueça a água e o açúcar até a temperatura alcançar 118 °C no termômetro culinário. Despeje imediatamente o preparo sobre as gemas, mexendo vigorosamente, até o preparo branquear, ficar espesso e esfriar para obter uma pâte à bombe (ver preparo na p. 274).

11 – Bata o creme de leite fresco até ficar levemente firme e despeje por cima a pâte à bombe. Misture levemente.

12 – Despeje um terço desse preparado sobre o chocolate e misture com o batedor manual. Incorpore o restante do creme e misture até obter uma consistência homogênea. Transfira para um saco de confeitar.

FAÇA A MONTAGEM

13 – Recheie as cavidades da fôrma até um terço do volume com o saco de confeitar.

14 – Com uma colher, espalhe a musse sobre o contorno das cavidades e então disponha uma bola de musse no meio com o saco de confeitar.

15 – Disponha por cima um disco de massa para petit gâteau.

16 – Coloque um pouco de musse de chocolate em volta do disco.

17 – Bata o coulis de cassis para alisá-lo, transfira-o para um saco de confeitar e corte a ponta. Disponha uma camada de coulis de cassis sobre o disco de massa de petit gâteau.

18 – Umedeça os discos de massa de avelã na calda de cassis e coloque um disco em cada cavidade para fechar os domos.

...

CONSELHO DO CHEF

Se não possuir fôrma com cavidades semiesféricas, utilize o que tiver em casa: fôrmas para muffin, xícaras ou pequenas tigelas forradas com filme de PVC.

- SOBREMESAS ESPECIAIS -

⑩ ⑪ ⑫
⑬ ⑭ ⑮
⑯ ⑰ ⑱

- 305 -

DOMOS CREMOSOS de chocolate e cassis — passo a passo

19 – Aperte levemente o biscoito e alise a superfície com uma espátula para retirar o excedente de musse. Congele por 3 horas.

PREPARE A MASSA DOCE

20 – Preaqueça o forno a 170 °C. Em uma área de trabalho levemente enfarinhada, abra a massa doce (ver preparo nas pp. 488-489) para obter uma espessura de cerca de 2 mm. Corte doze discos com o aro de 8 cm de diâmetro. Asse por 15 minutos.

PREPARE A GLAÇAGEM

21 – Hidrate as folhas de gelatina em uma tigela de água fria. Em uma panela, leve à fervura a água, o creme de leite fresco e o mel. Misture o açúcar e o cacau em uma tigela, despeje na panela e misture. Esprema as folhas de gelatina para escorrer a água, incorpore-as com um batedor manual e peneire com um chinois em uma tigela.

22 – Cubra a superfície da glaçagem com filme de PVC e retire-a imediatamente para eliminar as bolhas de ar. Deixe amornar.

23 – Desenforme os domos, mergulhando rapidamente a fôrma em uma tigela de água quente, e transfira-os para uma grade. Congele por 10 minutos e coloque a grade sobre uma assadeira com borda.

24 – Despeje a glaçagem morna sobre os domos. Passe uma espátula embaixo de cada domo para retirar o excedente de glaçagem e obter uma base lisa.

FINALIZE A MONTAGEM E A DECORAÇÃO

25 – Polvilhe os discos de massa doce com açúcar de confeiteiro usando uma peneira pequena.

26 – Disponha um domo sobre cada disco de massa doce.

27 – Enfeite os domos com brotos ou flores da sua escolha.

- SOBREMESAS ESPECIAIS -

-307-

ENTREMET DE ALOE VERA
e morangos silvestres

Rende 10 porções

PREPARO: 1h30 – COZIMENTO: 20 min – REFRIGERAÇÃO: 1 hora – CONGELAMENTO: 4 horas – CONSERVAÇÃO: 2 dias na geladeira

DIFICULDADE: ♙♙

Para o pão de ló de avelã
4 gemas (75 g)
55 g de açúcar
2½ claras (80 g)
20 g de açúcar
20 g de farinha de trigo
35 g de fécula de batata
1 colher (sopa) de farinha de avelã
15 g de manteiga derretida
30 g de avelãs trituradas

Para o recheio cremoso de aloe vera
100 ml de creme de leite fresco
2 folhas de gelatina (4 g)
200 ml de suco de aloe vera
raspas da casca de ¼ de limão-siciliano
1 colher (sopa) de açúcar
2 colheres (chá) de fécula de batata

Para a calda de aloe vera
100 ml de água
40 ml de suco de aloe vera
80 g de açúcar

Para a musse de morangos silvestres
2 folhas de gelatina (4 g)
70 g de purê de morangos silvestres
20 g de açúcar
1 colher (sopa) de suco de limão-siciliano
1 colher (chá) de licor de morangos silvestres
200 ml de creme de leite fresco

Para o creme chantili de mascarpone
40 g de mascarpone
60 ml de creme de leite fresco
2 colheres (chá) de açúcar de confeiteiro
1 ou 2 gotas de corante alimentício amarelo

Para a glaçagem de morangos silvestres
5 folhas de gelatina (10 g)
150 g de fondant
50 g de glucose
100 g de purê de morangos silvestres
1 ou 2 gotas de corante alimentício vermelho

Para os morangos silvestres
200 g de morangos silvestres
50 g de geleia de brilho

MATERIAL NECESSÁRIO: 1 aro para sobremesa de 20 cm de diâmetro e 6 cm de altura – 1 aro para torta de 18 cm de diâmetro – 1 aro para torta de 10 cm de diâmetro – 1 saco de confeitar – 1 bico perlê liso nº 6

Morangos silvestres

Os morangos silvestres são pequenas frutas vermelhas que crescem em bosques ou jardins frondosos. Embora menores que os morangos comuns, são mais suculentos, principalmente se forem realmente silvestres e não cultivados. No Brasil, os morangos silvestres são arbustos típicos da mata Atlântica, geralmente encontrados em áreas altas e mais frias, embora possam crescer também à beira das estradas.

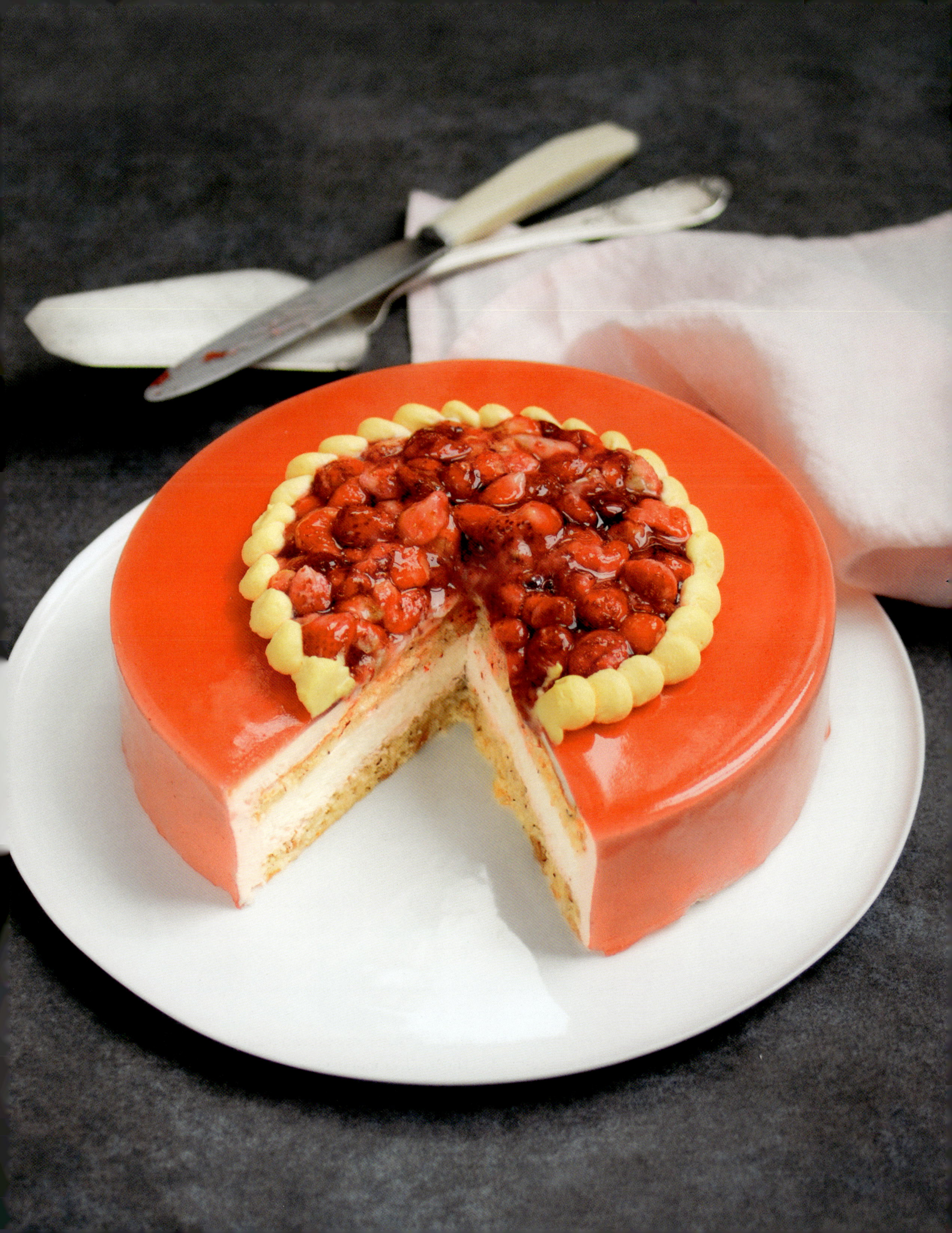

ENTREMET DE ALOE VERA e morangos silvestres — passo a passo

PREPARE O PÃO DE LÓ DE AVELÃ

1 – Preaqueça o forno a 170 °C. Bata as gemas com o açúcar até o preparado branquear e ficar espesso. Bata as claras até que fiquem firmes e não caiam do batedor. Incorpore então o açúcar para o ponto de merengue. Acrescente o preparado à mistura de gema e açúcar.

2 – Incorpore os ingredientes secos, a manteiga derretida e, então, as avelãs trituradas.

3 – Coloque um aro para sobremesa sobre uma assadeira rasa forrada com papel-manteiga e despeje dentro a massa de pão de ló de avelã. Asse por 20 minutos.

PREPARE O RECHEIO CREMOSO DE ALOE VERA

4 – Bata o creme de leite fresco até ficar aveludado. Hidrate as folhas de gelatina em uma tigela de água fria. Em uma panela, aqueça o suco de aloe vera com as raspas de limão. Misture o açúcar e a fécula de batata e polvilhe a mistura na panela. Leve à fervura sem parar de mexer. Esprema as folhas de gelatina e incorpore-as à panela, fora do fogo. Transfira o preparado para uma tigela, deixe amornar e incorpore o creme batido.

5 – Forre o fundo do aro para torta com filme de PVC e coloque-o sobre a área de trabalho. Espalhe uniformemente o recheio cremoso de aloe vera com uma espátula flexível. Congele por 2 horas.

PREPARE A CALDA DE ALOE VERA

6 – Em uma panela, ferva a água com o suco de aloe vera e o açúcar.

PREPARE A MUSSE DE MORANGOS SILVESTRES

7 – Hidrate as folhas de gelatina em uma tigela de água fria. Aqueça o purê de morangos silvestres com o açúcar e o suco de limão-siciliano. Acrescente o licor de morangos silvestres. Esprema as folhas de gelatina para escorrer a água e incorpore-as. Deixe amornar.

8 – Bata o creme de leite fresco até ficar aveludado e incorpore em duas vezes o preparado de morangos silvestres.

9 – Corte o pão de ló de avelã em dois discos e retire 1 cm da borda de um deles para ficar menor que o outro.

...

- SOBREMESAS ESPECIAIS -

ENTREMET DE ALOE VERA e morangos silvestres   passo a passo

FAÇA A MONTAGEM

10 – Disponha o primeiro disco de pão de ló de avelã no fundo do aro e pincele-o com a calda de aloe vera. Com o saco de confeitar, disponha a musse de morangos silvestres sobre o contorno do disco, então no centro, espalhe bem a musse pela superfície e cubra as laterais do aro.

11 – Desenforme o recheio cremoso de aloe vera, disponha-o sobre a musse de morangos silvestres e ponha por cima o segundo disco de pão de ló de avelã. Pincele-o com a calda de aloe vera.

12 – Disponha outra camada de musse de morangos silvestres e alise-a com uma espátula. Congele a sobremesa por 2 horas.

PREPARE O CREME CHANTILI DE MASCARPONE

13 – Bata o mascarpone e o creme de leite fresco até a mistura ficar firme e não cair do batedor. Incorpore o açúcar e então o corante amarelo. Transfira o creme chantili de mascarpone para um saco de confeitar com o bico perlê liso.

PREPARE A GLAÇAGEM DE MORANGOS SILVESTRES

14 – Hidrate as folhas de gelatina em uma tigela de água fria. Leve à fervura o fondant e a glucose. Acrescente o purê de morangos silvestres e então o corante vermelho. Esprema as folhas de gelatina e incorpore-as à panela. Cubra a superfície da glaçagem com filme de PVC e deixe amornar.

FINALIZE A MONTAGEM E FAÇA A DECORAÇÃO

15 – Coloque a sobremesa em cima de um recipiente. Disponha um aro de 10 cm de diâmetro sobre a superfície. Retire o filme de PVC da glaçagem para eliminar as bolhas de ar e despeje-a sobre o entremet, seguindo o contorno do aro.

16 – Em uma tigela, misture morangos silvestres com um pouco de geleia de brilho.

17 – Disponha os morangos silvestres sobre a sobremesa, dentro do aro.

18 – Retire o aro dos morangos silvestres e disponha em volta, com o saco de confeitar, pequenas bolas de creme chantili de mascarpone. Refrigere por 1 hora antes de servir para que o recheio cremoso descongele.

- SOBREMESAS ESPECIAIS -

-313-

ENTREMET DE CASTANHA,
chocolate e damasco

Rende 10 porções

Preparo : 2 horas – cozimento : 8 min – REFRIGERAÇÃO : cerca de 45 min – CONGELAMENTO : 4 horas
CONSERVAÇÃO : 2 dias na geladeira

DIFICULDADE : ♙♙♙

Para o pão de ló de castanha portuguesa
4½ gemas (90 g)
50 g de creme de castanha portuguesa
40 g de farinha de amêndoa
25 g de açúcar
20 g de fécula de batata
2½ claras (80 g)
30 g de açúcar
1 colher (sopa) de manteiga derretida
100 g de castanha portuguesa em calda picada

Para a calda
70 ml de água
60 g de açúcar
2 colheres (chá) de licor de conhaque e laranja (por ex., Grand Marnier®)

Para o recheio cremoso de damasco
130 g de açúcar
7 g de pectina
400 g de purê de damasco
2 colheres (chá) de licor de conhaque e laranja (por ex., Grand Marnier®)

Para a ganache de castanha e chocolate
50 g de creme de castanha portuguesa
190 ml de creme de leite fresco
300 g de chocolate ao leite

Para a glaçagem
2½ folhas de gelatina (5 g)
30 ml de água
110 g de açúcar
120 g de glucose
130 g de chocolate ao leite
120 g de leite condensado
1 ou 2 gotas de corante alimentício vermelho (opcional)

Para a decoração
50 g de castanha portuguesa picada em calda
3 castanhas portuguesas em calda

MATERIAL NECESSÁRIO : 1 aro para sobremesa de 20 cm de diâmetro e 4,5 cm de altura – 1 aro para torta de 18 cm de diâmetro
1 saco de confeitar – 1 folha de acetato

Castanha em calda ou marrom-glacê

Inteiras ou em pedaços, as castanhas portuguesas em calda entram na composição de bolos gelados e outras sobremesas. Conservam-se em calda doce. O marrom-glacê, por sua vez, é uma castanha confitada em calda por sete dias e embrulhada em papel dourado. Se sua origem remete ao reino de Luís XIV, em Versalhes, hoje esse doce é mais associado às festas de fim de ano.

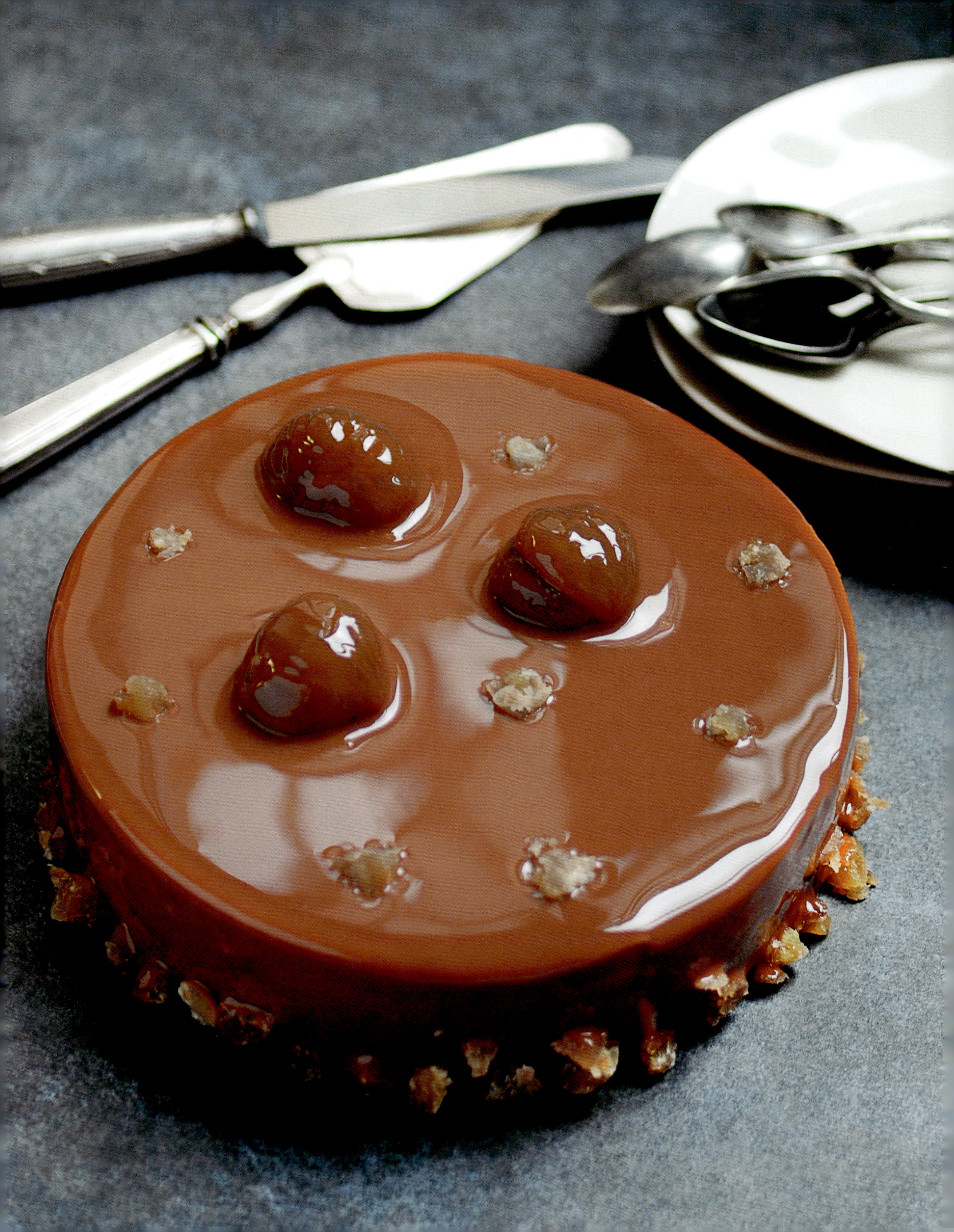

ENTREMET DE CASTANHA, chocolate e damasco — passo a passo

PREPARE O PÃO DE LÓ DE CASTANHA PORTUGUESA

1 – Preaqueça o forno a 200 °C. Incorpore 1 gema ao creme de castanha e misture bem. Acrescente as demais gemas. Incorpore a farinha de amêndoa, então 25 g de açúcar e despeje por cima a fécula de batata.

2 – Bata as claras em neve, acrescente 30 g de açúcar, misture e, com um batedor, incorpore um terço das claras ao preparado anterior. Incorpore o restante e a manteiga derretida.

3 – Abra dois discos de massa de 20 cm (use o aro como referência) em duas assadeiras forradas com papel-manteiga. Polvilhe por cima os pedaços de castanha. Asse por 8 minutos até o pão de ló dourar.

PREPARE A CALDA

4 – Em uma panela, leve a água e o açúcar à fervura. Deixe esfriar e acrescente o licor.

PREPARE O RECHEIO CREMOSO DE DAMASCO

5 – Misture o açúcar com a pectina. Aqueça o purê de damasco em uma panela, polvilhe por cima o açúcar com a pectina. Leve à fervura, mexendo sem parar com o batedor manual. Deixe amornar e acrescente o licor (do tipo Grand Marnier®).

6 – Forre com filme de PVC a base do aro para torta, coloque-o sobre uma assadeira rasa forrada com papel-manteiga e despeje dentro do aro o recheio cremoso de damasco. Leve ao congelador por 1 hora.

PREPARE A GANACHE DE CASTANHA E CHOCOLATE

7 – Transfira o creme de castanha para uma tigela. Leve à fervura o creme de leite e despeje um terço sobre o creme de castanha, batendo bem. Incorpore o restante do creme de leite.

8 – Incorpore o chocolate previamente picado e misture com o batedor manual até o chocolate derreter completamente. Refrigere por 45 minutos.

FAÇA A MONTAGEM

9 – Disponha os discos de pão de ló com o papel para cima. Retire o papel-manteiga e recorte os discos para fiquem menores que o aro. Pincele o pão de ló com a calda.

...

- SOBREMESAS ESPECIAIS -

① ② ③
④ ⑤ ⑥
⑦ ⑧ ⑨

-317-

ENTREMET DE CASTANHA, chocolate e damasco — passo a passo

10 – Corte uma folha de acetato de 20 cm de comprimento e 4,5 cm de largura e disponha-a no aro. Coloque o aro sobre uma base para sobremesa e disponha dentro um disco de pão de ló de castanha umedecido com a calda.

11 – Bata a ganache de castanha e chocolate para emulsioná-la e transfira-a para um saco de confeitar. Corte a ponta e disponha um anel de ganache de castanha e chocolate na base do aro sobre o pão de ló umedecido até a metade do aro. Alise com uma espátula flexível.

12 – Com a espátula flexível, espalhe a ganache de castanha e chocolate sobre a lateral do aro e então disponha uma camada de ganache sobre o pão de ló umedecido até metade do aro. Alise com a espátula flexível.

13 – Desenforme o recheio cremoso de damasco, retire o filme de PVC e transfira o recheio para o aro.

14 – Disponha por cima o segundo disco de pão de ló umedecido, cubra com o restante da ganache de castanha e chocolate até a superfície do aro e alise com a espátula flexível. Congele por 3 horas.

PREPARE A GLAÇAGEM

15 – Hidrate as folhas de gelatina em uma tigela de água fria. Leve a água, o açúcar e a glucose à fervura em uma panela. Esprema as folhas de gelatina para escorrer a água e transfira-as para uma tigela com o chocolate ao leite e o leite condensado. Despeje por cima o líquido quente. Misture delicadamente até obter uma consistência lisa e então acrescente o corante. Cubra a superfície da glaçagem com filme de PVC e deixe amornar.

FINALIZE A GLAÇAGEM E DECORE O ENTREMET

16 – Retire o aro e a faixa de acetato do entremet. Transfira para uma grade colocada dentro de uma assadeira. Retire o filme de PVC da glaçagem morna para eliminar as bolhas de ar e despeje-a sobre o entremet, primeiro sobre as bordas e então no centro. Alise a superfície com a espátula flexível.

17 – Refrigere o entremet por 2 minutos sobre a grade para a glaçagem se fixar. Levante o entremet e passe a espátula por baixo para retirar o excedente de glaçagem e obter uma base lisa. Transfira a sobremesa para uma base.

18 – Enfeite a base da sobremesa com alguns pedaços de castanha em calda. Banhe as castanhas inteiras em calda com um pouco de glaçagem e disponha-as sobre a superfície do entremet.

- SOBREMESAS ESPECIAIS -

-319-

TORTA de Reis

Rende 10 porções

PREPARO : 30 min + 2h40 para a massa folhada – REFRIGERAÇÃO : 50 min – DESCANSO : 45 min
COZIMENTO : 40 min – CONSERVAÇÃO : 2 dias coberta com filme de PVC
DIFICULDADE :

Para o creme de amêndoa
70 g de manteiga
70 g de açúcar
70 g de farinha de amêndoa
1 ovo grande (60 g)
1 colher (chá) de amido de milho
1½ colher (chá) de rum

Para a calda
25 ml de água
25 g de açúcar

Para a massa folhada
300 g de farinha de trigo
1½ colher (chá) de sal refinado
70 g de manteiga derretida
160 ml de água
250 g de manteiga seca
   (com alto teor de gordura, 82% a 84%), para as dobras

1 ovo ligeiramente batido para pincelar

MATERIAL NECESSÁRIO : 1 saco de confeitar – 1 bico perlê liso nº 10 – 1 aro de 22 cm de diâmetro
1 aro de 26 cm de diâmetro – 1 pincel

Creme de amêndoa ou frangipane

Confundir creme de amêndoa e frangipane é bastante comum, ainda mais quando se trata da torta de Reis, já que ambos podem ser usados no preparo desta sobremesa. O creme de amêndoa é um recheio à base de manteiga, açúcar, ovos e farinha de amêndoa. O frangipane é um creme de amêndoa misturado com creme de confeiteiro (cerca de um terço de creme de confeiteiro para dois terços de creme de amêndoa).

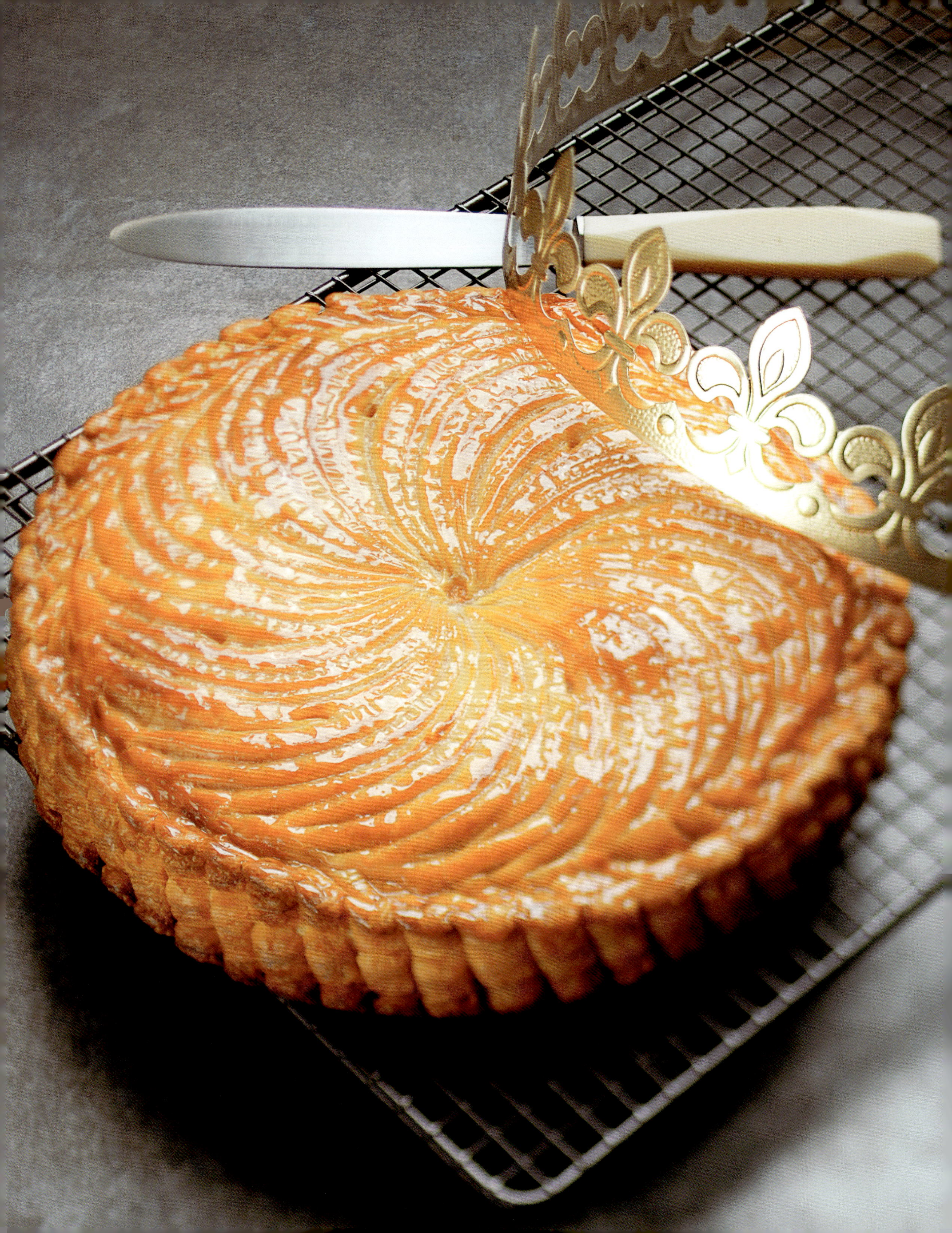

TORTA de Reis

passo a passo

PREPARE O CREME DE AMÊNDOA

1 – Bata a manteiga para emulsioná-la. Acrescente o açúcar e bata bem.

2 – Adicione a farinha de amêndoa e misture bem.

3 – Incorpore o ovo, então o amido de milho, despeje o rum e misture. Transfira para um saco de confeitar com bico e refrigere por 20 minutos.

PREPARE A CALDA

4 – Em uma panela, ferva a água e o açúcar em ponto de calda. Deixe esfriar.

FAÇA A MONTAGEM

5 – Prepare a massa folhada (ver preparo na p. 491).

6 – Abra a massa em uma espessura de 1,5 cm e corte-a em dois retângulos. Cubra cada retângulo com filme de PVC e refrigere-os por 30 minutos.

7 – Abra cada retângulo em uma espessura de 2 ou 3 mm para obter dois quadrados de cerca de 30 x 30 cm.

8 – Disponha um quadrado sobre uma folha de papel-manteiga e marque-o com o aro de 22 cm.

9 – Pincele o disco marcado com ovo ligeiramente batido, para dourar.

...

CONSELHO DO CHEF

Para valorizar o sabor da torta de Reis, é preferível consumi-la morna, mas ela pode muito bem ser servida fria.

- SOBREMESAS ESPECIAIS -

TORTA de Reis — passo a passo

10 – Disponha o creme de amêndoa em caracol com o saco de confeitar sobre o primeiro disco marcado, deixando um espaço de 2 cm no contorno.

11 – Esconda uma prenda no creme de amêndoa.

12 – Disponha delicadamente o segundo quadrado de massa folhada por cima.

13 – Cole as bordas da massa para prender bem o creme de amêndoa, sem deixar bolhas de ar entre a massa e o recheio.

14 – Recorte a sobremesa com o aro de 26 cm (de modo a ter 2 cm de massa folhada em volta do creme de amêndoa). Retire o excedente de massa.

15 – Talhe levemente as bordas com a parte não afiada de uma faca.

16 – Transfira a torta para uma assadeira rasa. Pincele o ovo ligeiramente batido sobre toda a torta, exceto sobre a parte entalhada. Deixe descansar por 15 minutos e passe mais uma camada de ovo para dourar.

17 – Com uma faca, risque a torta do centro para as bordas. Deixe descansar 30 minutos. Preaqueça o forno a 210 ºC, asse até a torta ficar bem dourada, ou seja, cerca de 15 minutos, reduza a temperatura do forno para 180 ºC, e asse por mais 25 minutos.

18 – Assim que retirar do forno, pincele a torta com a calda.

- SOBREMESAS ESPECIAIS -

-325-

OPÉRA
de chocolate e pistache

Rende 8 porções

PREPARO : 1 hora – COZIMENTO : 20 min – REFRIGERAÇÃO : 1 hora – CONSERVAÇÃO : 2 dias na geladeira

DIFICULDADE :

Para o biscoito Joconde de pistache
90 g de marzipã com 50% de cacau
45 g de pasta de pistache
2½ gemas (50 g)
½ ovo (30 g)
20 g de farinha de trigo
20 g de manteiga derretida morna
3 claras (100 g)
35 g de açúcar

20 g de manteiga para os aros quadrados

Para a ganache de chocolate
200 ml de creme de leite fresco
200 g de chocolate amargo com 54% de cacau para cobertura
20 g de manteiga

Para a calda
150 ml de água
150 g de açúcar
30 ml de licor de cereja (por ex., kirsch)

Para o creme chantili de pistache
150 ml de creme de leite fresco
1 colher (sopa) de açúcar de confeiteiro
20 g de pasta de pistache
1 colher (chá) de gelatina incolor em pó

Para a decoração
açúcar de confeiteiro
pistaches sem casca

MATERIAL NECESSÁRIO : 3 aros quadrados de 17 x 17 cm – 1 saco de confeitar – 1 pincel – 1 bico perlê liso nº 8

O opéra, grande clássico francês

O opéra é uma sobremesa retangular de chocolate e café. Clássico da confeitaria francesa, é composto de três camadas sucessivas de biscoito Joconde embebidas em calda de café, recheadas com creme amanteigado de café e com ganache. A palavra "Opéra" escrita na superfície é característica da sobremesa.

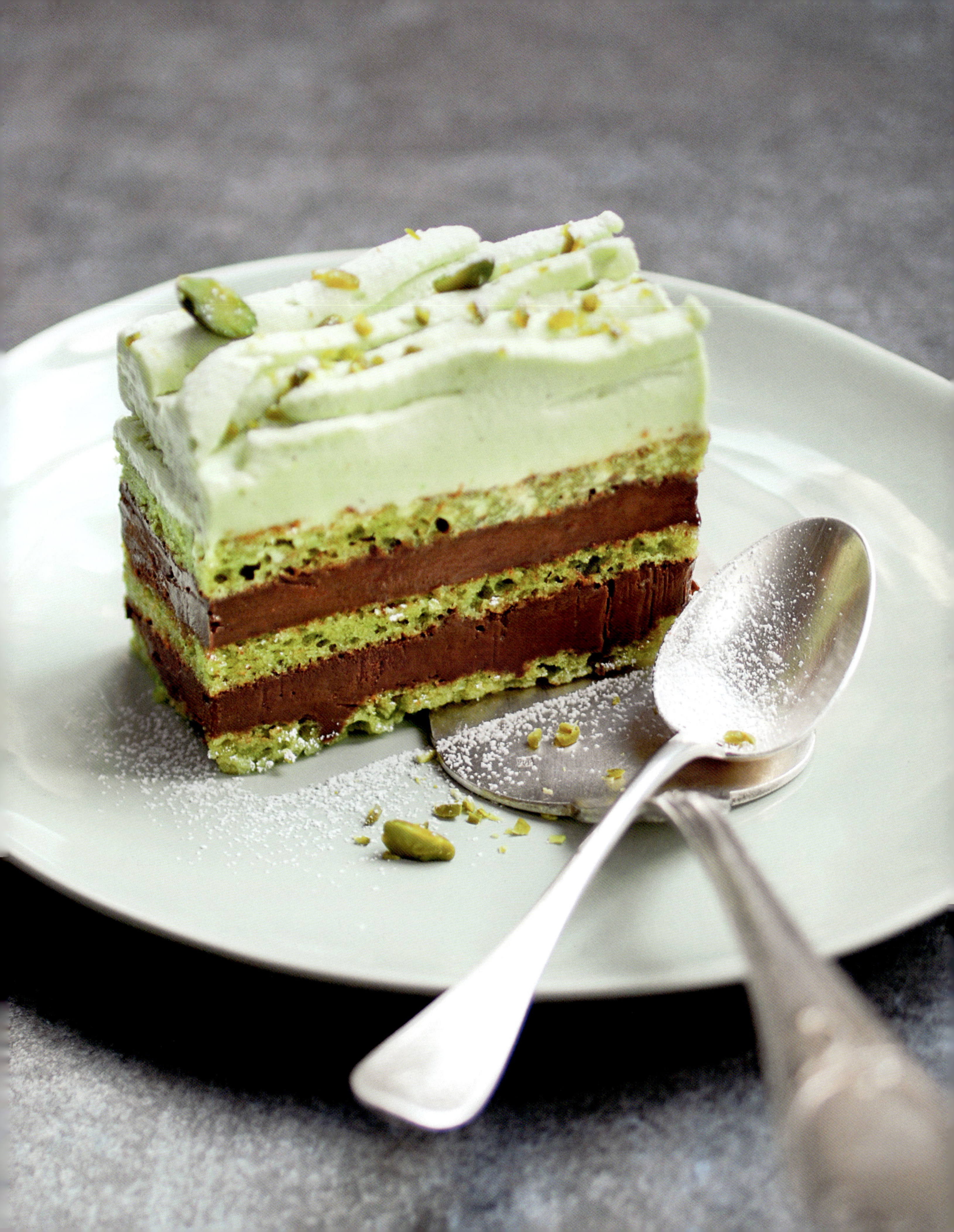

OPÉRA de chocolate e pistache — passo a passo

PREPARE O BISCOITO JOCONDE DE PISTACHE

1 – Preaqueça o forno a 200 ºC. Forre duas assadeiras rasas com papel-manteiga. Unte os três aros quadrados com manteiga. Em uma tigela, bata o marzipã e a pasta de pistache.

2 – Acrescente as gemas e o meio ovo e misture bem. Incorpore então a farinha de trigo e a manteiga derretida morna.

3 – Separadamente, bata as claras até ficarem firmes e incorpore o açúcar para o ponto de merengue.

4 – Incorpore as claras em merengue ao preparado anterior.

5 – Disponha dois aros quadrados em uma assadeira e o terceiro aro na segunda assadeira. Espalhe a massa nos três aros quadrados e alise-a com uma espátula.

6 – Asse separadamente por cerca de 10 minutos. Deixe esfriar em uma grade e retire os aros.

PREPARE A GANACHE DE CHOCOLATE

7 – Deixe o creme de leite em temperatura ambiente. Derreta o chocolate em banho-maria, despeje por cima o creme de leite e misture.

8 – Incorpore a manteiga até obter uma mistura lisa.

PREPARE A CALDA

9 – Em uma panela, ferva a água e o açúcar até o ponto de calda e deixe esfriar. Acrescente o licor.

...

CONSELHO DO CHEF

Para diversificar as opções de Opéra, mude o sabor: morango, framboesa, maracujá etc. Experimente também substituir o creme de manteiga da receita clássica por um creme chantili aromatizado, posto na sobremesa com o saco de confeitar, para dar um toque mais moderno.

- SOBREMESAS ESPECIAIS -

-329-

OPÉRA de chocolate e pistache — passo a passo

FAÇA A MONTAGEM

10 – Coloque um aro quadrado limpo sobre uma assadeira rasa forrada com papel-manteiga. Disponha um biscoito Joconde de pistache por dentro e umedeça-o com a calda usando um pincel.

11 – Despeje por cima uma camada de ganache de chocolate e alise-a com uma espátula.

12 – Disponha por cima o segundo biscoito Joconde de pistache e umedeça-o com a calda usando o pincel.

13 – Coloque por cima outra camada de ganache de chocolate a alise-a com a espátula.

14 – Cubra com o terceiro biscoito Joconde de pistache.

PREPARE O CREME CHANTILI DE PISTACHE

15 – Bata o creme de leite fresco com o açúcar de confeiteiro, a pasta de pistache e a gelatina incolor em pó até o preparo ficar firme e não cair do batedor. Transfira o creme chantili de pistache para um saco de confeitar com bico.

FINALIZE A MONTAGEM E FAÇA A DECORAÇÃO

16 – Retire o aro quadrado da sobremesa (aqueça o aro ligeiramente com um maçarico para ajudar a desenformar). Corte a ponta do saco de creme chantili de pistache e espalhe uma camada sobre a superfície da sobremesa. Alise com uma espátula para uniformizar.

17 – Disponha outra camada de creme chantili de pistache fazendo um movimento de vaivém.

18 – Refrigere por 1 hora. Polvilhe o Opéra com açúcar de confeiteiro e enfeite-o com pistaches antes de servir.

- SOBREMESAS ESPECIAIS -

-331-

TORTA DE CHOCOLATE
e frutas vermelhas

Rende de 6 a 8 porções

PREPARO : 2 horas + 15 min para a massa doce – REFRIGERAÇÃO : 30 min para a massa doce + 10 min após forrar a fôrma com a massa
COZIMENTO : 35 min – CONGELAMENTO : 3 horas – CONSERVAÇÃO : 2 dias na geladeira

DIFICULDADE : ♙♙♙

Para a massa doce
150 g de farinha de trigo
75 g de manteiga
75 g de açúcar de confeiteiro
20 g de farinha de amêndoa
1 ovo pequeno (40 g)

manteiga para untar

Para o creme de amêndoa
50 g de manteiga
raspas da casca de ¼ de limão-siciliano
40 g de açúcar
50 g de farinha de amêndoa
1 ovo pequeno (40 g)

120 g de framboesas

Para a musse de chocolate e frutas vermelhas
30 g de purê de cassis
50 g de purê de morango silvestre
40 g de purê de framboesa
2 colheres (chá) de açúcar
1 colher (sopa) de gelatina incolor em pó
70 g de chocolate ao leite
200 ml de creme de leite fresco

Para a glaçagem de chocolate
2½ folhas de gelatina (5 g)
55 g de cacau em pó
40 ml de água
50 g de glucose
50 ml de creme de leite fresco
110 g de açúcar

Para a decoração
250 g de framboesas

MATERIAL NECESSÁRIO : 1 aro para torta de 20 cm de diâmetro – 1 fôrma de plástico de 16 cm de diâmetro

A glaçagem de chocolate

Visualmente luxuosa e muito usada pelos profissionais, a glaçagem de chocolate é o acabamento perfeito das sobremesas, até mesmo as mais simples. Também chamada de glaçagem espelho, ela traz um toque liso muito brilhante a entremets, tortas e docinhos, além de uma textura macia e um sabor pronunciado de cacau, muito agradável ao paladar.

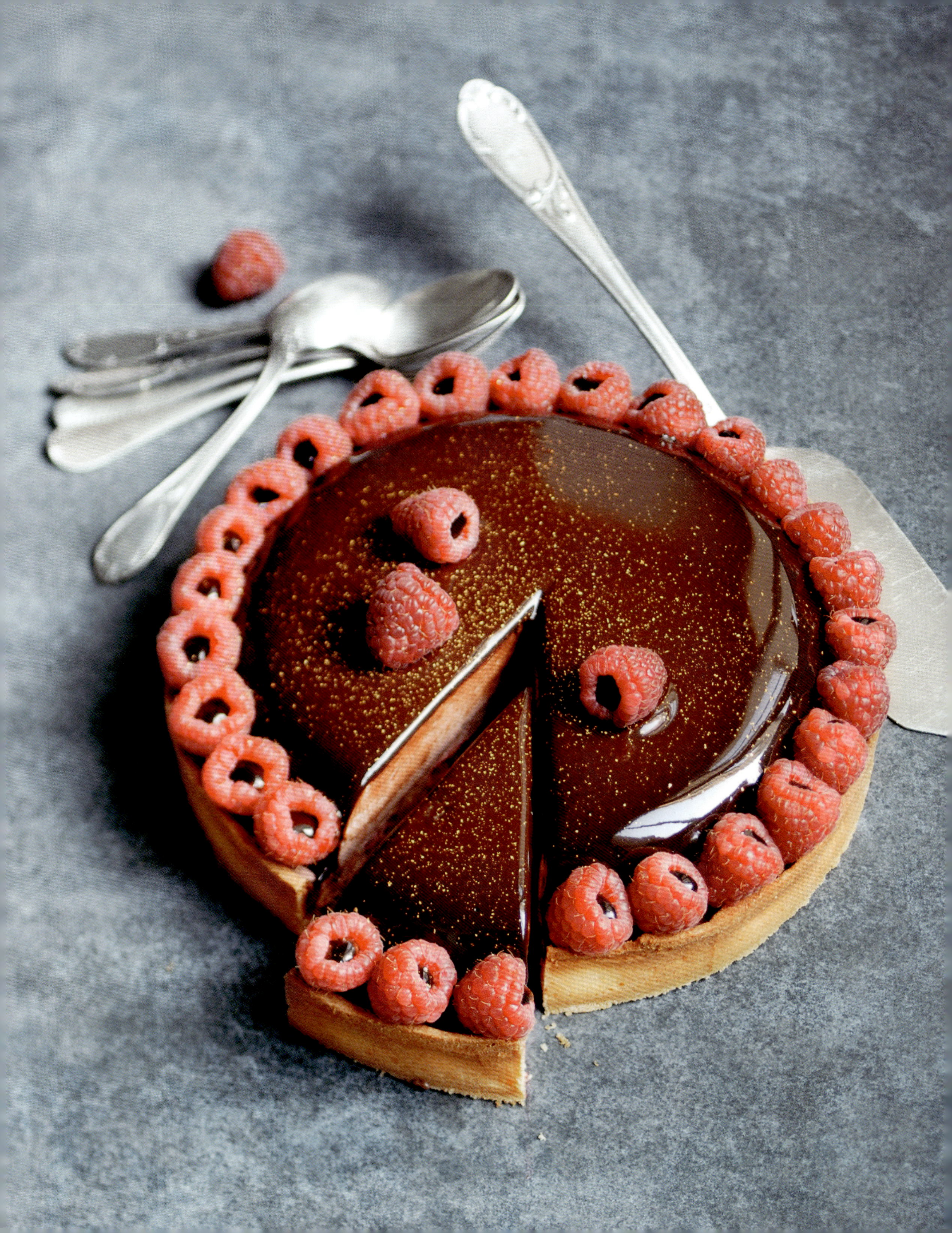

TORTA DE CHOCOLATE e frutas vermelhas — passo a passo

PREPARE A MASSA DA TORTA

1 – Em uma superfície de trabalho levemente enfarinhada, abra a massa doce (ver preparo nas pp. 488-489) em uma espessura de cerca de 3 mm e corte um disco de diâmetro 5 cm maior que o do aro, ou seja, 25 cm, colocando o aro sobre a massa como referência.

2 – Preaqueça o forno a 180 °C. Unte e forre o aro (ver procedimento na p. 493) com a massa doce e coloque-o sobre uma assadeira rasa forrada com papel-manteiga. Refrigere por 10 minutos.

3 – Pré-asse a massa da torta (ver procedimento na p. 494) por 10 minutos no forno.

PREPARE O CREME DE AMÊNDOA

4 – Reduza a temperatura do forno para 170 °C. Bata a manteiga em temperatura ambiente até emulsionar, acrescente as raspas de limão-siciliano, o açúcar e a farinha de amêndoa sem parar de bater. Incorpore o ovo por último.

5 – Despeje o creme de amêndoa sobre a massa da torta. Alise-o com as costas de uma colher.

6 – Insira as framboesas no creme de amêndoa e asse por 25 minutos.

PREPARE A MUSSE DE CHOCOLATE E FRUTAS VERMELHAS

7 – Aqueça os três purês de frutas em uma panela, acrescente então o açúcar e a gelatina incolor em pó. Aqueça até o ponto de fervura, mexendo sem parar com um batedor manual.

8 – Pique o chocolate em uma tigela e despeje os purês quentes por cima. Misture bem para obter uma consistência homogênea. Deixe amornar.

9 – Bata o creme de leite até ficar aveludado e incorpore-o com uma espátula flexível ao preparado de chocolate e frutas vermelhas.

...

- SOBREMESAS ESPECIAIS -

TORTA DE CHOCOLATE e frutas vermelhas — passo a passo

FAÇA A MONTAGEM

10 – Despeje a musse de chocolate e frutas vermelhas na fôrma de plástico, até a borda.

11 – Alise com uma espátula e congele por 3 horas para a musse endurecer totalmente.

12 – Espalhe o restante da musse sobre a torta, por cima do creme de amêndoa.

PREPARE A GLAÇAGEM DE CHOCOLATE

13 – Hidrate as folhas de gelatina em uma tigela de água fria, escorra a água e transfira-as para outra tigela com o cacau em pó. Em uma panela, leve à fervura a água, a glucose, o creme de leite fresco e o açúcar, e despeje o preparo quente na tigela de cacau.

14 – Misture para obter uma consistência bem lisa, peneire com um chinois e cubra a superfície da glaçagem de chocolate com filme de PVC. Deixe amornar.

FINALIZE A GLAÇAGEM E A DECORAÇÃO DA TORTA

15 – Desenforme a musse de chocolate e frutas vermelhas, cortando o plástico em vários pontos.

16 – Forre a área de trabalho com filme de PVC. Disponha a musse sobre uma base para sobremesa e coloque essa base sobre uma tigela para elevá-la. Retire o filme de PVC da glaçagem de chocolate para eliminar as bolhas de ar e despeje-a sobre a musse de uma só vez e uniformemente.

17 – Passe uma espátula entre a musse e a base e disponha a musse no centro da torta. Reserve o excedente de glaçagem para utilizá-la na decoração.

18 – Enfeite o contorno da torta com framboesas (coloque a parte pontuda para baixo) e recheie-as de glaçagem de chocolate com a ajuda de um pequeno cone de papel.

CONSELHO DO CHEF

Para cobrir a musse com glacê, é possível colocá-la diretamente sobre uma grade posta por cima de uma assadeira com borda ou de outro recipiente, de maneira a recuperar mais facilmente o excedente de glacê e manter limpa a superfície da área de trabalho.

- SOBREMESAS ESPECIAIS -

MACARONNADE
de chocolate e café

Rende 8 porções

PREPARO: 1h30 – CONGELAMENTO: 3h10 – COZIMENTO: 30 min
DIFICULDADE: ♙♙♙

Para a massa de petit gâteau de chocolate
1 ovo grande (60 g)
60 g de açúcar
1½ colher (chá) de essência de café
55 g de chocolate amargo com 55% de cacau
55 g de manteiga

Para a macaronnade de café
2 claras (60 g)
algumas gotas de suco de limão-siciliano
1 colher (sopa) de açúcar
1½ colher (chá) de essência de café
120 g de açúcar de confeiteiro
85 g de farinha de amêndoa

Para o recheio cremoso de café
1½ folha de gelatina (3,5 g)
80 ml de creme de leite fresco
2 gemas (40 g)
40 g de açúcar
1 colher (sopa) de essência de café
100 ml de creme de leite fresco

Para a glaçagem
1¾ folha de gelatina (2,5 g)
60 g de chocolate branco para cobertura
55 g de leite condensado
1 colher (sopa) de manteiga de cacau
25 ml de água
50 g de glucose
50 g de açúcar
2 colheres (chá) de essência de café

Para o creme de mascarpone e café
70 g de mascarpone
200 ml de creme de leite fresco
1 colher (sopa) de açúcar de confeiteiro
1½ colher (chá) de essência de café

Para a decoração
20 g de chocolate branco

MATERIAL NECESSÁRIO: 2 sacos de confeitar – 1 bico perlê liso nº 12 – 2 aros para torta de 20 cm de diâmetro
1 base para sobremesa – 1 termômetro culinário – 1 bico saint-honoré

A essência de café

Estimulante para beber ou para comer, o café pode ser utilizado de várias maneiras e incrementa sobremesas há muito tempo. Usado na forma de essência, ele traz uma intensidade aos doces e combina deliciosamente com o chocolate, cujo sabor realça. Seu aroma único desperta o paladar e dá um toque especial a qualquer receita em que for usado.

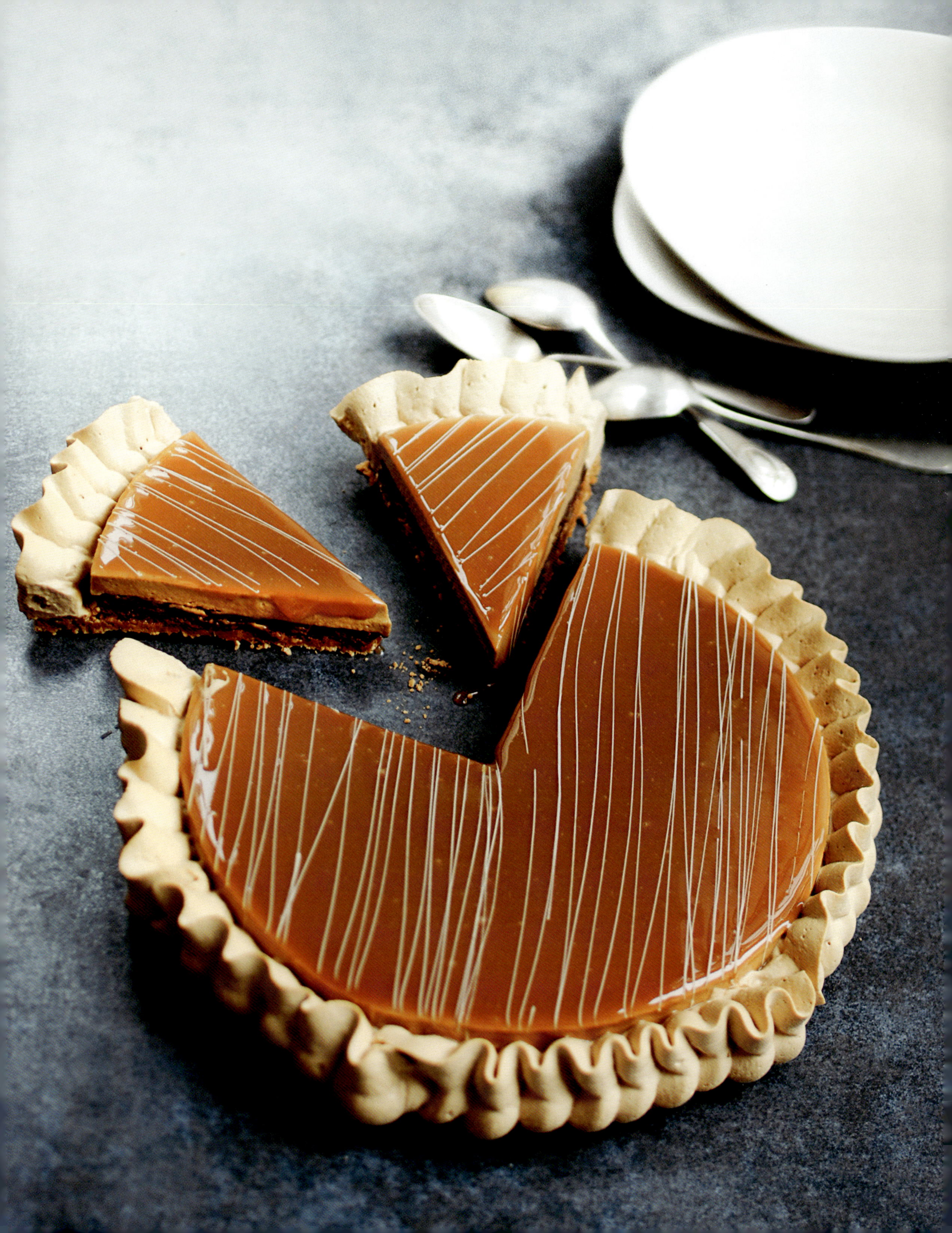

MACARONNADE de chocolate e café

passo a passo

PREPARE A MASSA DE PETIT GÂTEAU DE CHOCOLATE

1 – Preaqueça o forno a 220 °C. Misture o ovo com o açúcar e a essência de café. Derreta o chocolate em banho-maria, acrescente a manteiga, misture bem e incorpore o preparado anterior.

2 – Disponha um aro sobre uma assadeira forrada com papel-manteiga e despeje dentro a mistura.

3 – Espalhe bem com uma espátula flexível para obter uma espessura uniforme. Asse por 5 minutos. Deixe esfriar e congele por 10 minutos para desenformar facilmente.

PREPARE A MACARONNADE DE CAFÉ

4 – Reduza a temperatura do forno para 170 °C. Bata as claras com as gotas de limão-siciliano até que estejam firmes e não caiam do batedor. Incorpore o açúcar e a essência de café.

5 – Em uma tigela, misture o açúcar de confeiteiro e a farinha de amêndoa e acrescente-os às claras batidas em duas vezes. Misture bem levemente o recheio.

6 – Transfira o preparado para um saco de confeitar com bico liso. Desenhe um círculo de 22 cm de diâmetro em uma folha de papel-manteiga e forre uma assadeira rasa com essa folha. Com o saco de confeitar, disponha a macaronnade de café em caracol dentro do círculo desenhado. Asse por 25 minutos.

PREPARE O RECHEIO CREMOSO DE CAFÉ

7 – Hidrate a folha de gelatina em uma tigela de água fria. Prepare um creme inglês de café (ver preparo na p. 481) acrescentando a essência de café ao preparado branqueado de ovos e açúcar.

8 – Esprema as folhas de gelatina para escorrer a água e incorpore-as ao creme inglês de café. Deixe esfriar.

9 – Bata o creme de leite fresco até ficar firme e não cair do batedor. Acrescente um pouco de creme batido ao café e misture bem. Incorpore o restante do creme aos poucos e delicadamente.

...

- SOBREMESAS ESPECIAIS -

- 341 -

MACARONNADE de chocolate e café

passo a passo

10 – Forre o fundo do outro aro com filme de PVC e disponha-o sobre uma base para sobremesa. Despeje dentro o creme de café. Congele por 3 horas.

PREPARE A GLAÇAGEM

11 – Hidrate a folha de gelatina em uma tigela de água fria. Junte o chocolate branco para cobertura, o leite condensado e a manteiga de cacau em uma tigela. Ferva a água, a glucose, o açúcar e a essência de café e transfira o preparado para a tigela.

12 – Esprema a folha de gelatina para escorrer a água e incorpore-a ao preparo. Cubra a glaçagem com filme de PVC. Deixe amornar até alcançar 25 °C no termômetro culinário.

PREPARE O CREME DE MASCARPONE E CAFÉ

13 – Coloque o mascarpone em uma tigela. Despeje um pouco de creme de leite fresco por cima e bata até o mascarpone ficar aveludado. Despeje o restante do creme de leite e bata até a mistura ficar aveludada. Incorpore delicadamente com um batedor manual o açúcar de confeiteiro e a essência de café. Transfira o creme para um saco de confeitar com bico saint-honoré.

FAÇA A MONTAGEM E A DECORAÇÃO

14 – Coloque o disco de massa de petit gâteau sobre o recheio cremoso de café congelado.

15 – Vire de ponta-cabeça sobre uma grade posta sobre a superfície de trabalho forrada com filme de PVC. Retire o filme de PVC do recheio cremoso de café, e então o aro. Retire o filme de PVC da glaçagem para eliminar as bolhas de ar. Despeje a glaçagem sobre a sobremesa e alise-a com uma espátula para retirar o excedente de glaçagem e deixá-la uniforme.

16 – Rapidamente, coloque a massa sobre o disco de macaronnade e café.

17 – Derreta o chocolate branco e despeje-o em um pequeno cone. Enfeite a sobremesa com listras de chocolate branco derretido.

18 – Com o saco de confeitar, disponha o creme de mascarpone e café ao redor da sobremesa, na parte visível da macaronnade de café.

- SOBREMESAS ESPECIAIS -

-343-

Biscoitos e minibolos

Financiers de coco e framboesa 346
Macarons de coco 350
Macarons de manga e especiarias 354
Financiers de chocolate 358
Macarons de framboesa 362
Brownie 366
Minifinanciers de pistache de Bronte e cereja . 370
Cookies de nozes e gotas de chocolate 374
Madalenas grandes 378
Muffins de manga e gotas de chocolate 382
Sablés de damasco 386
Biscoitos recheados com chocolate 390
Macarons bicolores de chocolate e banana . . . 394

FINANCIERS
de coco e framboesa

Rende 20 financiers

PREPARO: 20 min – COZIMENTO: 15 min – CONSERVAÇÃO: 2 dias em uma lata bem fechada

DIFICULDADE: ♙

Para a massa	Para a decoração
140 g de manteiga	30 g de coco ralado
260 g de açúcar de confeiteiro	
9 claras (270 g)	
60 g de farinha de amêndoa	
40 g de coco ralado	
20 g de mel	
100 g de farinha de trigo	
1 colher (chá) de fermento químico em pó	
250 g de framboesas	

MATERIAL NECESSÁRIO: 1 saco de confeitar – 1 fôrma de silicone para financiers de 7,5 x 4 cm

Os financiers

Bolinho oval ou retangular, ideal para o lanche da tarde, o financier possui textura cremosa e ligeiro gosto de amêndoa. É feito com farinha de amêndoa, claras, farinha de trigo, açúcar e manteiga derretida, que pode ser preparada à moda noisette, isto é, derretida até os sólidos do leite e os açúcares dourarem e darem à manteiga uma cor de caramelo e um sabor de avelã. Simples e fácil de preparar, muitas vezes é produzido na versão míni e com diversos sabores.

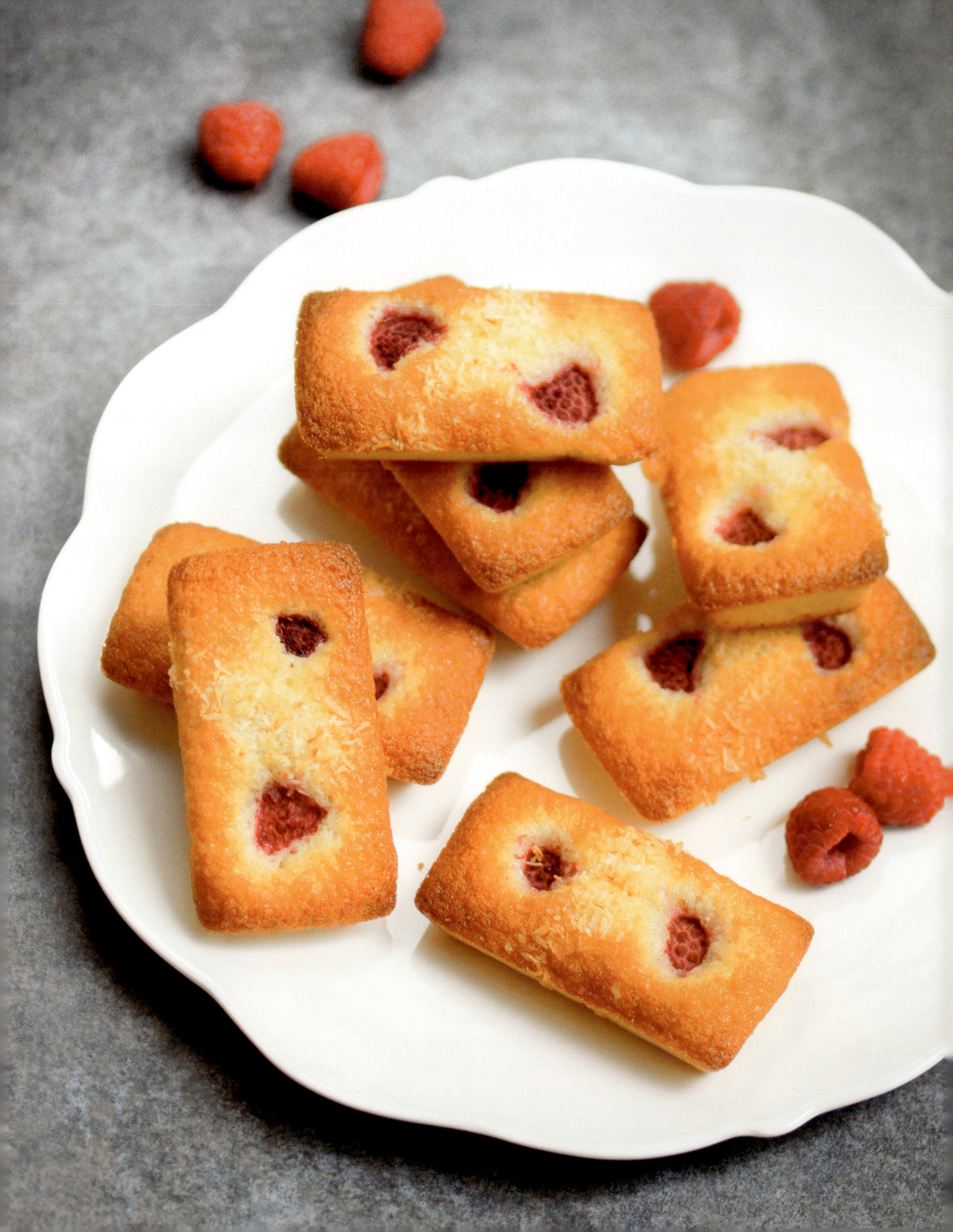

FINANCIERS de coco e framboesa

passo a passo

PREPARE A MASSA

1 – Preaqueça o forno a 180 °C. Derreta a manteiga em uma panela. Coloque o açúcar de confeiteiro em uma tigela, junte as claras e misture com um batedor.

2 – Incorpore a farinha de amêndoa.

3 – Adicione o coco ralado e misture bem.

4 – Acrescente o mel e mexa bem.

5 – Incorpore a farinha de trigo e o fermento.

6 – Por fim, junte a manteiga derretida e misture.

FAÇA A MONTAGEM E A DECORAÇÃO

7 – Transfira a massa para um saco de confeitar, corte a ponta e disponha a massa até três quartos da altura da cavidade da fôrma.

8 – Coloque 2 framboesas em cada cavidade.

9 – Polvilhe os biscoitos com coco ralado e leve-os ao forno por 15 minutos, até dourarem.

- BISCOITOS E MINIBOLOS -

MACARONS
de coco

Rende 20 macarons

PREPARO : 1 hora – COZIMENTO : 18 min – REFRIGERAÇÃO : 1 hora + 1 noite – CONSERVAÇÃO : 3 dias na geladeira

DIFICULDADE : ♦

Para a massa
- 4 claras (130 g)
- 60 g de açúcar
- 1 ou 2 gotas de corante alimentício marrom
- 180 g de farinha de amêndoa
- 320 g de açúcar de confeiteiro

Para o recheio de coco
- 90 ml de creme de leite fresco
- 130 ml de leite de coco
- 1 colher (sopa) de creme de leite fresco
- 1 colher (sopa) de fécula de batata
- 95 g de chocolate branco
- 2 colheres (chá) de rum aromatizado com coco (por ex., Malibu®)
- 110 g de manteiga

MATERIAL NECESSÁRIO : 2 sacos de confeitar – 1 bico pitanga nº 8

Macarons coloridos

É possível usar corantes alimentícios líquidos, em pó ou em gel para deixar os macarons mais viçosos. Eles geralmente são incorporados às claras depois que atingem o ponto de merengue. Há várias cores disponíveis, mas, se você for iniciante, prefira os corantes em pó, porque não interferem na consistência da massa, ao contrário dos líquidos.

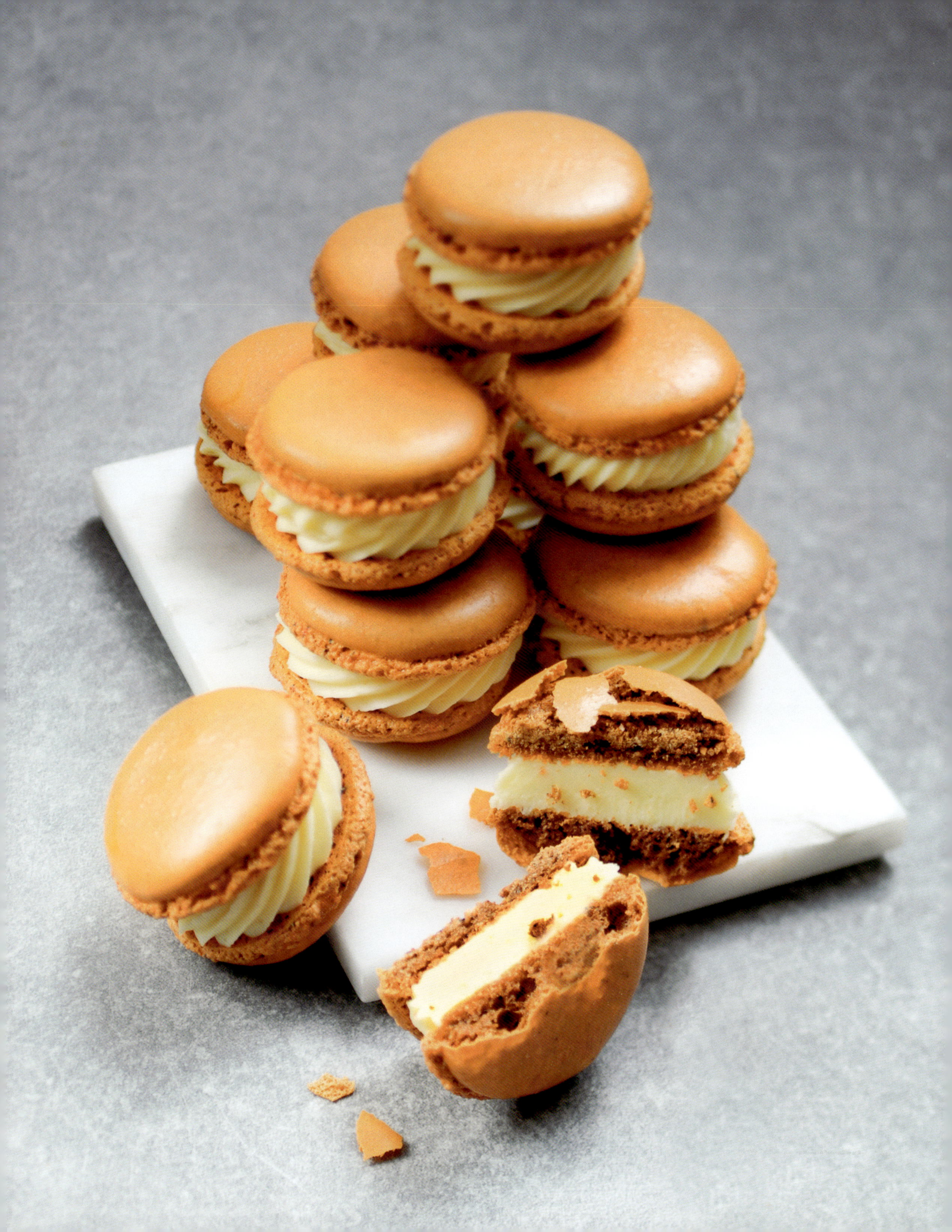

MACARONS de coco

passo a passo

PREPARE A MASSA

1 – Bata as claras em neve e junte o açúcar para formar o merengue. Adicione o corante e misture bem para que a cor fique homogênea.

2 – Peneire os ingredientes secos e acrescente-os ao merengue de claras.

3 – Com uma espátula de silicone, incorpore-os delicadamente, mexendo do centro para a borda da tigela, como se trabalhasse uma massa. Bata bem até que a mistura fique uniforme, macia e brilhante e insira-a em um saco de confeitar com bico.

4 – Forre uma assadeira rasa com papel-manteiga e, usando o saco de confeitar, faça bolinhas de aproximadamente 4 cm de diâmetro, deixando um espaço entre elas para que não se toquem durante o cozimento. Dê leves batidinhas no fundo da fôrma para eliminar as bolhas de ar da massa e deixe descansar por 30 minutos, quando se formará uma crosta na superfície. Preaqueça o forno a 170 °C e asse os macarons por 18 minutos.

PREPARE O RECHEIO DE COCO

5 – Em uma panela, ferva os 90 ml de creme de leite com o leite de coco. À parte, misture o creme de leite fresco com a fécula de batata e acrescente à panela. Deixe ferver, mexendo sem parar.

6 – Em uma tigela, despeje a mistura sobre o chocolate branco, junte o rum e bata bem.

7 – Deixe o recheio amornar e incorpore a manteiga em pedaços. Bata tudo no liquidificador e leve à geladeira por 1 hora.

RECHEIE OS MACARONS

8 – Coloque o recheio de coco em um saco de confeitar com bico e disponha uma pequena quantidade sobre metade dos biscoitos.

9 – Em seguida, cubra com a outra metade e pressione-as levemente, como se fossem bem-casados. Antes de servir, mantenha-os na geladeira por uma noite.

- BISCOITOS E MINIBOLOS -

MACARONS DE MANGA
e especiarias

Rende 20 macarons

PREPARO : 45 min – COZIMENTO : 18 min – REFRIGERAÇÃO : 1 hora + 1 noite – CONSERVAÇÃO : 3 dias na geladeira
DIFICULDADE : 🎩🎩

Para a massa	Para o recheio de manga e especiarias
4 claras (130 g)	60 ml de creme de leite fresco
60 g de açúcar	130 g de purê de manga
1 ou 2 gotas de corante alimentício amarelo	uma pitada de mix de especiarias (ver nota na p. 34)
180 g de farinha de amêndoa	uma pitada de baunilha em pó
320 g de açúcar de confeiteiro	raspas da casca de ¼ de limão-taiti
	30 ml de creme de leite fresco
	25 g de fécula de batata
	100 g de chocolate branco
	110 g de manteiga

MATERIAL NECESSÁRIO: 2 sacos de confeitar – 1 bico liso nº 8

A macaronnage

Esta é uma etapa fundamental para que os biscoitos fiquem lisos e brilhantes. A macaronnage é o processo de incorporar os ingredientes secos ao merengue de claras. A massa deve ser bem batida à mão até cair da espátula devagar, formando uma fita grossa. A técnica permite eliminar bolhas eventuais, o que deixará os macarons lisos e homogêneos ao saírem do forno.

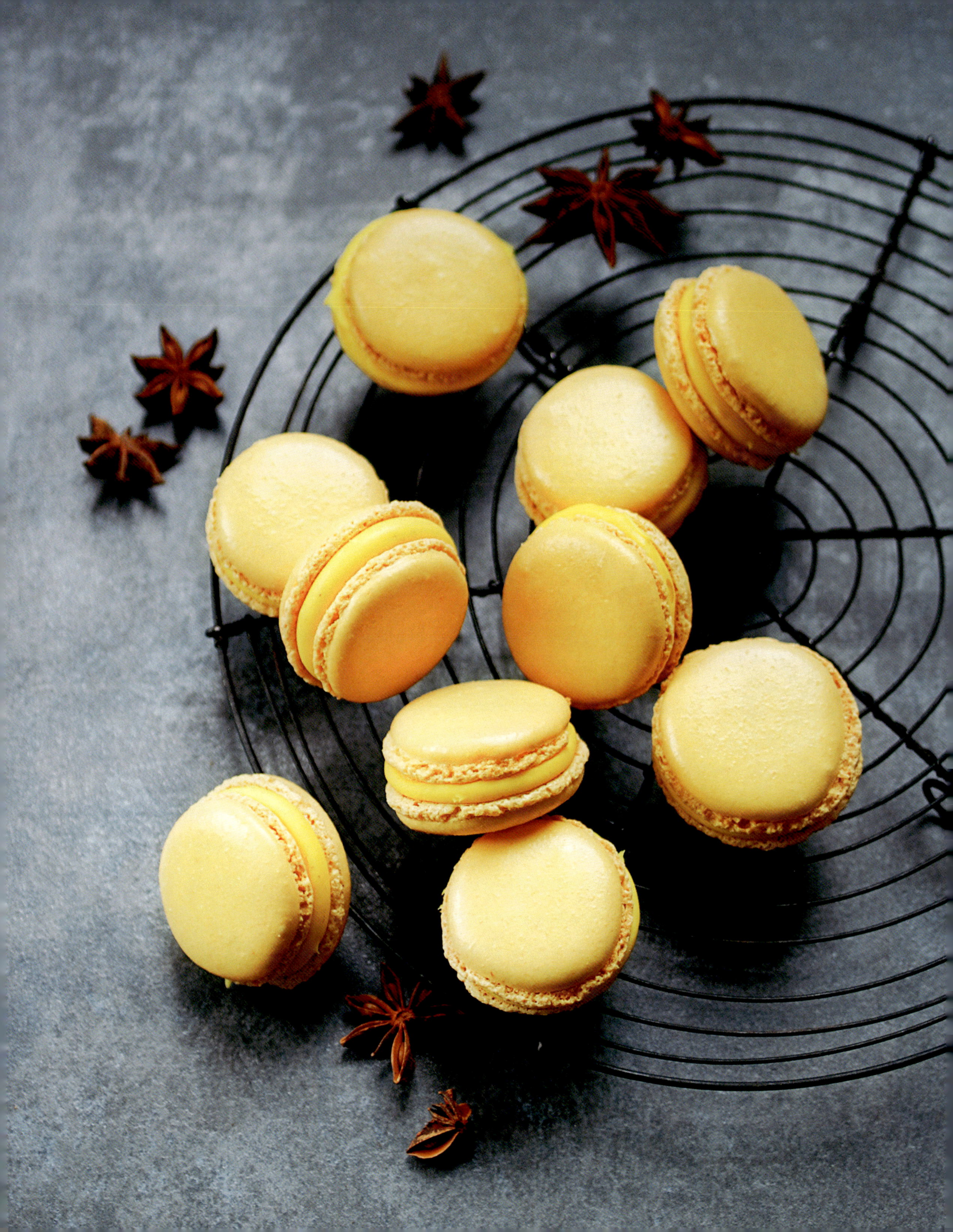

MACARONS DE MANGA e especiarias

passo a passo

PREPARE A MASSA

1 – Bata as claras até ficarem firmes e adicione o açúcar para formar o merengue. Incorpore o corante e mexa bem para que a cor se torne homogênea.

2 – Peneire juntos os ingredientes secos e adicione-os ao merengue de claras.

3 – Com uma espátula de silicone, misture-os delicadamente, mexendo do centro para a borda da tigela, fazendo movimentos circulares, girando a tigela com a outra mão para incorporar totalmente os ingredientes secos. Bata bem até que a mistura fique uniforme, macia e brilhante e insira-a em um saco de confeitar com bico.

4 – Forre uma assadeira rasa com papel-manteiga e, usando o saco de confeitar, faça bolinhas de aproximadamente 4 cm de diâmetro, deixando um espaço entre elas para que não se toquem durante o cozimento. Dê leves batidinhas no fundo da fôrma para eliminar as bolhas de ar da massa e deixe descansar por 30 minutos, quando se formará uma crosta na superfície. Preaqueça o forno a 170 °C e asse os macarons por 18 minutos.

PREPARE O RECHEIO DE MANGA E ESPECIARIAS

5 – Em uma panela, ferva os 60 ml de creme de leite com o purê de manga, o mix de especiarias, a baunilha e as raspas de limão. À parte, misture os 30 ml de creme de leite fresco com a fécula de batata e junte à panela. Deixe ferver, batendo sem parar.

6 – Em uma tigela, despeje essa mistura sobre o chocolate branco e mexa bem.

7 – Deixe o recheio amornar e incorpore a manteiga. Passe tudo no liquidificador e leve à geladeira por 1 hora.

RECHEIE OS MACARONS

8 – Insira o recheio de manga em um saco de confeitar com bico e disponha uma pequena quantidade sobre metade dos biscoitos.

9 – Em seguida, cubra com a outra metade e pressione-as levemente, como se fossem bem-casados. Antes de servir, mantenha-os na geladeira por uma noite.

CONSELHO DO CHEF

Acrescente às claras uma pitada de cremor de tártaro ou algumas gotas de suco de limão para estabilizá-las.

- BISCOITOS E MINIBOLOS -

FINANCIERS
de chocolate

Rende 10 financiers

PREPARO : 45 min – COZIMENTO : 10 min – CONGELAMENTO : 1 hora

DIFICULDADE : ○

PARA A MASSA
130 g de açúcar de confeiteiro
50 g de farinha de amêndoa
20 g de cacau em pó
2 colheres (chá) de mel
4½ claras (135 g)
30 g de farinha de trigo
uma pitada de fermento químico em pó
70 g de manteiga derretida

PARA A GANACHE DE CHOCOLATE
150 g de chocolate amargo com 70% de cacau
150 ml de creme de leite fresco

PARA A COBERTURA
300 g de cobertura de chocolate amargo (patê a glacer)

MATERIAL NECESSÁRIO : 2 sacos de confeitar – 1 fôrma de silicone para financiers de 7,5 x 4 cm – 1 cone de papel

Usando cones de papel

Para dar um acabamento simples e elegante aos seus bolos ou bolinhos, decore-os com chocolate derretido ou com ganache, criando listras, palavras ou desenhos. Para isso, faça um pequeno cone de papel-manteiga, insira nele o chocolate derretido e desenhe o que quiser. Esse efeito se tornará mais refinado se antes você confeitar o bolo com chocolate temperado ou cobertura de chocolate amargo.

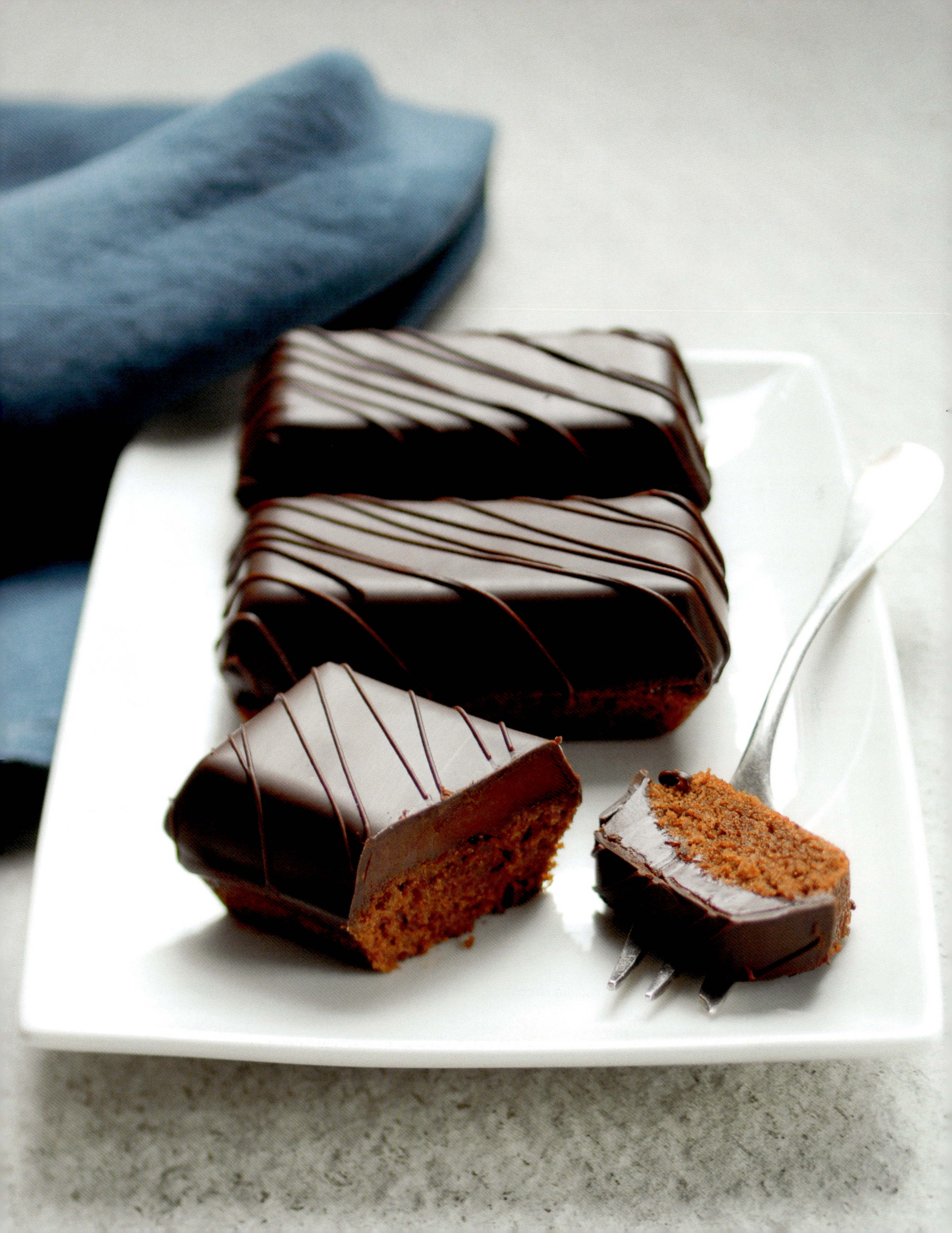

FINANCIERS de chocolate

passo a passo

PREPARE A MASSA

1 – Preaqueça o forno a 200 °C. Em uma tigela, coloque o açúcar de confeiteiro, a farinha de amêndoa, o cacau e o mel.

2 – Junte as claras em duas levas, batendo bem.

3 – Incorpore a farinha e o fermento, depois a manteiga derretida.

4 – Insira a massa em um saco de confeitar, corte a ponta e distribua a massa nas cavidades até três quartos da borda. Leve ao forno por 10 minutos e desenforme os financiers.

PREPARE A GANACHE DE CHOCOLATE

5 – Pique o chocolate e coloque-o em uma tigela. Em uma panela, aqueça o creme de leite até ferver. Despeje-o imediatamente sobre o chocolate. Espere o chocolate derreter e mexa-o com uma espátula de silicone até ficar com consistência bem uniforme. Deixe amornar.

6 – Insira a ganache em um saco de confeitar, corte a ponta e preencha as cavidades até metade da borda da mesma forma que antes.

7 – Disponha um financier em cada cavidade, com o lado curvado sobre a ganache. Congele por 1 hora.

PREPARE A COBERTURA E FAÇA A DECORAÇÃO

8 – Aqueça a cobertura. Desenforme os financiers de chocolate. Espete-os com uma faca e mergulhe-os na cobertura.

9 – Coloque o restante da ganache em um cone pequeno e desenhe listras sobre os bolinhos.

- BISCOITOS E MINIBOLOS -

① ② ③
④ ⑤ ⑥
⑦ ⑧ ⑨

MACARONS
de framboesa

Rende 20 macarons

PREPARO : 45 min – COZIMENTO : 18 min – REFRIGERAÇÃO : 30 min + 1 noite – CONSERVAÇÃO : 3 dias na geladeira

DIFICULDADE : ⌂

Para a massa	Para o recheio de framboesa
4 claras (130 g)	70 g de glucose
60 g de açúcar	65 g de açúcar
1 ou 2 gotas de corante alimentício vermelho	20 ml de água
180 g de farinha de amêndoa	20 g de açúcar
320 g de açúcar de confeiteiro	1 colher (chá) de pectina
	220 g de framboesas

MATERIAL NECESSÁRIO : 2 sacos de confeitar – 1 bico perlê liso nº 8 – 1 termômetro culinário

A framboesa

Pequena fruta de cor vermelho-rosada ou amarela, a framboesa é doce, muito perfumada e levemente ácida. Assim como a amora e o mirtilo, é bastante delicada e exige cuidado em seu manuseio. No Brasil, atualmente é produzida no interior de São Paulo, no sul de Minas Gerais e no Rio Grande do Sul. É usada em confeitaria no preparo de diversas receitas, como macarons, tortas, sobremesas, coberturas e charlottes, além de geleias e sucos.

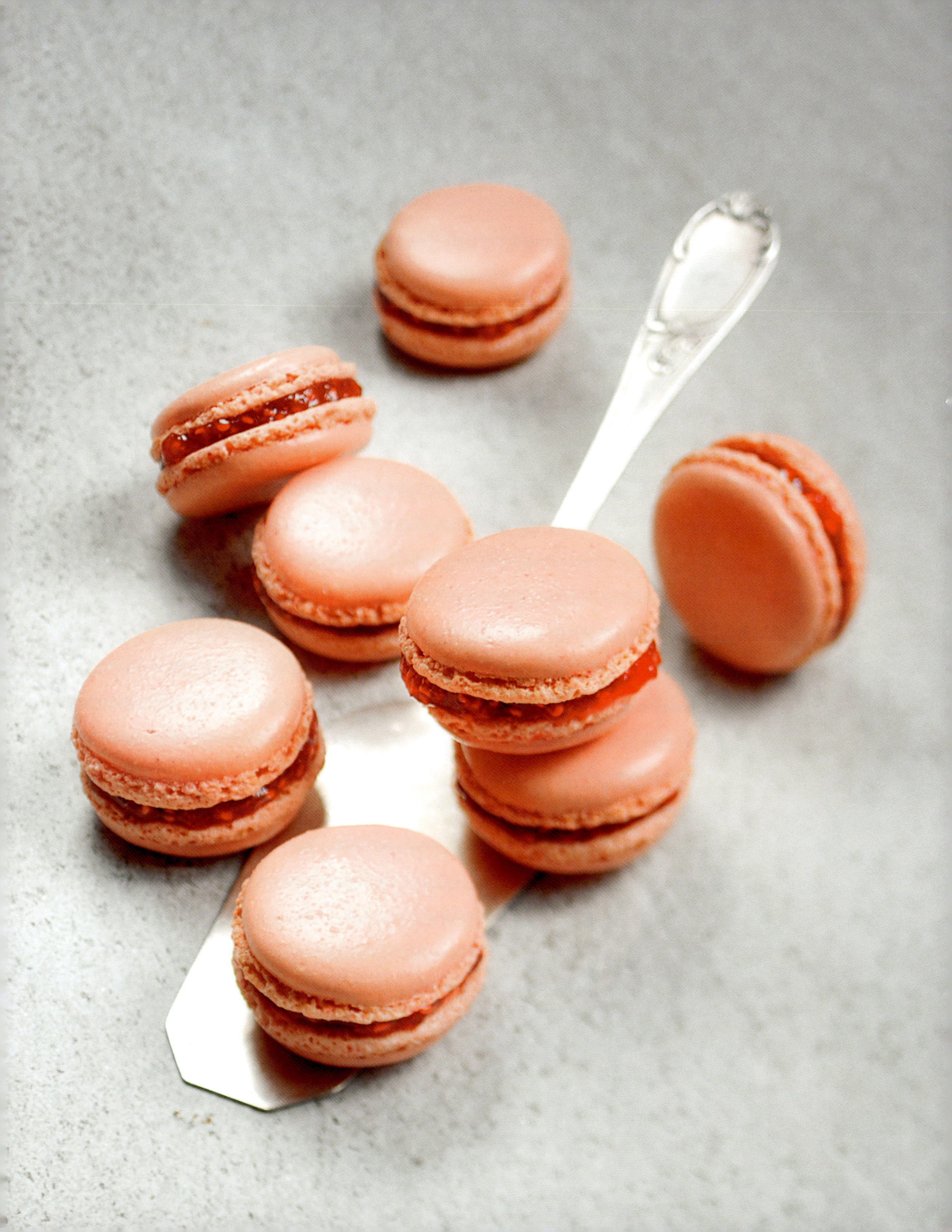

MACARONS de framboesa

passo a passo

PREPARE A MASSA

1 – Bata as claras até ficarem com consistência firme e junte o açúcar para formar o merengue.

2 – Adicione o corante e misture bem para que a cor se uniformize.

3 – Peneire juntos os ingredientes secos e acrescente-os ao merengue de claras.

4 – Com uma espátula de silicone, incorpore-os delicadamente, mexendo do centro para a borda da tigela, como se trabalhasse uma massa. Bata bem até que a mistura fique uniforme, macia e brilhante e insira-a em um saco de confeitar com bico.

5 – Forre uma assadeira rasa com papel-manteiga e, usando o saco de confeitar, faça bolinhas de aproximadamente 4 cm de diâmetro, deixando um espaço entre elas para que não se toquem durante o cozimento. Dê leves batidinhas no fundo da fôrma para eliminar as bolhas de ar da massa e deixe descansar por 30 minutos, quando se formará uma crosta na superfície. Preaqueça o forno a 170 °C e asse os macarons por 18 minutos.

PREPARE O RECHEIO DE FRAMBOESA

6 – Em uma panela, aqueça a glucose, os 65 g de açúcar e a água. À parte, misture os 20 g de açúcar com a pectina e despeje essa mistura na panela, mexendo sem parar.

7 – Mantenha no fogo até a temperatura atingir 110 °C e incorpore as framboesas. Depois que ferver, retire do fogo e deixe amornar. Coloque em uma tigela e leve à geladeira por 30 minutos.

RECHEIE OS MACARONS

8 – Coloque o recheio de framboesa em um saco de confeitar com bico e disponha uma pequena quantidade em metade dos biscoitos.

9 – Junte-os dois a dois e pressione-os levemente, como se fossem bem-casados. Antes de servir, mantenha-os na geladeira por uma noite.

- BISCOITOS E MINIBOLOS -

BROWNIE

Rende de 10 a 12 porções

PREPARO : 30 min (começando na véspera) – COZIMENTO : 30 min – DESCANSO : 12 horas

DIFICULDADE : ♢

Para a massa
- 100 g de manteiga
- 85 g de chocolate com 65% de cacau
- 35 g de pasta de cacau 100%
- 1 fava de baunilha
- 2 ovos (90 g)
- 100 g de açúcar
- 35 g de farinha de trigo
- uma pitada de sal refinado
- ½ colher (chá) de fermento químico em pó
- 45 g de gotas de chocolate amargo com 55% de cacau
- 35 g de nozes picadas

óleo para untar a fôrma

Para a ganache de chocolate
- 60 g de chocolate amargo com 55% de cacau
- 145 g de chocolate amargo com 70% de cacau
- 250 ml de creme de leite fresco
- 25 g de glucose
- 35 g de manteiga em pedaços

MATERIAL NECESSÁRIO : 1 aro quadrado para confeitaria de 17 x 17 x 3,5 cm – 1 saco de confeitar – 1 bico perlê liso nº 12

O brownie

Bolo rico em chocolate e incrementado com nozes, o brownie é uma especialidade culinária da América do Norte. Seu nome faz referência à sua cor marrom, "brown" em inglês. A textura cremosa por dentro se deve ao alto teor de açúcar e manteiga. Tradicionalmente, esse bolo é feito em formato quadrado. Nesta receita, o brownie é coberto por uma ganache de chocolate para combinar as texturas e intensificar o gosto do chocolate.

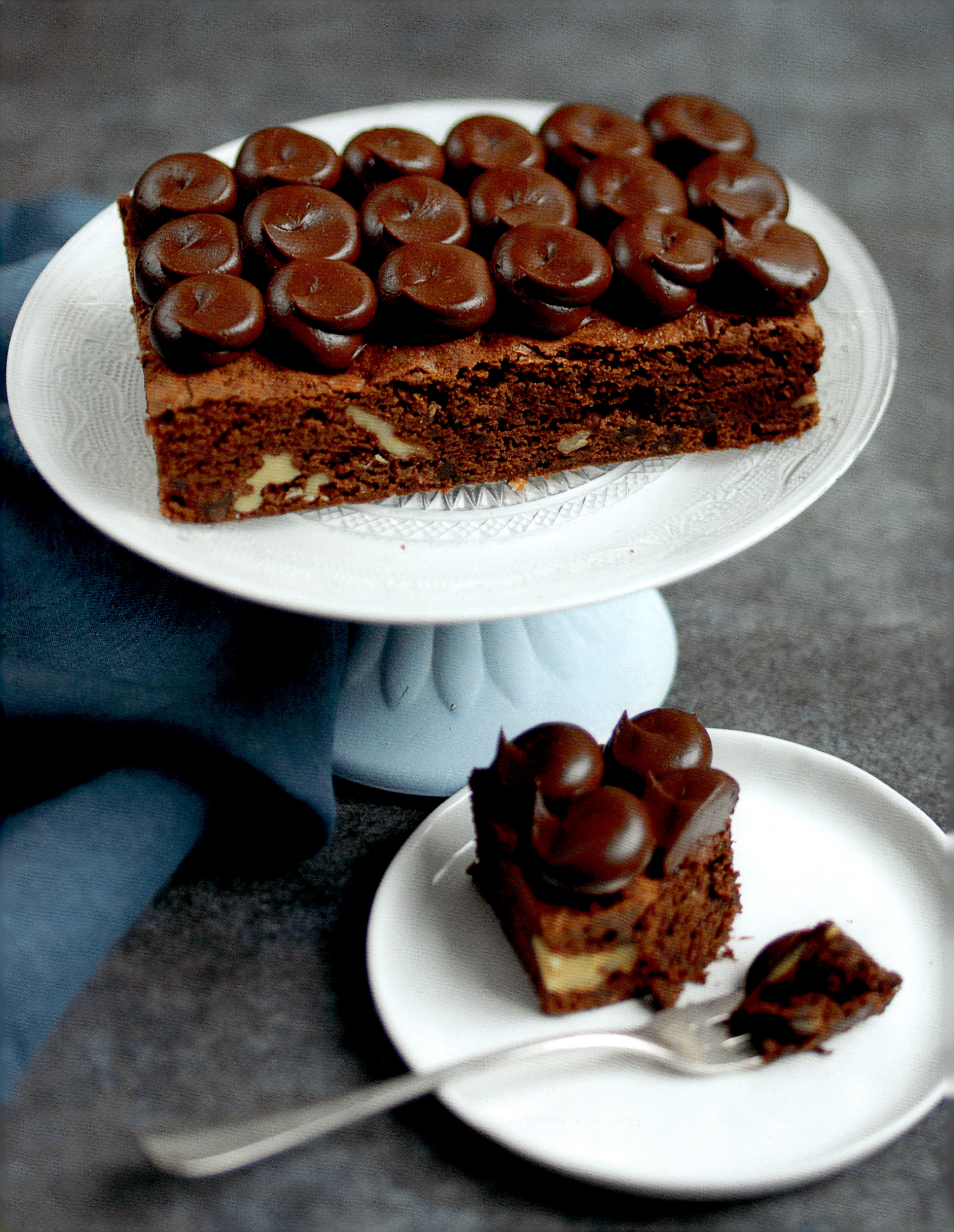

BROWNIE

passo a passo

NA VÉSPERA, PREPARE A MASSA

1 – Preaqueça o forno a 160 °C. Derreta em banho-maria a manteiga, o chocolate e a pasta de cacau.

2 – Abra a fava de baunilha ao meio no sentido do comprimento e raspe as sementes com a ponta de uma faca. Em uma tigela, bata os ovos com o açúcar e as sementes de baunilha.

3 – Misture a farinha com o sal e o fermento e incorpore à mistura de ovos.

4 – Acrescente o chocolate derretido ainda morno. Junte as gotas de chocolate e as nozes.

5 – Unte o aro quadrado e coloque-o em uma assadeira rasa forrada com papel-manteiga. Disponha a massa dentro do aro e leve ao forno por 25 a 30 minutos. Deixe esfriar e mantenha na geladeira por 12 horas.

PREPARE A GANACHE

6 – Pique os dois chocolates e coloque-os em uma tigela. Aqueça o creme de leite e, antes de ferver, retire-o do fogo e incorpore a glucose. Despeje a mistura sobre o chocolate e mexa bem.

7 – Incorpore a manteiga e bata até o creme ficar bem homogêneo. Cubra a tigela com filme de PVC e deixe descansar em temperatura ambiente por 12 horas para ganhar consistência.

NO DIA SEGUINTE

8 – Passe uma faca nas laterais do aro para soltar o brownie e retire do quadrado. Corte uma fatia de 3 mm de cada lado do brownie para que o interior fique aparente.

9 – Insira a ganache em um saco de confeitar com bico e faça bolinhas sobre todo o brownie.

CONSELHO DO CHEF

Se você quiser que a superfície do brownie fique bem lisa depois de assada, coloque uma assadeira sobre a massa na metade do cozimento.

- BISCOITOS E MINIBOLOS -

MINIFINANCIERS
de pistache de Bronte e cereja

Rende 35 financiers

PREPARO : 20 min – COZIMENTO : 10 min

DIFICULDADE :

PARA OS FINANCIERS
40 g de farinha de amêndoa
110 g de açúcar de confeiteiro
1 colher (sopa) de pasta de pistache
2 colheres (chá) de mel
4 claras (115 g)
45 g de farinha de trigo
uma pitada de fermento químico em pó
65 g de manteiga derretida
20 cerejas

MATERIAL NECESSÁRIO : 1 fôrma de silicone para minifinanciers – 1 saco de confeitar

O pistache de Bronte

O pistache da Sicília, ou *pistacchio verde di Bronte*, é cultivado na cidade de Bronte, nas encostas do vulcão Etna, na Sicília. A localização dessa pequena cidade e seu solo vulcânico favorecem o cultivo de uma variedade excepcional, muito aromática e de uma cor verde intensa, ao contrário do pistache de outros países, que é amarelado. Por suas qualidades, é bastante requisitado, e 80% de sua produção é exportada. Usado no preparo de inúmeras iguarias e sobremesas, o pistache de Bronte valoriza qualquer receita.

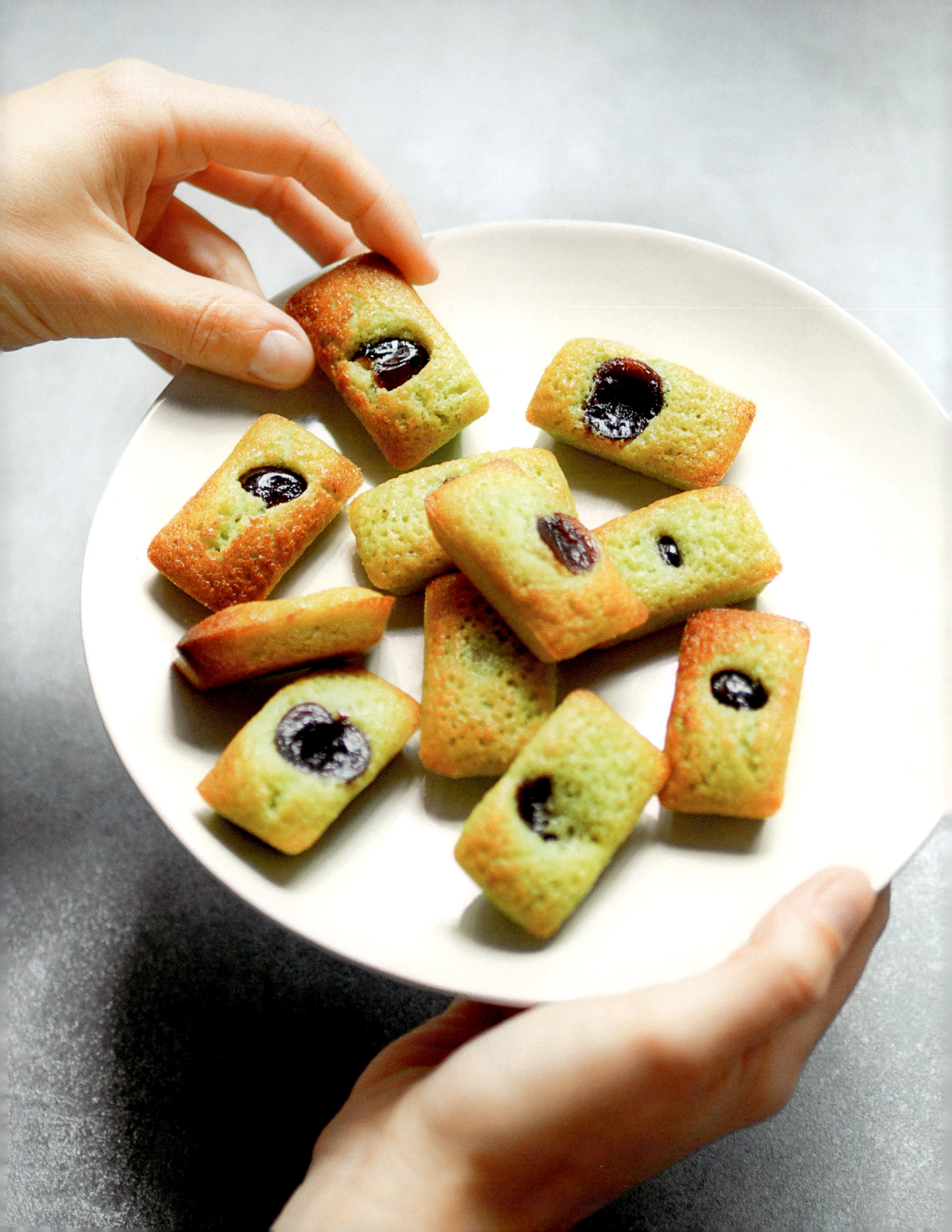

MINIFINANCIERS de pistache de Bronte e cereja passo a passo

PREPARE OS FINANCIERS

1 – Preaqueça o forno a 180 °C. Em uma tigela, misture a farinha de amêndoa, o açúcar de confeiteiro, a pasta de pistache e o mel.

2 – Aos poucos, junte as claras, batendo bem.

3 – Misture até obter uma consistência homogênea.

4 – Incorpore a farinha e o fermento e mexa bem.

5 – Por último, adicione a manteiga derretida e continue a mexer.

6 – Coloque essa mistura em um saco de confeitar.

7 – Corte a ponta e preencha as cavidades da fôrma com a massa.

8 – Corte as cerejas ao meio.

9 – Disponha uma metade da fruta em cada cavidade e leve ao forno por 10 minutos. Desenforme os financiers.

- BISCOITOS E MINIBOLOS -

COOKIES DE NOZES
e gotas de chocolate

Rende 12 cookies

PREPARO : 15 min – REFRIGERAÇÃO : 12 horas – COZIMENTO : 7 min

DIFICULDADE :

<u>Para a massa</u>
- 100 g de manteiga
- 100 g de açúcar mascavo
- 40 g de açúcar de confeiteiro
- 1 ovo pequeno (40 g)
- 150 g de farinha de trigo
- uma pitada de sal refinado
- uma pitada de fermento químico em pó
- 100 g de nozes picadas
- 100 g de gotas de chocolate

<u>Material necessário</u> : 1 faca serrilhada

Os cookies

Original dos Estados Unidos, o cookie que conhecemos hoje em dia é um tipo de bolinho achatado, quase como um biscoito, em geral incrementado com gotas de chocolate. Nos países anglófonos, é chamado de *chocolate chip cookie*, pois lá o termo "cookie" é genérico e engloba todos os biscoitos. Esse nome vem do holandês "koekje" que significa "bolo pequeno".

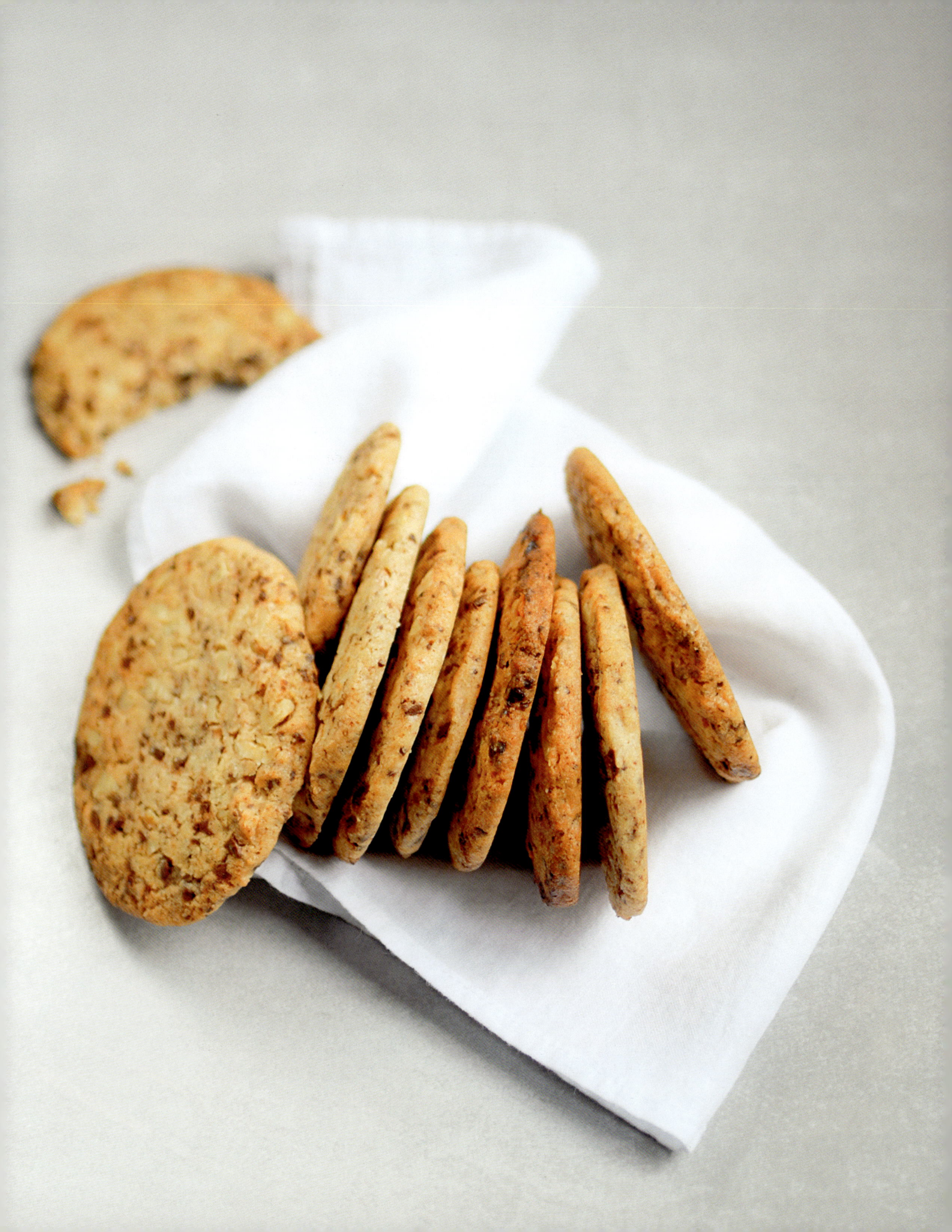

COOKIES DE NOZES e gotas de chocolate — passo a passo

PREPARE A MASSA DOS COOKIES

1 – Coloque a manteiga em uma tigela e incorpore o açúcar mascavo com uma espátula de silicone.

2 – Acrescente o açúcar de confeiteiro e mexa bem.

3 – Junte o ovo e continue a mexer.

4 – Incorpore a farinha, o sal e o fermento. Misture bem até a massa ficar homogênea.

5 – Adicione as nozes e mexa.

6 – Por último, incorpore as gotas de chocolate.

7 – Forre a supefície de trabalho com filme de PVC e disponha nela a massa.

8 – Envolva a massa com o filme e enrole-a, fazendo um rolo de 7 cm de diâmetro. Leve à geladeira por 12 horas.

NO DIA SEGUINTE

9 – Preaqueça o forno a 190 °C. Retire o filme da massa e, com uma faca serrilhada, corte rodelas de 7 mm de espessura. Disponha-as em uma assadeira rasa forrada com papel-manteiga e leve ao forno por 7 minutos.

- BISCOITOS E MINIBOLOS -

① ② ③ ④ ⑤ ⑥ ⑦ ⑧ ⑨

MADALENAS
grandes

Rende 12 madalenas

PREPARO: 30 min – COZIMENTO: 10 min – REFRIGERAÇÃO: 30 min
CONSERVAÇÃO: 2 a 3 dias na geladeira em uma lata bem fechada
DIFICULDADE: ♢

PARA A MASSA
- 2 ovos pequenos (80 g)
- 65 g de açúcar
- 20 g de mel
- 1 fava de baunilha
- 30 ml de leite
- 100 g de farinha de trigo
- 1 colher (chá) de fermento químico em pó
- 100 g de manteiga derretida
- 50 g de manteiga para untar a fôrma
- farinha de trigo para polvilhar a fôrma

MATERIAL NECESSÁRIO: 1 fôrma para madalenas grandes – 1 saco de confeitar – 1 bico perlê liso nº 10

A madalena de Proust

Muito popular na França e originária da comunidade de Commercy, na região da Lorena, a madalena celebrizou-se na literatura graças ao escritor Marcel Proust. A famosa expressão "madalena de Proust" faz referência ao primeiro tomo de sua obra *Em busca do tempo perdido*. Ela evoca uma experiência gustativa, olfativa ou sensitiva que faz ressurgir uma lembrança, frequentemente repleta de emoções.

BISCOITOS E MINIBOLOS

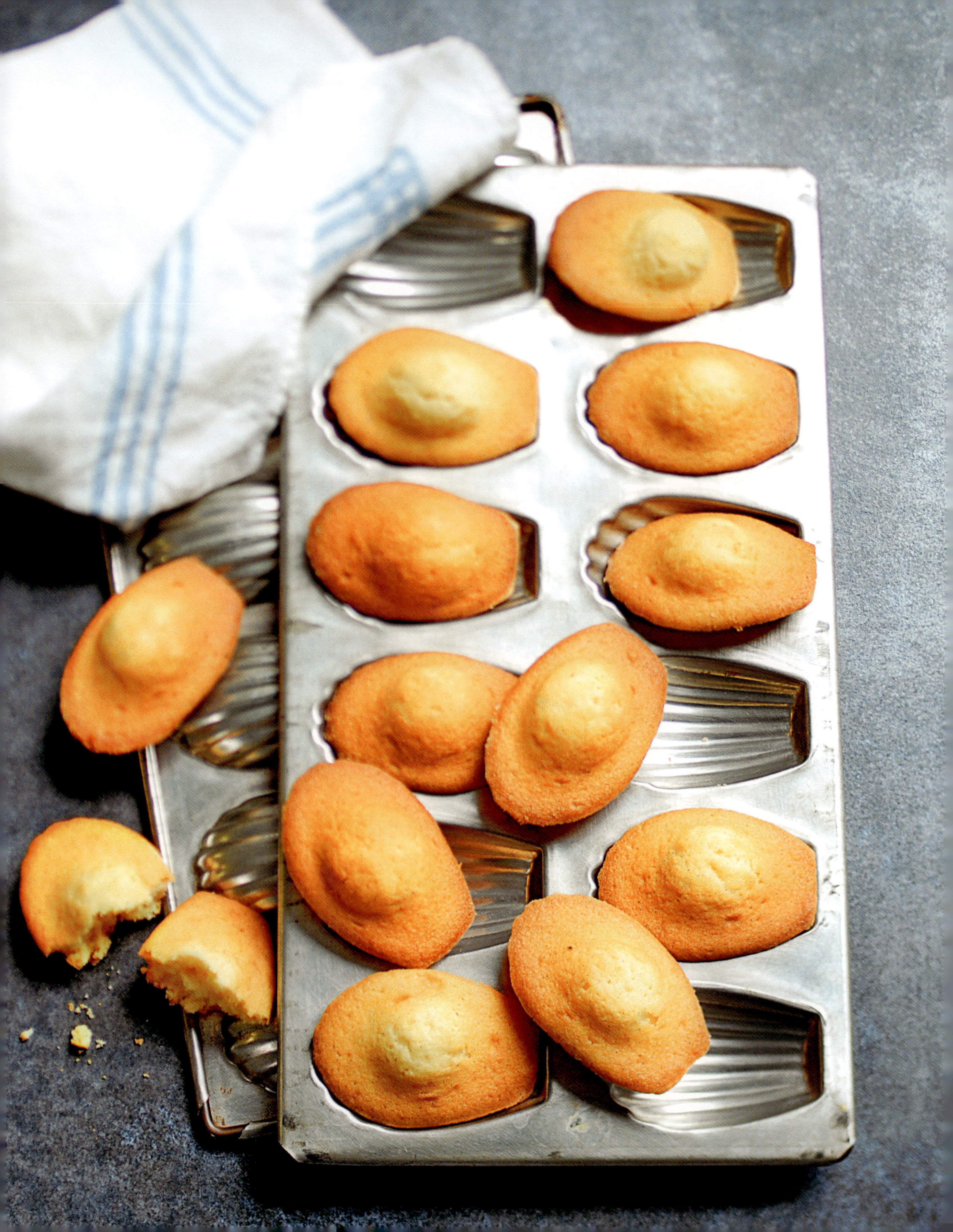

MADALENAS grandes — passo a passo

PREPARE AS MADALENAS

1 – Preaqueça o forno a 200 °C. Bata os ovos e o açúcar em uma tigela. Junte o mel.

2 – Abra a fava de baunilha ao meio no sentido do comprimento, raspe as sementes com a ponta de uma faca e incorpore-as ao preparado da tigela.

3 – Adicione metade do leite e bata.

4 – Misture a farinha com o fermento e incorpore-os à mistura.

5 – Junte o restante do leite e mexa bem. Incorpore a manteiga derretida. Leve a massa à geladeira por 30 minutos.

6 – Com um pincel, unte as cavidades da fôrma com manteiga.

7 – Enfarinhe as cavidades da fôrma, vire-a e dê leves batidinhas no fundo para retirar o excesso de farinha.

8 – Insira a massa em um saco de confeitar com bico. Preencha as cavidades da fôrma com a massa, quase até a borda.

9 – Coloque as madalenas no forno e abaixe imediatamente a temperatura para 160 °C. Asse por 10 minutos ou até ficarem douradas. Enfie um palito na massa para ver se estão prontas: ele deve sair limpo. Desenforme as madalenas e deixe esfriar antes de servir.

> **CONSELHO DO CHEF**
>
> Para evitar a formação de grumos, incorpore o leite em duas levas.

- BISCOITOS E MINIBOLOS -

MUFFINS DE MANGA
e gotas de chocolate

Rende 10 muffins

PREPARO : 20 min – COZIMENTO : 20 min – CONSERVAÇÃO : 3 dias em uma lata bem fechada

DIFICULDADE : ⌂

Para a massa
- 225 g de manga
- 3 ovos (150 g)
- 210 g de açúcar
- 70 g de iogurte natural
- algumas gotas de suco de limão
- 145 g de farinha de trigo
- ½ colher (chá) de sal refinado
- 1 colher (chá) de fermento químico em pó
- 65 g de manteiga
- 75 g de gotas de chocolate

MATERIAL NECESSÁRIO : 10 forminhas para muffin de 7,5 cm de diâmetro x 4 cm de altura

O ingrediente-chave dos muffins

Muito apreciado nos países anglo-saxões no café da manhã ou no chá da tarde, o muffin é um bolo pequeno de textura macia que pode ser incrementado de diversas maneiras. Tradicionalmente, é feito com creme de leite azedo, o famoso *sour cream*. Para prepará-lo, basta misturar algumas gotas de limão ao iogurte natural e deixá-lo fermentar.

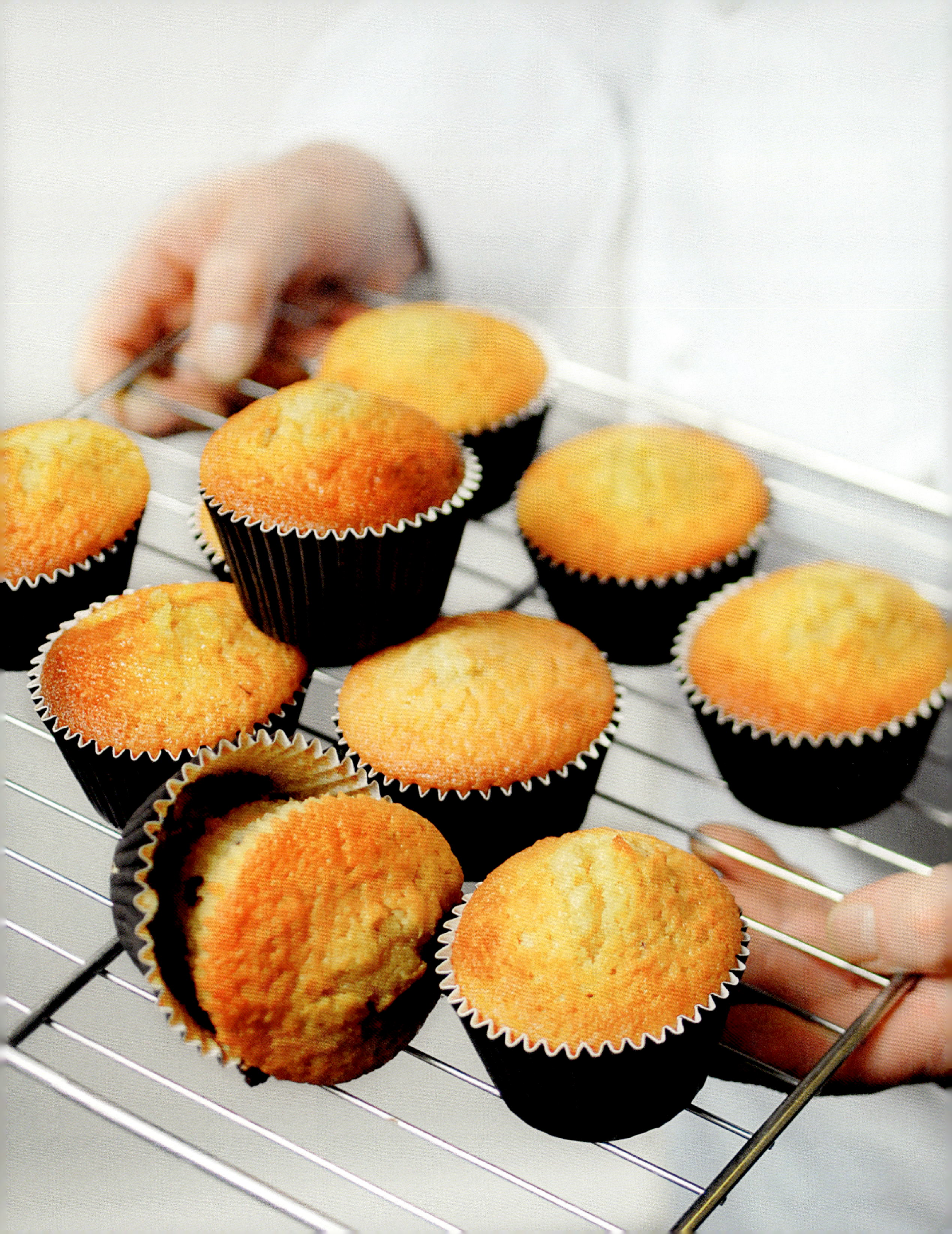

MUFFINS DE MANGA e gotas de chocolate — passo a passo

PREPARE OS MUFFINS

1 – Preaqueça o forno a 180 °C. Descasque a manga e corte-a em cubinhos.

2 – Bata os ovos e o açúcar até obter uma mistura esbranquiçada e espessa.

3 – Adicione o creme de leite e o suco de limão, batendo bem.

4 – Com o batedor, incorpore a farinha com o fermento.

5 – Misture bem até que a massa fique uniforme.

6 – Derreta a manteiga e incorpore-a à mistura.

7 – Adicione a manga e as gotas de chocolate e mexa bem.

8 – Insira a massa em um saco de confeitar e corte a ponta.

9 – Distribua a massa nas forminhas e leve ao forno por 20 minutos.

Deixe esfriar antes de servir.

- BISCOITOS E MINIBOLOS -

SABLÉS
de damasco

Rende 20 sablés

PREPARO : 30 min – COZIMENTO : 10 min

DIFICULDADE : ⌂

Para a massa amanteigada
200 g de farinha de trigo
120 g de manteiga
65 g de açúcar de confeiteiro
uma pitada de sal refinado
25 g de farinha de amêndoa
1 ovo pequeno (40 g)

Para o recheio
150 g de geleia de damasco
açúcar de confeiteiro

MATERIAL NECESSÁRIO : 1 cortador redondo canelado de 7 cm de diâmetro – 1 cortador redondo liso de 2,5 cm de diâmetro

Os sablés

Muito fáceis de preparar, os sablés são feitos em diversos tamanhos e formatos. Para obter um resultado mais estético, use um cortador canelado e guarneça os sablés com geleias ou ganaches, que podem ficar aparentes, dando um efeito vistoso e colorido.

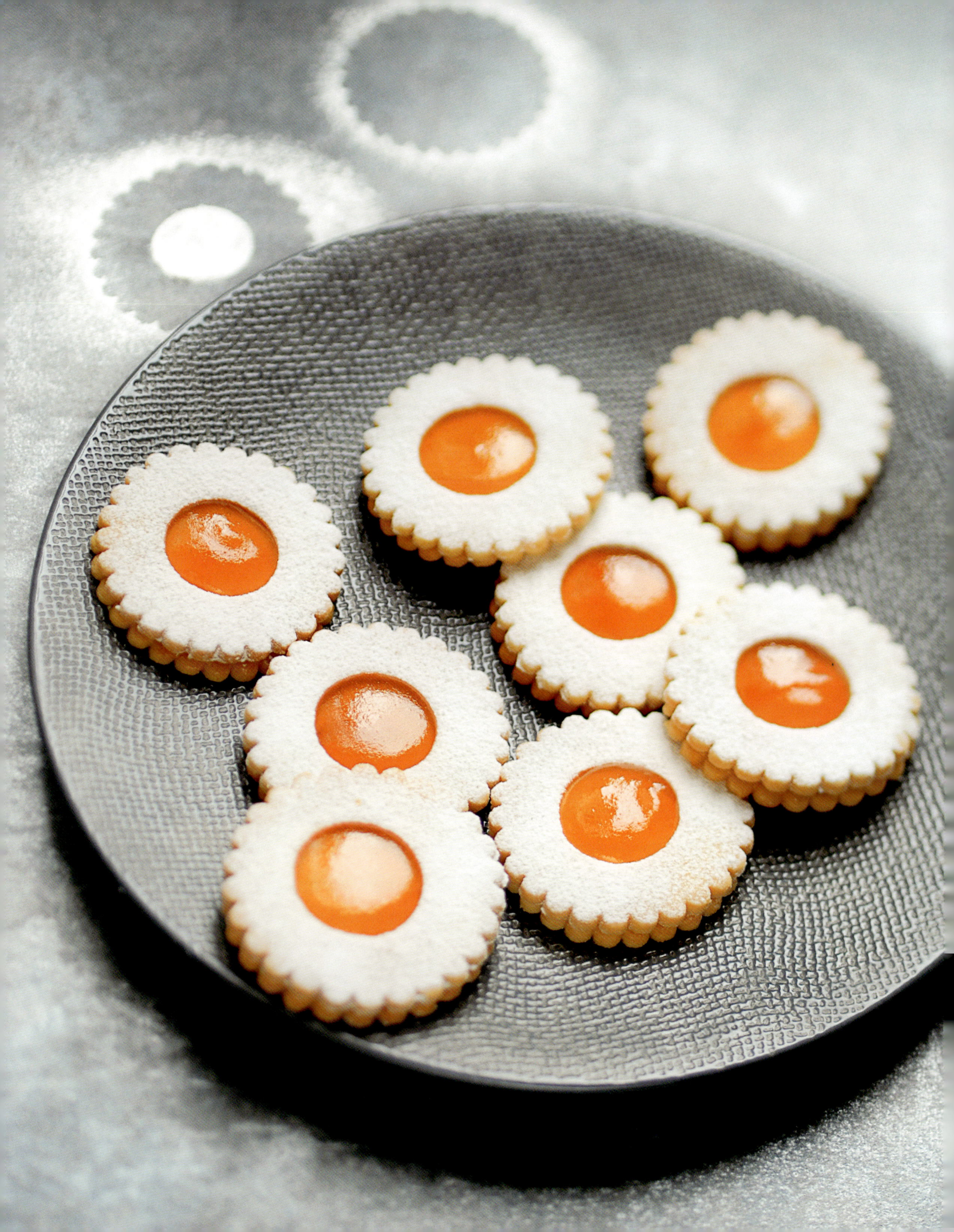

SABLÉS de damasco

passo a passo

PREPARE OS DISCOS DE MASSA AMANTEIGADA

1 – Preaqueça o forno a 170 °C. Em uma superfície de trabalho levemente enfarinhada, abra a massa amanteigada (ver preparo na p. 489), deixando-a com 3 mm de espessura.

2 – Recorte quarenta discos com o cortador canelado de 7 cm de diâmetro.

3 – Em metade dos discos, faça buracos no centro com o cortador liso de 2,5 cm de diâmetro. Leve todos os discos ao forno por 10 minutos. Deixe esfriar.

FAÇA A MONTAGEM

4 – Aqueça a geleia de damasco em uma panela.

5 – Com um pincel, besunte por completo os sablés sem furo.

6 – Salpique os sablés furados com açúcar de confeiteiro.

7 – Disponha um sablé furado sobre cada sablé coberto de geleia.

8 – Peneire a geleia para obter uma textura mais homogênea.

9 – Com uma colher pequena, disponha a geleia no buraco dos sablés até a borda.

CONSELHO DO CHEF

Você pode substituir a geleia de damasco por geleia de qualquer outra fruta, variando assim facilmente o sabor e a cor dos sablés.

- BISCOITOS E MINIBOLOS -

BISCOITOS RECHEADOS
com chocolate

Rende aproximadamente 10 biscoitos

PREPARO : 30 min – COZIMENTO : cerca de 15 min – DESCANSO : 12 horas

DIFICULDADE :

Para a massa doce	Para a ganache
200 g de farinha de trigo	200 g de chocolate com 65% de cacau
120 g de manteiga	225 g de creme de leite fresco
25 g de farinha de amêndoa	22 g de glucose
65 g de açúcar de confeiteiro	35 g de manteiga
2 g de sal refinado	
1 ovo pequeno (40 g)	

MATERIAL NECESSÁRIO : 1 cortador de 7 cm de diâmetro – 1 cortador de 2 cm – 1 cortador de 12 mm – 1 saco de confeitar – 1 bico pitanga nº 12

A ganache de chocolate

A ganache é uma mistura de creme de leite e chocolate em quantidades iguais ou quase iguais. Bastante cremosa, é usada como recheio de biscoitos e tortas e também como cobertura de bolos. Se aumentarmos a quantidade de chocolate em relação à de creme, obteremos uma ganache mais consistente, perfeita para elaborar trufas e outros bombons.

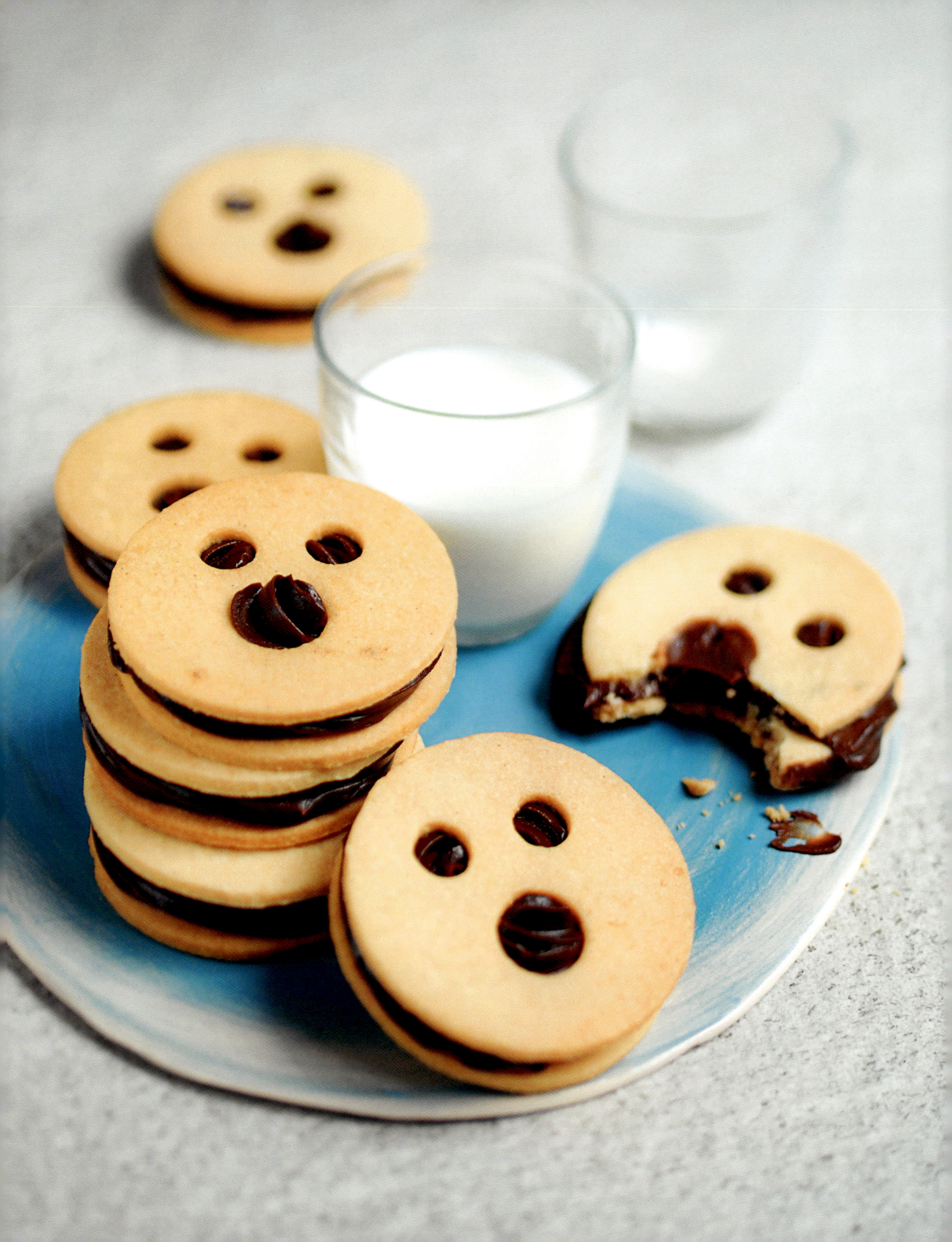

BISCOITOS RECHEADOS com chocolate

passo a passo

PREPARE OS DISCOS DE MASSA DOCE

1 – Preaqueça o forno a 150 °C. Abra a massa doce (ver preparo na p. 488), deixando-a com 4 mm de espessura.

2 – Recorte vinte discos com o cortador de 7 cm e disponha-os em uma assadeira rasa forrada com um tapete de silicone.

3 – Em metade dos discos, recorte dois buracos com o cortador de 12 mm (para fazer os olhos) e um buraco com o cortador de 2 cm (para fazer a boca). Leve ao forno por 12 a 15 minutos, até ficarem dourados.

PREPARE A GANACHE

4 – Pique o chocolate e coloque-o em uma tigela. Aqueça o creme de leite e, pouco antes de ferver, retire-o do fogo e incorpore a glucose.

5 – Despeje o líquido quente sobre o chocolate e misture bem.

6 – Incorpore a manteiga. Cubra a tigela com filme de PVC e deixe a ganache descansar em temperatura ambiente por 12 horas.

FAÇA A MONTAGEM

7 – Insira a ganache em um saco de confeitar com bico.

8 – Disponha uma rosácea de ganache sobre os dez discos inteiros.

9 – Coloque um disco recortado sobre cada disco coberto com ganache e pressione levemente para que a ganache escape pelos recortes, formando os olhos e a boca.

- BISCOITOS E MINIBOLOS -

MACARONS BICOLORES
de chocolate e banana

Rende 20 macarons

PREPARO : 45 min – COZIMENTO : 18 min – REFRIGERAÇÃO : 30 min + 1 noite – CONSERVAÇÃO : 3 dias na geladeira
DIFICULDADE :

PARA A MASSA	PARA O RECHEIO DE CHOCOLATE E BANANA
4 claras (130 g)	150 g de banana
60 g de açúcar	20 g de manteiga
180 g de farinha de amêndoa	70 g de mel
320 g de açúcar de confeiteiro	2 colheres (chá) de rum
1 ou 2 gotas de corante alimentício marrom	100 ml de creme de leite fresco
1 ou 2 gotas de corante alimentício amarelo	130 g de chocolate ao leite
	80 g de chocolate amargo com 70% de cacau

MATERIAL NECESSÁRIO : 2 sacos de confeitar – 1 bico perlê liso nº 8

O macaron

Este delicado biscoitinho redondo, de 3 a 5 cm de diâmetro, crocante por fora e macio por dentro, é feito com uma mistura suave de claras, açúcar e farinha de amêndoa. O famoso macaron parisiense, composto de duas casquinhas lisas recheadas de ganache, creme ou geleia, pode ser preparado com inúmeros sabores e cores. Na França há outros macarons, como os produzidos em Nancy ou em Cormery, que não são recheados.

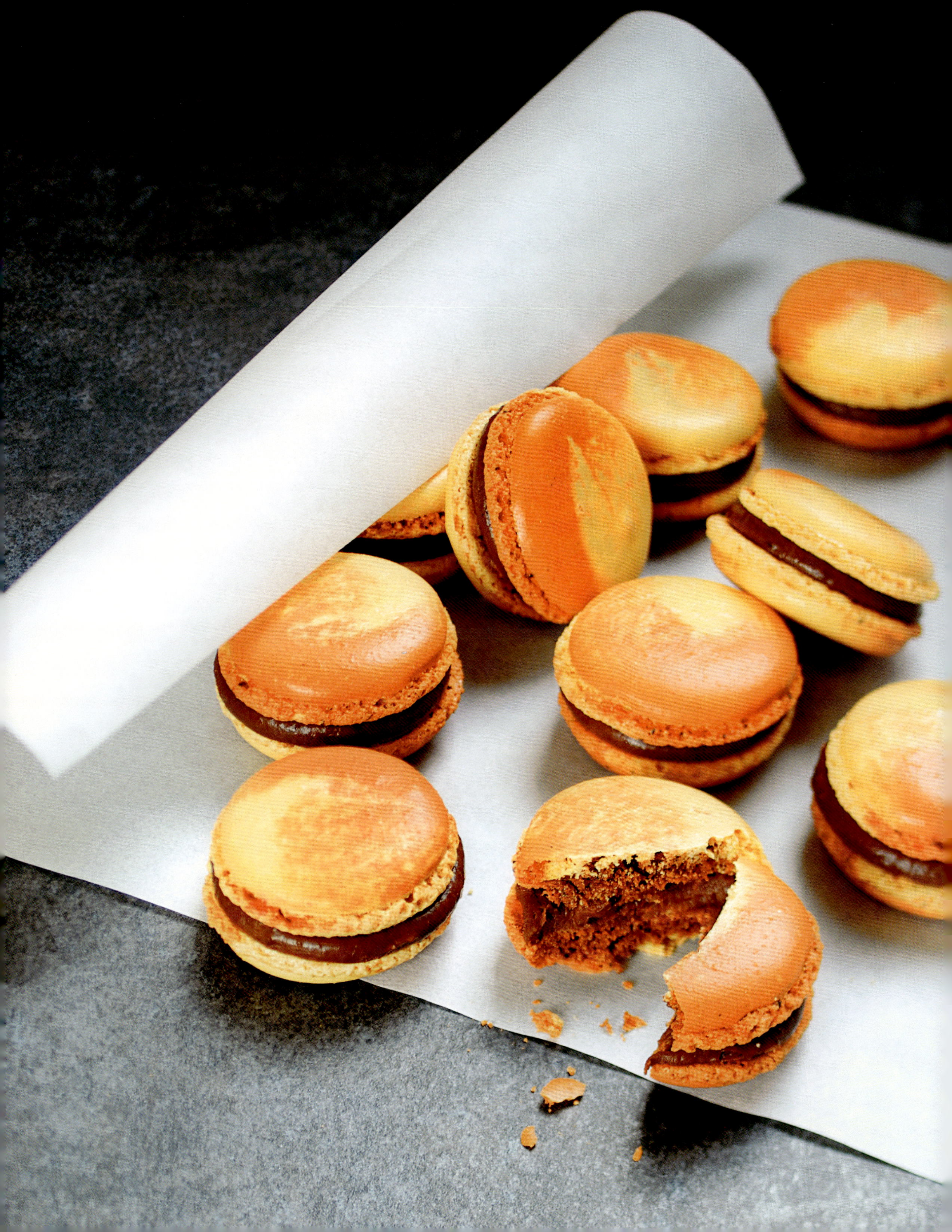

MACARONS BICOLORES de chocolate e banana passo a passo

PREPARE A MASSA

1 – Bata as claras até ficarem firmes e junte o açúcar para formar o merengue. À parte, peneire os ingredientes secos em uma tigela.

2 – Incorpore os ingredientes secos ao merengue e misture delicadamente.

3 – Coloque cada corante em um recipiente separado. Divida a massa entre as duas vasilhas.

4 – Com uma espátula de silicone, misture lentamente cada massa, indo do centro para a borda, virando a vasilha com a outra mão para incorporar os ingredientes secos. Bata bem até que a massa fique macia, uniforme e brilhante.

5 – Coloque as massas no mesmo saco de confeitar com bico, tomando cuidado para não misturar muito as duas.

6 – Forre uma assadeira rasa com papel-manteiga e, com o saco, disponha bolas de aproximadamente 4 cm de diâmetro, deixando um espaço entre elas para que não se toquem ao assar. Dê leves batidinhas embaixo da fôrma para eliminar as bolhas de ar da massa e deixe-a descansar por 30 minutos. Preaqueça o forno a 170 °C e leve ao forno por 18 minutos.

PREPARE O RECHEIO DE CHOCOLATE E BANANA

7 – Corte as bananas em rodelas. Em uma frigideira, aqueça a manteiga e o mel e junte a banana. Cozinhe por 2 minutos e acrescente o rum. Incorpore o creme de leite e mantenha no fogo por mais 2 minutos.

8 – Pique os dois chocolates, coloque-os em uma tigela e despeje a mistura quente sobre eles. Mexa bem e bata tudo no liquidificador até obter uma consistência homogênea. Leve à geladeira por 30 minutos.

RECHEIE OS MACARONS

9 – Insira o recheio de chocolate e banana em um saco de confeitar com bico e disponha-o sobre a metade dos macarons, comprimindo-os levemente. Cubra cada peça com outra casquinha de macaron. Antes de servir, leve à geladeira por 1 noite.

- BISCOITOS E MINIBOLOS -

① ② ③
④ ⑤ ⑥
⑦ ⑧ ⑨

Bombons, balas e pequenas guloseimas

Pirulitos de limão, chocolate e framboesa	400
Trufas de chocolate	404
Pâtes de fruit de manga	408
Barrinhas de caramelo e chocolate tipo mendiant	412
Maçãzinhas do amor	418
Pirulitinhos de maracujá e chocolate	422
Picolés de chocolate e laranja	428
Marshmallows de chocolate	434
Torrone	438
Pâtes de fruit de framboesa e amêndoa	442
Pirulitos de cassis e praliné	446
Caramelos de framboesa e spéculoos	450
Petiscos de chá matcha	454
Caramelos de torta de limão	458

PIRULITOS DE LIMÃO,
chocolate e framboesa

Rende 18 pirulitos

PREPARO: 1 hora – CONGELAMENTO: 3 horas – CONSERVAÇÃO: 10 dias em uma lata bem fechada

DIFICULDADE: 🎩🎩

PARA O LIMÃO EM CALDA
1 limão-siciliano
uma pitada de sal refinado
75 ml de água
75 g de açúcar

PARA A PASTA DE AMÊNDOA E LIMÃO
65 g de farinha de amêndoa
40 g de açúcar de confeiteiro
1 colher (sopa) de manteiga de cacau
1 ou 2 gotas de corante alimentício amarelo
45 g de limão em calda bem picado

PARA A GANACHE DE CHOCOLATE E FRAMBOESA
225 g de chocolate amargo
150 ml de creme de leite fresco
1 ou 2 gotas de essência de framboesa
40 g de mel
1 colher (chá) de manteiga em temperatura ambiente

PARA A COBERTURA
400 g de cobertura de chocolate branco (pâte a glacer)
manteiga de cacau amarela
manteiga de cacau vermelha
manteiga de cacau branca

MATERIAL NECESSÁRIO: 2 sacos de confeitar – 1 fôrma de silicone com 18 cavidades esféricas de 3,5 cm de diâmetro
18 palitos de madeira

A cobertura de chocolate

A cobertura de chocolate (pâte a glacer) é composta de cacau em pó, açúcares e produtos lácteos, que são bem triturados e misturados com gordura vegetal. Ela é usada para confeitar sobremesas e outras guloseimas doces, proporcionando um acabamento luminoso e crocante. A cobertura branca pode ser colorida à vontade, para alegrar e decorar suas criações culinárias.

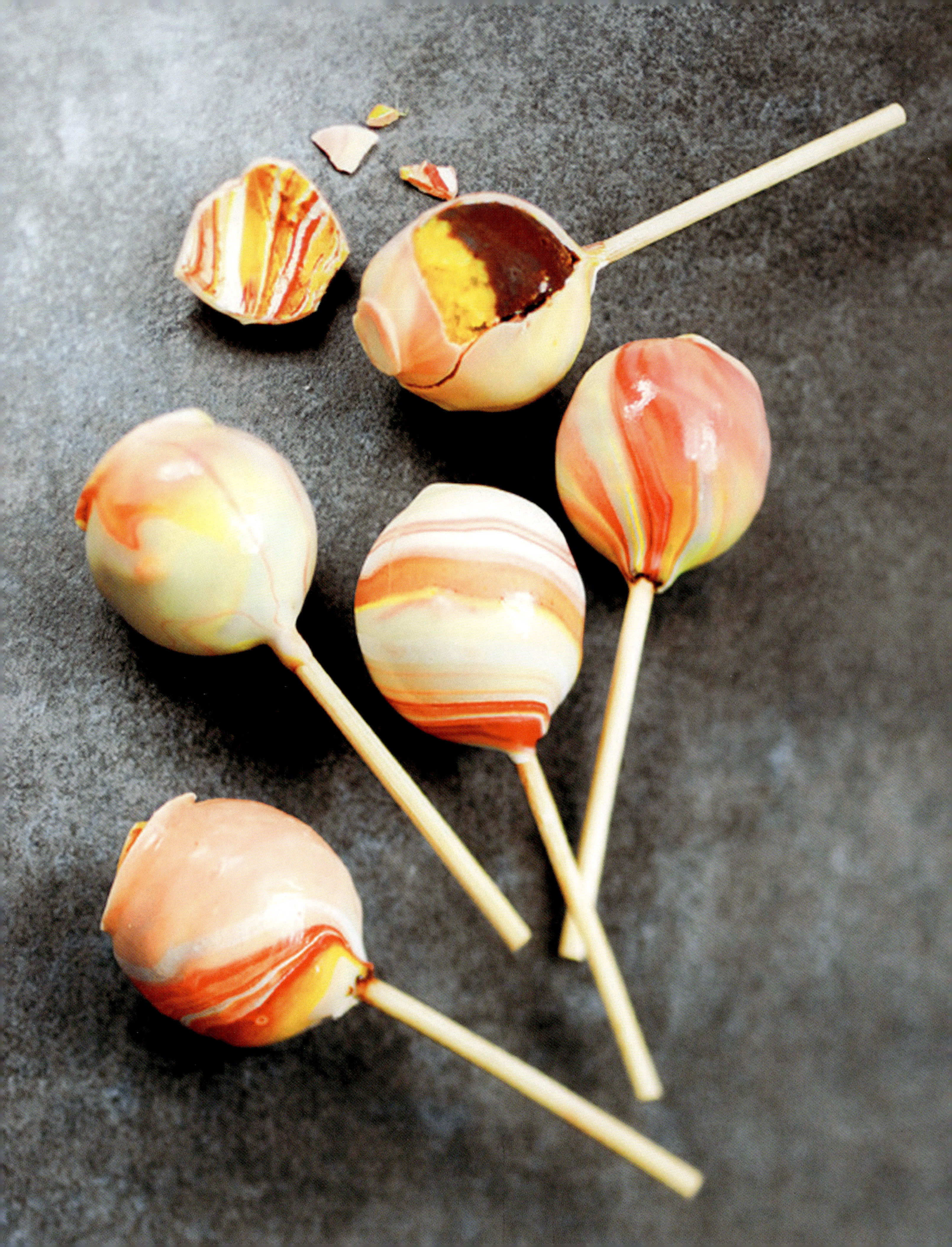

PIRULITOS DE LIMÃO, chocolate e framboesa

passo a passo

PREPARE O LIMÃO EM CALDA

1 – Branqueie o limão inteiro em uma panela com água fervente e uma pitada de sal. Troque a água e repita a operação.

2 – Corte o limão em quartos, depois em fatias. Retire as sementes. Ferva a água e o açúcar em uma panela, junte o limão e apure em fogo baixo por 30 minutos. Escorra-o em uma peneira e corte-o em pedacinhos.

PREPARE A PASTA DE AMÊNDOA E LIMÃO

3 – Misture a farinha de amêndoa, o açúcar de confeiteiro, a manteiga de cacau e o corante amarelo. Adicione os pedacinhos de limão em calda. Insira essa pasta em um saco de confeitar.

PREPARE A GANACHE DE CHOCOLATE E FRAMBOESA

4 – Derreta o chocolate em banho-maria. Deixe o creme de leite em temperatura ambiente. Misture-o com a essência de framboesa e despeje-o sobre o chocolate derretido juntamente com o mel. Acrescente a manteiga e mexa bem. Insira a ganache em um saco de confeitar.

FAÇA A MONTAGEM E A COBERTURA

5 – Corte a ponta do saco que contém a pasta de amêndoa e disponha-a na primeira fôrma semiesférica até a borda.

6 – Coloque por cima a segunda fôrma semiesférica.

7 – Corte a ponta do saco que contém a ganache e disponha-a nas cavidades da fôrma pelos furos.

8 – Espete os palitos nos furos. Congele por 3 horas.

9 – Desenforme delicadamente os pirulitos. Aqueça a cobertura e coloque-a em uma tigela. Junte a manteiga de cacau amarela, depois a vermelha e a branca e misture delicadamente com um palito, formando um redemoinho. Bem devagar, mergulhe os pirulitos na cobertura um a um, girando-os, para formar um turbilhão de cores na superfície.

- BOMBONS, BALAS E PEQUENAS GULOSEIMAS -

TRUFAS
de chocolate

Rende 45 trufas

PREPARO : 1 hora + 30 min para a temperagem do chocolate – REFRIGERAÇÃO : 5 min
CONSERVAÇÃO : 15 dias em uma lata bem fechada
DIFICULDADE : ♙♙

Para a ganache de chocolate	Para a cobertura
150 ml de creme de leite fresco	250 g de chocolate amargo com 70% de cacau para cobertura
100 g de chocolate ao leite	100 g de cacau em pó
110 g de chocolate amargo com 70% de cacau	
55 g de mel	
12 g de manteiga	

MATERIAL NECESSÁRIO : 1 termômetro culinário – 1 saco de confeitar – 1 bico perlê liso nº 12 – luvas de plástico

As trufas

Guloseima muito apreciada em diversas ocasiões, a trufa é preparada com chocolate, creme de leite (ou manteiga) e açúcar. Pode ser aromatizada com canela, café, baunilha, rum, limão, chá etc. Tradicionalmente, é uma ganache moldada como bombom, coberta de chocolate e passada no cacau em pó sem açúcar.

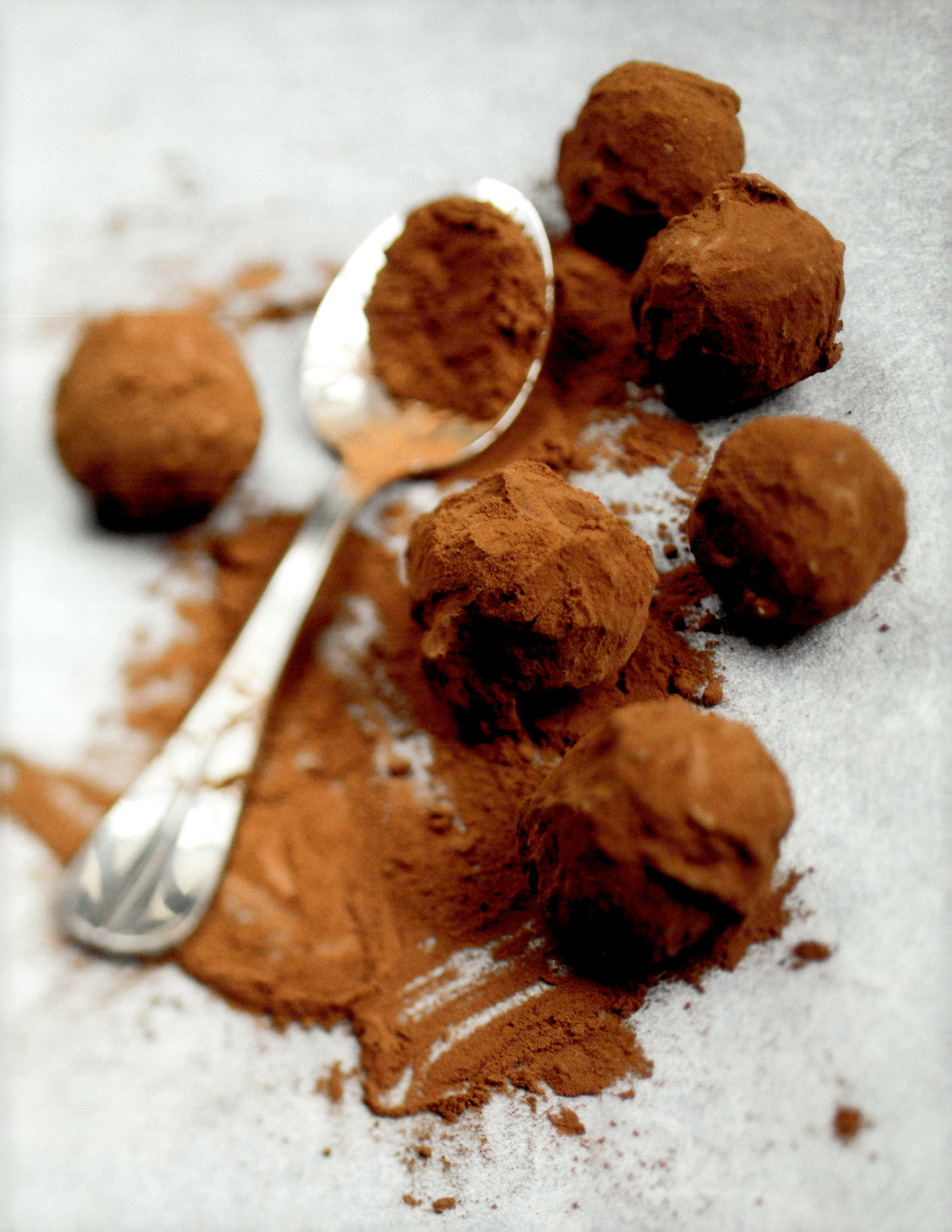

TRUFAS de chocolate — passo a passo

PREPARE A GANACHE DE CHOCOLATE

1 – Deixe o creme de leite em temperatura ambiente. Derreta os dois tipos de chocolate em banho-maria e incorpore o mel a essa mistura.

2 – Adicione o creme de leite.

3 – Misture delicadamente com um batedor.

4 – Incorpore a manteiga com o batedor e continue a mexer delicadamente com uma espátula de silicone até a mistura ficar bem homogênea. Depois que a ganache engrossar, insira-a em um saco de confeitar com bico liso.

5 – Forre uma assadeira rasa com papel-manteiga. Com o saco, disponha bolinhas de 2 cm de diâmetro na fôrma. Leve à geladeira por 5 minutos.

6 – Coloque as luvas e enrole cada trufa com as mãos para arredondá-la bem.

PREPARE A COBERTURA

7 – Faça a temperagem do chocolate amargo (ver procedimento nas pp. 494-495). Coloque o cacau em pó em um prato.

8 – Com a ajuda de um garfo, mergulhe as bolinhas de ganache uma a uma no chocolate temperado.

9 – Role-as imediatamente no cacau em pó, cobrindo-as por inteiro. Deixe as trufas esfriarem no prato com o cacau.

CONSELHO DO CHEF

Se você não quiser temperar o chocolate, pule essa etapa e passe as bolinhas de ganache diretamente no cacau.

- BOMBONS, BALAS E PEQUENAS GULOSEIMAS -

PÂTES DE FRUIT
de manga

Rende aproximadamente 65 unidades

PREPARO : 30 min – DESCANSO : 4 horas – CONSERVAÇÃO : 6 dias em uma lata bem fechada

DIFICULDADE : ⌂

Para a pâte de fruit
200 g de purê de manga
150 g de purê de damasco
1½ colher (chá) de pectina amarela
35 g de açúcar
100 g de glucose
375 g de açúcar
1½ colher (chá) de cremor de tártaro solúvel

Para a decoração
açúcar

MATERIAL NECESSÁRIO : 1 termômetro culinário – 1 fôrma de silicone com cavidades esféricas de 4 cm de diâmetro

A pectina amarela: ideal para as pâtes de fruit

Para fazer pâtes de fruit, usa-se geralmente a pectina amarela, pois, graças à sua propriedade de solidificação lenta, é indicada para a gelificação de produtos ricos em açúcar e ácidos. Ela dá às pâtes de fruit uma textura bem firme, ao mesmo tempo que mantém a elasticidade própria dessas guloseimas.

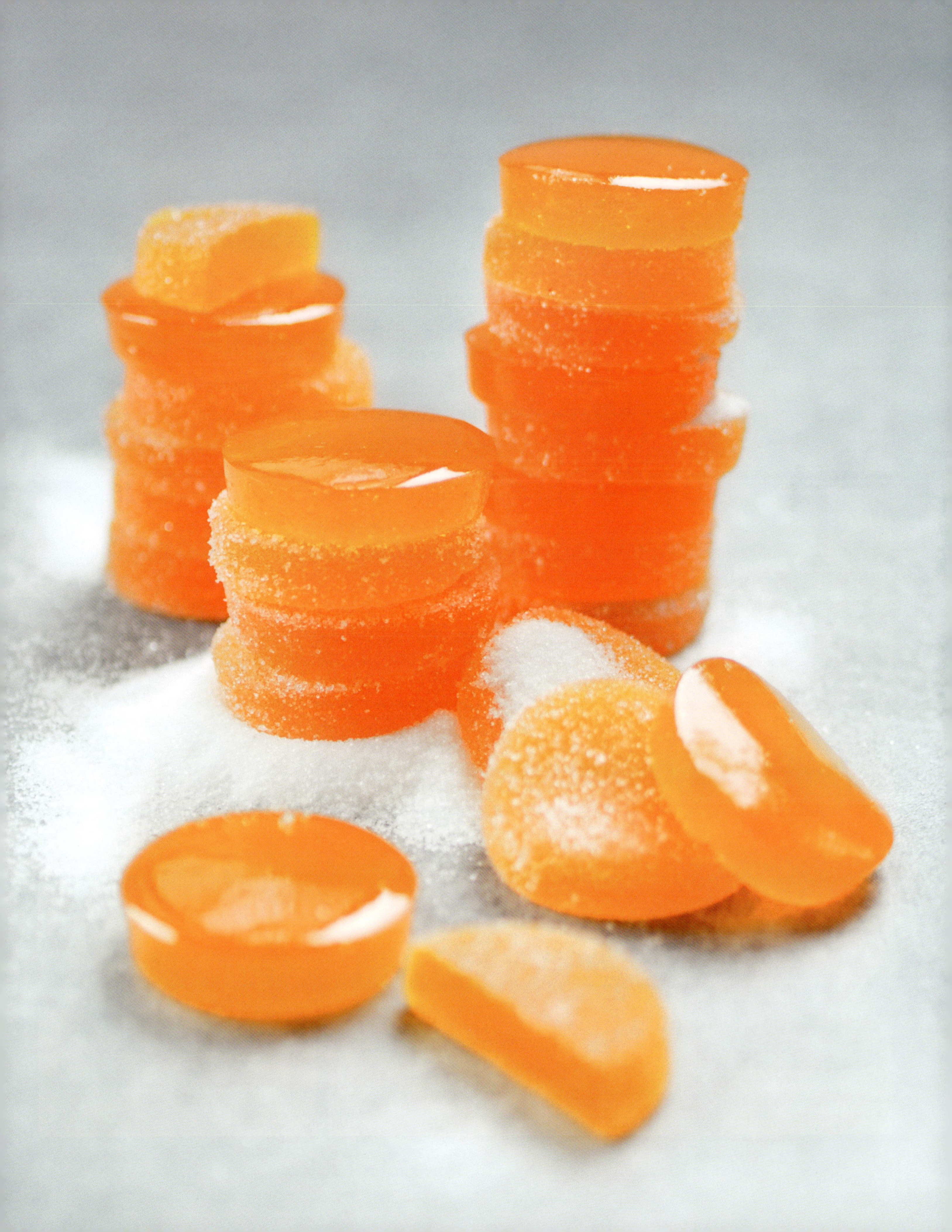

PÂTES DE FRUIT de manga

passo a passo

PREPARE A PÂTE DE FRUIT

1 – Aqueça o purê de manga com o purê de damasco. À parte, misture a pectina amarela com os 35 g de açúcar.

2 – Despeje essa mistura sobre o purê de frutas morno.

3 – Adicione a glucose.

4 – Ferva esse preparado e acrescente os 375 g de açúcar.

5 – Continue a cozinhar, mexendo sem parar com uma espátula de silicone até a temperatura chegar a 105 °C.

6 – A consistência deve ficar levemente espessa e pastosa.

7 – Desligue o fogo e junte o cremor de tártaro, mexendo bem.

8 – Distribua a mistura nas cavidades da fôrma, usando uma colher (sopa). Deixe a massa em temperatura ambiente durante 4 horas para solidificar-se.

9 – Desenforme as pâtes de fruit. Se desejar, coloque um pouco de açúcar em um recipiente e envolva-as com ele.

CONSELHO DO CHEF

É possível substituir o cremor de tártaro por algumas gotas de limão.

- BOMBONS, BALAS E PEQUENAS GULOSEIMAS -

BARRINHAS DE CARAMELO
e chocolate tipo mendiant

Rende 10 barrinhas

PREPARO: 1 hora + 30 min para a temperagem do chocolate — REFRIGERAÇÃO: 2h15
DESCANSO: 15 min — CONSERVAÇÃO: 1 semana em uma lata bem fechada

DIFICULDADE: ♟♟

Para o caramelo
½ fava de baunilha
150 ml de creme de leite fresco
110 g de açúcar
40 ml de água
100 g de açúcar
100 g de glucose
55 g de manteiga

Para a ganache de chocolate
150 ml de creme de leite fresco
90 g de chocolate ao leite
115 g de chocolate amargo com 70% de cacau
40 g de mel
12 g de manteiga

Para a cobertura
500 g de chocolate amargo com 70% de cacau para cobertura

Para a decoração
amêndoas descascadas
avelãs descascadas
laranja cristalizada
pistaches

MATERIAL NECESSÁRIO: 1 termômetro culinário — 1 fôrma de policarbonato para barras (11 x 2,3 x 1,4 cm)
3 sacos de confeitar — 1 cone pequeno de papel-manteiga

Os mendiants

Em confeitaria, a palavra "mendiant" designa originalmente uma mistura de amêndoas, avelãs, uvas e figos, cujas cores simbolizam os mantos dos monges das ordens mendicantes. Composta de chocolate, esta guloseima é muito apreciada na França nas festas de fim de ano. Dê asas à imaginação na hora de decorar, usando outras frutas secas ou cristalizadas, como damasco, abacaxi, cereja etc.

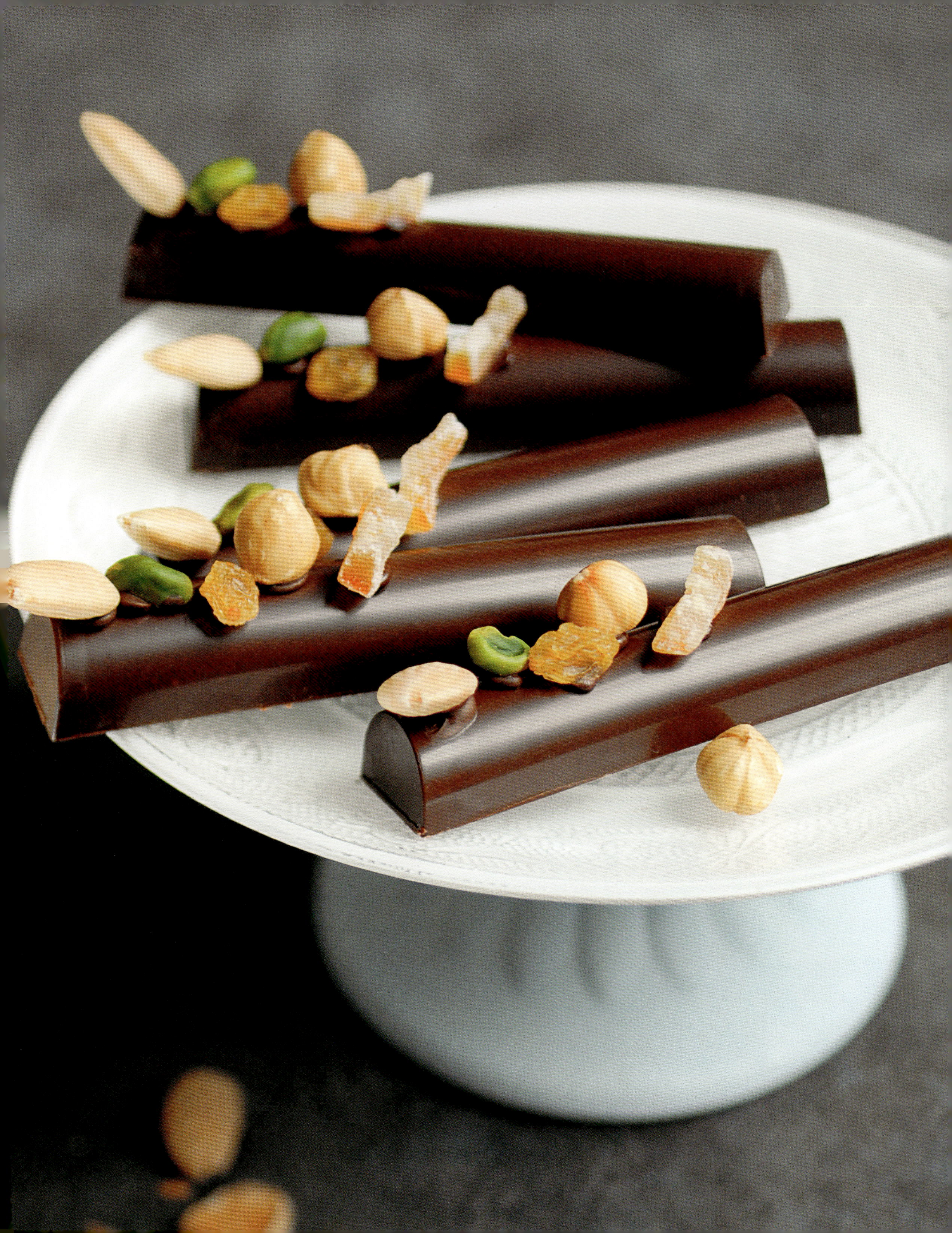

BARRINHAS de caramelo e chocolate tipo mendiant   passo a passo

PREPARE O CARAMELO

1 – Abra a ½ fava de baunilha ao meio no sentido do comprimento e raspe as sementes com a ponta de uma faca. Em uma panela, ferva o creme de leite com os 110 g de açúcar e as sementes de baunilha. Retire do fogo.

2 – Em outra panela, aqueça a água com os 100 g de açúcar e junte a glucose.

3 – Deixe a mistura caramelizar sem mexer.

4 – Quando o caramelo estiver dourado, adicione a manteiga e mexa com um batedor manual.

5 – Despeje a mistura de creme e baunilha imediatamente sobre o caramelo, mexendo sem parar. Se o açúcar empedrar e dificultar o movimento do batedor, ferva novamente. Deixe o caramelo amornar fora do fogo e coloque-o em um saco de confeitar.

PREPARE A GANACHE DE CHOCOLATE

6 – Mantenha o creme de leite em temperatura ambiente. Derreta os chocolates em banho-maria, adicione o mel e o creme de leite e misture delicadamente com o batedor.

7 – Incorpore a manteiga pouco a pouco e continue a mexer suavemente com a espátula até que a mistura fique bem homogênea. Espere a ganache amornar e insira-a em outro saco de confeitar.

PREPARE A COBERTURA E FAÇA A MONTAGEM

8 – Tempere o chocolate (ver procedimento nas pp. 494-495). Coloque-o em um saco de confeitar, corte a ponta e preencha as cavidades da fôrma com o chocolate.

9 – Bata delicadamente o fundo da fôrma na mesa para eliminar eventuais bolhas de ar.

...

- BOMBONS, BALAS E PEQUENAS GULOSEIMAS -

① ② ③
④ ⑤ ⑥
⑦ ⑧ ⑨

- 415 -

BARRINHAS de caramelo e chocolate tipo mendiant — passo a passo

10 – Vire a fôrma, dê leves batidinhas para que o chocolate escorra bem das cavidades e raspe a superfície com uma espátula, mantendo-a virada. Então, deve restar apenas uma fina camada de chocolate nas cavidades.

11 – Raspe a superfície com uma espátula tipo pão-duro. Deixe a massa solidificar-se por 15 minutos. Mantenha o chocolate temperado a 32 °C, colocando-o em um banho-maria leve (atenção: a temperatura não deve ultrapassar 32 °C).

12 – Corte a ponta do saco que contém a ganache e preencha as cavidades da fôrma até dois terços da borda.

13 – Corte a ponta do saco que contém o caramelo e disponha-o sobre a ganache nas cavidades, deixando 3 mm de espaço até a borda. Leve à geladeira por 15 minutos.

14 – Com o saco contendo chocolate temperado, preencha as cavidades até a superfície.

15 – Cubra imediatamente a superfície da fôrma com uma folha de plástico grosso e pressione as cavidades uma a uma para prensar bem o chocolate dentro delas.

16 – Raspe a superfície da fôrma com uma espátula para eliminar o excesso de chocolate. Leve à geladeira por 2 horas.

FAÇA A DECORAÇÃO

17 – Quando as barras estiverem bem consistentes, desenforme-as. Faça um pequeno cone de papel-manteiga e insira nele o restante da ganache.

18 – Disponha sobre cada barra um montinho de ganache e coloque as frutas secas sobre ele para decorar.

- BOMBONS, BALAS E PEQUENAS GULOSEIMAS -

MAÇÃZINHAS
do amor

Rende 10 maçãs

PREPARO : 30 min

DIFICULDADE : ♧

Para as maçãs	Para o caramelo vermelho
1 limão	500 g de açúcar
10 maçãs pequenas	150 ml de água
	80 g de glucose
	1 ou 2 gotas de corante alimentício vermelho-framboesa
	3 favas de baunilha

MATERIAL NECESSÁRIO : 10 palitos de madeira – 1 termômetro culinário

A maçã do amor

Rainha dos parques de diversão, a maçã do amor consiste na fruta coberta com caramelo vermelho crocante e espetada em um palito. O caramelo pode ser incrementado com baunilha ou canela. O nome dessa guloseima deriva do nome do tomate em francês, antigamente chamado de *pomme d'amour*, com o qual o doce se assemelha no formato e na cor. Para fugir da tradicional variedade golden, use outras de tamanho menor para preparar estas pequenas maçãs do amor.

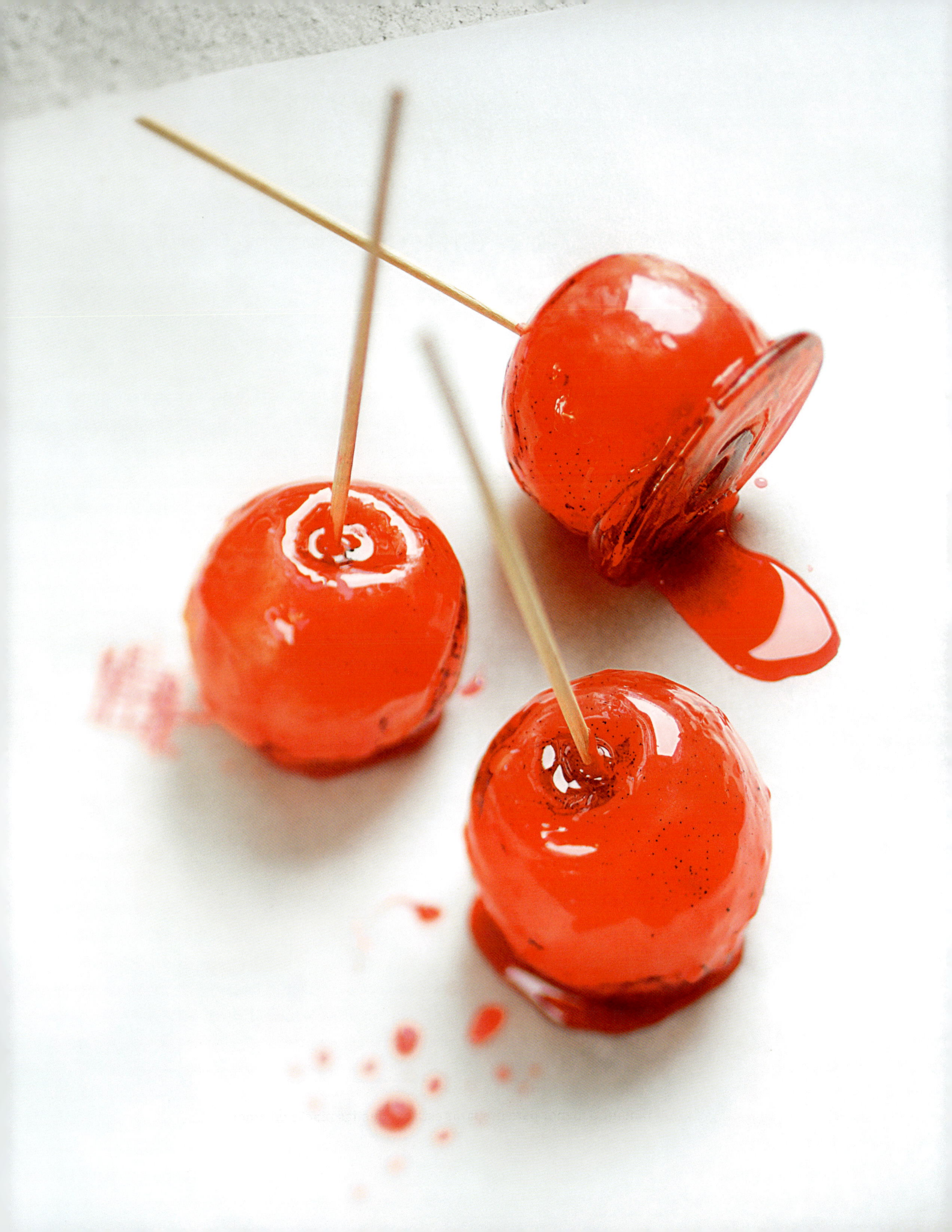

MAÇÃZINHAS do amor

passo a passo

PREPARE AS MAÇÃS

1 – Esprema o limão e coloque o suco em uma tigela grande com água.

2 – Descasque as maçãs, retire os cabinhos e mergulhe-as imediatamente na água com limão para evitar que oxidem.

PREPARE O CARAMELO VERMELHO

3 – Coloque o açúcar e a água em uma panela, mexa para dissolver o açúcar e junte a glucose.

4 – Deixe ferver e retire as impurezas da superfície com uma colher.

5 – Adicione o corante e mantenha a água fervendo.

6 – Corte as favas de baunilha ao meio, raspe as sementes com uma faca e junte-as ao caramelo, mexendo bem.

7 – Deixe no fogo até a temperatura ficar entre 160 °C e 170 °C.

ENVOLVA AS MAÇÃS NO CARAMELO

8 – Escorra as maçãs em um pano limpo e seco ou em papel-toalha e enfie um palito em cada uma.

9 – Quando o caramelo atingir a temperatura correta, retire a panela do fogo. Envolva as maçãs imediatamente no caramelo e disponha-as sobre papel-manteiga. Deixe esfriar para a cobertura endurecer.

CONSELHO DO CHEF

Se você preferir, não descasque as maçãs. Nesse caso, não é necessário mergulhá-las em água com limão.

- BOMBONS, BALAS E PEQUENAS GULOSEIMAS -

PIRULITINHOS
de maracujá e chocolate

Rende 10 pirulitos

PREPARO : 1 hora + 30 min para a temperagem do chocolate – CONGELAMENTO : 1 hora
CRISTALIZAÇÃO DO CHOCOLATE : 1 hora – CONSERVAÇÃO : 5 dias em uma lata bem fechada
DIFICULDADE : ♟♟

<u>Para a pasta de amêndoa e maracujá</u>
60 g de purê de maracujá
1 colher (sopa) de manteiga de cacau
85 g de farinha de amêndoa
50 g de açúcar de confeiteiro
20 g de fécula de batata

<u>Para a ganache de maracujá</u>
30 g de purê de maracujá
2½ colheres (chá) de açúcar
2 colheres (chá) de glucose
120 g de chocolate ao leite
20 g de chocolate amargo com 70% de cacau
40 ml de creme de leite fresco
6 g de manteiga

<u>Para a cobertura</u>
350 g de chocolate ao leite para cobertura

<u>MATERIAL NECESSÁRIO</u> : 1 fôrma de silicone pequena para pirulito – 10 palitos de sorvete – 1 folha de transfer para chocolate

Fôrmas para pirulitos

Para confeccionar seus pirulitos, que fazem sucesso entre crianças e adultos, compre fôrmas especiais com formatos originais: barras, corações, estrelas, círculos etc. Elas são fáceis de usar e dão uniformidade aos docinhos.

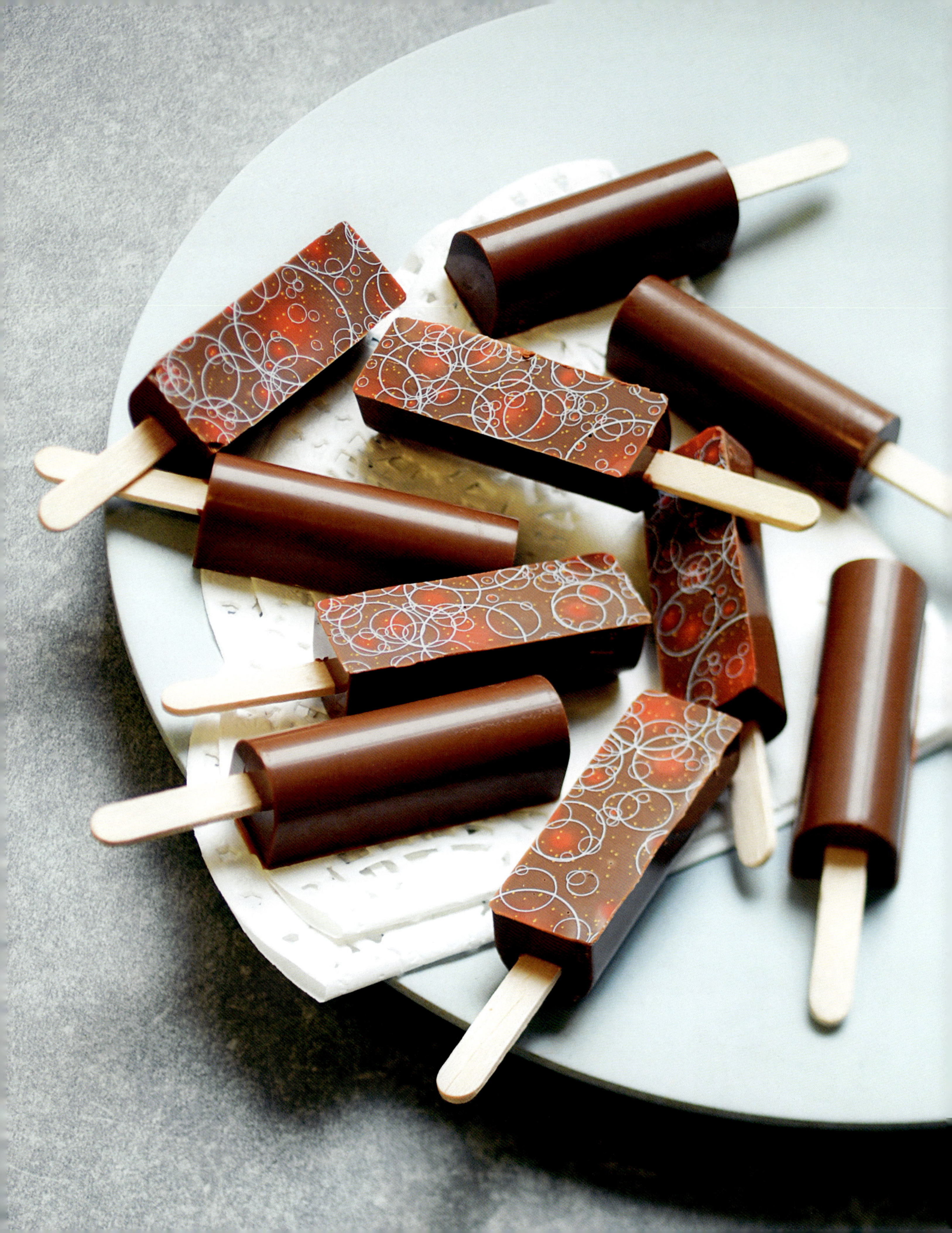

PIRULITINHOS de maracujá e chocolate — passo a passo

PREPARE A PASTA DE AMÊNDOA E MARACUJÁ

1 – Em uma panela, reduza o purê de maracujá à metade. Enquanto ele ainda estiver quente, incorpore a manteiga de cacau.

2 – Misture em uma tigela a farinha de amêndoa e o açúcar de confeiteiro e adicione a mistura quente.

3 – Bata bem até obter uma pasta firme.

4 – Em uma mesa de trabalho levemente enfarinhada com fécula de batata, abra a pasta, deixando-a com 3 mm de espessura.

5 – Corte retângulos de 6 x 4 cm.

6 – Salpique-os com fécula de batata.

7 – Disponha os retângulos nas cavidades da fôrma, com o lado salpicado voltado para o fundo, e pressione-os um pouco para fixar bem a pasta.

PREPARE A GANACHE DE MARACUJÁ

8 – Em uma panela, reduza o purê de maracujá à metade. Junte o açúcar e a glucose e aqueça. Pique os chocolates e ponha-os em uma tigela.

9 – Adicione o creme de leite e aqueça, misturando bem.

...

CONSELHO DO CHEF

Nesta receita, o maracujá pode ser substituído por outra fruta ácida que combine com o chocolate, como framboesa, abacaxi ou groselha. Esse sabor ácido associado ao chocolate proporciona leveza aos doces confeitados.

- BOMBONS, BALAS E PEQUENAS GULOSEIMAS -

PIRULITINHOS de maracujá e chocolate — passo a passo

10 – Despeje a mistura de maracujá sobre o chocolate e mexa bem.

11 – Incorpore a manteiga. Insira essa ganache em um saco de confeitar.

12 – Disponha-a nas cavidades da fôrma até três quartos da borda.

13 – Enfie os palitos na ganache.

14 – Termine de preencher as cavidades da fôrma até a borda.

15 – Raspe a superfície com uma espátula para retirar o excesso de ganache. Deixe o chocolate cristalizar em temperatura ambiente durante 1 hora e congele no mínimo por 1 hora até que as barras estejam consistentes.

16 – Desenforme as barras em uma folha de papel-manteiga.

FAÇA A COBERTURA E A DECORAÇÃO

17 – Tempere o chocolate para cobertura (ver procedimento nas pp. 494-495).

18 – Forre a superfície de trabalho com o papel transfer. Mergulhe as barras uma a uma no chocolate e disponha-as imediatamente sobre o papel. Deixe a cobertura endurecer.

- BOMBONS, BALAS E PEQUENAS GULOSEIMAS -

PICOLÉS
de chocolate e laranja

Rende 12 picolés

PREPARO : 1h30 – COZIMENTO : 10 min – TEMPERAGEM : 30 min – REFRIGERAÇÃO : 1h05
CONGELAMENTO : 2 horas – CONSERVAÇÃO : 8 dias em uma lata bem fechada
DIFICULDADE : ♙♙

PARA AS AMÊNDOAS CROCANTES
1 colher (sopa) de água
1 colher (sopa) de açúcar
50 g de amêndoas picadas em filetes
açúcar

PARA O CROCANTE DE PRALINÉ E LARANJA
12 g de chocolate
50 g de praliné
20 g de manteiga
10 g de cascas de laranja cristalizadas
25 g de massa folhada crocante em pedaços

PARA A GANACHE DE PRALINÉ
100 ml de creme de leite fresco
25 g de mel
220 g de chocolate
80 g de praliné
1 colher (sopa) de licor de laranja (por ex. Cointreau®)

PARA A COBERTURA
300 g de chocolate ao leite para cobertura

MATERIAL NECESSÁRIO : 1 fôrma de silicone pequena para picolé – 1 saco de confeitar – 12 palitos de sorvete

Use o chocolate temperado várias vezes na mesma receita

Para poder utilizar o mesmo chocolate temperado nas três etapas desta receita, é necessário deixá-lo na temperatura adequada (entre 28 °C e 30 °C) até a fase final da cobertura, a fim de que ele mantenha a cor e o brilho do início. Para isso, de tempos em tempos, coloque-o por alguns instantes em banho-maria.

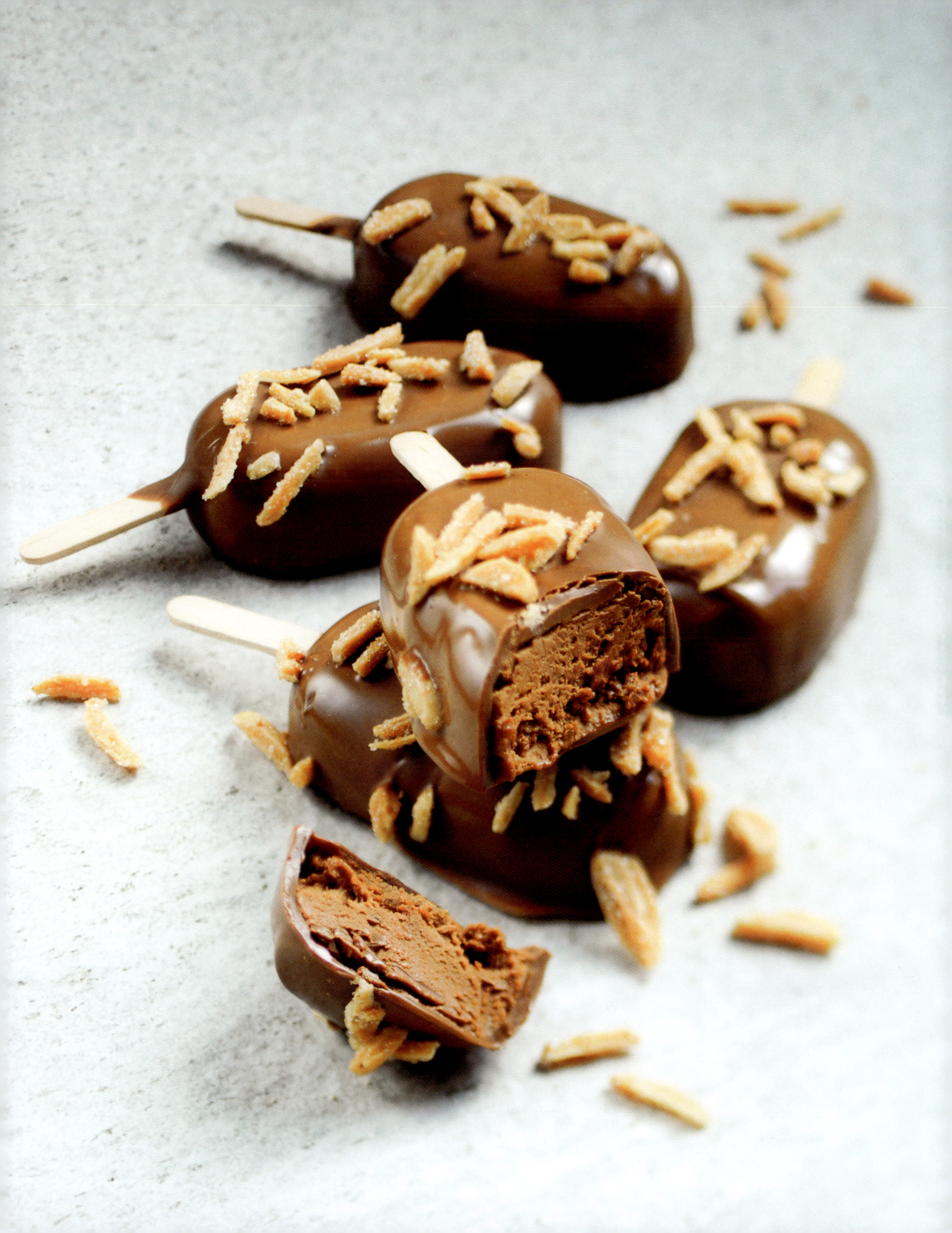

PICOLÉS de chocolate e laranja   passo a passo

PREPARE AS AMÊNDOAS CROCANTES

1 – Preaqueça o forno a 150 °C. Ferva a água com o açúcar em uma panela. Despeje-a sobre as amêndoas em uma tigela, misture e polvilhe com açúcar.

2 – Leve ao forno por 10 a 15 minutos, virando-as algumas vezes.

PREPARE O CROCANTE DE PRALINÉ E LARANJA

3 – Derreta o chocolate em banho-maria. Incorpore o praliné, depois a manteiga.

4 – Adicione as cascas de laranja e a massa folhada crocante em pedaços e misture bem.

5 – Estenda a mistura em uma folha de papel-manteiga. Cubra-a com outra folha e abra a massa com um rolo, deixando-a com 4 mm de espessura. Leve à geladeira por 30 minutos.

6 – Retire as folhas de papel-manteiga da massa e corte-a em retângulos de 6 x 3 cm.

PREPARE A GANACHE DE PRALINÉ

7 – Em uma panela, aqueça o creme de leite com o mel até ferver. Derreta o chocolate em banho-maria.

8 – Despeje o líquido quente sobre o chocolate e mexa delicadamente com um batedor.

9 – Incorpore o praliné e em seguida o licor. Leve à geladeira por 30 minutos.

...

> **CONSELHO DO CHEF**
>
> Ao espetar o palito nos picolés, verifique se o chocolate está macio e procure inseri-lo bem no meio: não o afunde nem demais nem de menos. Você logo pegará o jeito.

- BOMBONS, BALAS E PEQUENAS GULOSEIMAS -

PICOLÉS de chocolate e laranja

passo a passo

FAÇA A MONTAGEM E A COBERTURA

10 – Tempere o chocolate para cobertura (ver procedimento nas pp. 494-495). Com um pincel, espalhe-o nas cavidades da fôrma e leve à geladeira por 5 minutos, até o chocolate ficar consistente. Mantenha o chocolate temperado a 28-30 °C.

11 – Bata a ganache vigorosamente para emulsioná-la e torná-la brilhante. Insira-a em um saco de confeitar.

12 – Disponha a ganache até metade das cavidades da fôrma.

13 – Insira os palitos nos espaços reservados a eles.

14 – Coloque um retângulo de crocante de praliné e laranja em cada cavidade.

15 – Com o saco de confeitar, disponha a ganache nas cavidades até a borda.

16 – Passe uma espátula na superfície da fôrma para eliminar o excesso de ganache.

17 – Despeje nas cavidades um pouco de chocolate temperado e alise a superfície com uma espátula. Congele por 2 horas. Mantenha o chocolate temperado a 28-30 °C.

18 – Desenforme os picolés e mergulhe-os um a um no chocolate. Escorra-os e coloque-os em uma mesa forrada com papel-manteiga. Imediatamente, disponha as amêndoas crocantes sobre os picolés.

- BOMBONS, BALAS E PEQUENAS GULOSEIMAS -

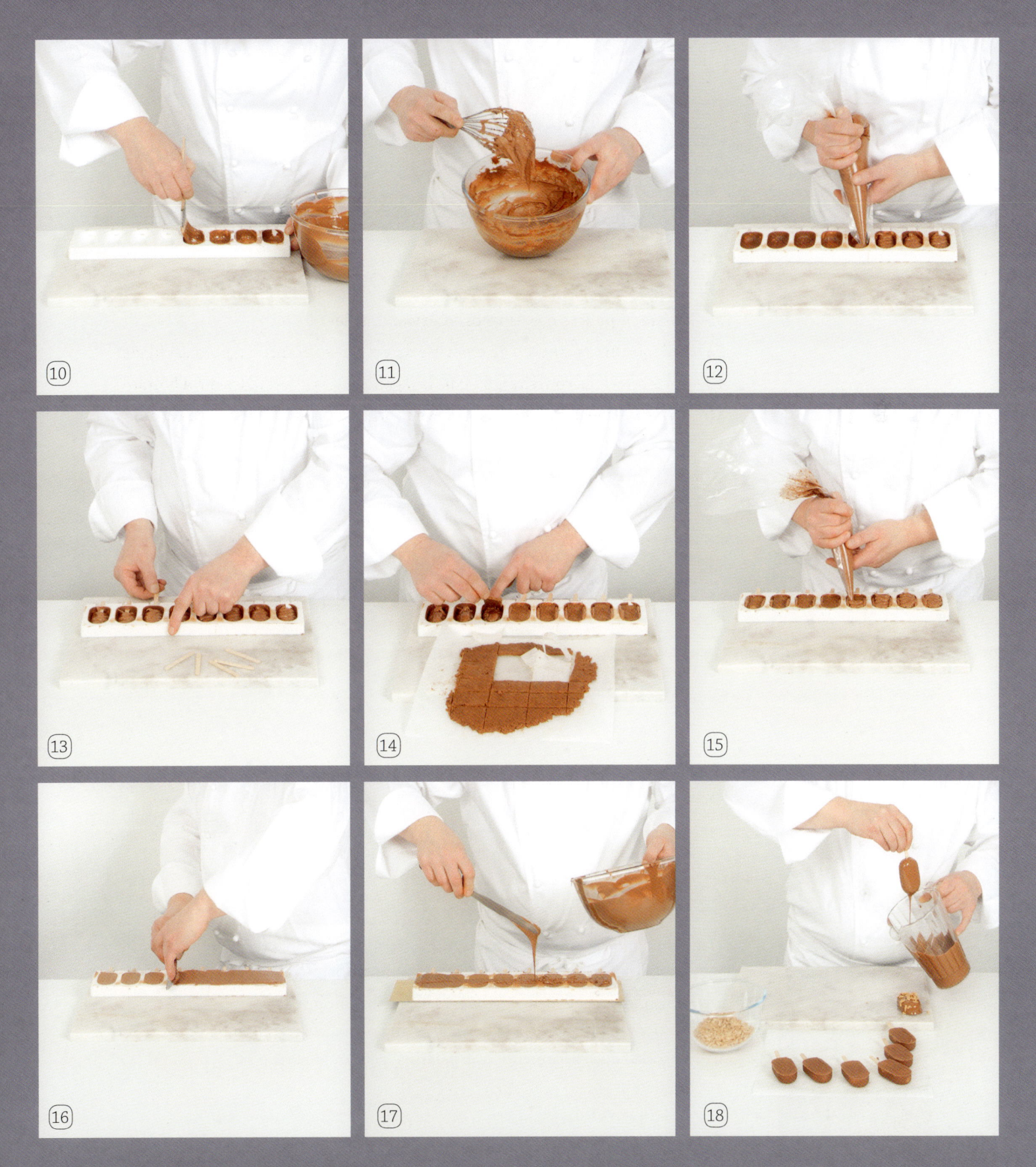

MARSHMALLOWS
de chocolate

Rende aproximadamente 65 marshmallows

PREPARO : 30 min – DESCANSO : 24 horas – CONSERVAÇÃO : 3 dias em uma lata bem fechada

DIFICULDADE :

Para a massa do marshmallow
- 11 folhas de gelatina (22 g)
- 70 ml de água
- 175 g de açúcar
- 75 g de glucose
- 100 g de açúcar invertido
- 110 g de açúcar invertido
- 45 g de pasta de cacau
- 150 g de açúcar de confeiteiro
- 150 g de fécula de batata

manteiga para untar a fôrma

MATERIAL NECESSÁRIO : 1 termômetro culinário – 1 fôrma quadrada de fundo removível de 16 x 16 cm – 1 pincel

O marshmallow

O marshmallow é um docinho originário do Antigo Egito, onde era preparado com a raiz da planta marsh mallow (*Althaea officinalis*), rica em amido, mucilagem e pectina, além de ter propriedades terapêuticas. Muito apreciada nos países anglo-saxões, a guloseima é produzida hoje basicamente com gelatina, açúcar, glucose e às vezes corantes.

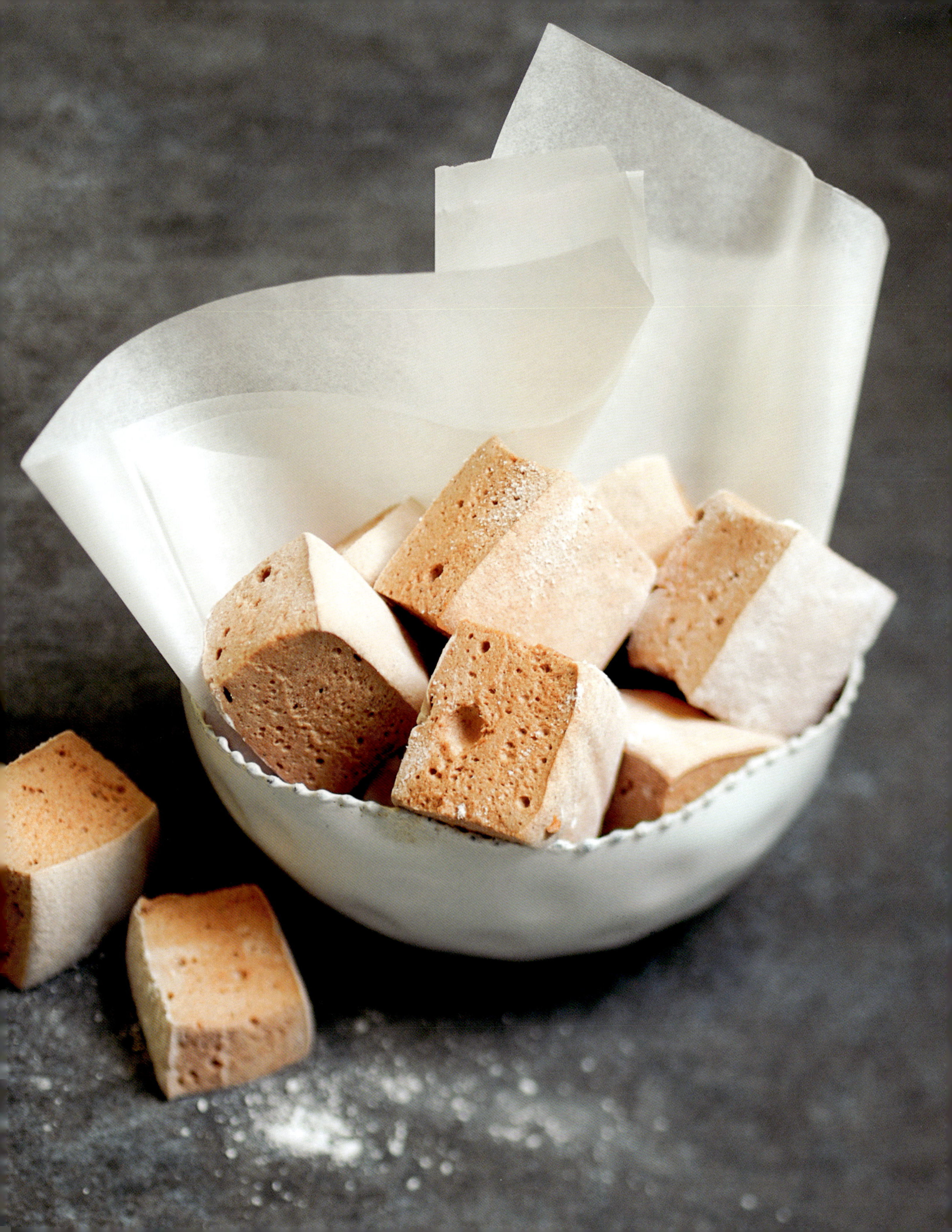

MARSHMALLOWS de chocolate

passo a passo

NA VÉSPERA, PREPARE A MASSA DO MARSHMALLOW

1 – Amoleça as folhas de gelatina em uma tigela com água fria. Aqueça a água, o açúcar, a glucose e os 100 g de açúcar invertido até a temperatura atingir 113 °C.

2 – Escorra a gelatina para eliminar o máximo de água e coloque-a em uma tigela com os 110 g de açúcar invertido. Adicione a calda e bata com o mixer até que a mistura fique esbranquiçada e se formem picos na ponta do batedor.

3 – Derreta a pasta de cacau e incorpore-a à mistura.

4 – Unte o quadrado da fôrma e coloque-o sobre uma assadeira rasa forrada com papel-manteiga. Disponha o marshmallow dentro do quadrado.

5 – Misture o açúcar de confeiteiro com a fécula de batata e polvilhe sobre o marshmallow. Deixe em temperatura ambiente por 24 horas até endurecer.

NO DIA SEGUINTE, DESENFORME E DECORE O MARSHMALLOW

6 – Retire o quadrado, passando uma faca nas laterais internas para soltar o marshmallow.

7 – Vire o marshmallow junto com o papel-manteiga sobre outra assadeira forrada com papel-manteiga e retire a folha da superfície.

8 – Polvilhe com a mistura de açúcar e fécula de batata e remova o excesso com um pincel.

9 – Corte a massa em tiras de aproximadamente 2 cm e as tiras em cubos de 2 cm.

CONSELHO DO CHEF

O açúcar invertido pode ser substituído por mel.

- BOMBONS, BALAS E PEQUENAS GULOSEIMAS -

TORRONE

Rende 1 kg de torrone

PREPARO : 45 min – COZIMENTO : 35 min – CONSERVAÇÃO : 10 dias em uma lata bem fechada

DIFICULDADE :

PARA A MASSA
100 g de avelãs descascadas
200 g de amêndoas descascadas
100 g de pistaches descascados
1½ clara (50 g)
20 g de açúcar
215 g de mel

250 g de açúcar
100 g de glucose
70 ml de água

óleo para os tapetes de silicone

MATERIAL NECESSÁRIO : 1 termômetro culinário – 2 tapetes (Silpat) de silicone

Técnica do torrone

O torrone é uma guloseima composta de açúcar e mel, que deve conter pelo menos 15% de frutas secas. Sua consistência firme ou macia varia conforme o cozimento. É possível incrementá-lo também com frutas cristalizadas. Muitas regiões da França produzem o torrone, mas é a cidade de Montélimar, antiga capital desse doce, que faz os torrones mais famosos, com 30% de frutas secas, entre elas amêndoas e pistaches.

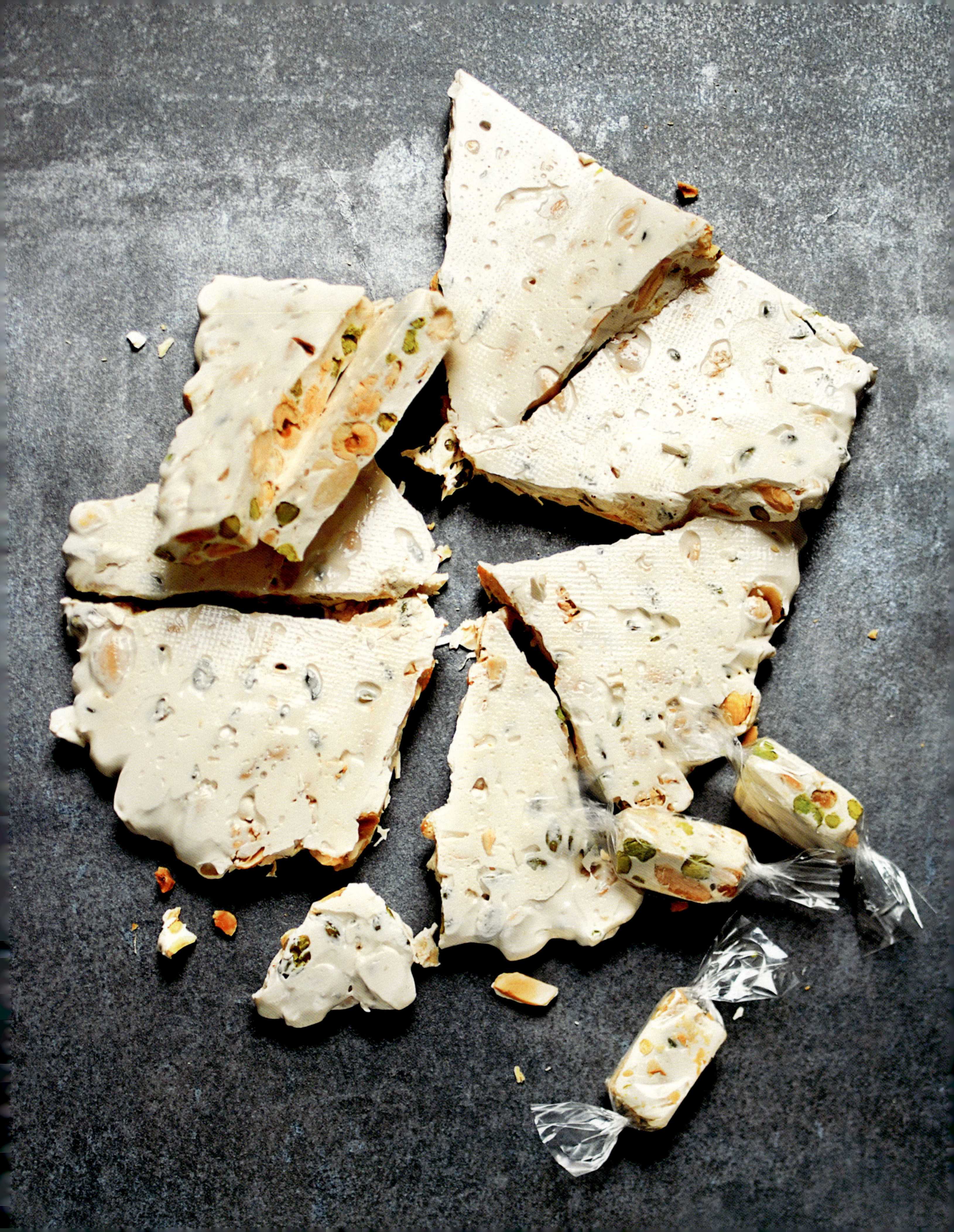

TORRONE

passo a passo

PREPARE A MASSA

1 – Preaqueça o forno a 160 °C. Disponha as avelãs, as amêndoas e os pistaches em uma assadeira e leve ao forno por 15 minutos. Em uma tigela grande, bata a clara com o mixer até ficar bem firme. Junte o açúcar para formar o merengue. À parte, aqueça o mel em uma panela até a temperatura atingir 140 °C.

2 – Quando ele estiver nesse ponto, despeje-o imediatamente sobre o merengue de claras e bata delicadamente com o mixer.

3 – Em uma panela, aqueça o açúcar, a glucose e a água até a temperatura atingir 175 °C, sem parar de bater a mistura de merengue.

4 – Despeje a calda imediatamente sobre o merengue e continue a bater até a massa ficar com textura homogênea.

5 – Coloque a tigela em banho-maria e aqueça por 10 minutos, até a massa adquirir consistência pastosa, bem firme.

6 – Retire a tigela do banho-maria e incorpore as frutas secas com uma espátula de madeira.

7 – Forre a mesa de trabalho com um tapete de silicone, unte-o com óleo e disponha nele o torrone. Cubra-o com outro tapete de silicone untado e pressione bem com a palma da mão.

8 – Achate a massa levemente com o rolo até ficar com uma espessura uniforme de 1,5 cm a 2 cm. Deixe esfriar em temperatura ambiente.

9 – Corte o torrone em tiras precisas e as tiras em pedaços.

- BOMBONS, BALAS E PEQUENAS GULOSEIMAS -

- 441 -

PÂTES DE FRUIT
de framboesa e amêndoa

Rende aproximadamente 65 unidades

PREPARO : 45 min – DESCANSO : 4 horas – CONSERVAÇÃO : 6 dias em uma lata bem fechada

DIFICULDADE : ⌂

<u>Para a pasta de framboesa</u>
300 g de purê de framboesa
1 colher (chá) de pectina amarela
30 g de açúcar
80 g de glucose
295 g de açúcar
1 colher (chá) de cremor de tártaro solúvel

<u>Para o marzipã</u>
200 g de marzipã

<u>Para a decoração</u>
açúcar

<u>Material necessário :</u> 1 termômetro culinário – 1 fôrma quadrada de fundo removível de 16 x 16 cm

As pâtes de fruits

Originárias de Auvergne, as pâtes de fruit são guloseimas feitas com frutas, açúcar e um gelificante, em geral a pectina amarela. Seu sabor frutado intenso se deve à grande quantidade de purê de fruta, que é o ingrediente principal. É possível preparar essas balas com diversos sabores: framboesa, morango, manga, damasco, marmelo, ameixa etc.

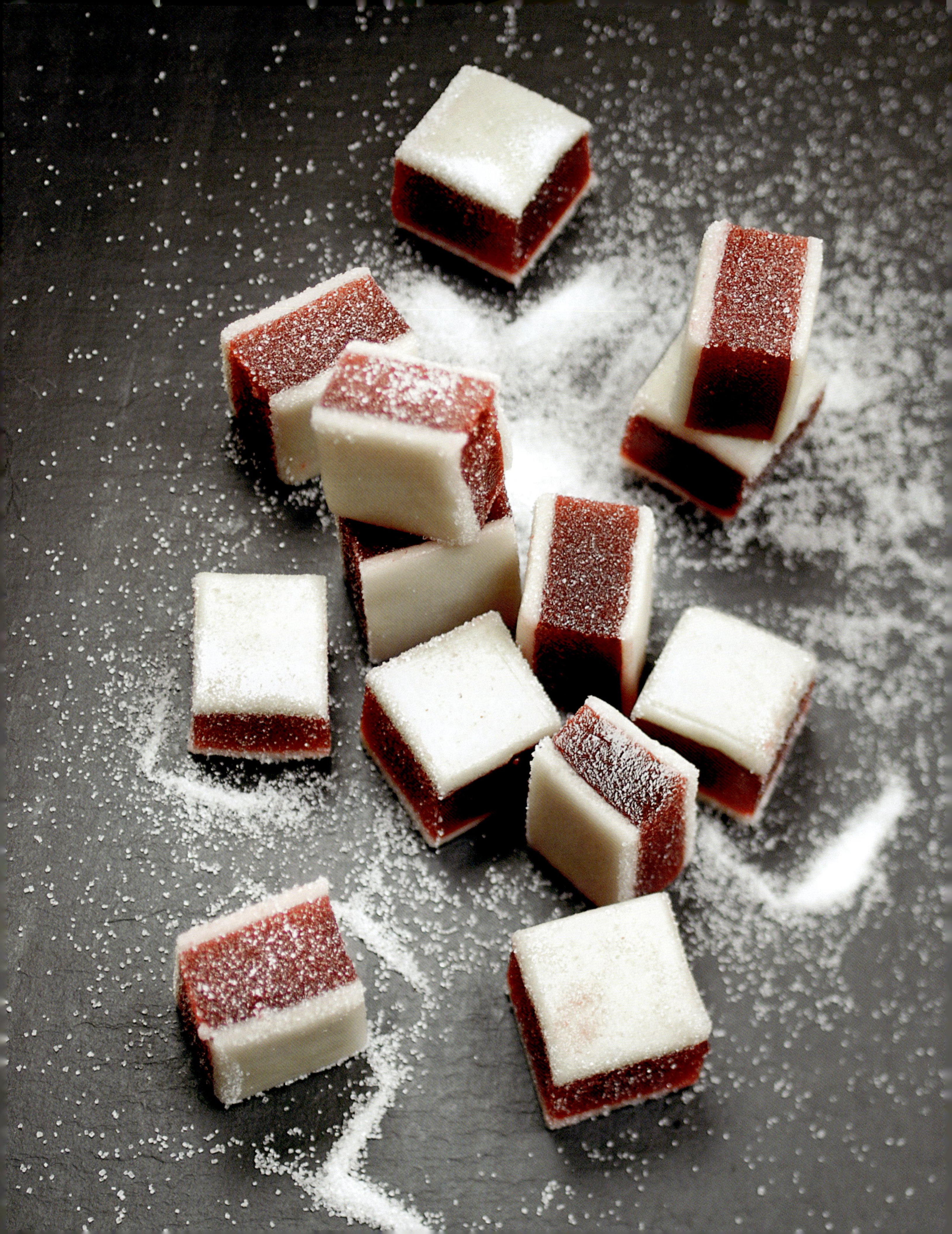

PÂTES DE FRUIT de framboesa e amêndoa

passo a passo

PREPARE AS PÂTES DE FRUIT

1 – Aqueça o purê de framboesa em uma panela. À parte, misture a pectina com os 30 g de açúcar e despeje a mistura sobre o purê morno. Junte a glucose.

2 – Ferva esse preparado e adicione os 295 g de açúcar.

3 – Continue a cozinhar, mexendo sem parar com um batedor, até a temperatura atingir 104 °C.

4 – Retire do fogo e acrescente o cremor de tártaro.

5 – Coloque o quadrado da fôrma sobre uma assadeira rasa forrada com papel-manteiga e disponha a pasta de framboesa dentro. Deixe-a em temperatura ambiente por 4 horas para endurecer.

6 – Abra o marzipã em espessura fina. Retire o papel-manteiga da pasta de framboesa e disponha-a, ainda dentro do quadrado, sobre o marzipã. Corte o excesso em volta do quadrado para igualar as bordas e reserve-o.

7 – Passe uma faca nas laterais internas do quadrado para soltar a massa e retire-o. Com o marzipã excedente reservado, faça uma bola, abra-a de novo em espessura fina e disponha-a sobre a pasta de framboesa. Recorte o excesso de marzipã para igualar as bordas.

8 – Corte o doce em tiras de aproximadamente 2 cm e as tiras em cubos de 2 x 2 cm.

9 – Coloque um pouco de açúcar em um prato e passe as pâtes de fruits nele, cobrindo-as dos dois lados.

- BOMBONS, BALAS E PEQUENAS GULOSEIMAS -

PIRULITOS
de cassis e praliné

Rende 20 pirulitos

PREPARO: 1 hora + 30 min para a temperagem do chocolate
REFRIGERAÇÃO: 15 min – DESCANSO: 1 hora – CONSERVAÇÃO: 1 semana em uma lata bem fechada
DIFICULDADE: ⌂

<u>Para a massa dos pirulitos</u>
200 g de chocolate ao leite
60 g de chocolate amargo com 70% de cacau
120 g de purê de cassis
20 g de açúcar
1 colher (chá) de pectina
180 g de pasta de praliné
açúcar de confeiteiro

<u>Para a cobertura</u>
400 g de chocolate amargo com 70% de cacau para cobertura

<u>Material necessário:</u> 20 palitos de madeira – 1 folha de transfer para chocolate – 1 cortador redondo de 5 cm de diâmetro

As folhas de transfer para chocolate

Fáceis de usar, as folhas de transfer são perfeitas para decorar suas guloseimas, pois permitem que você aplique as mais variadas imagens no chocolate, proporcionando um acabamento profissional e personalizado. Basta espalhar cuidadosamente uma camada de chocolate sobre o papel transfer e pronto!

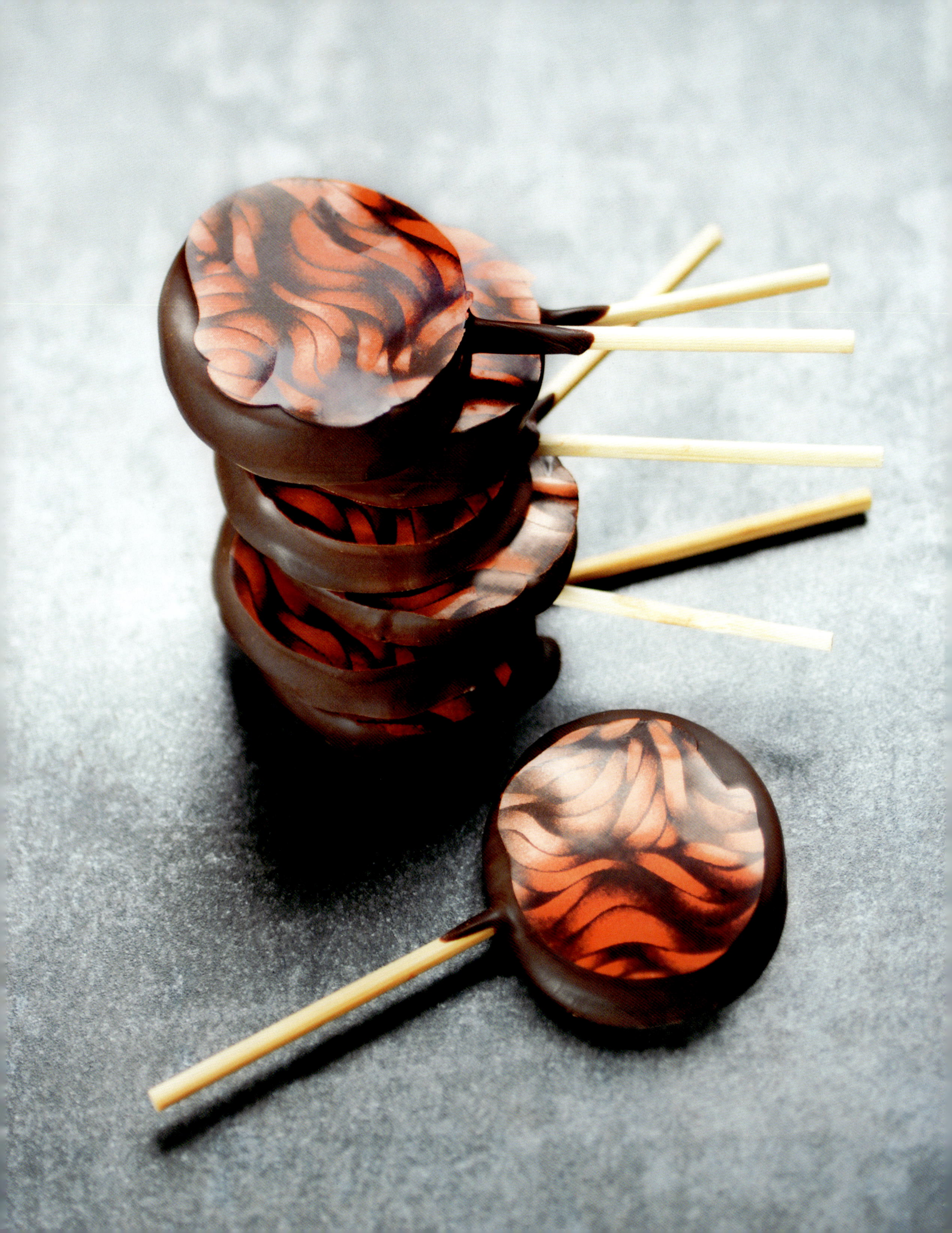

PIRULITOS de cassis e praliné

passo a passo

PREPARE A MASSA

1 – Pique os dois chocolates e coloque-os em uma tigela. Aqueça o purê de cassis em uma panela. À parte, misture o açúcar e a pectina e despeje a mistura sobre o purê.

2 – Ferva por alguns segundos e disponha a mistura sobre o chocolate na tigela, mexendo bem.

3 – Incorpore a pasta de praliné e deixe esfriar em temperatura ambiente até a mistura adquirir consistência de massa.

4 – Polvilhe uma folha de papel-manteiga com o açúcar de confeiteiro, disponha a massa sobre ela e salpique-a igualmente com açúcar de confeiteiro. Coloque por cima outra folha de papel-manteiga.

5 – Abra a massa com o rolo, deixando-a com 1 cm de espessura. Transfira-a para uma assadeira rasa e leve à geladeira por 15 minutos.

6 – Corte vinte discos de massa com o cortador.

7 – Insira os palitos nos discos.

FAÇA A COBERTURA E A DECORAÇÃO

8 – Faça a temperagem do chocolate amargo (ver procedimento nas pp. 494-495) e coloque-o em uma tigela. Forre a superfície de trabalho com papel-manteiga. Corte o papel transfer de maneira a obter dez quadrados de mais ou menos 6 x 6 cm.

9 – Mergulhe cada pirulito, um a um, no chocolate temperado, escorra bem o excesso e coloque sobre o papel-manteiga. Disponha imediatamente um quadrado de papel transfer sobre cada pirulito. Deixe-os em temperatura ambiente por 1 hora para ganharem consistência.

- BOMBONS, BALAS E PEQUENAS GULOSEIMAS -

CARAMELOS
de framboesa e spéculoos

Rende 40 caramelos

PREPARO : 30 min – DESCANSO : 12 horas – CONSERVAÇÃO : 1 semana em uma caixa bem fechada
DIFICULDADE : 🎩🎩

PARA OS CARAMELOS
100 g de spéculoos (ver nota na p. 452)
360 ml de creme de leite fresco
200 g de açúcar
50 g de glucose
uma pitada de bicarbonato de sódio
60 g de açúcar invertido
160 g de purê de framboesa
30 g de manteiga com sal
20 g de manteiga de cacau
uma pitada de lecitina de soja em pó

MATERIAL NECESSÁRIO : 1 termômetro culinário – 1 fôrma quadrada com fundo removível de 16 x 16 cm
1 cortador redondo de 4 cm de diâmetro

Os cortadores

Comercializados em vários formatos e tamanhos, lisos ou canelados, os cortadores servem para recortar formas com precisão em qualquer massa já aberta. De metal, inox ou plástico, são largamente utilizados em confeitaria, permitindo a produção de biscoitos e guloseimas divertidos e personalizados.

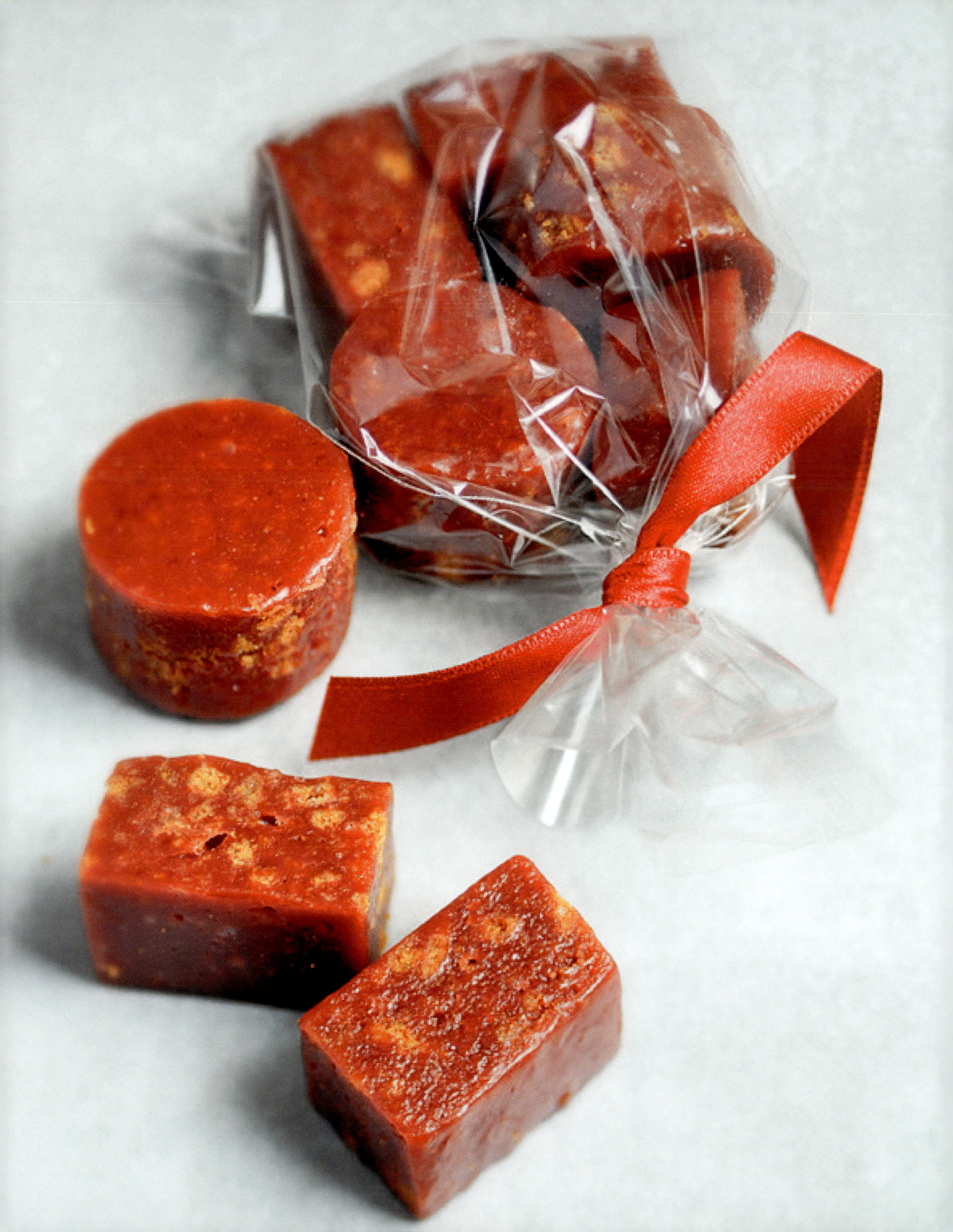

CARAMELOS de framboesa e spéculoos — passo a passo

PREPARE OS CARAMELOS

1 – Esfarele os spéculoos.

2 – Em uma panela grande, coloque o creme de leite, o açúcar, a glucose e o bicarbonato. Leve ao fogo e cozinhe até a mistura atingir a temperatura de 118 °C, mexendo continuamente com uma espátula de silicone.

3 – Ainda nessa temperatura, adicione o açúcar invertido, depois o purê de framboesa. Mexa sem parar e delicadamente até que a temperatura alcance 118 °C de novo.

4 – Incorpore a manteiga, a manteiga de cacau e a lecitina de soja e retire do fogo em seguida.

5 – Junte os farelos de spéculoos.

6 – Coloque o quadrado da fôrma sobre uma assadeira rasa forrada com papel-manteiga e disponha o caramelo dentro. Distribua-o uniformemente com a ajuda de uma espátula de silicone. Deixe descansar por 12 horas em temperatura ambiente.

7 – Quando o caramelo estiver bem consistente, passe uma faca nas laterais internas do quadrado e retire-o delicadamente.

8 – Corte 2 tiras de 2 cm de largura e as tiras em retângulos de mais ou menos 4 cm.

9 – Corte o restante do caramelo com um cortador redondo.

CONSELHO DO CHEF

Spéculoos é um tipo de biscoito crocante feito com especiarias como cravo, canela, noz-moscada etc., tradicional na Holanda, na Bélgica e na Alemanha. É vendido em lojas especializadas em produtos importados. Caso não encontre, substitua por biscoitos de especiarias.

- BOMBONS, BALAS E PEQUENAS GULOSEIMAS -

① ② ③ ④ ⑤ ⑥ ⑦ ⑧ ⑨

-453-

PETISCOS
de chá matcha

Rende 40 unidades

PREPARO: 30 min + 15 min para a massa doce – REFRIGERAÇÃO: 3 horas + 30 min para a massa doce
COZIMENTO: 10 min – CONSERVAÇÃO: 2 dias na geladeira

DIFICULDADE: ⌂

Para a ganache de chocolate branco
270 g de chocolate branco
100 ml de creme de leite fresco
20 g de manteiga

Para a gelatina de chá matcha
1 colher (chá) de chá verde tipo matcha em pó
½ colher (chá) de ágar-ágar
30 g de açúcar
400 ml de água
50 g de mel

Para a massa doce
80 g de manteiga
50 g de açúcar de confeiteiro
uma pitada de sal refinado
80 g de farinha de trigo
½ ovo (20 g)

Para a decoração
40 framboesas
açúcar de confeiteiro

MATERIAL NECESSÁRIO: 1 fôrma de silicone com cavidades de 4 cm de diâmetro – 1 cortador redondo de 5 cm de diâmetro
1 saco de confeitar – 1 bico pitanga 8B

O chá verde matcha

Importado da China, o matcha é um chá verde aromático, comercializado sob a forma de um pó fino obtido da moagem de folhas de chá verde secas. É muito apreciado no Japão nas famosas cerimônias do chá. Para prepará-lo, adiciona-se ao pó água quente, não fervente. Em seguida, emulsiona-se a mistura com um batedor de bambu até se tornar homogênea e de cor verde-jade, com uma leve espuma na superfície.

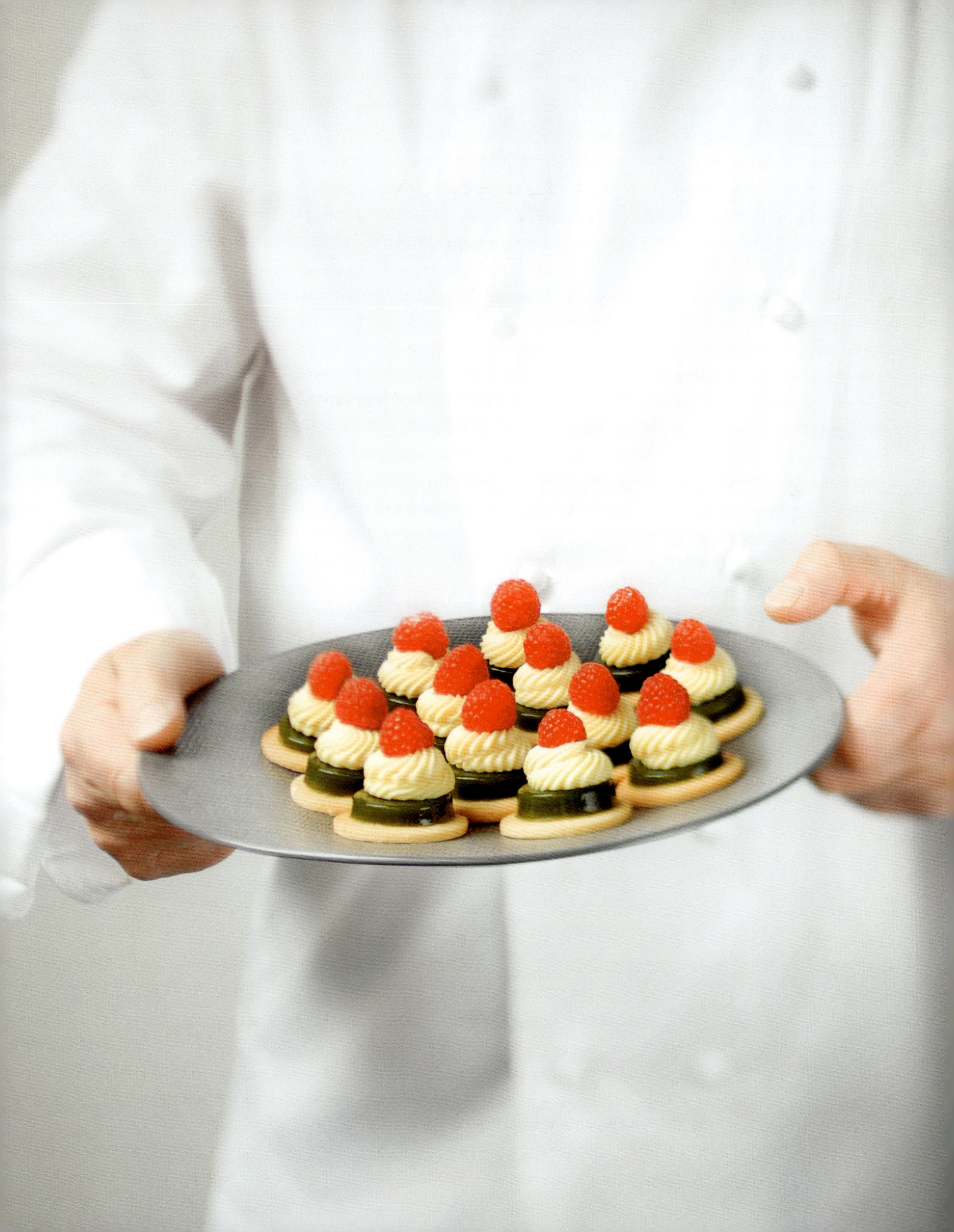

PETISCOS de chá matcha   passo a passo

PREPARE A GANACHE DE CHOCOLATE BRANCO

1 – Derreta o chocolate em banho-maria. Aqueça o creme de leite com a manteiga até levantar fervura. Despeje-o imediatamente sobre o chocolate, mexendo bem para obter uma consistência homogênea. Leve à geladeira por 1 hora.

PREPARE A GELATINA DE CHÁ MATCHA

2 – Misture em uma tigela o chá matcha, o ágar-ágar e o açúcar. Em uma panela, coloque a água e o mel e em seguida adicione os ingredientes secos da tigela.
3 – Leve tudo ao fogo até ferver, mexendo com o batedor.
4 – Despeje em uma tigela, deixe amornar e distribua a mistura nas cavidades até a borda. Leve à geladeira por 2 horas.

PREPARE OS DISCOS DE MASSA DOCE

5 – Preaqueça o forno a 170 °C. Abra a massa doce (ver preparo nas pp. 488-489), deixando-a com 3 mm de espessura, e recorte discos com o cortador. Disponha-os sobre uma assadeira rasa forrada com papel-manteiga e leve ao forno por 10 minutos.

FAÇA A MONTAGEM E A DECORAÇÃO

6 – Desenforme as gelatinas e disponha uma a uma sobre os discos de massa doce.
7 – Bata a ganache de chocolate branco. Insira-a em um saco de confeitar com bico e faça rosáceas de ganache sobre a folha de papel-manteiga.
8 – Polvilhe as framboesas com açúcar de confeiteiro e disponha-as sobre as rosáceas de ganache.
9 – Coloque uma rosácea de ganache e framboesa sobre cada disco de massa doce com gelatina.

- BOMBONS, BALAS E PEQUENAS GULOSEIMAS -

CARAMELOS
de torta de limão

Rende aproximadamente 40 caramelos

PREPARO : 1 hora – DESCANSO : 12 horas – CONSERVAÇÃO : 1 semana em uma caixa bem fechada
DIFICULDADE : 🎩🎩

<u>Para o caramelo</u>
115 g de biscoitos amanteigados
300 ml de creme de leite fresco
raspas da casca de 1 limão-siciliano
150 g de açúcar
50 g de mel
uma pitada de bicarbonato de sódio
60 g de purê de pera
50 g de açúcar invertido
25 g de manteiga
20 g de chocolate branco

<u>Material necessário :</u> 1 termômetro culinário – 1 fôrma quadrada com fundo removível de 16 x 16 cm

Caramelos de torta de limão

Estes caramelos ácidos e refrescantes têm o mesmo gosto da torta de limão. Os sabores desta receita, que é um clássico da cozinha francesa, foram recriados aqui de forma perfeita graças à mistura de biscoitos amanteigados, creme de leite e raspas de limão. De consistência macia e crocante, estes docinhos agradam a todos os paladares.

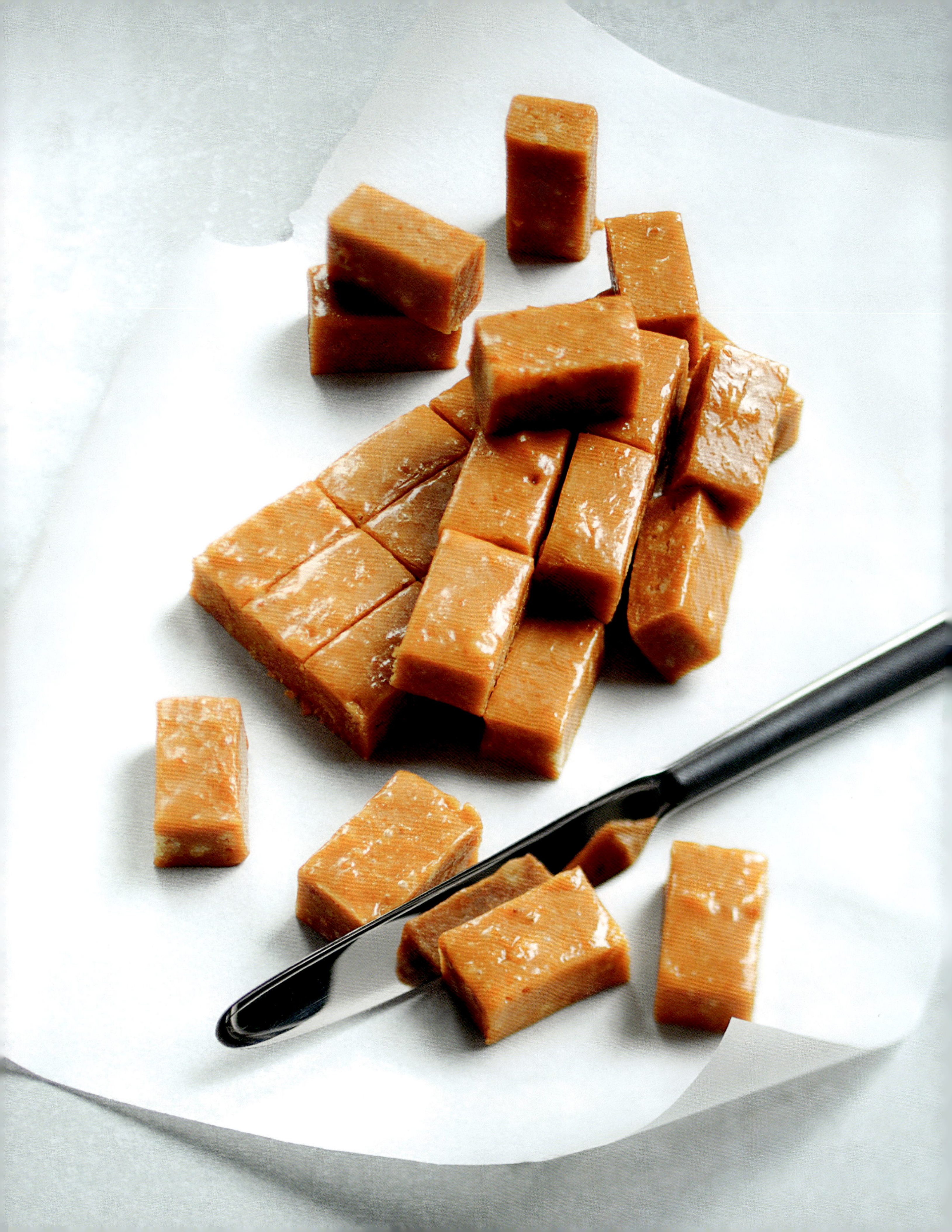

CARAMELOS de torta de limão — passo a passo

PREPARE O CARAMELO

1 – Em uma tigela, amasse os biscoitos até virarem farelo.

2 – Coloque o creme de leite em uma panela. Rale a casca do limão e junte-a à panela.

3 – Adicione o açúcar, o mel e o bicarbonato.

4 – Leve a mistura ao fogo até atingir a temperatura de 118 °C, mexendo sem parar com uma espátula de silicone.

5 – Nessa temperatura, acrescente o purê de pera misturado com o açúcar invertido e continue a cozinhar, mexendo delicadamente até a temperatura voltar para 118 °C.

6 – Fora do fogo, incorpore a manteiga, o chocolate branco e os biscoitos.

7 – Disponha o quadrado da fôrma sobre uma assadeira forrada com papel-manteiga e coloque a massa do caramelo dentro dele. Distribua-a uniformemente com a ajuda de uma espátula. Deixe descansar em temperatura ambiente por 12 horas.

8 – Quando o caramelo estiver bem consistente, retire o quadrado, passando antes uma faca nas laterais internas para soltá-lo.

9 – Corte o doce em tiras de 2 cm de espessura e as tiras em retângulos de mais ou menos 3 cm.

- BOMBONS, BALAS E PEQUENAS GULOSEIMAS -

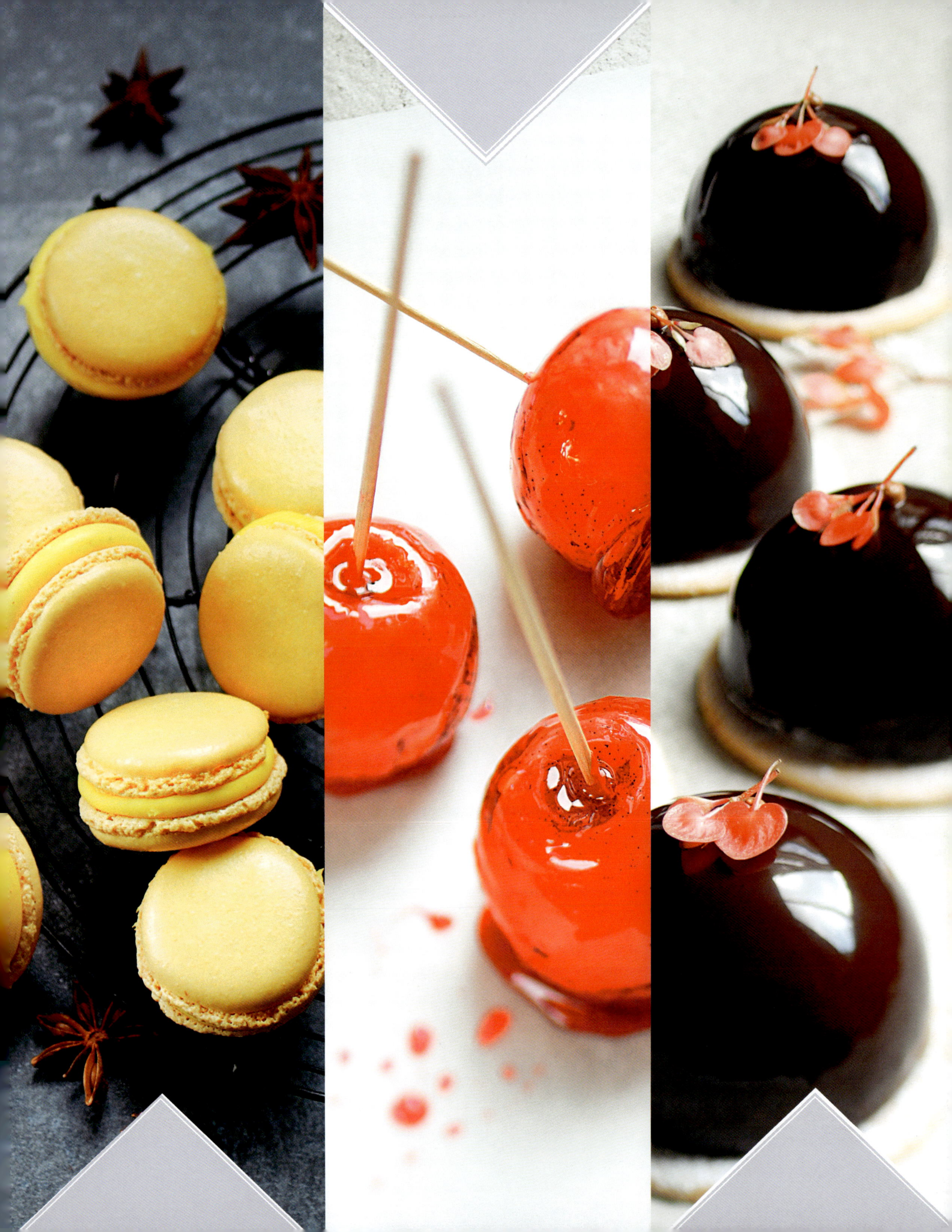

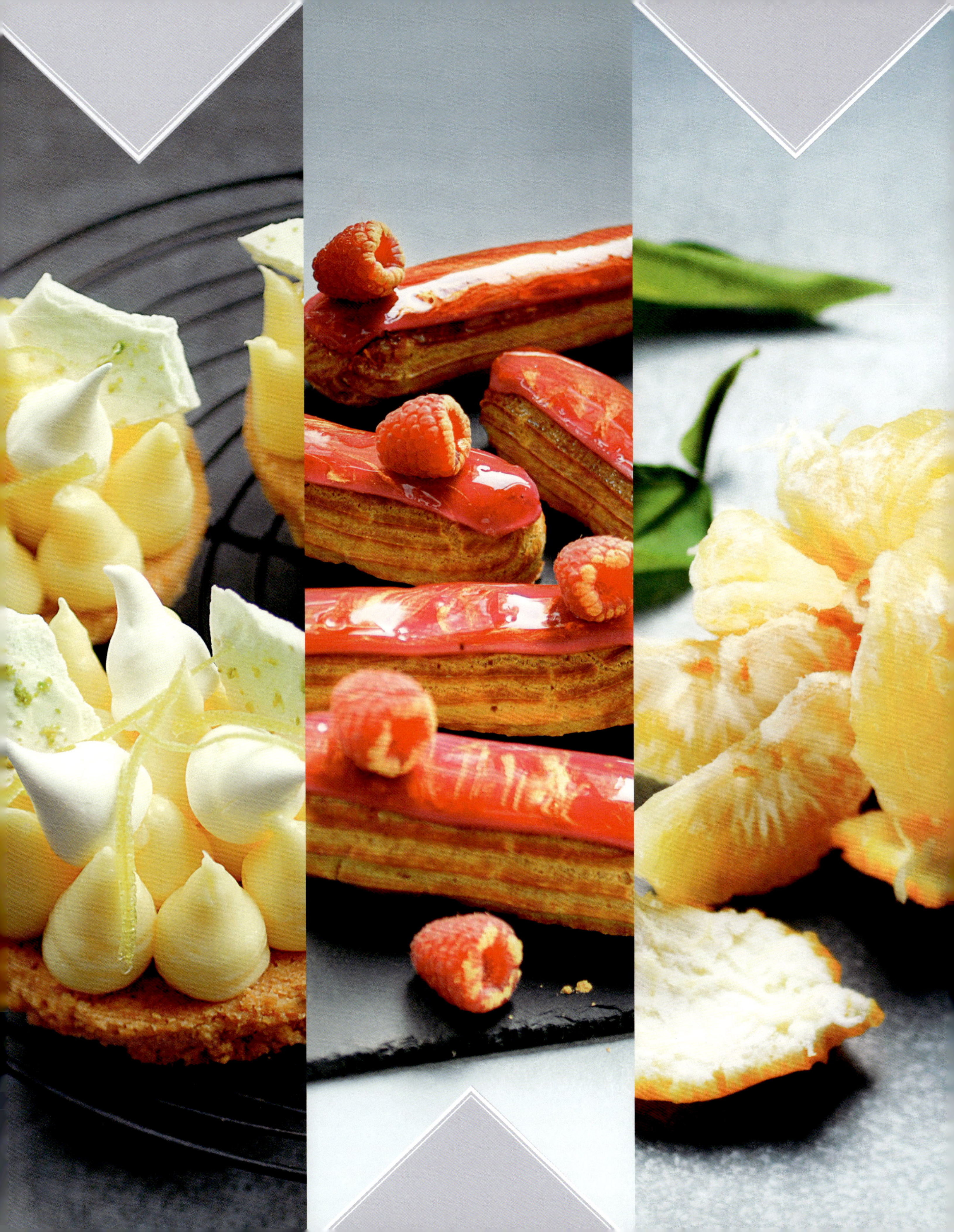

As bases da confeitaria

Utensílios 470
Ingredientes 473

Receitas básicas
Creme de confeiteiro 480
Creme inglês 481
Creme chantili 482
Massa choux 483
Génoise 484
Biscoito Joconde 485
Merengue 486
   Merengue francês 486
   Merengue italiano 487
   Merengue suíço 487
Massas de torta 488
   Massa doce (sucrée)
     e massa amanteigada (sablée) 488
   Método crémage 489
   Método sablage 489
   Massa podre doce (brisée sucrée) 490
   Massa folhada 491
Revestir um aro ou uma fôrma de torta/tortinha . 493
Pré-assar uma massa de torta 494
Temperagem por adição 494
Temperagem do chocolate em banho-maria . . 495

Glossário 496

UTENSÍLIOS

Fôrmas de torta
e de tortinha
(com fundo removível)

Papel-manteiga

Boleador de frutas

Batedor manual

Rolo

Termómetro culinário

Aro de sobremesa
e cortadores

Bicos diversos

Saco de confeitar

Espátula de silicone ou de madeira

INGREDIENTES

Cacau em pó

Farinha de trigo

Açúcar de confeiteiro

Leite

Glucose

Açúcar refinado

Favas de baunilha

Gelatina

Especiarias

Amido de milho

Essência natural

Chocolate para cobertura

Ovos

Manteiga

UTENSÍLIOS

Batedores

O batedor é um utensílio culinário que serve para bater ou misturar uma preparação, incorporando-lhe ar. É indispensável em inúmeras receitas de confeitaria, como creme chantili, merengue de claras ou zabaione. Há vários tipos e formas de batedores, para atender aos diferentes usos. Um deles é o batedor bola, com fios mais ou menos espessos e ponta arredondada, ideal para preparações que exigem a incorporação de mais ar, como claras em neve ou chantili. Outra opção é o batedor de molhos ou emulsões, de formato mais alongado e fios mais rígidos, usado para misturas que levam ovos. Na verdade, graças ao seu design, esse tipo de utensílio evita a coagulação de preparos à base de ovos. Finalmente, também devemos citar as batedeiras elétricas e os mixers, largamente utilizados hoje em dia, com diferentes velocidades e muito eficientes em qualquer preparação culinária.

Espátulas de silicone ou de madeira

A espátula serve para misturar preparações delicadas, como é o caso das claras em neve ou do creme chantili, que devem manter sua textura aerada. Também é útil para raspar o fundo dos recipientes a fim de recuperar toda a massa ao transferi-la para uma fôrma ou saco de confeitar. Há diversos tipos de espátula, conforme a utilização: para as preparações delicadas ou que precisam de cuidado ao serem incorporadas, usa-se a de silicone, que tem cabo longo e corpo retangular com a ponta arredondada. Mas, se for apenas para mexer ou misturar ingredientes, a espátula de madeira, mais rígida, é bastante adequada. Existem ainda as reservadas aos profissionais, como as de formato triangular, as espátulas raspadoras ou as achatadas em forma de lâmina, usadas para cobrir ou decorar doces e sobremesas.

Fôrmas de torta e de sobremesa

As fôrmas de torta e de sobremesa geralmente são de inox e têm altura e diâmetro variados. Embora as pessoas costumem usar as fôrmas comuns para tortas e bolos, os profissionais preferem os aros, pois, além de permitirem fazer montagens perfeitas de sobremesas, são práticos na hora de desenformar, que exige muito cuidado. Na verdade, os aros evitam que o bolo ou a torta desmontem durante essa operação.

Cortadores

O cortador culinário, em geral de metal ou de plástico, serve para cortar com precisão todo tipo de massa para dar-lhe um formato especial. Existem à venda peças de todos os formatos, dos mais simples aos mais extravagantes, e de vários tamanhos.

Aros quadrados de confeitaria

O aro quadrado de confeitaria é uma versão quadrada ou retangular dos aros redondos de torta e de sobremesa. É uma fôrma sem fundo, comumente de inox, que permite assar massas de tortas e bolos ou dar uma forma precisa às sobremesas, "enquadrando-as". Por serem extensíveis, os quadrados podem se adaptar a qualquer receita e à quantidade desejada de porções. Eles também são muito práticos na hora de desenformar, evitando o risco de danificar suas criações.

Sacos de confeitar

É um saco em forma de cone com um bocal em que se encaixa um bico. É um utensílio indispensável em confeitaria, usado para decorar ou guarnecer bolos e sobremesas. É produzido com vários materiais, como silicone, poliuretano alimentar ou mesmo plástico descartável. Se você precisar decorar uma torta de última hora, pode improvisar um saco de confeitar caseiro, fazendo um cone com uma folha de papel-manteiga. O manuseio do saco de confeitar é simples, porém exige certa habilidade, que vem com a experiência. Para usá-lo corretamente, basta inserir o recheio até a altura do bico, com o auxílio de uma espátula. Em seguida, torça o topo do saco para fechá-lo, pressionando-o para liberar o recheio.

Bicos diversos

Indispensável em confeitaria, o bico é a ponteira que se insere no saco para decorar bolos e sobremesas. Existe uma infinidade de bicos, desde os mais extravagantes (em forma de estrela, de flor, de folha etc.) até os mais clássicos (lisos, canelados etc.). O formato do bico dependerá da decoração escolhida. Hoje em dia, existem à venda bicos de policarbonato ou de inox. Os mais usados são os lisos, os canelados (ou pitanga) e os saint-honoré, com vários diâmetros. O bico liso geralmente é indicado para decorar doces ou revestir fôrmas. O bico canelado, ou pitanga, tem uma ponta cônica dentada e é indicado tanto para decorar doces como para aplicar merengues. Finalmente, o bico saint-honoré, com a ponteira recortada, é perfeito para guarnecer sobremesas com creme chantili, como o bolo saint-honoré ou as religieuses.

Papel-manteiga e tapetes de silicone (silpat)

Muito usados em confeitaria, servem para assar no forno, sem gordura, inúmeras preparações. Famoso em culinária, o papel-manteiga é revestido de uma fina camada de silicone para torná-lo impermeável e resistente ao calor. Existem também tapetes de silicone, que antes eram reservados aos profissionais, mas atualmente caíram no gosto dos amadores. São conhecidos como Silpat, que é a marca que as comercializa. Trata-se de uma tela de cozimento antiaderente feita com uma malha de vidro impregnada de silicone. Esses tapetes são úteis no preparo de macarons, merengues ou massas.

Rolo

O rolo é um utensílio de forma cilíndrica, em geral com dois cabos, que serve para abrir massas. Tradicionalmente de madeira, hoje em dia é produzido também com outros materiais, como silicone, plástico ou inox. Em panificação e em confeitaria, ele é absolutamente indispensável para o preparo de diversas massas: folhada, podre, amanteigada, doce etc. Para evitar que a massa grude no rolo e se deforme, deve-se enfarinhá-lo antes de usar.

- UTENSÍLIOS -

Pincel

O pincel alimentar serve para fazer o acabamento das preparações de confeitaria. É usado para espalhar glacê ou cobertura, untar ou decorar sobremesas. A largura do pincel depende do tamanho da superfície a trabalhar. Esses utensílios são produzidos com diferentes materiais: seda (cerdas de suínos), fibras sintéticas ou silicone (mais indicados para untar com óleo ou gordura). Seu manuseio é simples: basta não sobrecarregá-lo para conseguir um resultado perfeito.

Boleador

O boleador é uma colherzinha redonda e funda que serve para modelar bolinhas de frutas (melão, por exemplo) ou de legumes. Para utilizá-lo, basta introduzi-lo na polpa da fruta ou do legume, pressionando-o com um movimento circular para formar e extrair uma bolinha bem redonda.

Termômetro culinário

Indispensável aos cozinheiros e confeiteiros minuciosos, o termômetro culinário permite saber a temperatura exata de um alimento ou de uma preparação durante o cozimento. É usado na confecção da pâte à bombe, do caramelo ou das pâtes de fruits. Na hora de comprar, prefira os que vêm com um sensor, que facilita a utilização.

Folhas de acetato

São folhas ou fitas de plástico usadas para revestir fôrmas de sobremesa no preparo de musses e cremes. Também servem para decorar chocolate. Com uma superfície lisa e brilhante, essas folhas facilitam o trabalho de desenformar e propiciam contornos limpos e nítidos. O nome da empresa que comercializa as folhas é Rodhoïd, mas, com o tempo, o mundo da confeitaria se apropriou da palavra para definir o produto. São encontradas em vários tamanhos, geralmente em rolos, em lojas especializadas ou na internet.

INGREDIENTES

Farinhas

A farinha é um pó resultante da moagem e desidratação de cereais ou outros ingredientes alimentícios sólidos. A mais conhecida é a farinha de trigo, geralmente usada na confecção de pães e produtos de confeitaria. Há diversos tipos de farinha, classificados conforme a refinação. As mais conhecidas são as farinhas tipo 2 para a confeitaria e tipo 1 para uso comum, sobretudo em panificação. Os pães multigrãos, ricos em fibras, são feitos com a farinha integral; mas, como ela tem uma moagem mais grossa, o resultado é um pão mais denso, mais pesado, porém não menos saboroso. Hoje em dia, as farinhas sem glúten estão na moda: farinhas de arroz, de castanha portuguesa, de grão-de-bico etc. Embora não sejam próprias para a panificação, ou seja, não se prestam ao preparo de massas fermentadas, podem ser misturadas com a farinha de trigo para a confecção de alguns bolos e sobremesas.

Leite

Quando falamos de leite, pensamos imediatamente em leite de vaca, embora existam outras variedades. Muito usado em confeitaria, o leite de vaca é bastante rico em sua constituição (água, gordura, lactose, proteínas, minerais etc.). Primeiramente, pode-se classificá-lo pelo teor de gordura: integral, semidesnatado e desnatado. Em geral, é possível distingui-los pela cor dos rótulos ou das embalagens: vermelho para o leite integral, azul para o semidesnatado e verde para o desnatado. Há diversos métodos de conservação do leite: a pasteurização, que consiste em aquecê-lo por 20 segundos entre 72 °C e 85 °C; a esterilização, em que o leite é aquecido por 15 a 20 minutos a 115 °C; e a esterilização UHT (esta é a sigla em inglês para "ultra high temperature", que significa "temperatura ultra-alta"), em que o produto é submetido a uma temperatura elevada (140 °C a 150 °C) por alguns segundos. Em seguida, é resfriado a uma temperatura inferior a 32 °C e envasado em embalagens hermeticamente fechadas. Graças a esses métodos, o leite pode ser conservado por até 150 dias.

Creme de leite

O creme de leite é produzido com a desnatação do leite: a finalidade é separar a nata do leite com uma desnatadeira elétrica, que o faz girar rapidamente. O creme sai por um lado e o leite por outro. Há três critérios para distinguir os cremes de leite: os processos de conservação, o teor de gordura e a consistência. Assim como o leite, o creme pode ser pasteurizado, esterilizado ou esterilizado por UHT. A consistência pode ser líquida, semiespessa ou espessa, conforme a necessidade da preparação culinária. É importante saber que o creme de leite precisa ter 35% de gordura para adquirir consistência após batido.

- INGREDIENTES -

Açúcar refinado e açúcar de confeiteiro

Fonte de prazer por excelência, o açúcar é feito com cana de açúcar ou beterraba. Há inúmeros tipos de açúcar, conforme o método de produção: branco, cristal, mascavo, demerara, de confeiteiro e outros. Cada um tem uma cor e um sabor específicos. Largamente utilizado em confeitaria, o açúcar de confeiteiro é resultante da moagem do açúcar cristal, ao qual se acrescentam amido ou sílica para evitar a formação de grumos.

Manteiga

Imprescindível em confeitaria, a manteiga é produzida com a gordura do leite, que depois é desnatada. Na França, a denominação "manteiga" é juridicamente protegida: para merecer esse nome, o produto deve conter no mínimo 82% de gordura (80% para a manteiga com sal) e no máximo 16% de água e 2% de matérias secas. Geralmente de cor amarela, a manteiga pode se apresentar mais branca, de acordo com a origem do leite usado em sua fabricação. Há outra variedade de manteiga empregada em confeitaria e panificação: a manteiga seca (ou beurre de tourage). Composta de no mínimo 84% de gordura, ela é mais firme, mais fácil de trabalhar em ambientes aquecidos e tem uma elasticidade excepcional. A manteiga seca é usada principalmente no preparo de massa folhada e de alguns produtos de confeitaria como croissants, pães de chocolate etc.

Ovos

Pouco calóricos e ricos em proteínas, os ovos são imprescindíveis em confeitaria. Basicamente, eles servem para dar liga a um preparo, mas a gema e a clara têm utilidades diferentes em confeitaria. A gema, quando aquecida, age como espessante (em um creme, por exemplo); também serve como emulsificante, quando se incorpora ar a ela, ou para dar liga a uma massa de bolo, a qual, devido a seu alto teor de gordura, ganha leveza. A clara, por sua vez, proporciona consistência a massas e, se batida em neve, deixa bolos e musses mais aerados. Ao preparar as receitas, muitos profissionais optam por usar ovos pasteurizados em vez dos naturais, para poder pesar o ingrediente com mais precisão.

Baunilha

Originária do México, onde é cultivada desde o tempo dos astecas, a baunilha é uma especiaria simbólica da confeitaria. Hoje em dia, a maior parte da produção vem do oceano Índico: Madagascar, ilha de Reunião, ilhas Maurício etc. Há várias formas de baunilha, cada uma com uma aplicação específica: em fava, inteira, da qual se usam as sementes; em pó, produto da moagem da planta seca (pode ser pura ou adoçada); e o extrato de baunilha (líquido ou seco), resultante da maceração da fava no álcool, seguida de filtragem e infusão em um xarope de açúcar.

Chocolate para cobertura

É um chocolate de alta qualidade usado por chocolateiros e confeiteiros. Pode ser ao leite ou amargo, devendo conter no mínimo 32% de manteiga de cacau, o que o torna mais fluido e mais fácil de derreter. Por suas propriedades, o chocolate para cobertura é usado para a temperagem, na realização de bombons ou decorações. Esse procedimento permite que as partículas de gordura se cristalizem, dando ao produto um acabamento perfeito, brilhante e crocante após a secagem completa.

As bases da confeitaria

Fermento químico em pó
O fermento químico é uma mistura composta de um agente básico (geralmente, bicarbonato de sódio), um agente ácido e um estabilizante. É vendido em forma de pó e serve para fazer crescer pães e produtos de confeitaria. Para agir, o fermento precisa de calor e umidade: ao ser adicionado à massa, ele entra em contato com os produtos úmidos, e, durante o cozimento no forno, o ácido e a base reagem juntos para formar gás carbônico (CO_2), o qual "empurra" a massa e a faz crescer. Esse processo é que dá a textura aerada às criações culinárias. Para que o crescimento seja uniforme e com melhor resultado, o fermento deve ser misturado e peneirado com a farinha. É importante respeitar a dose indicada nas receitas, pois a quantidade exagerada de fermento provoca um crescimento anormal e deixa um gosto desagradável na boca.

Amido de milho
Amido de milho é o nome dado à farinha extraída do milho, usada como espessante e gelificante em preparações culinárias e de confeitaria. Também é conhecido como "maisena", nome derivado da marca criada nos Estados Unidos em 1842. Às vezes ele é confundido com a farinha de milho, embora suas composições sejam bastante diferentes: na farinha, os grãos são moídos inteiros, ao passo que na maisena não há vestígio nenhum do cereal, devido ao processamento do produto. É praticamente puro amido, por isso ela é branca e bem fina. Se substituirmos uma parte da farinha de trigo por amido de milho em uma receita, o bolo ficará mais leve e mais aerado.

Fécula de batata
A fécula de batata é obtida pela secagem e moagem desse tubérculo. Composta basicamente do amido da batata, é uma farinha branca bem fina. Por suas propriedades espessantes, é muito usada na cozinha. Em confeitaria, dá leveza e cremosidade às sobremesas. É também um dos ingredientes do creme de confeiteiro, sendo responsável por sua untuosidade. Livre de glúten, ela é perfeita para pessoas com intolerância a essa proteína, mas não pode ser utilizada sozinha em massas que precisam crescer. Na verdade, a fécula de batata não é panificável.

Fermento biológico
O fermento biológico é um microrganismo vivo cuja denominação científica é *Saccharomyces cerevisiae*. Ao contrário do fermento químico, ele age por fermentação de organismos vivos. É largamente usado na fabricação de pães, sobremesas e brioches, sendo responsável pelo crescimento da massa. À venda nos formatos fresco (comprimido em forma de cubo, triturado ou líquido) ou seco (ativo ou instantâneo), o fermento biológico se alimenta do açúcar (glicose) contido na farinha, provocando uma reação química. Não precisa de calor para agir; basta deixar a massa descansar em temperatura ambiente (demora algum tempo para ela crescer, em torno de duas ou três horas). Importante: ele não deve ser misturado diretamente com sal, pois este destrói os organismos vivos contidos nesse fermento, impedindo que a massa cresça.

Farinha de amêndoa
A farinha de amêndoa, como o nome indica, é um produto da moagem de amêndoas. É muito usada em

- INGREDIENTES -

confeitaria, no preparo de massas, tortas, financiers, macarons, marzipãs etc. Essencial na fabricação de macarons, creme frangipane e financiers, a farinha de amêndoa serve também para aromatizar bolos, cremes ou manjares. Nas tortas ou tortinhas, é útil para absorver o excesso de suco de fruta, tornando as massas bem crocantes.

Avelã em pó
Depois de torradas e moídas, as avelãs são usadas em inúmeras receitas doces, principalmente para aromatizar sobremesas como macarons, cookies, ganaches, massas de torta etc. Se forem moídas em espessura mais fina, podem entrar na composição da massa de avelã, que é o ingrediente básico da famosa pasta de passar no pão apreciada por crianças e adultos. Não se deve confundir as avelãs em pó com a farinha de avelã: na produção desta última é extraído o óleo. Portanto, elas não têm as mesmas propriedades.

Cacau em pó
O cacau em pó é produzido com as sementes da fava do cacaueiro. Primeiramente, elas passam por um tratamento para perder o amargor: são fermentadas, selecionadas e torradas. Em seguida, resfriadas e moídas. Daí se obtém a pasta de cacau, que contém a matéria gordurosa: a manteiga de cacau. Então se extrai essa gordura, restando o bagaço, que, finalmente, depois de moído e peneirado, se transforma no cacau em pó. Largamente usado em confeitaria, esse produto dá sabor de chocolate a diversas sobremesas e é muito apreciado no preparo do chocolate quente, dissolvido no leite.

Ágar-ágar
O ágar-ágar é um produto gelificante, proveniente de algas vermelhas, que é transformado em pó. Inodoro, sem gosto e não calórico, é apreciado pelos vegetarianos como substituto da gelatina (de origem animal). O ágar-ágar, no entanto, tem um poder gelificante oito vezes maior (por isso, é usado em menor quantidade), e sua utilização é diferente. Antes de ser adicionado a uma mistura, deve ser diluído frio em um líquido e fervido por 10 a 30 segundos. Depois que esfriar ele ganha consistência. O ágar-ágar dá aos preparados uma textura bem firme, quase crocante; portanto, pense bem se é o caso de usá-lo. Se quiser dar uma consistência mais cremosa às sobremesas com ágar-ágar, acrescente creme de leite, geleia ou queijo fresco.

Pectina incolor e pectina amarela
De origem vegetal, a pectina é encontrada principalmente na maçã, em legumes, frutas cítricas, marmelo e groselha. Ela é conhecida por suas propriedades estabilizante, gelificante e espessante. Há diversos tipos de pectina, e as mais importantes são a pectina NH e a pectina amarela. A NH age em contato com misturas doces e ácidas, dando a elas uma textura firme e brilhante. As coberturas realizadas com essa pectina são reversíveis, ou seja, suportam várias gelificações e reformulações, conservando suas qualidades. A pectina amarela, por outro lado, tem capacidade de solidificação mais lenta, agindo também em meios muito doces ou ácidos, mas as preparações feitas com ela não são reversíveis com o aquecimento. Portanto, é perfeita para pâtes de fruits, compotas ou sobremesas gelificadas.

As Bases da Confeitaria

Glucose

A glucose é um glicídio puro proveniente do amido de milho ou da fécula de batata. Apesar de ser utilizada em inúmeros preparos de confeitaria, é raramente indicada nas receitas, sendo mais reservada a profissionais. A glucose tem um poder adoçante quatro vezes menor que o do açúcar tradicional, mas as calorias são as mesmas. Ela costuma ser comercializada na forma de um xarope incolor de consistência grossa e viscosa. Nas coberturas, estabiliza e melhora as texturas. Em confeitaria, tem função anticristalizante. Na verdade, ela impede não só a cristalização do açúcar, mas também a da água durante o congelamento, como nas glaçagens, por exemplo. Além disso, ajuda bastante na conservação das preparações, preservando a suculência e a cremosidade. Se for usada em misturas frias, a glucose deve ser diluída em um líquido antes de sua adição. Em misturas quentes, é preciso derretê-la para que se incorpore bem aos outros ingredientes.

Gelatina

Obtida por meio da hidrólise de matérias ricas em colágeno, como os ossos e a pele de porco, boi ou peixe, a gelatina é um produto de ação gelificante. Incolor, inodora e sem gosto, é usada em inúmeras preparações culinárias, tanto doces quanto salgadas, dando-lhes uma consistência suave e cremosa. Em geral, a gelatina é comercializada em forma de folhas. Para utilizá-las, basta amolecê-las na água por 10 minutos, escorrê-las e dissolvê-las em líquido quente (mas não fervente, senão elas podem perder o poder gelificante). No caso de preparações frias, convém aquecer um pouquinho de líquido para dissolver as folhas antes de adicioná-las à mistura fria. A gelatina também é encontrada em pó, embalada em saquinhos, e deve ser dissolvida em líquido fervente e acrescida de líquido frio ou gelado em proporções iguais. Fique atento, porque certas frutas, como o kiwi, o abacaxi e o mamão, contêm uma enzima que impede a gelatina de endurecer. Para solucionar o problema, aqueça as frutas em água antes de usá-las.

Corantes alimentícios

Os corantes alimentícios servem para intensificar as cores naturais de um alimento ou para alegrá-lo com cores vivas e atraentes. Há duas grandes categorias de corantes: os hidrossolúveis e os lipossolúveis. Os hidrossolúveis se dissolvem na água e são indicados para tingir produtos como macarons, cremes, bolos, marzipãs etc. Os lipossolúveis, por sua vez, são solúveis em gordura e próprios para colorir chocolates, manteigas e geleias de brilho. Os corantes se encontram disponíveis em forma líquida, em gel ou em pó. Os líquidos devem ser evitados em preparações à base de ovos, pois podem fazer a mistura se abater e perder o ponto. Os corantes em gel são mais concentrados e permitem uma coloração mais viva; além disso, têm a vantagem de não interferir nas preparações. Quanto aos corantes em pó, que exigem moderação em seu uso, estão sempre presentes nas receitas de macarons.

Ouro em pó

Ideal para dar brilho e luminosidade aos alimentos, o ouro em pó alimentício proporciona um acabamento festivo e profissional às criações culinárias. Antigamente era reservado aos especialistas, mas hoje é encontrado com facilidade na internet ou em lojas especializadas. É aplicado na superfície das sobremesas com um pincel úmido, dando-lhes um fino toque dourado, que valoriza a decoração. Na

- INGREDIENTES -

verdade, não se deve misturá-lo a nenhuma massa, creme ou qualquer outro preparo de confeitaria, pois o efeito dourado não ficaria homogêneo nem coloriria toda a mistura. Use o ouro em pó à vontade, conforme a ocasião, em macarons, chocolates, tortas, bolos de Natal e também para decorar pratos.

Geleia de brilho
Muito fácil de preparar, a geleia de brilho é composta de água, açúcar, glucose e um gelificante (em geral pectina ou gelatina). Ela dá brilho e beleza a tortas, sobremesas e outras preparações doces. Neutra no gosto e na cor, é um acabamento perfeito para sobremesas, proporcionando-lhes imediatamente um aspecto profissional e bem estético. A geleia de brilho é aplicada com um pincel na superfície dos ingredientes.

Fondant
O fondant é uma calda à base de açúcar, água e glucose que serve para confeitar bolos, sobremesas e outras criações, como mil-folhas, carolinas, bombas ou religieuses. Ele é aquecido a uma temperatura de 114 °C a 116 °C, depois resfriado a 75 °C e trabalhado com movimentos homogêneos até se tornar de um branco opaco. O fondant deve ser mantido na geladeira por aproximadamente três dias antes de ser usado. Também se pode colorir o fondant conforme a necessidade ou o sabor dominante da sobremesa.

Manteiga de cacau
A manteiga de cacau é a gordura extraída da pasta de cacau após ela passar na prensa hidráulica durante a fabricação do cacau em pó. Em temperatura ambiente, é sólida e tem um ponto de fusão bem baixo: entre 35 °C e 37 °C. No entanto, ela é vendida em diferentes formas: em pó, em pedra ou líquida. A manteiga de cacau tem um sabor quase neutro e ligeiro odor de cacau. É usada em inúmeras preparações alimentícias, farmacêuticas e cosméticas. Trata-se de um ingrediente muito versátil, que entra na composição do chocolate, serve para cozinhar e também para impermeabilizar massas de torta, evitando que fiquem úmidas por causa das frutas ou dos recheios. Excelente para a saúde, a manteiga de cacau não fica rançosa e tem boa validade (cerca de dois anos) desde que não seja exposta ao ar.

Açúcar invertido
O açúcar invertido é um edulcorante cujo poder de adoçar é cerca de 25% maior que o do açúcar tradicional. É produzido quimicamente a partir da sacarose, da qual se obtém uma mistura de glucose e frutose em proporções iguais. Reservado a profissionais ou amadores esclarecidos, é muito apreciado por suas propriedades antirressecantes. Além disso, tem vários benefícios: evita a cristalização do açúcar, melhora a fermentação e a coloração e também realça os sabores. Por fim, dá mais cremosidade às sobremesas, reduz os tempos de cozimento e estabiliza sorvetes e sorbets. Comercializado em forma líquida ou pastosa, é encontrado apenas em lojas especializadas ou na internet.

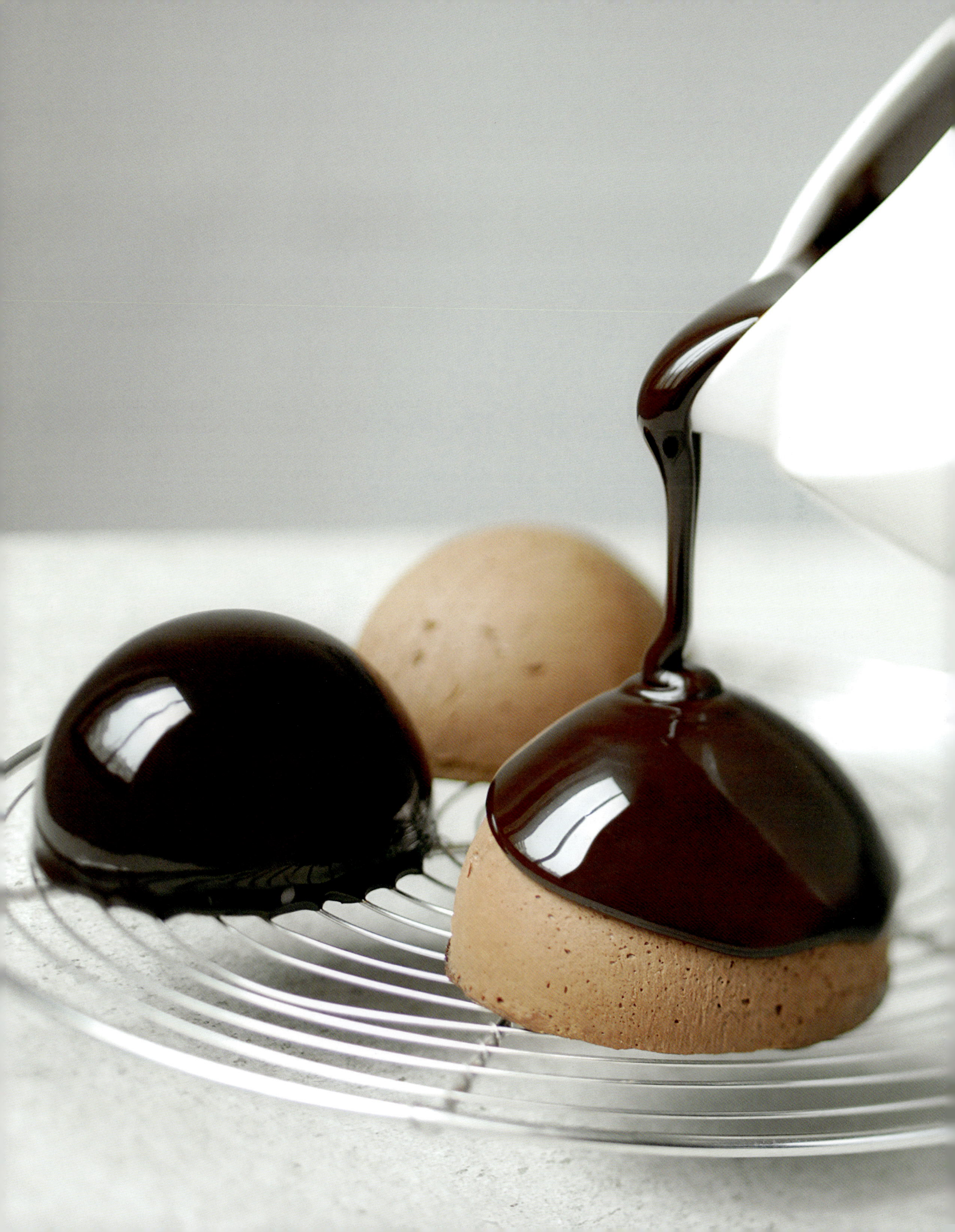

CREME DE CONFEITEIRO

PREPARO : 30 MIN
REFRIGERAÇÃO : 30 MIN

Para aproximadamente 500 g de creme de confeiteiro
370 ml de leite, 25 g de manteiga, 3 gemas (70 g), 80 g de açúcar, 20 g de farinha de trigo, 25 g de amido de milho

Adapte as quantidades de ingredientes conforme a receita.

Tradicionalmente, o creme de confeiteiro é feito com leite, que pode ser acrescido de baunilha. Porém, é possível substituí-lo por purê de fruta, leite de coco ou suco de fruta para criar um sabor diferente. Também se pode aromatizá-lo, depois de cozido ao natural, com chocolate, café ou praliné. Sua preparação é semelhante à do creme inglês, ou seja, exige muita atenção e cozimento lento, mas a grande diferença é que o creme de confeiteiro leva farinha de trigo e/ou fécula de batata e precisa ser fervido. É isso que lhe dá toda a consistência. Largamente utilizado em confeitaria, o creme de confeiteiro entra na composição de sobremesas (puro ou acrescido de manteiga ou creme de leite batido), creme frangipane, carolinas ou bombas confeitadas, além de ser a base de alguns suflês.

CONSELHO DO CHEF

Para evitar a formação de grumos provenientes do amido de milho ou da farinha, bata o creme sem parar durante o cozimento. Como o creme de confeiteiro queima facilmente, é melhor usar uma panela bem funda, mexendo sem parar em toda a extensão da panela.

---

[1] Em uma panela, ferva o leite com a manteiga e retire do fogo.

[2] Bata as gemas com o açúcar em uma tigela até a mistura ficar esbranquiçada e espessa.

[3] Incorpore a farinha e o amido de milho, misturando com um batedor manual.

[4] Adicione um terço do leite quente, mexendo bem.

[5] Despeje tudo na panela com o restante do leite e cozinhe em fogo baixo, mexendo sem parar até o creme engrossar. Ferva por 1 minuto, mexendo sempre, e retire imediatamente do fogo.

[6] Com uma espátula de silicone, disponha o creme em uma tigela.

CREME INGLÊS

PREPARO : 15 MIN

Para aproximadamente 500 ml de creme inglês
350 ml de leite, ⅓ de fava de baunilha,
4 gemas (80 g), 85 g de açúcar
Adapte as quantidades de ingredientes conforme a receita.

Assim como o creme de confeiteiro, o creme inglês é feito com leite, gemas e açúcar, mas este não contém farinha nem amido de milho. Sua preparação exige atenção: deve-se aquecê-lo mexendo sem parar com uma espátula de madeira para que as gemas não cozinhem, deixando no fogo só até que o creme envolva a espátula.
O creme inglês clássico é aromatizado com baunilha, mantida previamente em infusão no leite. Depois de pronto, o creme pode ser acrescido de chocolate, café, praliné, pistache etc.

[1] Abra a fava de baunilha no sentido do comprimento e raspe o interior com uma faca para retirar as sementes.

[2] Em uma tigela, bata as gemas e o açúcar até a mistura ficar esbranquiçada e espessa.

[3] Ferva o leite em uma panela com as sementes e a fava.

[4] Despeje um terço do leite com baunilha sobre a mistura de gemas, batendo vigorosamente.

[5] Coloque tudo em uma panela e cozinhe em fogo baixo, mexendo com uma espátula até o creme engrossar e envolver as costas dela: pegue um pouco de creme com a espátula, incline-a e, com o dedo, faça um risco na espátula horizontalmente. As bordas do creme devem se separar nitidamente.

[6] Disponha o creme inglês em uma tigela e deixe-o esfriar antes de levá-lo à geladeira.

CREME CHANTILI

PREPARO : 10 MIN

Rende 500 ml de creme chantili
500 ml de creme de leite fresco,
50 g de açúcar de confeiteiro,
1 fava de baunilha
Adapte as quantidades de ingredientes conforme a receita.

O creme chantili, grande favorito dos cozinheiros, é muito fácil de preparar e um ingrediente maravilhoso para decorar sobremesas.
O segredo para ele ficar perfeito é que o creme de leite e a tigela estejam bem frios, se possível mantidos previamente na geladeira. Além disso, o creme de leite deve ter no mínimo 35% de gordura, senão não ganhará consistência.
O chantili clássico é aromatizado com baunilha, mas hoje em dia usam-se diversos ingredientes, como chocolate, café, pistache etc.

1. Em uma tigela, bata o creme de leite até ficar firme.

2. Abra a fava de baunilha ao meio no sentido do comprimento e raspe as sementes com a ponta de uma faca. Junte o açúcar de confeiteiro e as sementes e continue a bater vigorosamente até que o creme ganhe consistência e grude nas pontas do batedor.

CONSELHO DO CHEF

Se quiser, substitua a fava por extrato de baunilha ou baunilha em pó. Porém, cuidado ao usar o extrato, porque, como é concentrado, não se deve exagerar na dose.

MASSA CHOUX

PREPARO : 15 MIN

Rende 500 g de massa
170 ml de leite, 70 g de manteiga, 7 g de açúcar,
½ colher (chá) de sal refinado, 100 g de farinha de trigo,
3 ovos (150 g)
Adapte as quantidades de ingredientes conforme a receita.

A massa choux, clássica da confeitaria francesa, é a base de inúmeras preparações tradicionais, como bombas, carolinas, religieuses, além de saint-honorés e paris-brest.
Siga as instruções, passo a passo, e obterá uma massa com ótima consistência e boa textura, valorizando suas criações.

1. Em uma panela, aqueça o leite, a manteiga, o açúcar e o sal até que a manteiga derreta completamente. Deixe ferver, retire do fogo e junte a farinha de uma só vez.

2. Misture com uma colher de madeira até que a massa fique homogênea e consistente, aderindo às costas da colher.

3. Leve de volta ao fogo e mexa até que a massa se descole das laterais da panela.

4. Transfira a massa para uma tigela e deixe-a esfriar por 5 minutos.

5. Bata os ovos e incorpore-os delicadamente, reservando um pouco para adicionar à massa, se precisar.

6. Verifique se a massa está no ponto: pegue um pouco dela em uma colher e vire-a. Se a massa cair formando um "V", estará pronta. Caso contrário, acrescente um pouco mais do ovo batido e refaça o teste.

GÉNOISE

PREPARO : 30 MIN

Rende 500 g de massa
3½ ovos (175 g), 130 g de açúcar,
25 g de manteiga derretida, 135 g de farinha de trigo,
30 g de farinha de amêndoa

Adapte as quantidades de ingredientes conforme a receita.

A génoise é uma massa leve usada como base de várias sobremesas, como o bolo de morango (fraisier) ou o floresta negra.
Em geral, costuma-se cortá-la em dois ou três discos, que são regados com calda e recheados com creme ou musse, os quais também servem de cobertura na hora de montar a sobremesa.
É recomendável bater a génoise com um mixer para que ela adquira o ponto de fita (levante a pá do mixer: a massa deve cair como se fosse uma fita). Essa etapa é fundamental para o sucesso da génoise, sem a qual ela não crescerá ao ser assada, dificultando o trabalho de cortá-la depois.

1. Em uma tigela, bata os ovos e o açúcar com um mixer.

2. Coloque a tigela em banho-maria e continue a bater até que a mistura fique esbranquiçada e espessa, além de ligeiramente quente em contato com o dedo.

3. Retire a tigela do banho-maria e continue a bater até a mistura esfriar completamente e adquirir consistência de fita: ela deve escorrer do batedor sem se romper, como se fosse uma fita.

4. Em outra tigela, misture um pouco da massa com a manteiga derretida e recoloque tudo na massa.

5. Peneire a farinha e incorpore-a à massa juntamente com a farinha de amêndoa.

6. Misture delicadamente com uma espátula de silicone até que a massa adquira consistência homogênea.

BISCOITO JOCONDE

PREPARO : 15 MIN

Para uma assadeira de 30 x 38 cm

4 ovos (200 g), 140 g de farinha de amêndoa, 125 g de açúcar de confeiteiro, 45 g de farinha de trigo, 25 g de manteiga derretida (opcional), 4 gemas (120 g), 35 g de açúcar

Adapte as quantidades de ingredientes conforme a receita.

A massa do biscoito Joconde é extremamente macia, por isso não precisa ser regada com calda, como um bolo simples ou uma génoise.
O que a diferencia é o modo de preparo: a farinha é adicionada aos ovos logo no começo, ao passo que nas outras receitas ela entra no fim.
Geralmente, a massa do biscoito Joconde é disposta em uma assadeira antes de ir ao forno, e não em fôrma, como a génoise.

1 Em uma tigela, bata os ovos, a farinha de amêndoa, o açúcar de confeiteiro e a farinha de trigo. Se desejar, junte a manteiga derretida.

2 Bata as claras em neve.

3 Incorpore metade do açúcar, bata bem e adicione o restante do açúcar para formar o merengue.

4 Com uma espátula, incorpore delicadamente ao merengue a mistura anterior.

CONSELHO DO CHEF

Para bater as claras em neve, mantenha-as antes em temperatura ambiente. Também é recomendável limpar bem a pá do mixer ou da batedeira para eliminar resíduos de gordura, que podem interferir na formação dos picos de clara.

MERENGUE

COZIMENTO : 10 MIN

O merengue é uma preparação clássica da confeitaria francesa, composta de claras batidas em neve acrescidas de açúcar.

Há três tipos de merengue: o francês, o italiano e o suíço, todos com usos bem diferentes. Em geral, eles entram na composição de petits-fours, suflês confeitados, dacquoises, tortas ou bolos. Também servem para decorar doces e sobremesas.

O MERENGUE FRANCÊS é o mais clássico e o mais simples de preparar. É feito com claras batidas em neve ou espumantes, às quais se adiciona quase o dobro de açúcar. Tradicionalmente, são usados dois tipos de açúcar em quantidade mais ou menos igual: açúcar refinado e açúcar de confeiteiro.

O MERENGUE ITALIANO, muito apreciado pelos chefs confeiteiros, é feito misturando-se calda de açúcar às claras em neve. Costuma ser usado para suavizar cremes e também para confeitar ou decorar tortas e sobremesas.

JÁ NO MERENGUE SUÍÇO, as claras são batidas em banho-maria com açúcar em quantidade duas vezes maior.

MERENGUE FRANCÊS

PREPARO : 10 MIN

RENDE 300 G
DE MERENGUE
100 g de claras,
100 g de açúcar,
100 g de açúcar de confeiteiro

Adapte as quantidades de ingredientes conforme a receita.

1 Cloque as claras em uma tigela e bata-as com um mixer até ficarem espumantes.

2 Adicione aos poucos o açúcar, continuando a bater até que a mistura fique homogênea e brilhante, formando picos na ponta do batedor.

3 Com uma espátula de madeira, incorpore delicadamente o açúcar de confeiteiro.

MERENGUE ITALIANO

PREPARO : 15 MIN

Rende 350 g de merengue
100 g de claras,
200 g de açúcar,
80 ml de água

Adapte as quantidades de ingredientes conforme a receita.

1. Em uma panela, aqueça a água com o açúcar até a temperatura atingir 119 °C. Enquanto isso, bata as claras em neve.

2. Quando a temperatura da calda estiver em 119 °C, despeje imediatamente sobre as claras, continuando a bater.

3. Bata vigorosamente até o merengue esfriar completamente. Ele deve ficar consistente e formando picos na ponta do batedor.

MERENGUE SUÍÇO

PREPARO : 15 MIN

Rende 300 g de merengue
100 g de claras,
200 g de açúcar

Adapte as quantidades de ingredientes conforme a receita.

1. Em uma panela em banho-maria, bata as claras com o açúcar até a temperatura atingir 45 °C.

2. Nessa temperatura, retire a panela do banho-maria e bata vigorosamente até que o merengue esfrie completamente. Ele deve ficar consistente e formando picos na ponta do batedor.

MASSAS DE TORTA

As massas de torta são produtos essenciais em confeitaria, que permitem preparar iguarias deliciosas seguindo a técnica adequada.

A massa doce (sucrée), a massa podre (brisée) e a massa amanteigada (sablée) são simples de fazer e demoram aproximadamente 15 minutos para ficar prontas. O preparo da massa folhada, por sua vez, leva um pouco mais de tempo, pois ela é mais trabalhosa e delicada.

Neste livro, os chefs decidiram aromatizar levemente as massas com farinha de amêndoa, mas esse ingrediente pode ser suprimido ou substituído por avelã em pó, baunilha ou cacau em pó, para variar os sabores.

MASSA DOCE (SUCRÉE) E MASSA AMANTEIGADA (SABLÉE)

A MASSA DOCE é extremamente rica, mas se adapta a inúmeras receitas de tortas com recheios mais compactos, como creme de amêndoa ou ganache de chocolate.

A MASSA AMANTEIGADA tem consistência granulada e crocante, exigindo cuidado na hora de ser aberta, pois é muito frágil. No entanto, sua textura é bastante agradável ao paladar. Ao contrário das massas doce e podre, ela só pode ser preparada pelo método sablage.

Há duas técnicas ou métodos para preparar a massa amanteigada e a massa doce, denominados "crémage" e "sablage".
O método crémage consiste em trabalhar primeiro a manteiga com o açúcar de confeiteiro (crémer) até ficar com consistência pastosa e depois incorporar os ovos. Só então se adicionam os outros ingredientes.
Pelo método sablage, mistura-se a manteiga diretamente com os ingredientes secos, em seguida esfrega-se a massa nas mãos, trabalhando-a com a ponta dos dedos (sabler) antes de amassá-la (fraser). O método sablage precisa de menos tempo de refrigeração do que o método crémage. Essa é sua grande vantagem.

RENDE 250 G DE MASSA DOCE
50 g de manteiga,
50 g de açúcar de confeiteiro,
1 colher (sopa) de farinha de amêndoa,
½ ovo (25 g),
105 g de farinha de trigo

Adapte as quantidades de ingredientes conforme a receita.

RENDE 250 G DE MASSA AMANTEIGADA
110 g de farinha de trigo,
65 g de manteiga,
45 g de açúcar de confeiteiro,
uma pitada de sal refinado,
1 colher (sopa) de farinha de amêndoa,
20 g de ovo

Adapte as quantidades de ingredientes conforme a receita.

MÉTODO CRÉMAGE

PREPARO : 15 MIN – REFRIGERAÇÃO : 1 HORA

[1] Em uma tigela, bata a manteiga até ficar com consistência pastosa.

[2] Junte o açúcar de confeiteiro e bata bem para obter a textura de uma pasta homogênea.

[3] Incorpore a farinha de amêndoa.

[4] Adicione o ovo e mexa bem.

[5] Por fim, adicione a farinha de trigo e misture bem até a massa ficar homogênea.

[6] Envolva-a em filme de PVC e leve-a à geladeira por 30 minutos.

MÉTODO SABLAGE

PREPARO : 15 MIN – REFRIGERAÇÃO : 30 MIN

[1] Em uma tigela, coloque a farinha, a manteiga, o açúcar de confeiteiro, o sal e a farinha de amêndoa.

[2] Trabalhe a massa esfregando-a entre as mãos e misture-a com a ponta dos dedos.

[3] Incorpore o ovo e misture com uma espátula de madeira.

[4] Disponha a massa em uma superfície de trabalho e amasse-a até obter uma consistência homogênea.

[5] Forme uma bola com a massa e achate-a levemente.

[6] Envolva-a em filme de PVC e leve-a à geladeira por 30 minutos.

MASSA PODRE DOCE (BRISÉE SUCRÉE)

PREPARO : 15 MIN
REFRIGERAÇÃO : 30 MIN

Rende 250 g de massa

125 g de farinha de trigo, 75 g de manteiga, 2 colheres (chá) de açúcar de confeiteiro, uma pitada de sal refinado, ½ ovo (30 g), 1 colher (chá) de água

Adapte as quantidades de ingredientes conforme a receita.

Unicamente pelo método sablage

A massa podre é menos frágil e contém menos manteiga e açúcar. É uma base ideal para recheios líquidos, como o das tortas de frutas.

1. Em uma tigela, coloque a farinha, a manteiga, o açúcar de confeiteiro e o sal.

2. Trabalhe a massa esfregando-a entre as mãos e misturando-a com a ponta dos dedos.

3. Incorpore o ovo e a água e misture com uma espátula de madeira.

4. Disponha a massa em uma superfície de trabalho e amasse-a até obter uma consistência homogênea.

5. Forme uma bola com a massa e achate-a levemente.

6. Envolva-a em filme de PVC e leve-a à geladeira por 30 minutos.

MASSA FOLHADA

PREPARO : 1 HORA
REFRIGERAÇÃO : 1H40

RENDE 500 G DE MASSA FOLHADA
Détrempe: 105 ml de água, 1 colher (chá) de sal refinado, 45 g de manteiga derretida quente, 190 g de farinha de trigo, 155 g de manteiga seca

A massa folhada é totalmente diferente das outras, tanto na textura quanto no modo de fazer. Ela é também mais trabalhosa e exige cuidado e delicadeza para que adquira o efeito folhado e a crocância que a caracterizam.
O preparo tem duas etapas: primeiro faz-se uma "détrempe", mistura à base de farinha, água, manteiga e sal; depois, incorpora-se a manteiga seca por "tourage", operação que consiste em dobrar a massa sobre ela mesma. Na massa folhada clássica, são feitas seis dobras. Os tempos de refrigeração também são importantes.
Existe ainda a massa folhada invertida, na qual a détrempe é envolvida em manteiga. Ela é usada no preparo do mil-folhas, de folhados ou tortas finas.

1. Despeje a água fria e o sal em uma tigela grande e incorpore a manteiga derretida quente.

2. Junte a farinha e misture a massa com uma espátula. A mistura obtida é chamada de "détrempe".

3. Coloque a détrempe em uma superfície de trabalho ligeiramente enfarinhada. Bata-a várias vezes e depois sove-a um pouco para deixá-la uniforme.

4. Abra a massa com um rolo. Envolva-a em filme de PVC e leve à geladeira por 30 minutos.

5. Amoleça a manteiga seca passando o rolo sobre ela.

6. Corte-a em um quadrado, recoloque o excesso de manteiga por cima e achate-a levemente.

⑦ Enfarinhe a superfície de trabalho e abra grosseiramente a détrempe.

⑧ Coloque a manteiga seca sobre ela e dobre-a, envolvendo a manteiga.

⑨ Bata delicadamente na détrempe para que ela envolva bem a manteiga.

⑩ Abra a massa com o rolo para a manteiga se incorporar bem a ela e formar um retângulo. Se precisar, use um pouco de farinha.

⑪ Dobre um terço da massa sobre ela mesma.

⑫ Em seguida, dobre o outro terço (1ª dobra).

⑬ Dobre a massa em quatro na mesa.

⑭ Achate novamente a massa para obter um triângulo.

⑮ Dobre um terço da massa, depois o outro terço (2ª dobra). Achate levemente a massa.

⑯ Marque a massa com os dedos para se lembrar de quantas dobras você já fez (2). Envolva a massa com filme de PVC e leve à geladeira por 20 minutos.

⑰ Retire a massa da geladeira, remova o filme e coloque-a na sua frente. Repita as operações anteriores (as duas dobras) até completar seis dobras ao todo, refrigerando a massa por 20 minutos a cada duas dobras.

⑱ Forme novamente um retângulo com a massa. Envolva-a em filme de PVC e refrigere por 30 minutos.

REVESTIR UM ARO
ou uma fôrma de torta/tortinha

REALIZAÇÃO : 10 MIN

Prepare a massa podre, amanteigada ou doce conforme a receita de torta de sua preferência.

Revestir corretamente um aro ou uma fôrma de torta/tortinha com uma massa caseira é uma técnica simples, mas indispensável para evitar danos à massa, a qual, nessa fase, em geral é frágil. Se você pressionar as bordas depois de aplicá-la, o resultado será mais bonito no final.

[1] Recorte na massa um disco de 3 mm de espessura com um diâmetro 5 cm maior que o do aro/fôrma, apoiando-o sobre a massa para ter uma referência.

[2] Enrole a massa em volta de um rolo e desenrole-a sobre o aro/fôrma untado, de forma que ela ultrapasse a borda.

[3] Disponha a massa no aro/fôrma, pressionando-a bem para cobrir as laterais até embaixo.

[4] Empurre um pouco a massa para o centro a fim de obter um pequeno excesso no alto do aro/fôrma.

[5] Passe o rolo na superfície do aro, apoiando-o firmemente para eliminar o excesso de massa.

[6] Belisque o excesso de massa com dois dedos e faça-o ultrapassar um pouco a borda do aro/fôrma. Leve à geladeira por 10 minutos se for pré-assar a base de torta em seguida.

PRÉ-ASSAR
uma massa de torta

COZIMENTO: 10 MIN

Prepare a massa escolhida, disponha-a no aro ou na fôrma de torta/tortinha (ver procedimento na p. 493) e leve à geladeira por 10 minutos.

Pré-assar uma massa é assar parcialmente uma base de torta antes de acrescentar o recheio (creme, frutas) e continuar o cozimento.
Esse procedimento é usado para as frutas que não aguentam muito tempo no forno, para um recheio que encharcaria a massa crua ou ainda quando o tempo de cozimento do recheio é menor que o da massa.

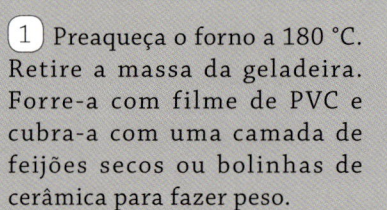

[1] Preaqueça o forno a 180 °C. Retire a massa da geladeira. Forre-a com filme de PVC e cubra-a com uma camada de feijões secos ou bolinhas de cerâmica para fazer peso.

[2] Envolva os feijões (ou as bolinhas) com o filme, sem encostar demais na massa.

[3] Leve ao forno por cerca de 10 minutos (a massa não deve dourar). Retire do fogo e remova o filme com os feijões (ou as bolinhas).

TEMPERAGEM
por adição

PREPARO: 30 MIN

Adapte as quantidades de ingredientes conforme a receita.

O chocolate ao leite é derretido a 45 °C e resfriado a 28 °C-30 °C.

O chocolate branco é derretido a 40 °C e resfriado a 28 °C-30 °C.

[1] Aqueça o chocolate amargo em banho-maria até atingir 45 °C-50 °C.

[2] Retire-o do banho-maria e acrescente um terço do chocolate picado.

[3] Misture até que o chocolate adicionado derreta e esfrie a massa, deixando-a com 30 °C a 32 °C.

Faça um teste para saber se o chocolate está bem temperado e pronto para ser usado.

TEMPERAGEM
do chocolate em banho-maria

PREPARO : 30 MIN

Adapte as quantidades de ingredientes conforme a receita.

O chocolate ao leite é derretido a 45 °C, resfriado a 26 °C e reaquecido a 29 °C.

O chocolate branco é derretido a 40 °C, resfriado a 25 °C e reaquecido a 28 °C.

[1] Pique o chocolate amargo (prefira o para cobertura). Coloque água fria em uma tigela grande e derreta o chocolate em banho-maria. A água deve ficar borbulhante, mas sem ferver, e evite que ela respingue no chocolate, senão ele pode perder o ponto e a fluidez.

[2] Quando a temperatura atingir 45 °C, retire o chocolate do banho-maria e coloque-o para esfriar em uma tigela grande com água fria, mexendo-o continuamente com uma espátula de silicone até chegar a 27 °C.

[3] Retire o chocolate da tigela com água e reaqueça-o em banho-maria, mexendo levemente, várias vezes, para que a tigela não esquente demais e aumente a temperatura do chocolate. Quando ela atingir 30 °C, remova imediatamente o chocolate do banho-maria. Ele deve estar liso, brilhante e, portanto, pronto para ser utilizado (o chocolate pode ser usado entre 30 °C e 32 °C).

Faça um teste para saber se o chocolate está bem temperado e pronto para ser usado.

TESTE O CHOCOLATE

[1] Despeje um pouco de chocolate temperado em um pedaço de papel-alumínio. Leve-o à geladeira por 7 minutos para endurecer e descole-o do papel.

[2] Se o pedaço de chocolate estiver liso e brilhante e estalar facilmente, o chocolate temperado estará no ponto.

GLOSSÁRIO

Açúcar invertido
Produto edulcorante com poder de adoçar 25% maior que o do açúcar tradicional.

Açúcar mascavo
Açúcar de beterraba ou de cana refinado, de consistência mais cremosa que a do açúcar comum. É encontrado em várias tonalidades, e as mais comuns são dourado e marrom.

Ágar-ágar
Produto gelificante vegetal usado como substituto da gelatina. No entanto, o ágar-ágar tem um poder gelificante oito vezes maior e seu modo de utilização é diferente do da gelatina.

Alisar
Bater energicamente um recheio consistente para torná-lo mais leve e cremoso.

Amido de milho
É a farinha feita do amido de milho, usada em culinária e em confeitaria por suas propriedades espessantes e gelificantes, deixando bolos e massas mais leves e aerados.

Apurar
Cozinhar bem lentamente uma preparação até ficar com consistência de compota ou geleia.

Aro de confeitaria
Aro de metal de diversos diâmetros (de 6 cm a 34 cm) e alturas, utilizado para assar massas de sobremesa. Os confeiteiros preferem usar aros em vez de fôrmas para preparar tortas e flãs, pois facilitam o trabalho de desenformar.

Banho-maria
Modo de cozimento ou de aquecimento que consiste em colocar o recipiente que contém a preparação em uma panela com água fervente. Esse método é usado em alguns casos: quando a mistura não deve ser fervida diretamente (como o zabaione); para conservar o calor (como molhos); ou para aquecer suavemente um ingrediente (como o chocolate).

Bater
Misturar uma preparação com um batedor manual ou mixer, para torná-la espumante, cremosa ou consistente.

Bico
Peça cônica e oca de metal ou de plástico, encaixada na ponta do saco de confeitar para dispor preparações na fôrma ou decorar sobremesas. Ele pode ser liso ou canelado.

Boleador
Pequena colher redonda e curva que serve para cavar bolinhas na polpa de frutas ou legumes.

Branquear
1. Bater gemas com açúcar até a mistura ficar esbranquiçada e espessa.
2. Mergulhar um alimento (como frutas cítricas ou legumes) em água fervente para pré-cozê-lo, amolecê-lo ou eliminar seu amargor.

Caramelizar
1. Cozinhar o açúcar até ficar dourado. Com ele é possível cobrir sobremesas ou doces ou preparar calda de caramelo.
2. Revestir uma fôrma com caramelo.
3. Dourar uma sobremesa (como crème brûlée) no forno.
4. Acrescentar caramelo a uma preparação para aromatizá-la.
5. Cobrir carolinas com caramelo.

Chantili
Creme de leite batido, acrescido de açúcar e baunilha.

Chinois
Peneira de tela bem fina, de metal ou inox, em formato de cone e com cabo comprido. Ela tem esse nome porque parece um chapéu de chinês.

Chocolate para cobertura
Chocolate de boa qualidade que contém no mínimo 32% de manteiga de cacau. Por suas propriedades, ele é usado para fazer a temperagem.

Cobertura de chocolate (pâte à glacer)
Preparação composta de cacau em pó, açúcares e produtos lácteos, finamente moídos e acrescidos de gordura vegetal. É usada para cobrir sobremesas e outras receitas de confeitaria para obter um acabamento brilhante e crocante.

Cobrir
1. Aplicar cobertura em uma sobremesa para dar-lhe um bom acabamento, deixando-a mais atraente.
2. Revestir uma sobremesa com coulis ou creme.
3. Diz-se quando o creme de confeiteiro é cozido até atingir certa consistência capaz de recobrir totalmente as costas de uma colher.

Conserva
Diz-se de um alimento que é impregnado de um ingrediente (açúcar, vinagre, álcool) para ser conservado.

Cortador
Utensílio de metal ou material sintético, de diversos formatos (redondo, oval, semicircular etc.), usado para recortar formas em uma massa estendida.

Coulis
Purê líquido e consistente, feito com frutas frescas ou cozidas batidas com ou sem açúcar e depois coadas.

Cova
Depressão feita em um monte de farinha, na mesa de trabalho, na qual se colocam os outros ingredientes necessários para preparar uma massa.

Creme batido
Creme de leite fresco batido até ficar consistente e formando picos na ponta do batedor.

Creme de confeiteiro
Creme grosso preparado com leite, gemas, açúcar e farinha de trigo, tradicionalmente aromatizado com baunilha, usado para decorar inúmeros preparos de confeitaria. A farinha pode ser substituída por amido de milho.

Creme inglês
Creme de baunilha feito de leite, gemas e açúcar que acompanha várias sobremesas, sendo também a preparação de base das coberturas. A baunilha que entra em sua composição pode ser substituída por outro aromatizante, como chocolate, pistache etc.

Crémer
1. Bater manteiga com açúcar até que a mistura fique cremosa e esbranquiçada.
2. Incorporar creme a uma preparação.

Crescer, fermentar
Aumentar de volume (uma massa) sob o efeito do fermento biológico.

Derreter
Aquecer um alimento sólido ou pastoso, como manteiga, chocolate etc., para torná-lo mais fluido, líquido.

Descaroçar
Retirar o miolo ou as sementes de um alimento (como uma maçã).

Dessecar
Eliminar o excesso de água de uma preparação aquecendo-a no fogo e mexendo-a sem parar com uma colher de pau até se desgrudar das laterais da panela e envolver a colher (massa choux, pâte de fruit etc.).

Détrempe
Mistura de farinha de trigo, água e sal. É o primeiro passo do preparo da massa folhada.

Diluir
1. Abaixar o grau de cozimento de uma preparação (como caramelo, calda de açúcar), adicionando água fria aos poucos, para obter uma consistência mole.
2. Dissolver uma substância em um líquido.

Dobrar
Incorporar manteiga a uma massa com o rolo várias vezes (massa folhada, massa de croissant etc.).

Dourar
1. Deixar uma preparação no fogo ou no forno para adquirir tom dourado.
2. Pincelar uma massa com gema ou um ovo inteiro batido para que, depois de assada, ela fique com uma crosta brilhante e colorida.

Embeber
Impregnar uma preparação (como baba, génoise etc.) de calda ou álcool para aromatizá-la e dar-lhe consistência cremosa.

Enfarinhar
Cobrir uma mesa de trabalho, uma preparação, uma fôrma ou assadeira com uma fina camada de farinha.

Envolver
Recobrir totalmente um alimento com uma camada relativamente grossa de outros ingredientes, como chocolate, cacau, açúcar etc.

Enxugar ou escorrer
Absorver o excesso de líquido ou de gordura de um alimento fazendo-o escorrer em um pano de prato ou papel-toalha.

Espetar
Fazer furinhos com um garfo na base de uma torta para que ela não se estufe ao assar.

Essência
Extrato bem concentrado de um ingrediente (como café, baunilha etc.) usado para aromatizar uma preparação.

Fatiar
Cortar um alimento em fatias bem finas e regulares.

Fécula de batata
Pó branco finíssimo obtido da moagem de batatas secas. Em culinária, ela é usada principalmente por suas propriedades espessantes. Em confeitaria, dá suavidade às sobremesas, deixando-as cremosas.

Fermento biológico
Microrganismo vivo utilizado na fabricação de pães ou produtos assemelhados. Em meios farinhosos, úmidos e quentes, ele produz uma fermentação que libera gás carbônico. Quando o gás tenta escapar, permite o crescimento da massa.

Fermento químico em pó
Pó químico inodoro, composto de bicarbonato de sódio e cremor de tártaro, à venda em sachês ou potinhos. Para agir, o fermento químico em pó precisa de calor e umidade: quando se trabalha a massa, ele entra em contato com os produtos úmidos.

Folhas de acetato
Folhas ou fitas de plástico grossas usadas para revestir as laterais dos aros durante o preparo de musses ou cremes.

Fondant
Preparação à base de açúcar, água e glucose usada para confeitar bolos, sobremesas e outras criações, como mil-folhas, carolinas, religieuses ou bombas.

Forrar
1. Guarnecer o fundo e as laterais de uma fôrma com massa previamente aberta.
2. Recobrir uma fôrma com massa ou papel-manteiga.

Fraiser ou fraser
Estender uma massa com a palma da mão para torná-la homogênea sem trabalhá-la demais.

Fremir
Aquecer um líquido em ebulição lenta, quando se formam apenas bolhinhas.

Fritar
Cozinhar alimentos mergulhando-os em óleo quente.

Ganache
Mistura de creme de leite e chocolate picado usada para decorar sobremesas, rechear bolos ou bombons.

Gelatina
Produto gelificante incolor, inodoro e sem sabor, apresentado em forma de folhas. Para utilizá-las, deve-se amolecê-las previamente em água fria, depois escorrê-las. A gelatina também é comercializada em pó, com ou sem sabor.

Geleia de brilho
Gel líquido, inodoro e incolor, à base de geleia (de damasco ou framboesa), usado

GLOSSÁRIO

para cobrir bolos e tortas de frutas, deixando-os com um aspecto brilhante e apetitoso.

Génoise
Preparação leve composta de uma mistura de açúcar e ovos aquecida em banho-maria, resfriada e acrescida de farinha de trigo. Ela serve de base para inúmeros bolos, podendo ser incrementada com vários ingredientes, como amêndoas, avelãs, chocolate etc.

Glaçar
Recobrir a superfície de uma sobremesa com glaçagem ou açúcar de confeiteiro, para deixá-la mais atraente e apetitosa.

Glacê de açúcar (pâte à sucre)
Preparação feita de açúcar de confeiteiro, claras, corantes alimentícios e glucose líquida. Fácil de aplicar, essa pasta é utilizada para decorar bolos e sobremesas.

Glucose
Xarope incolor de textura espessa e viscosa, usado em confeitaria por suas propriedades anticristalizantes. Serve também para conservar os alimentos e aumenta a cremosidade de sobremesas e bolos.

Incorporar
Adicionar um ingrediente a uma preparação e mexer muito bem. Por exemplo, incorporar a manteiga à farinha de trigo.

Infundir
Despejar um líquido fervente sobre uma substância aromática para extrair bem seu aroma.

Laminar
Cortar frutas secas, como amêndoas, em lâminas finas no sentido do comprimento, à mão ou à máquina.

Macerar
Mergulhar frutas secas, frescas ou cristalizadas em um líquido (álcool, xarope, chá) para absorver seu aroma.

Manteiga clarificada
Manteiga aquecida em fogo baixo para remover as partículas sólidas do leite. Ela queima menos e rança mais devagar do que a manteiga comum.

Manteiga cremosa
Manteiga em temperatura ambiente, trabalhada com uma espátula até adquirir consistência cremosa, ficando macia e bem clara.

Manteiga de cacau
Matéria gordurosa com leve odor de cacau e sabor quase neutro resultante da moagem das amêndoas de cacau durante a fabricação do cacau em pó. Ela entra na composição do chocolate.

Manteiga noisette
A manteiga noisette, também conhecida como manteiga marrom, é derretida no fogo baixo até ficar amarronzada e as partículas sólidas do soro do leite grudarem no fundo da panela, produzindo um leve odor de avelã. Daí vem seu nome ("noisette" é avelã em francês).

Marmorizado
Diz-se de uma sobremesa composta de duas preparações tecnicamente idênticas, mas de cores contrastantes (bolo marmorizado, cobertura marmorizada etc.).

Merengue
Mistura de claras batidas em neve e açúcar. Há três tipos de merengue:
1. O merengue francês, em que as claras em neve são acrescidas de açúcar aos poucos.
2. O merengue italiano, em que se incorpora calda de açúcar às claras em neve.
3. O merengue suíço, em que as claras e o açúcar são batidos em banho-maria.

Mistura para dourar
Usada para dourar massas antes de serem assadas, é feita de ovo ou de gema batidos com água.

Moldar
Dar um formato especial a uma preparação.

Montar
Bater vigorosamente um ingrediente (como claras, creme de leite) ou uma mistura para dar-lhe volume e formar picos.

Nibs de cacau
São lascas de amêndoas de cacau levemente torradas e trituradas. São encontradas em lojas especializadas.

Pão de ló
Massa leve à base de gemas, açúcar, farinha de trigo e claras batidas em neve. É assada em discos de diversos formatos e utilizada, por exemplo, na montagem de entremets.

Pasta de cacau
Pasta feita com amêndoas de cacau moídas. Ela é a matéria-prima de todos os produtos à base de cacau ou chocolate. À venda em lojas especializadas.

Pâton
Massa folhada que já passou pelas dobras, mas ainda não foi modelada ou assada.

Pectina
De origem vegetal, a pectina é apreciada por suas propriedades estabilizante, gelificante e espessante. Há vários tipos do produto, entre eles a pectina NH e a pectina amarela.

Pelar
Tirar a pele de frutas (amêndoas, pêssegos, pistaches) depois de aferventá-las.

Peneirar
1. Passar uma preparação líquida ou semilíquida em coador ou peneira para eliminar as partículas sólidas.
2. Passar um ingrediente (como cacau, farinha, açúcar, fermento) na peneira para retirar os grumos.

Picar
Cortar em pedaços pequenos, com faca ou triturador, frutas cristalizadas, chocolate, avelãs, amêndoas etc.

Pitada
Pequena quantidade de um ingrediente reduzido a pó (como sal, açúcar etc.). Costuma-se pegá-la com o polegar e o indicador.

Pocher
Cozinhar um alimento em um líquido mantido em baixa fervura, como frutas em uma calda.

Ponto de fita
Diz-se de uma preparação que, depois de batida o suficiente, está lisa, homogênea e escorre do batedor sem se quebrar, formando uma fita.

Pralin
Preparação à base de amêndoas ou avelãs caramelizadas e moídas. É vendida em sachês em lojas especializadas.

Praliner
1. Aromatizar uma preparação com pasta de pralin.
2. Etapa da fabricação do praliné: envolver amêndoas ou avelãs com açúcar queimado.

Quenelle
É uma técnica bastante usada atualmente pelos chefs para servir purês, sorvetes e sorbets. Na verdade, "quenelle" é um bolinho. Por associação, o nome acabou sendo utilizado para se referir à técnica de moldar uma preparação em formato oval com a ajuda de duas colheres idênticas.

Raspas
São o produto da raspagem da casca de frutas cítricas, como laranja ou limão. Costuma-se acrescentá-las a uma preparação para aromatizá-la.

Rechear
Preencher uma preparação salgada ou doce com um recheio (como bombas recheadas, mil-folhas etc.).

Recortar
Cortar formas em uma massa estendida com uma faca ou cortador.

Reduzir
Manter um líquido em ebulição para que ele evapore e diminua de volume. A preparação fica mais espessa e os sabores, mais concentrados.

Reservar
Manter de lado por algum tempo, no calor ou na geladeira, preparados destinados a serem usados mais tarde, durante a realização da receita.

Revestir
Dispor uma preparação ou uma massa em intervalos regulares em uma fôrma com um saco de confeitar provido de um bico liso ou canelado.

Riscar
Fazer traços decorativos, com a ponta de uma faca, sobre uma massa pincelada com ovos e pronta para ir ao forno.

Sabler
Misturar farinha com manteiga até a massa ficar com consistência granulada.

Socar
Triturar um ingrediente com um martelo ou amassá-lo grosseiramente com um pilão.

Sovar
Misturar e trabalhar os ingredientes de uma massa.

Temperagem
A temperagem é um processo de aquecimento e resfriamento intermitentes para que o produto fique brilhante, resistente e maleável. Depois de temperado, o chocolate pode ser usado como cobertura de sobremesas e bombons ou para fazer moldagens.

Termômetro culinário
Utensílio que marca a temperatura exata de um alimento ou preparação enquanto está cozinhando. Alguns deles vêm com sensor.

Tostar
Assar uniformemente, em forno aquecido, frutas secas como nozes, amêndoas, pistaches, amendoins etc. para dourá-las e liberar seus aromas.

Trabalhar
Bater ou misturar vigorosamente uma preparação com as mãos, com um utensílio ou batedeira para incorporar ar ou outros ingredientes, deixando-a com consistência espessa ou mais lisa.

Turbiner (enformar)
Dispor uma mistura em uma sorveteira até ficar sólida, seja em ponto de sorvete ou de sorbet.

Untar
1. Aplicar óleo ou qualquer matéria gordurosa em um recipiente, com pincel ou com as mãos, para que a preparação não grude nele ao ser aquecida.
2. Cobrir uma fôrma ou assadeira com uma fina camada de óleo para que a preparação não grude no fundo.

ÍNDICE DAS RECEITAS
por ordem alfabética

B

Baba de maracujá e coco 60
Barrinhas de caramelo e chocolate tipo mendiant 412
Biscoito Joconde 485
Biscoitos recheados com chocolate... 390
Bolo de torrone e tangerina 286
Bolo de pera, cereja e damasco 56
Bolo fresco de limão-siciliano 268
Bolo mármore de chocolate 90
Bomba crocante de caramelo com manteiga salgada 166
Bombas de abacaxi 146
Bomba de chocolate e framboesa 106
Bomba de violeta 124
Brownie 366

C

Caramelos de framboesa e spéculoos 450
Caramelos de torta de limão 458
Carolina crocante de chocolate 110
Carolina de yuzu, chocolate e caramelo 134
Cheesecake com geleia de framboesa . 50
Cookies de nozes e gotas de chocolate 374
Creme chantili 482
Creme de confeiteiro 480
Creme inglês 481
Cubos de baunilha com amores-perfeitos cristalizados 260

D

Dacquoise de figos, manga e especiarias 34
Domos cremosos de chocolate e cassis 300
Domo de coco e manga 292

E

Entremet crocante de laranja e praliné . 280
Entremet de aloe vera e morangos silvestres 308
Entremet de castanha, chocolate e damasco 314

F

Financiers de chocolate 358
Financiers de coco e framboesa 346
Floresta Negra.................... 84
Fondant de maçã à moda tatin 42
Fraisier (bolo-musse de morango) 94

G

Génoise 484

M

Macarons bicolores de chocolate e banana 394
Macarons de coco 350
Macarons de framboesa 362
Macarons de manga e especiarias ... 354
Macaronnade com pétalas de rosa cristalizadas 24
Macaronnade de chocolate e café ... 338
Maçãzinhas do amor 418
Madalenas grandes 378
Marshmallows de chocolate 434
Massa amanteigada 488
Massa choux 483
Massa doce 488
Massa folhada 491
Massa podre doce 490
Merengue francês 486
Merengue italiano 487
Merengue suíço 487
Mil-folhas de chantili de baunilha e frutas frescas 140
Minicheesecakes de mirtilo......... 156
Minifinanciers de pistache de Bronte e cereja 370
Mont-blanc de laranja kinkan 128
Muffins de manga e gotas de chocolate 382

O

Opéra de chocolate e pistache 326

P

Paris-brest revisitado com recheio
   tropical 150
Pâtes de fruit de framboesa e
   amêndoa 442
Pâtes de fruit de manga 408
Pavê suíço. 100
Prestígio de chocolate, cumaru e
   frutas vermelhas. 252
Petiscos de chá matcha 454
Petit gâteau de chocolate e recheio
   cremoso 172
Picolés de chocolate e laranja 428
Pirulitos de cassis e praliné 446
Pirulitos de limão, chocolate e
   framboesa 400
Pirulitinhos de maracujá e chocolate 422
Pré-assar uma massa de torta 494

R

Religieuses de coco e gengibre 120
Revestir um aro ou uma fôrma de
   torta/tortinha 493

S

Sablé bretão de chocolate e banana . . . 46
Sablé bretão de merengue e
   limão-siciliano. 114
Sablés de damasco 386
Sobremesa à moda de Saint-Tropez . . . 66
Suflê quente de baunilha 162

T

Temperagem do chocolate em
   banho-maria 495
Temperagem por adição 494
Torrone 438
Torta crocante de chocolate 274
Torta crocante de frutas vermelhas
   e chocolate branco 72
Torta de chocolate e frutas vermelhas 332
Torta de chocolate e praliné com frutas
   secas caramelizadas 188
Torta caramelizada de maracujá 184
Torta de damasco, avelã e canela 198
Torta de maçã e avelã com creme
   praliné 224
Torta de maracujá e chocolate 218
Torta de mirtilo 202
Torta de morango com yuzu 238
Torta de pera e cumaru 78
Torta de ruibarbo aromatizada com
   açafrão 242
Torta de Reis 320
Torta-musse de coco com framboesas 206
Torta-merengue de grapefruit 212
Torta tipo sablé bretão com frutas
   frescas e abacaxi caramelizado 178
Tortinhas de chocolate e
   marshmallow 192
Tortinhas de crème brûlée com frutas
   frescas 234
Tortinhas de figo com lascas de
   amêndoa. 246
Tortinhas de limão e hortelã com frutas
   vermelhas. 228
Trufas de chocolate. 404

W

Week-end de limão 30

ÍNDICE DAS RECEITAS
por ingredientes

ABACAXI

Bombas de abacaxi 146

Torta tipo sablé bretão com frutas frescas e abacaxi caramelizado 178

AÇÚCAR CRISTAL

Torta crocante de frutas vermelhas e chocolate branco 72

AÇÚCAR INVERTIDO

Caramelos de framboesa e spéculoos 450

Caramelos de torta de limão 458

Marshmallows de chocolate 434

Tortinhas de chocolate e marshmallow 192

ÁGAR-ÁGAR

Petiscos de chá matcha 454

ALOE VERA

Entremet de aloe vera e morangos silvestres 308

AMÊNDOAS

Barrinhas de caramelo e chocolate tipo mendiant 412

Biscoitos recheados com chocolate 390

Bolo de torrone e tangerina 286

Bomba de chocolate e framboesa 106

Bombas de abacaxi 146

Cubos de baunilha e amores-perfeitos cristalizados 260

Dacquoise de figos, manga e especiarias 34

Domos cremosos de chocolate e cassis 300

Domos de coco e manga 292

Entremet crocante de laranja e praliné 280

Entremet de castanha, chocolate e damasco 314

Financiers de chocolate 358

Financiers de coco e framboesa 346

Fraisier (bolo-musse de morango) 94

Macaronnade com pétalas de rosa cristalizadas 24

Macaronnade de chocolate e café 338

Macarons bicolores de chocolate e banana 394

Macarons de coco 350

Macarons de framboesa 362

Macarons de manga e especiarias 354

Minifinanciers de pistache de Bronte e cereja 370

Opéra de chocolate e pistache 326

Paris-brest revisitado com recheio tropical 150

Pâtes de fruit de framboesa e amêndoa 442

Pavê suíço 100

Picolés de chocolate e laranja 428

Pirulitos de limão, chocolate e framboesa 400

Pirulitos de maracujá e chocolate 422

Prestígio de chocolate, cumaru e frutas vermelhas 252

Sablé bretão de merengue e limão-siciliano 114

Sablés de damasco 386

Torrone 438

Torta caramelizada de maracujá 184

Torta crocante de chocolate 274

Torta de chocolate e frutas vermelhas 332

Torta de chocolate e praliné com frutas secas caramelizadas 188

Torta de maçã e avelã com creme praliné 224

Torta de maracujá e chocolate 218

Torta de mirtilo 202

Torta de morango com yuzu 238

Torta de pera e cumaru 78

Torta de ruibarbo aromatizada com açafrão 242

Torta de Reis 320

Torta-musse de coco com framboesas 206

Torta-merengue de grapefruit 212

Tortinhas de chocolate e marshmallow 192

Tortinhas de crème brûlée com frutas frescas 234

Tortinhas de figo com lascas de amêndoa 246

Tortinhas de limão e hortelã com frutas vermelhas 228

AMÊNDOAS CONFEITADAS

Tortinhas de figo com lascas de amêndoa 246

AMÊNDOAS LAMINADAS

Bolo de torrone e tangerina 286

Entremet crocante de laranja e praliné 280

Paris-brest revisitado com recheio tropical 150

AMORA

Prestígio de chocolate, cumaru e frutas vermelhas 252

ANIS-ESTRELADO

Dacquoise de figos, manga e especiarias 34

AVELÃ

Barrinhas de caramelo e chocolate tipo mendiant 412

Domos cremosos de chocolate e cassis 300

Entremet crocante de laranja e praliné 280

Entremet de aloe vera e morangos silvestres 308

Paris-brest revisitado com recheio tropical 150

Petit gâteau de chocolate e recheio cremoso 172

Sablé bretão de chocolate e banana 46

Torrone 438

Torta de chocolate e praliné com frutas secas caramelizadas 188

Torta de damasco, avelã e canela 198

Torta de maçã e avelã com creme praliné 224

Tortinhas de figo com lascas de amêndoa 246

BANANA

Macarons bicolores de chocolate e banana 394

Sablé bretão de chocolate e banana 46

BAUNILHA

Barrinhas de caramelo e chocolate tipo mendiant 412

Bolo mármore de chocolate 90

Bomba crocante de caramelo com manteiga salgada 166

Bomba de chocolate e framboesa 106

Bombas de abacaxi 146

Brownie 366

Cubos de baunilha com amores-perfeitos cristalizados 260

Domos de coco e manga 292

Floresta Negra 84

Macarons de manga e especiarias 354

Maçãzinhas do amor 418

Madalenas grandes 378

Mil-folhas de chantili de baunilha e frutas frescas 140

Minicheesecakes de mirtilo 156

Pavê suíço 100

Sobremesa à moda de Saint-Tropez 66

Suflê quente de baunilha 162

Torta de chocolate e praliné com frutas secas caramelizadas 188

Torta de damasco, avelã e canela 198

Torta de mirtilo 202

Torta tipo sablé bretão com frutas frescas e abacaxi caramelizado 178

Tortinhas de crème brûlée com frutas frescas 234

Tortinhas de limão e hortelã com frutas vermelhas 228

Trufas de chocolate 404

CACAU (MANTEIGA DE)

Caramelos de framboesa e spéculoos 450

Cubos de baunilha e amores-perfeitos cristalizados 260

Domos de coco e manga 292

Macaronnade de chocolate e café 338

Pirulitinhos de maracujá e chocolate 422

Pirulitos de limão, chocolate e framboesa 400

Prestígio de chocolate, cumaru e frutas vermelhas 252

CACAU (PASTA DE)

Bolo mármore de chocolate 90

Brownie 366

Marsmallows de chocolate 434

CANELA

Bolo mármore de chocolate 90

Dacquoise de figos, manga e especiarias 34

Fondant de maçã à moda tatin 42

Maçãzinhas do amor 418

Torta de damasco, avelã e canela 198

Trufas de chocolate 404

CARAMELO

Bomba crocante de caramelo com manteiga salgada 166

Carolina de yuzu, chocolate e caramelo 134

Petit gâteau de chocolate e recheio cremoso 172

Torta de pera e cumaru 78

ÍNDICE DAS RECEITAS

CASSIS

Domos cremosos de chocolate e cassis 300

Pirulitos de cassis e praliné 446

Prestígio de chocolate, cumaru e frutas vermelhas 252

Torta de chocolate e frutas vermelhas 332

Tortinhas de limão e hortelã com frutas vermelhas 228

CASTANHA PORTUGUESA

Entremet de castanha, chocolate e damasco 314

Macarons bicolores de chocolate e banana 394

Macarons de coco 350

Mont-blanc de laranja kinkan 128

CEREJAS

Bolo de pera, cereja e damasco 56

Floresta Negra 84

Minifinanciers de pistache de Bronte e cereja 370

CHÁ MATCHA

ver matcha

CHOCOLATE AO LEITE

Barrinhas de caramelo e chocolate tipo mendiant 412

Bomba de chocolate e framboesa 106

Carolina de yuzu, chocolate e caramelo 134

Entremet crocante de laranja e praliné 280

Entremet de castanha, chocolate e damasco 314

Floresta Negra 84

Macarons bicolores de chocolate e banana 394

Picolés de chocolate e laranja 428

Pirulitinhos de maracujá e chocolate 422

Pirulitos de cassis e praliné 446

Sablé bretão de chocolate e banana 46

Torta de chocolate e frutas vermelhas 332

Torta de maracujá e chocolate 218

Trufas de chocolate 404

CHOCOLATE AMARGO

Barrinhas de caramelo e chocolate tipo mendiant 412

Brownie 366

Carolina crocante de chocolate 110

Cookies de nozes e gotas de chocolate 374

Domos cremosos de chocolate e cassis 300

Entremet crocante de laranja e praliné 280

Financiers de chocolate 358

Macaronnade de chocolate e café 338

Macarons bicolores de chocolate e banana 394

Petit gâteau de chocolate e recheio cremoso 172

Pirulitinhos de maracujá e chocolate 422

Pirulitos de cassis e praliné 446

Pirulitos de limão, chocolate e framboesa 400

Prestígio de chocolate, cumaru e frutas vermelhas 252

Torta crocante de chocolate 274

Torta de chocolate e praliné com frutas secas caramelizadas 188

Torta de maracujá e chocolate 218

Tortinhas de chocolate e marshmallow 192

Trufas de chocolate 404

CHOCOLATE BRANCO

Caramelos de torta de limão 458

Carolina de yuzu, chocolate e caramelo 134

Cubos de baunilha com amores-perfeitos cristalizados 260

Domos de coco e manga 292

Macaronnade de chocolate e café 338

Macaronnade com pétalas de rosa cristalizadas 24

Macarons de coco 350

Macarons de manga e especiarias 354

Petiscos de chá matcha 454

Torta crocante de chocolate 274

Torta crocante de frutas vermelhas e chocolate branco 72

CHOCOLATE PARA COBERTURA

Barrinhas de caramelo e chocolate tipo mendiant 412

Bolo de torrone e tangerina 286

Macaronnade de chocolate e café 338

Macaronnade com pétalas de rosa cristalizadas 24

Mont-blanc de laranja kinkan. 128

Opéra de chocolate e pistache 326

Picolés de chocolate e laranja 428

Pirulitinhos de maracujá e chocolate 422

Pirulitos de cassis e praliné 446

Prestígio de chocolate, cumaru e frutas vermelhas 252

Sablé bretão de chocolate e banana 46

Torta de chocolate e praliné com frutas secas caramelizadas 188

Trufas de chocolate 404

COBERTURA DE CHOCOLATE (PÂTE A GLACER)

Entremet crocante de laranja e praliné 280

Financiers de chocolate 358

Pirulitos de limão, chocolate e framboesa 400

COCO

Baba de maracujá e coco 60

Dacquoise de figos, manga e especiarias 34

Domos de coco e manga 292

Financiers de coco e framboesa 346

Macarons de coco 350

Religieuses de coco e gengibre 120

Torta-musse de coco com framboesas 206

Tortinhas de crème brûlée com frutas frescas 234

CREAM CHEESE

Cheesecake com geleia de framboesa 50

Minicheesecakes de mirtilo 156

CREME DE AVELÃ

Bolo fresco de limão-siciliano 268

Petit gâteau de chocolate e recheio cremoso 172

CUMARU (SEMENTE)

Prestígio de chocolate, cumaru e frutas vermelhas 252

Torta de pera e cumaru 78

DAMASCO

Baba de maracujá e coco 60

Barrinhas de caramelo e chocolate tipo mendiant 412

Bolo de pera, cereja e damasco seco 56

Entremet de castanha, chocolate e damasco 314

Pâtes de fruit de framboesa e amêndoa 442

Pâtes de fruit de manga 408

Sablés de damasco 386

Torta de damasco, avelã e canela 198

Torta de mirtilo 202

Week-end de limão 30

ESPECIARIAS

Dacquoise de figos, manga e especiarias 34

Macarons de manga e especiarias 354

ESSÊNCIA DE CAFÉ

Macaronnade de chocolate e café 338

FIGO

Barrinhas de caramelo e chocolate tipo mendiant 412

Dacquoise de figos, manga e especiarias 34

Mil-folhas de chantili de baunilha e frutas frescas 140

Tortinhas de figo com lascas de amêndoa 246

Tortinhas de crème brûlée com frutas frescas 234

FÍSALIS

Tortinhas de crème brûlée com frutas frescas 234

FLOCOS DE ARROZ

Torta crocante de frutas vermelhas e chocolate branco 72

FOLHA DE OURO COMESTÍVEL

Bolo crocante de chocolate 274

FRAMBOESA

Bomba de chocolate e framboesa 106

Bomba de violeta 124

Caramelos de framboesa e spéculoos 450

Cheesecake com geleia de framboesa 50

Dacquoise de figos, manga e especiarias 34

Financiers de coco e framboesa 346

Fraisier (bolo-musse de morango) 94

Macarons de framboesa 362

Maçãzinhas do amor 418

Mil-folhas de chantili de baunilha e frutas frescas 140

Pâtes de fruit de framboesa e amêndoa 442

Petiscos de chá matcha 454

Petit gâteau de chocolate e recheio cremoso 172

- ÍNDICE DAS RECEITAS -

Pirulitos de limão, chocolate e framboesa 400

Prestígio de chocolate, cumaru e frutas vermelhas 252

Torta crocante de frutas vermelhas e chocolate branco 72

Torta de chocolate e frutas vermelhas 332

Torta-musse de coco com framboesas 206

Torta tipo sablé bretão com frutas frescas e abacaxi caramelizado 178

Tortinhas de limão e hortelã com frutas vermelhas 228

FRUTAS VERMELHAS

Torta crocante de frutas vermelhas e chocolate branco 72

e ver amora, cassis, framboesa, grenadine, groselha, mirtilo, morango

GENGIBRE

Religieuses de coco e gengibre 120

GRAPEFRUIT

Carolina de yuzu, chocolate e caramelo 134

Torta tipo sablé bretão com frutas frescas e abacaxi caramelizado 178

Torta-merengue de grapefruit 212

GRENADINE

Torta-merengue de grapefruit 212

GROSELHA

Fraisier (bolo-musse de morango) 94

Mil-folhas de chantili de baunilha e frutas frescas 140

Prestígio de chocolate, cumaru e frutas vermelhas 252

Torta tipo sablé bretão com frutas frescas e abacaxi caramelizado 178

Tortinhas de limão e hortelã com frutas vermelhas 228

HORTELÃ

Tortinhas de limão e hortelã com frutas vermelhas 228

KIRSCH

Floresta Negra 84

Fraisier (bolo-musse de morango) 94

Macaronnade com pétalas de rosa cristalizadas 24

Opéra de chocolate e pistache 326

LARANJA

Barrinhas de caramelo e chocolate tipo mendiant 412

Bolo de pera, cereja e damasco 56

Carolina de yuzu, chocolate e caramelo 134

Entremet crocante de laranja e praliné 280

Picolés de chocolate e laranja 428

Torta tipo sablé bretão com frutas frescas e abacaxi caramelizado 178

LARANJA KINKAN

Mont-blanc de laranja kinkan 128

Tortinhas de limão e hortelã com frutas vermelhas 228

LEITE CONDENSADO

Cubos de baunilha com amores-perfeitos cristalizados 260

Domos de coco e manga 292

Entremet de castanha, chocolate e damasco 314

Macaronnade de chocolate e café 338

Prestígio de chocolate, cumaru e frutas vermelhas 252

Torta caramelizada de maracujá 184

LICOR DE CONHAQUE E LARANJA

Bolo de pera, cereja e damasco 56

Bolo de torrone e tangerina 286

Entremet crocante de laranja e praliné 280

Entremet de castanha, chocolate e damasco 314

LICOR DE LARANJA

Dacquoise de figos, manga e especiarias 34

Picolés de chocolate e laranja 428

LIMÃO

Bolo fresco de limão-siciliano 268

Caramelos de torta de limão 458

Carolina de yuzu, chocolate e caramelo 134

Cheesecake com geleia de framboesa 50

Dacquoise de figos, manga e especiarias 34

Entremet de aloe vera e morangos silvestres 308

Macaronnade com pétalas de rosa cristalizadas 24

Macaronnade de chocolate e café 338

Macarons de manga e especiarias 354

Maçãzinhas do amor 418

Muffins de manga e gotas de chocolate 382

Paris-brest revisitado com recheio tropical 150

Pirulitos de limão, chocolate e framboesa 400

Sablé bretão de merengue e limão-siciliano 114

Torta de chocolate e frutas vermelhas 332

Torta tipo sablé bretão com frutas frescas e abacaxi caramelizado 178

Tortinhas de limão e hortelã com frutas vermelhas 228

Trufas de chocolate 404

Week-end de limão 30

MAÇÃ

Dacquoise de figos, manga e especiarias 34

Domos cremosos de chocolate e cassis 300

Entremet de aloe vera e morangos silvestres 308

Entremet de castanha, chocolate e damasco 314

FlorestaNegra 84

Fondant de maçã à moda tatin 42

Macarons de coco 350

Macarons de manga e especiarias 354

Maçãzinhas do amor 418

Marshmallows de chocolate 434

Pavê suíço 100

Petit gâteau de chocolate e recheio cremoso 172

Pirulitinhos de maracujá e chocolate 422

Prestígio de chocolate, cumaru e frutas vermelhas 252

Torta de maçã e avelã com creme praliné 224

Torta de pera e cumaru 78

Torta tipo sablé bretão com frutas frescas e abacaxi caramelizado 178

Torta-merengue de grapefruit 212

Tortinhas de chocolate e marshmallow 192

MANGA

Dacquoise de figos, manga e especiarias 34

Domos de coco e manga 292

Macarons de manga e especiarias 354

Muffins de manga e gotas de chocolate 382

Paris-brest revisitado com recheio tropical 150

Pâtes de fruit de framboesa e amêndoa 442

Pâtes de fruit de manga 408

Petit gâteau de chocolate e recheio cremoso 172

Torta-musse de coco com framboesas 206

Torta tipo sablé bretão com frutas frescas e abacaxi caramelizado 178

MANTEIGA DE CACAU

ver cacau

MARACUJÁ

Baba de maracujá e coco 60

Paris-brest revisitado com recheio tropical 150

Pirulitinhos de maracujá e chocolate 422

Torta caramelizada de maracujá 184

Torta de maracujá e chocolate 218

Torta-musse de coco com framboesas 206

MARZIPÃ

Fraisier (bolo-musse de morango) 94

Opéra de chocolate e pistache 326

Pirulitinhos de maracujá e chocolate 422

Pirulitos de limão, chocolate e framboesa 400

MASCARPONE

Cubos de baunilha com amores-perfeitos cristalizados 260

Entremet de aloe vera e morangos silvestres 308

Macaronnade com pétalas de rosa cristalizadas 24

Macaronnade de chocolate e café 338

Torta de maçã e avelã e com creme praliné 224

MATCHA (CHÁ)

Petiscos de chá matcha 454

MEL

Baba de maracujá e coco 60

Barrinhas de caramelo e chocolate tipo mendiant 412

Bolo mármore de chocolate 90

Caramelos de torta de limão 458

- ÍNDICE DAS RECEITAS -

Domos cremosos de chocolate e cassis 300

Financiers de chocolate 358

Financiers de coco e framboesa 346

Macarons bicolores de chocolate e banana 394

Madalenas grandes 378

Minifinanciers de pistache de Bronte e cereja 370

Petiscos de chá matcha 454

Pirulitos de limão, chocolate e framboesa 400

Torrone 438

Torta crocante de frutas vermelhas e chocolate branco 72

Trufas de chocolate 404

MIRTILO

Minicheesecakes de mirtilo 156

Torta crocante de frutas vermelhas e chocolate branco 72

Torta de mirtilo 202

Torta tipo sablé bretão com frutas frescas e abacaxi caramelizado 178

Tortinhas de limão e hortelã com frutas vermelhas 228

MIX DE ESPECIARIAS

ver especiarias

MORANGO

Entremet de aloe vera e morangos silvestres 308

Fraisier (bolo-musse de morango) 94

Mil-folhas de chantili de baunilha e frutas frescas 140

Prestígio de chocolate, cumaru e frutas vermelhas 252

Torta de chocolate e frutas vermelhas 332

Torta de morango com yuzu 238

Torta tipo sablé bretão com frutas frescas e abacaxi caramelizado 178

Tortinhas de limão e hortelã com frutas vermelhas 228

NOZES

Brownie 366

Cookies de nozes e gotas de chocolate 374

Domos de coco e manga 292

Torta de pera e cumaru 78

Tortinhas de crème brûlée com frutas frescas 234

PECTINA

Brownie 366

Cookies de nozes e gotas de chocolate 374

Entremet de castanha, chocolate e damasco 314

Macarons de framboesa 362

Muffins de manga e gotas de chocolate 382

Paris-brest revisitado com recheio tropical 150

Pâtes de fruit de framboesa e amêndoa 442

Pâtes de fruit de manga 408

Pirulitos de cassis e praliné 446

Torta-musse de coco com framboesas 206

PERA

Bolo de pera, cereja e damasco 56

Caramelos de torta de limão 458

Torta crocante de frutas vermelhas e chocolate branco 72

Torta de pera e cumaru 78

PISTACHE

Barrinhas de caramelo e chocolate tipo mendiant 412

Minifinanciers de pistache de Bronte e cereja 370

Opéra de chocolate e pistache 326

Sablé bretão de merengue e limão-siciliano 114

Torrone 438

Torta de chocolate e praliné com frutas secas caramelizadas 188

PRALINÉ

Entremet crocante de laranja e praliné 280

Paris-brest revisitado com recheio tropical 150

Picolés de chocolate e laranja 428

Pirulitos de cassis e praliné 446

Prestígio de chocolate, cumaru e frutas vermelhas 252

Torta crocante de chocolate 274

Torta de chocolate e praliné com frutas secas caramelizadas 188

ROSA

Fraisier (bolo-musse de morango) 94

Macaronnade com pétalas de rosa cristalizadas 24

RUIBARBO

Torta de ruibarbo aromatizada com açafrão 242

RUM

Macarons bicolores de chocolate e banana 394

Mont-blanc de kinkan 128

Torta de Reis 320

Trufas de chocolate 404

RUM AROMATIZADO COM COCO (POR EX., MALIBU®)

Baba de maracujá e coco 60

Bombas de abacaxi 146

Macarons de coco 350

Sablé bretão de chocolate e banana 46

Torta de maracujá e chocolate 218

SABLÉ BRETÃO

Caramelos de torta de limão 458

SEMENTE DE CUMARU

ver cumaru

SPÉCULOOS

Caramelos de framboesa e spéculoos 450

Cheesecake com geleia de framboesa 50

Prestígio de chocolate, cumaru e frutas vermelhas 252

TANGERINA

Bolo de torrone e tangerina 286

Carolina de yuzu, chocolate e caramelo 134

Mil-folhas de chantili de baunilha e frutas frescas 140

TORRONE

Bolo de torrone e tangerina 286

Torrone 438

VIOLETA

Bomba de violeta 124

Tortinhas de chocolate e marshmallow 192

YUZU

Carolina de yuzu, chocolate e caramelo 134

Torta de morango com yuzu 238

AGRADECIMENTOS

A publicação deste livro não seria possível sem o profissionalismo, o apoio constante e o entusiasmo das equipes de coordenação comandadas por Émilie Burgat e os chefs Jean-François Deguignet e Olivier Mahut, além do fotógrafo Olivier Ploton. Devemos agradecer também à equipe administrativa: Catherine Baschet, Kaye Baudinette, Isaure Cointreau, Marie Hagège, Charlotte Madec, Leanne Mallard e Sandra Messier.

Somos gratos particularmente a Isabelle Jeuge-Maynard (presidente e diretora-geral da Larousse) e Ghislaine Stora (diretora-geral adjunta) e a toda a sua equipe: Agnès Busière, Émilie Franc e Coralie Benoit.

A Le Cordon Bleu e a Larousse agradecem aos chefs Le Cordon Bleu do mundo inteiro, que possibilitaram a criação desta obra graças ao seu conhecimento e criatividade. A escola está radicada em cerca de 20 países, com mais de 35 unidades.

♝♝♝

Queremos expressar nossa gratidão ao instituto Le Cordon Bleu Paris e aos chefs Éric Briffard MOF, Philippe Groult MOF, Patrick Caals, Williams Caussimon, Didier Chantefort, Olivier Guyon, Franck Poupard, Christian Moine, Marc-Aurèle Vaca, Fabrice Danniel, Jean-François Deguignet, Xavier Cotte, Ollivier Christien, Oliver Mahut, Soyeon Park, Jean-Jacques Tranchant, Olivier Boudot, Frédéric Hoël e Vincent Somoza;

ao instituto **Le Cordon Bleu Londres** e aos chefs Emil Minev, Loïc Malfait, Éric Bediat, Anthony Boyd, David Duverger, Reginald Ioos, Colin Westal, Julie Walsh, Graeme Bartholomew, Matthew Hodgett, Nicolas Houchet, Dominique Moudart, Olivier Mourelon, Colin Barnet, Jérôme Pendaries, Nicholas Patterson e Javier Mercado;

ao instituto **Le Cordon Bleu Tóquio** e aos chefs Guillaume Siegler, Yuji Toyonaga, Stéphane Reinat, Dominique Gros, Katsutoshi Yokoyama, Hiroyuki Honda, Manuel Robert, Kazuki Ogata, Jean-François Favy, Gilles Company e Masaru Okuda;

ao instituto **Le Cordon Bleu Kobe** e aos chefs Jean Marc Scribante, Patrick Lemesle, Philippe Koehl e Vincent Koperski;

ao instituto **Le Cordon Bleu Ottawa** e aos chefs Hervé Chabert, Aurélien Legué, Frédéric Rose, Julie Vachon, Cristiana Solinas, Yannick Anton, Xavier Bauby, Stuart Walsh, Stéphane Frelon, Nicolas Jordan MOF e Jason Desjardins;

ao instituto **Le Cordon Bleu Coreia** e aos chefs Georges Ringeisen, Laurent Reze, Pierre Legendre, Alain Sanchez e Thierry Lerallu;

ao instituto **Le Cordon Bleu Peru** e aos chefs Jacques Decrock, Torsten Enders, Paola Espach, Clet Laborde, Jeremy Peñaloza, Javier Ampuero, Gregor Funke, Elena Braguina, Angelo Ortiz, Fabian Beelen, Gloria Hinostroza, Annamaria Dominguez, Franco Alva, Andres Ortega, Daniel Punchin, Olivier Roseau, Andrea Winkelried, Christophe Leroy, Patricia Colona, Samuel Moreau, Martin Tufro e Juan Carlos Alva;

ao instituto **Le Cordon Bleu México** e aos chefs Arnaud Guerpillon, Denis Delaval, Omar Morales, Carlos Santos, Carlos Barrera, Cédric Carême, Richard Lecoq, Sergio Torres e Edmundo Martinez;

ao instituto **Le Cordon Bleu Tailândia** e aos chefs Christian Ham, Alex Ruffinoni, Marc Champiré, Willy Daurade, Supapit Opatvisan, Niruch Chotwatchara, Guillaume Ancelin e Wilairat Kornnoppaklao;

aos institutos **Le Cordon Bleu Austrália**, comandados pelo chef Andre Sandison;

ao instituto **Le Cordon Bleu Xangai** e aos chefs Philippe Clergue, Jérôme Laurent, Fabrice Bruto, Jose Cau, Jean Michel Bardet, Nicolas Serrano, Régis Février, Jérôme Rohard, David Oliver e Olivier Paredes;

ao instituto **Le Cordon Bleu Istambul** e aos chefs Éric Germanangues, Arnaud Declercq e Christophe Bidault;

ao instituto **Le Cordon Bleu Madri** e aos chefs Yann Barraud, Victor Pérez, Erwan Poudoulec, Franck Plana, David Millet, José Enrique Gonzàlez, Jean Charles Boucher, Amandine Finger, Carlos Collado, Natalia Vàzquez e David Battistessa;

ao instituto **Le Cordon Bleu Taiwan** e aos chefs Nicolas Belorgey e Sebastien Graslan;

ao instituto **Le Cordon Bleu Nova Zelândia** e aos chefs Sébastien Lambert, Francis Motta, Paul Dicken, Vincent Boudet, Gabriel Chambers, Paul Vige, Michel Rocton, Thomas Holleaux e Michael Arlukiewicz;

ao instituto **Le Cordon Bleu Malásia** e aos chefs Rodolphe Onno, Sylvain Dubreau, Florian Guillemenot, Stéphane Alexandre e David Williams Morris.

Copyright © 2016 Larousse
Copyright do texto original © Le Cordon Bleu International BV
Copyright das fotos das páginas introdutórias © Émilie Burgat / Le Cordon Bleu
Copyright da tradução © 2017 Alaúde Editorial Ltda
Título original: *L'école de la pâtisserie – 100 recettes de chef expliquées pas à pas*

Todos os direitos reservados. Nenhuma parte desta edição pode ser utilizada ou reproduzida – em qualquer meio ou forma, seja mecânico ou eletrônico –, nem apropriada ou estocada em sistema de banco de dados sem a expressa autorização da editora.

O texto deste livro foi fixado conforme o acordo ortográfico vigente no Brasil desde 1º de janeiro de 2009.

PRODUÇÃO EDITORIAL: EDITORA ALAÚDE
Coordenação: Bia Nunes de Sousa
Consultoria técnica: chef Priscila França Souza Rosendo
Preparação: Claudia Vilas Gomes
Revisão: Rosi Ribeiro Melo, Ibraíma Dafonte Tavares
Adaptação de capa e diagramação: Rodrigo Frazão
EDIÇÃO ORIGINAL: ÉDITIONS LAROUSSE
Diretoras da publicação: Isabelle Jeuge-Maynart e Ghislaine Stora
Diretoras editoriais: Agnès Busière e Émilie Franc
Edição: Coralie Benoit
Projeto gráfico: Anna Bardon

1ª edição, 2017 (4 reimpressões)
Impresso no Brasil

Dados Internacionais de Catalogação na Publicação (CIP)
(Câmara Brasileira do Livro, SP, Brasil)

Larousse da confeitaria: 100 receitas de chef ilustradas passo a passo pela Escola Le Cordon Bleu / Le Cordon Bleu; fotografias de Olivier Ploton; tradução de Célia Regina Rodrigues de Lima e Eric Heneault. - São Paulo: Alaúde Editorial, 2017.

Título original: L'école de la pâtisserie: 100 recettes de chef expliquées pas à pas.
ISBN 978-85-7881-433-5

1. Confeitaria 2. Gastronomia 3. Receitas culinárias I. Le Cordon Bleu. II. Ploton, Olivier.

17-05864   CDD-641.86

Índices para catálogo sistemático:
1. Confeitaria : Culinária : Receitas : Gastronomia   641.86

2020
Alaúde Editorial Ltda.
Avenida Paulista, 1337, conjunto 11
São Paulo, SP, 01311-200
Tels.: (11) 3146-9700 / 5572-9474
www.alaude.com.br

Compartilhe a sua opinião sobre este livro usando a hashtag #LarousseDaConfeitaria nas nossas redes sociais:

/EditoraAlaude
/EditoraAlaude
/AlaudeEditora